Gotthard Breit / Siegfried Schiele (Hrsg.)
Handlungsorientierung im Politikunterricht

Didaktische Reihe der Landeszentrale für politische Bildung Baden-Württemberg

Herausgeber dieses Bandes:

Gotthard Breit, Dr. phil., geb. 1941, Studium der Geschichte, Germanistik und Politikwissenschaft an den Universitäten Tübingen, Hamburg und Freiburg i.Br.; 1973 bis 1976 Wiss. Assistent an der Universität Osnabrück, 1976 bis 1994 Akad. Rat an der TU Braunschweig, seit 1994 Professor für Didaktik des Politikunterrichts an der Otto-von-Guericke-Universität Magdeburg.
Arbeitsschwerpunkte: Planung von Politikunterricht, Unterrichtsmodelle und -materialien, Analyse und Urteilsbildung als Aufgaben des Politikunterrichts, Fallanalyse, empirische Erhebungen zum Politikunterricht, Hilfen für den Aufbau des Politikunterrichts in den neuen Bundesländern, Mitherausgeber der Zeitschrift „Politische Bildung".

Siegfried Schiele, geb. 1939, Direktor der Landeszentrale für politische Bildung Baden-Württemberg; Lehrbeauftragter für Didaktik der politischen Bildung am Institut für Politikwissenschaft der Universität Tübingen; 1970 bis 1974 Fachleiter und Professor am Seminar für Studienreferendare in Tübingen, 1974 bis 1976 Parlamentsrat im Landtag von Baden-Württemberg, seit 1976 Direktor der Landeszentrale.
Veröffentlichungen u.a.: „Konsensbände" 1977, 1980, 1987, 1991, 1996 (herausgegeben mit Herbert Schneider) und eine Reihe weiterer Schriften und Aufsätze zu fachdidaktischen und methodischen Fragen.

Gotthard Breit / Siegfried Schiele (Hrsg.)

Handlungsorientierung im Politikunterricht

Mit Beiträgen von
Paul Ackermann, Wolfgang Berger,
Gotthard Breit, Joachim Detjen,
Siegfried Frech, Walter Gagel,
Gerhard Himmelmann, Hanna Kiper,
Adrienne Körner, Peter Massing,
Werner J. Patzelt, Wolfgang Redwanz,
Sibylle Reinhardt, Dagmar Richter,
Armin Scherb, Siegfried Schiele,
Lothar Scholz, Peter Weinbrenner,
Georg Weißeno

WOCHENSCHAU VERLAG

Die Deutsche Bibliothek – CIP-Einheitsaufnahme

Handlungsorientierung im Politikunterricht / Gotthard Breit / Siegfried Schiele (Hrsg.). Mit Beitr. von Paul Ackermann ... – Schwalbach/Ts. : Wochenschau Verl., 1998
  (Didaktische Reihe der Landeszentrale für
  politische Bildung Baden-Württemberg)
  ISBN 3-87920-388-1

© by WOCHENSCHAU Verlag,
Schwalbach/Ts. 1998

Alle Rechte vorbehalten. Kein Teil dieses Buches darf in irgendeiner Form (Druck, Fotokopie oder einem anderen Verfahren) ohne schriftliche Genehmigung des Verlages reproduziert oder unter Verwendung elektronischer Systeme verarbeitet werden.

Redaktion: Siegfried Frech

Gesamtherstellung: Wochenschau Verlag, Schwalbach/Ts.
Druck: Fuldaer Verlagsanstalt, Fulda
Gedruckt auf chlorfreiem Papier
Printed in Germany
ISBN 3-87920-388-1

Inhalt

Vorwort VII

A. Einleitung

Siegfried Schiele
Handlungsorientierung: Lichtblick oder Nebelschleier? 1

B. Zur Bürgerrolle in der Demokratie

Paul Ackermann
Die Bürgerrolle in der Demokratie als Bezugsrahmen
für die politische Bildung 13

Gerhard Himmelmann
Das Bild des Bürgers in der politikwissenschaftlichen Theorie
und in der politischen Praxis – Grundlage für die
„Handlungsorientierung" im politischen Unterricht? 35

Siegfried Frech / Peter Massing
Ein Gespräch zwischen Paul Ackermann
und Gerhard Himmelmann 62

Werner J. Patzelt
Die Bürger – Schwachstelle unseres Gemeinwesens?
Ein latenter Verfassungskonflikt 69

C. Handlungsorientierung aus fachdidaktischer Sicht

Gotthard Breit
Handlungsorientierung im Politikunterricht 101

Walter Gagel
Denken und Handeln. Der Pragmatismus als Diagnosehilfe für
Konzepte der Handlungsorientierung im Politikunterricht 128

Peter Massing
Lassen sich durch handlungsorientierten Politikunterricht
Einsichten in das Politische gewinnen? 144

Sibylle Reinhardt
Was ist Handeln? „Handlungsorientierung"
und/oder „Wissenschaftspropädeutik"? 161

Dagmar Richter
Geschlechtsdifferente Aspekte handlungsorientierten Lernens . . . 170

Armin Scherb
Handlungsorientierung: Ermöglichende Bedingung
sinn-voller politischer Bildung 177

Lothar Scholz
Handlungsorientierung und Alltagspraxis
des politischen Unterrichts 187

Peter Weinbrenner
Handlungsorientierung im Politikunterricht
als methodisches Prinzip 203

Georg Weißeno
Welche Bedeutung haben Ziele und Inhalte
im handlungsorientierten Unterricht? 214

D. Beispiele aus der Praxis

Joachim Detjen
Handlungsorientierung – Praktische Anwendungen
im Politikunterricht. Schule als Staat – Schüler „machen" Politik –
Aktive Rathauserkundung 227

Adrienne Körner
Unterrichtseinheit: Wahlen in der Bundesrepublik Deutschland . 258

Sibylle Reinhardt
„Handlungsorientierung" als Prinzip im Politikunterricht 266

Georg Weißeno
Chancen und Risiken handlungsorientierter Methoden
im Unterricht – Bericht über eine Talkshow 278

Hanna Kiper
Der Klassenrat – Partizipationschance für Schülerinnen und
Schüler oder Ordnungsinstrument der Schule? 288

Wolfgang Berger
Wenn die Jugend ihren Gemeinderat wählt.
Jugendgemeinderäte als Modell politischer Partizipation 302

Wolfgang Redwanz
Der Schülerwettbewerb zur politischen Bildung.
Ein Beispiel für handlungsorientiertes Lernen 325

Literaturauswahl 344

Verzeichnis der Autorinnen und Autoren 347

Vorwort

Handlungsorientierung hat nicht nur in der allgemeinen Pädagogik, sondern auch in der Didaktik politischer Bildung Hochkonjunktur. Hinter diesem Phänomen steckt wohl eine gewisse Ratlosigkeit, die in der Didaktik der politischer Bildung seit einigen Jahren besteht. Diese Ratlosigkeit hängt offenbar mit der mangelnden Wertschätzung der politischen Bildung in unserer Gesellschaft zusammen, die sich u.a. in der geringen Stundentafel des politischen Unterrichts in den Schulen oder im deutlichen Rückgang finanzieller Mittel für politische Weiterbildung ausdrückt.

Gerade weil die Erfolge politischer Bildung selten konkret und anschaulich gemacht und Erfolgserwartungen, die allzu oft von außen herangetragen werden, nur unzureichend erfüllt werden können, ist Handlungsorientierung en vogue. Jedoch gibt es nach wie vor Mißverständnisse und ungeklärte Fragen. Gelegentlich ist sogar eine gewisse Reserviertheit festzustellen. Denn die Probleme beginnen schon bei der begrifflichen Definition dessen, was denn nun unter Handlungsorientierung zu verstehen ist. So werden auch in dem vorliegenden Band verschiedene Definitionen angeboten, die zwar alle in eine ähnliche Richtung weisen, deren Bandbreite für eine sachangemessene Beurteilung allerdings enorm ist.

Während Befürworter sich politisches Lernen nur handlungsorientiert vorstellen können, äußern skeptische Stimmen die Sorge, daß handlungsorientierter Politikunterricht blindem Aktionismus Vorschub leistet. Angemahnt wird, daß das Politische ausgeblendet wird und das Tun die Reflexion in den Hintergrund drängt. Diese Argumente, die handlungsorientiertem Unterricht vorwerfen, das Politische auszublenden, verlangen eine ernsthafte Auseinandersetzung. Sie sind ein Befund dafür, daß eine Verständigung über die fachdidaktischen und methodischen Dimensionen von Handlungsorientierung und eine Vergewisserung über Ziel- und Inhaltshorizonte politischer Bildung dringend notwendig sind.

Denn politische Bildung kann sich mit pädagogischen Anforderungen insofern nicht begnügen, als sie handlungsorientierte Momente explizit auf den Sachgegenstand sowie auf Aufgaben und Ziele des Politikunterrichts bezogen wissen möchte. Handlungen im Unterricht müssen eine Analogie zu den Handlungen in der politischen Welt aufweisen bzw. Kenntnisse, Fähigkeiten und Einstellungen vermitteln, die der politischen Bildung aufgegeben sind. Grundsätzlich drängt sich hierbei auch die Frage auf, ob Handlungsorientierung dienlich sein kann, das Leitbild des – begrifflich doch recht unterschiedlich gefaßten – „mündigen Bürgers" in der politischen Bildung zu fördern.

In den folgenden Beiträgen wird aber noch ein weiterer Aspekt deutlich. Gelegentlich hat man den Eindruck, daß die Einstellungen zum Thema „Handlungsorientierung" von professionellen Befindlichkeiten abhängen. Wer stärker wissenschaftsorientiert arbeitet und wenig Praxiserfahrung hat, wird in aller Regel beim Stichwort „Handlungsorientierung" mehr Zurückhaltung wahren als politische Bildner und Bildnerinnen, die stärker von der Praxis kommen und stets um konkrete Verbesserungen ihres Unterricht bemüht sind. Bei letzterer Personengruppe mag dies damit zusammenhängen, daß die Wirksamkeit und Attraktivität politischer Bildung auch und nicht zuletzt eine methodische Frage ist.

Ein Politikunterricht, der nur der Stoffvermittlung dient, verurteilt Schülerinnen und Schüler zur Passivität; er kann für sämtliche Beteiligte – Lehrer wie Schüler – nicht befriedigend sein. Auf der Suche nach einer Alternative haben viele Lehrerinnen und Lehrer das Prinzip der Handlungsorientierung entdeckt und erhoffen sich davon ein Mehr an Schülerbeteiligung. Handlungsorientierung wird als eine Möglichkeit gesehen, Abwechslung in den Unterricht zu bringen und Lermotivation zu erzeugen. Es interessiert weniger die Frage, ob die gewählte handlungsorientierte Methode dem Gegenstand angemessen ist, so daß von dem sog. Implikationszusammenhang von Ziel-, Inhalts- und Methodenentscheidungen gesprochen werden kann, als vielmehr die Absicht, Schülerinnen und Schüler auf irgendeine Weise zu aktivieren und ihnen Gelegenheit zur Selbsttätigkeit zu geben.

Trotz der unbestreitbaren Vorzüge kann Handlungsorientierung jedoch nicht die alleinige Alternative zur bloßen Stofforientierung bilden. Politische Bildung darf weder zu sehr lehrerzentrierter Unterricht oder ausschließliche Institutionenkunde sein, noch darf sie nur handelnde, erlebens- und erlebnisbetonte Auseinandersetzungen mit dem Politischen beinhalten. Politische Bildung sollte daher nicht allzu sehr auf das Handeln, sondern auf das Denken über das (politische) Handeln ausgerichtet sein. Schließlich soll politische Bildung dazu befähigen, durch Nachdenken über politische Sachverhalte eine eigene politische Handlungsorientierung zu gewinnen.

Gerade die obengenannten Anliegen prägen die vorliegenden Beiträge, die zur Diskussion anregen sollen. Die langjährige Tradition der „Beutelsbacher Gespräche", auf die sich auch dieser Band stützt, zeigt die Notwendigkeit, intensiver weiter darüber nachzudenken, welche Bedeutung dem Thema „Handlungsorientierung im Politikunterricht" zukommt.

Dank gebührt meinem Mitherausgeber Gotthard Breit und allen Autoren und Autorinnen, die engagiert und kompetent die Diskussion ermöglicht und weitergeführt haben, sowie Siegfried Frech für die redaktionelle Bearbeitung des vorliegenden Bandes und dem Wochenschau Verlag für die gute und effiziente Zusammenarbeit.

Siegfried Schiele
Direktor der Landeszentrale
für politische Bildung
Baden-Württemberg

A. Einleitung

Siegfried Schiele

Handlungsorientierung: Lichtblick oder Nebelschleier?

Wenn die Ratlosigkeit besonders ausgeprägt ist, wächst der Wunsch nach Zauberformeln. In der Didaktik politischer Bildung besteht seit einigen Jahren eine gewisse Ratlosigkeit. Sie hängt zusammen mit der offenbar geringen Wertschätzung politischer Bildung in unserer Gesellschaft, die sich z.B. in der geringen Stundentafel des politischen Unterrichts in den Schulen oder im deutlichen Rückgang der Mittel für politische Weiterbildung ausdrückt.

Hat die politische Bildung der letzten Jahrzehnte ihre Ziele verfehlt? Hat sie das unzulängliche Interesse an politischen Fragen in unserer Bevölkerung nicht auffangen können oder gar wider Willen das Desinteresse noch verstärkt?

Ganz bestimmt ist die politische Bildung besser als ihr Ruf. Sie muß auch weiterhin damit leben, daß sich ihre Erfolge kaum messen lassen und daß sie deshalb auch immer unter einem Begründungszwang steht. Unverdrossen müssen wir mit Theodor Eschenburg betonen, daß der mündige Bürger nicht vom Himmel fällt.

Dennoch ist der kontinuierliche Streit darüber, wie die politische Bildung praktisch gestaltet werden soll, notwendig und sinnvoll. Weil die Erfolge politischer Bildung selten konkret und anschaulich gemacht und Erfolgserwartungen nur unbefriedigend erfüllt werden können, hat das Thema „Handlungsorientierung" Hochkonjunktur bekommen. Diesem Wort scheint fast ein Hauch von Magie innezuwohnen. Das ist um so erstaunlicher, als es sich beim handlungsorientierten Unterricht in historischer Betrachtung um einen „alten Hut" handelt, der seit geraumer Zeit wieder in Mode gekommen ist.

Wie die letzten „Beutelsbacher Gespräche", die seit 1992 in Bad Urach stattfinden und auf die sich dieser Band stützt, gezeigt haben, ist es notwendig, intensiv weiter darüber nachzudenken, welche Bedeutung dem Thema „Handlungsorientierung im Politikunterricht" zukommt.

1. Probleme mit der Definition

Bei Befürwortern und Gegnern gibt es nach wie vor Mißverständnisse, ungeklärte Fragen und eine gewisse Reserviertheit. Die Probleme beginnen schon beim Begriff. Es gelingt nicht, den Begriff in wenigen klaren Worten zu fassen. So werden auch in diesem Band verschiedene Definitionen angeboten, die zwar alle in eine ähnliche Richtung weisen (ganzheitlicher und offener, schüleraktiver Ansatz), aber nicht verhindern können, daß die Bandbreite für eine sachgerechte Beurteilung riesig ausfällt. Während die einen sich politisches Lernen nur handlungsorientiert vorstellen können, haben andere Sorge, daß handlungsorientierter Politikunterricht blindem Aktionismus Vorschub leiste. Rationalität und Emotionalität, Kopf, Herz und Hand werden gegeneinander ausgespielt. Ziele, Inhalte und Methoden drohen ihre Funktion zu verlieren. Hat auf diesem Hintergrund Tilman Grammes recht, wenn er Sorge hat, Handlungsorientierung könnte zur „Leerformel" (Grammes 1997, S. 7) werden? Oder wird Handlungsorientierung als Kampfbegriff mißbraucht, der mühsam errungene didaktische Vereinbarungen in Frage stellt?

Vielleicht liegen die Dinge auch viel einfacher. Manchmal scheint mir die Einstellung zum Thema „Handlungsorientierung" auch von persönlichen Befindlichkeiten abzuhängen. Wer stärker wissenschaftsorientiert arbeitet und wenig Praxiserfahrung hat, wird in der Regel mehr Zurückhaltung beim Thema „Handlungsorientierung" wahren als Leute, die stärker von der Praxis kommen und um ständige konkrete Verbesserungen im Unterricht bemüht sind – womit aber keine vorschnelle Wertung verbunden sein soll. Bevor wir eine Beurteilung wagen können, müssen wir einen Blick auf die Zielsetzung politischer Bildung werfen.

2. Globalziele politischer Bildung

Wer keine Ziele hat, kommt nicht vom Fleck. Darum ist es richtig und notwendig, wenn die politische Bildung ihre Latte nicht zu tief legt. Wiederholt wurde als Zielvorstellung der „mündige Bürger" proklamiert, der sich für das Gemeinwesen mitverantwortlich fühlt. Natürlich handelt es sich beim Begriff des „mündigen Bürgers" um einen Formelkompromiß, der unterschiedlich interpretiert werden kann. Während der eine vielleicht schon mit dem gelegentlichen Zeitungsleser zufrieden ist, verlangt der andere von einem mündigen Bürger vielleicht konkrete politische Aktivitäten.

Hier ist noch Klärungsbedarf. Wir müssen versuchen, Zielformulierungen wie „mündiger Bürger", „Aktivbürger", „reflektierter Zuschauer" etwas genauer zu fassen; z.b. würde ich von einem „Aktivbürger" verlangen, daß er dann einschreitet, wenn in Gesellschaft ein ausländerfeindlicher Witz erzählt wird. Zur Zielvorstellung politischer Bildung gehört also ein Stück Zivilcourage, wahrlich keine verbreitete Tugend in Deutschland.

Wir sollten aber auch nicht nach den Sternen greifen und die Ziele politischer Bildung so hoch hängen, daß man sie nur verfehlen kann. Wenn alle Bürgerinnen und Bürger in Parteien eintreten wollten und sich Tag für Tag ins politische Geschäft einschalten würden, wäre diese Vorstellung nur erträglich, wenn die Menschen einen engelgleichen Charakter hätten. Bei zu viel Aktivität würde unser politisches System zusammenbrechen. Wir sollten vielmehr auf dem berühmten Teppich bleiben und das Wohl unserer Demokratie nicht mit blindem Aktionismus verbinden wollen. Freilich brauchen wir im Blick auf die Realität diese Sorge nicht zu haben. Sonst wäre das Thema „Politikverdrossenheit" nicht schon so lange auf der Tagesordnung. Bei uns besteht die nicht unberechtigte Sorge, daß sich so viele Menschen vom politischen Leben abwenden, daß unsere Demokratie ausgehöhlt werden könnte. Manche sehen in dieser Abwendung eher eine Abkehr von der aktuellen Politik und den politischen Parteien als eine prinzipielle Absage an das demokratische Miteinander und verweisen auf vielfältige Initiativen und Engagements.

Ohne diese Frage entscheiden zu wollen, bleibt es dabei, daß wir in der politischen Bildung zum politischen Engagement befähigen und ermuntern sollten. Wenn nicht einmal drei Prozent der Bevölkerung in politischen Parteien vertreten sind und nicht einmal ein Prozent aktiv mitarbeitet, dann ist das kein Zeichen für eine lebendige und gut funktionierende Demokratie. Auch die repräsentative Demokratie darf nicht vom Volk abgehoben sein. Kein Mensch kann sagen, wieviele Bürgerinnen und Bürger im Idealfall in den politischen Parteien mitarbeiten sollten. Ich würde es für einen enormen Fortschritt halten, wenn ca. sechs bis sieben Prozent in demokratischen Parteien vertreten wären und wenn etwa die Hälfte davon aktiv mitarbeiten würde. Manche werden diese Zahlen für zu bescheiden, andere werden sie für überzogen und unrealistisch halten. Im Moment sind wir jedenfalls weit von diesem Ziel entfernt.

Es ist klar, daß eine Demokratie sich nicht nur und nicht einmal in erster Linie auf Parteimitglieder stützen darf. Die Verankerung muß weite Teile der Bevölkerung umfassen. Welche Verantwortung für unsere Demokratie haben beispielsweise Medien, Kirchen, Wirtschaft und Gewerkschaften? Wenn eine Demokratie gelingen soll, muß die Verantwortung breit verteilt sein und die Last von vielen getragen werden.

Es ist nur schwer darzustellen, welche Qualifikationen ich von den Bürgerinnen und Bürgern jeweils konkret einfordern muß, damit sie ihre „Demokratie-Rolle" auch richtig ausüben und wahrnehmen können. Paul Ackermann macht in diesem Band mit dem Begriff des „interventionsfähigen Bürgers" einen bemerkenswerten Vorschlag und gibt in seinem „Bürgerhandbuch" auch praktische Tips fürs Mitmachen (Ackermann 1998). Wer zur Intervention fähig ist, übernimmt nicht ein dauerhaftes Engagement, greift aber dann aktiv ins politische Leben ein, wenn die Mitwirkung auf Grund der aktuellen Umstände geboten ist. Das kann z.B. sein, wenn Fremdenfeindlichkeit stärker um sich greift, wenn viele Jugendliche keine berufliche Perspektive mehr haben, usw. Die Entscheidung über die „Intervention" kann nicht vorgegeben und abgenommen werden. Hier trägt jeder die Verantwortung für sich selbst. Wie wäre es gewesen, wenn wir zu Beginn des Dritten Reiches viele interventionsfähige und -willige Bürgerinnen und Bürger gehabt hätten?

Nicht so anspruchsvoll ist die Rolle des „reflektierten Zuschauers", eine Zielvorstellung politischer Bildung, die auch von Zeit zu Zeit bemüht wird. Hier geht es um Bürgerinnen und Bürger, die sich nicht aktiv ins politische Geschehen einschalten, aber immerhin Notiz von den politischen Abläufen nehmen und darüber nachdenken. Es bleibt die Hoffnung, daß doch etliche von den reflektierten Zuschauern bei entsprechendem Anlaß einen gleichsam qualitativen Sprung in die Interventionsfähigkeit machen. Es gibt ja ohnehin fließende Übergänge bei den verschiedenen Stufen der Mitwirkung in unserer Demokratie. Darum soll das folgende Bild nur etwas mehr analytische Klarheit in diese schwierige Debatte bringen. Es erhebt nicht den Anspruch, auf wissenschaftlicher Empirie gegründet zu sein, und fordert eher zu entsprechenden Untersuchungen heraus.

Das Minimalziel politischer Bildung sind die reflektierten Zuschauerinnen und Zuschauer, die z.B. kritisch die Zeitung lesen und auch in ihrem Umfeld politische Gespräche führen. Das Maximalziel sind mündige Bürgerinnen und Bürger, die aktiv das politische Geschehen mitbestimmen und z.B. auch Mitglied in den politischen Parteien sein können. Das realistische Ziel, das wir im Auge behalten sollten, ist der interventionsfähige Bürger. Er ist nicht in das politische Tagesgeschehen involviert, wird aber dann aktiv, wenn aus seiner Sicht besonders gravierende Mißstände im demokratischen Leben auftreten. Würden wir von dieser Zielsetzung in der politischen Bildung abrücken, läge uns die Demokratie nicht genug am Herzen.

3. Wege zum Ziel

Zielformulierungen sind schwierig genug. Sie sind aber dennoch wesentlich einfacher zu finden als die Wege, die zu diesen Zielen führen. Wie muß der politische Unterricht gestaltet sein, um das Ziel „Interventionsfähigkeit" zu erreichen? Darum geht der Streit, bei dem das Thema „Handlungsorientierung" eine entscheidende Rolle spielt. Unbestritten ist, daß ein rein darbietender Unterricht, der additiv Wissen anhäuft, nicht zu den beschriebenen Zielen führen kann.

Im Prinzip verbirgt sich hinter dem Streit um die „Handlungsorientierung" die Auseinandersetzung, die im Bereich der allgemeinen Pädagogik schon seit langem zwischen „Objektivisten" und „Konstruktivisten" geführt wird. Während der Konstruktivismus davon ausgeht, daß nur das, was wir selbst erarbeitet haben, wirklich gelernt ist, legt der Objektivismus Wert auf die Vermittlung von gesicherten und stabilen Wissensbeständen. Handlungsorientierter Unterricht will – wie der Konstruktivismus – aktives und selbstgesteuertes Handeln anbahnen und die Schülerinnen und Schüler zum selbständigen Erkennen und Handeln führen.

Extrempositionen kommen nur in wenigen Fällen auch in der Lebenswirklichkeit vor. Der politische Unterricht wird selten rein traditionell oder ausschließlich handlungsorientiert verlaufen. Deshalb hilft es auch nicht weiter, jeweils Extrempositionen anzugreifen, die mit der Unterrichtswirklichkeit nichts zu tun haben. Handlungsorientierter Unterricht kann und will z.B. nicht auf Wissenserwerb verzichten. Es kommt lediglich darauf an, wie der Wissenserwerb erfolgen soll. Auch der Verweis auf Multi-Media-Systeme macht den Wissenserwerb nicht überflüssig, ganz im Gegenteil.

Handlungsorientierter Unterricht kann auch nicht mit autonomem Lernen von Schülerinnen und Schülern gleichgesetzt werden. Wer solche Vorstellungen hat, der hat keine Bodenhaftung mehr. Natürlich verändert sich beim handlungsorientierten Unterricht die Lehrerrolle. Der Lehrer wird eher zum Lern-Berater, der Hilfen zum selbstgesteuerten Lernen bereitstellt, aber entbehrlich ist er in keinem Fall.

Eine Fehlinterpretation von handlungsorientiertem Unterricht liegt auch dann vor, wenn er mit Aktionismus gleichgesetzt wird. Es wäre keine politische Bildung, Aktion an Aktion zu reihen, Aktivität um jeden Preis herstellen zu wollen, wenn diese Aktivitäten blind verlaufen und didaktisch keinen Sinn ergeben. Selbst wenn Aktionen Spaß machen, sind sie deshalb noch nicht vertretbar, obwohl wir uns alle Mühe geben sollten, mehr „didaktisch sinnvolle Freude" in die Schulstuben zu bringen. Wenn politischer Unterricht aus Aktionismus besteht, lernen Schülerinnen und Schüler bestenfalls, Aktionismus mit dem politischen Leben zu verbinden. Das nützt wenig – ist sogar kontraproduktiv. Sie sollten vielmehr lernen, wozu welche Aktionen notwendig sind und inwieweit sie sich selbst beteiligen können und sollen.

3.1 Handlungsorientierter Unterricht und Beutelsbacher Konsens

Manchen Lehrerinnen und Lehrern, denen Schüleraktivität über alles geht, sehen auch nicht die Gefahr, gegen den Beutelsbacher Konsens zu verstoßen. Ich will das an einem Beispiel demonstrieren, das mir kürzlich zu Ohren kam. In einer Stadt läuft eine Debatte um einen neuen Spielplatz für die Jugendlichen. Nach langem Hin und Her sagt der Stadtrat zu dem Anliegen ein klares Nein. Ein engagierter Lehrer nutzt nun den Politikunterricht, um für diesen Spielplatz zu kämpfen. Es werden Briefe geschrieben, Demonstrationen veranstaltet, eine Bürgerinitiative gegründet. – Die Klasse ist immer unter Anleitung des Lehrers dabei. Die Aktionen haben schließlich dennoch keinen Erfolg. Der Lehrer hat jedoch den Eindruck, daß er seine Klasse zu aktivem politischen Handeln geführt hat.

Leider hat er dabei übersehen, daß er in seinem Aktivitätsüberschwang die entscheidende Aktivität übergangen hat. Er hat nämlich stillschweigend die Meinungsbildung zur Fragestellung: „Ja oder Nein zum Spielplatz?" übersprungen und das generelle Mitmachen bei allen Aktionen vorausgesetzt. Nur in seltenen Fällen werden Schülerinnen und Schüler den Mut haben, diesen gravierenden Fehler selbst zu korrigieren und gegen die Vereinnahmung zu protestieren. In der Regel werden sie zu Mitläufern, zumal man bei der Fragestellung ohnehin vermuten kann, daß sich auch bei ungezwungener Meinungsbildung die große Mehrheit für den Spielplatz entscheiden würde.

Um so wichtiger ist es, in einer solchen Situation die intensive Meinungsbildung im Vorfeld einer Entscheidung voranzutreiben. Was spricht für, was gegen den Spielplatz? Welche Argumente haben Befürworter und Gegner im Stadtrat? Wie steht es um die eigenen Interessen? Sind diese sozialverträglich? Erst danach kann es zu konkreten Aktivitäten kommen, die aber je nach Situation in der Klasse recht unterschiedlich verlaufen können. Man sollte nicht solche Zerrbilder vor Augen haben, wenn man sich mit handlungsorientiertem Unterricht beschäftigt.

3.2 Wo ist das Politische im handlungsorientierten Unterricht?

Ernsthaft muß man sich mit Argumenten auseinandersetzen, die dem handlungsorientierten Unterricht vorwerfen, er blende das Politische aus dem Politikunterricht aus. Man könne durch Simulations- und Planspiele, durch Debatten, Aktionen nie die politische Realität abbilden und fördere sogar ein falsches Bewußtsein vom politischen Leben bei jungen Menschen. Da sie die Komplexität der Politik bei solchem „Probehandeln" nicht erfassen könnten, könne sogar der Frust an der Politik bei den Jugendlichen steigen.

Diese Vorhaltungen sollte man nicht auf die leichte Schulter nehmen. Wenn wir Politik nur im Sandkasten spielen, kann die Realitätserfahrung nur schockierend sein. Und dennoch kann es sinnvoll sein, z.B. einen internationalen Konflikt in der Klasse zunächst so vereinfacht darzustellen, daß ich wesentliche Rollen in dem Konflikt spielerisch darstelle und nach Lösungen suche. Freilich kann es nicht Sinn der Sache sein, festzustellen, wie leicht die Klasse eine Lösung finden kann und wie töricht sich die Akteure bei der Lösung des internationalen Konflikts anstellen. Die vordergründige Lösung der Klasse muß vielmehr Anstoß sein zu intensiven Untersuchungen, warum die internationale Konfliktregelung vielleicht seit Jahren nicht gelingt.

Das Simulationsspiel ist also nicht per se gut oder schlecht und etwa einem Lehrervortrag über- oder unterlegen, sondern es kommt auf den didaktischen Stellenwert an, der diesem Spiel im Unterrichtsgeschehen insgesamt zukommt. Das Politische darf ganz und gar nicht im Methodischen untergehen.

4. Die Bedeutung der Methoden

Damit nähern wir uns einer weiteren Schlüsselfrage, der Bedeutung von Methoden beim handlungsorientierten Unterricht und in der politischen Bildung generell. Nach wie vor bin ich der Auffassung, daß sich der Alltag politischer Bildung nicht durch Methodenvielfalt auszeichnet. Wir leiden eher unter Eintönigkeit des politischen Unterrichts. Lehrer und Lehrbuch sind die dominierenden Größen. Daran verändern einzelne Projekte, Ausstellungen, Spiele und Zauberwürfel wenig. Darum sollten wir alle Bemühungen fördern, welche neue Wege für den politischen Unterricht aufzeigen können. Natürlich ist Methode nicht alles. Weg und Ziel sollten nicht miteinander verwechselt werden. Die Beschäftigung mit Methoden darf die Ziel- und Inhaltsdiskussion nicht dominieren oder verdecken. Der „Lattenzaun der Methoden" (Walter Gagel) darf auf keinen Fall den Blick für die wesentlichen Aufgaben und das Denken verdecken. Wir haben gesehen, daß genau diese Gefahr bei einem aktionistisch angelegten Unterricht gegeben ist.

Es gibt aber auch positive Beispiele für handlungsorientierten Unterricht: Man kann z.B. beim Thema „Medien" in Absprache mit der Lokalzeitung vereinbaren, eine Zeitung zu produzieren, die ausschließlich die Handschrift der Schülerinnen und Schüler trägt. Freilich sind auch in einem solchen Fall viele Mühen zu überwinden, und die Einordnung eines solchen Projekts in die Medienlandschaft insgesamt muß im Unterricht vorgenommen werden. Genauso sinnvoll ist es, ein Videoprojekt (am besten in Gruppenarbeit) anzustoßen, um die aktuelle soziale Lage in einer Kommune konkret abzubilden. So lernen die jungen Menschen mehr Medienkompetenz als durch darbietende Unterrichtsformen.

Hilfreich sind auch Erkundungen, die aus der Schule herausführen und die Lebenswirklichkeit ein Stück näherbringen. Entscheidend ist dabei nicht das Tun, sondern die Einbettung des Tuns in eine didaktische Strategie. Kommunalpolitik nur im schulischen Trockenkurs vermitteln zu wollen, muß in der Regel scheitern. Ein zentrales kommunalpolitisches Problem in den Mittelpunkt zu stellen, es von verschiedenen Seiten zu beleuchten, Lösungswege zu erarbeiten und damit Bürgermeister und Stadtrat zu konfrontieren, ist wesentlich ergiebiger und hat mehr politische Qualität. Diese Vorschläge sind ja nicht neu und werden im Unterricht auch immer wieder praktiziert. Aber die Lehrerinnen und Lehrer, die in dieser Weise fruchtbar handlungsorientiert arbeiten, sollen das auch nicht mit schlechtem didaktischen Gewissen tun. Im Gegenteil, sie tragen bei zu einem lebendigen Unterricht, der das Wesen des Politischen nicht verfehlt.

Jetzt habe ich allerdings Themenfelder ausgewählt, bei denen sich die beschriebenen Wege fast von selbst anbieten. Es gibt andere Inhalte, die sich nicht so deutlich handlungsorientiert erschließen lassen. Beim Thema „Entwicklungshilfe/Dritte Welt" z.B. ist es ungleich schwerer, vergleichbare Wege zu finden. Darum darf „Handlungsorientierung" auch kein Dogma sein, ohne das politisches Lernen seinen Sinn verlöre. Spielt handlungsorientierter Unterricht aber gar keine Rolle im Lauf des Schullebens, sind große Fragezeichen im Hinblick auf den Sinn und Zweck eines solchen politischen Lernens angebracht.

Wichtig ist es, noch einmal festzuhalten, daß die Methoden sich unter keinen Umständen verselbständigen dürfen.

Die Gefahr, eintönig zu unterrichten und damit kein Interesse an der Politik zu wecken, sehe ich aber als das wesentlich größere Problem als die Sorge, daß wir mit Methodenvielfalt und Projekten das politische Denken der Schülerinnen und Schüler erschweren oder gar verhindern. Es steckt schon ein Stück Weisheit im chinesischen Sprichwort:

Ich höre – und ich vergesse.
Ich sehe – und ich merke es mir.
Ich tue – und ich verstehe.

Zwischen Denken und Handeln sollte man also keine künstliche Barriere schieben. Denken löst in der Regel Handeln aus. Handeln wiederum wirkt auf Denken in fruchtbarer Weise zurück.

5. Problemorientierung statt Handlungsorientierung?

Können wir die vielen Probleme, die sich beim handlungsorientierten Unterricht ergeben, nicht mit einem Schlag wegwischen, wenn wir Problem- und nicht Handlungsorientierung in den Mittelpunkt stellen? Walter Gagel scheint mit seinem Beitrag in dem vorliegenden Band diesen Weg vorzuschlagen. Ihm liegt daran, daß das Denken nicht durch das Handeln verdrängt wird. Darum empfiehlt er die Orientierung an zentralen Problemstellungen, die zum Denken herausfordern und so angelegt sind, daß die Inhalte des Lernprozesses die Methoden quasi von selbst hervorbringen.

Dieser aus dem Pragmatismus kommende Ansatz darf nicht vorschnell auf die Seite geschoben werden. Problemlösender Unterricht à la John Dewey ist ganzheitlich angelegt. Die Lösung eines Problems kann im Unterricht zu einem Prozeß werden, der nach der inneren Logik der Sache selbst abläuft. Die Inhalte bringen gleichsam die Methoden hervor. Die Herausforderung, die diesem Ansatz innewohnt, darf die Didaktik politischer Bildung nicht in Ruhe lassen. Wir würden hier entscheidend weiterkommen, wenn wir eine Reihe praktischer Beispiele hätten, über die man diskutieren könnte.

Es kommt nicht von ungefähr, daß Gagel auf ein altes Beispiel zurückgreift, das William Kilpatrick-Projekt. Abgesehen davon, daß es sich um ein Beispiel aus dem naturwissenschaftlichen Bereich handelt, ist es auch, wie Gagel selbst offenbart, gar nicht idealtypisch abgelaufen. Dennoch bleibt es eine Herausforderung.

Diese Umstände zeigen aber auch, wie schwierig es ist, ideale Beispiele für den politischen Unterricht zu entwickeln. Gehen wir z.B. einmal davon aus, daß es in einer Stadt fremdenfeindliche Vorgänge gibt, die im politischen Unterricht behandelt werden sollen. Das Problem ist klar umrissen: Wie kommt es zu diesen Vorgängen? Was kann man zur Verbesserung der Situation beitragen? Schlagartig wird deutlich, daß die für den politischen Unterricht zentrale Problemstellung ungleich komplexer ist als die Situation, um die es beim William Kilpatrick-Projekt geht. Freilich haben wir auch die Möglichkeit, denkend den Prozeß der Problemlösung anzugehen, das Problem genau zu fassen zu versuchen, Lösungsansätze zu suchen, Thesen zu überprüfen und Lösungsmöglichkeiten zu erarbeiten. Aber es gibt eben nicht die zwingenden Lösungen. Am Ende kann der Streit um die Lösungen im Mittelpunkt stehen. Der Ablauf des gesamten Unterrichtsgeschehens ist offen, dynamisch und weitgehend unbestimmt.

Noch deutlicher stellt sich die Problematik dar, wenn ich das Thema „Jugendarbeitslosigkeit" im politischen Unterricht behandle. Blicken wir nur auf das Ende des Unterrichtsverlaufs. Allenfalls werden Schülerinnen und Schüler unterschiedliche, sich z.T. widersprechende Lösungen erarbeiten.

Diese Unsicherheiten und Unklarheiten widersprechen aber nicht dem problemorientierten Ansatz. Es muß uns gelingen, zentrale Probleme im politischen Unterricht auszubreiten und damit einen Spannungsbogen aufzubauen, der auch für das unterrichtliche Vorgehen große Bedeutung hat.

Problemorientierter Unterricht steht im Unterrichtsalltag immer wieder vor der Schwierigkeit, die Fragestellung so in den Horizont der

Schülerinnen und Schüler zu bringen, daß diese interessiert und für das Problem aufgeschlossen, ziemlich selbständig an Lösungsstrategien arbeiten. Das dürfte eher der Glücksfall und die Ausnahme sein. Schon aus diesem Grund brauchen wir methodische Hilfen, die viel zum Gelingen des problemorientierten Unterrichts beitragen können. Längst nicht alles, was dem Lehrplan und dem Lehrer am Herzen liegt, ist deshalb auch schon für die Klasse ein lösenswertes Problem. Ich erinnere mich noch gern an einen Lehrer in meiner Schulzeit, der problemorientierten Unterricht so stark zelebrierte, daß wir immer wieder irritiert waren, weshalb unser Lehrer so erfreut schien, wieder ein Problem in den Mittelpunkt gerückt zu haben. Bald gab es in der Klasse das geflügelte Wort: „Hurra, ein Problem!"

Nur selten bewegt die Klasse, was den Lehrer umtreibt. Methodische Kreativität kann uns ein bißchen aus der Misere helfen. Meiner Meinung nach sollte man aber nicht mit Tilman Grammes von einem „konstitutiven Methodenbegriff" (Grammes 1997, S. 25) reden. Das kann nur für den großen Spannungsbogen einer Unterrichtsproblematik gelten, könnte aber suggerieren, daß weitere methodische Überlegungen hinfällig wären. Genau das ist aber nicht der Fall. So kann es, um noch einmal das Thema Fremdenfeindlichkeit aufzugreifen, sinnvoll sein, zum Einstieg z.B. Personen in den Unterricht zu holen, die Opfer von fremdenfeindlichen Übergriffen in einer Stadt geworden sind. Ich kann auch bewußt davon Abstand nehmen und die Problematik mit Zeitungsberichten aufrollen. Es gibt noch etliche andere Zugänge, die je nach Klassenstufe, dem sozialen Gefüge der Klasse, dem Kenntnisstand unterschiedlich aussehen können. Auch wenn ich problemorientiert arbeite, ist es lohnenswert, sich intensiv um Methoden zu kümmern. Wieder muß betont werden, daß diese sich nicht verselbständigen dürfen. Sie müssen alle im Dienst der Problematik stehen, die es zu lösen gilt. Die Methoden können einmal stärker handlungsorientiert sein, ein andermal können sie mehr lehrerzentriert sein. Hier kann es kein Dogma geben.

So sehe ich keinen Gegensatz zwischen Problem- und Handlungsorientierung. Handlungsorientierter Unterricht dient dazu, politische Probleme auf eine besondere Art und Weise anzugehen. Er hat dabei den Vorteil, daß das soziale Lernen, das für den politischen Unterricht mit eine zentrale Rolle spielt, für das Lerngeschehen ebenfalls bestimmend ist. Würde im politischen Unterricht vorwiegend individuell gelernt, könnten Probleme nicht gelöst werden und soziales Lernen bliebe auf der Strecke.

Handlungsorientierter Unterricht wird nur dann zum Problem, wenn er radikal und dogmatisch vertreten wird. Wenn ein absolut selbstgesteuertes, kollektives Lernen gefordert wird, „in welchem alle Denk- und Lernvorgänge in subjektiver Weise diskutiert werden" (Dubs 1995, S. 894), dann liegt ein solcher Ansatz fernab von der Realität und den Möglichkeiten des politischen Unterrichts. Wird er aber dosiert und verantwortlich eingesetzt, kann er die politische Bildung beleben und nach vorne bringen. Und diese Belebung haben wir nötig.

Literatur

Paul Ackermann: Bürgerhandbuch. Schwalbach/Ts. 1998
Will Cremer (Hrsg.): Erfahrungsorientierte Methoden der politischen Bildung. (Schriftenreihe der Bundeszentrale für politische Bildung, Bd. 258). Bonn 1988
Theodor Eschenburg: Der mündige Bürger fällt nicht vom Himmel. Die Anfänge der Politikwissenschaft und des Schulfaches Politik in Deutschland nach 1945. In: Der Bürger im Staat. 3/1986, S. 239-243
Rolf Dubs: Konstruktivismus. Einige Überlegungen aus der Sicht der Unterrichtsgestaltung. In: Zeitschrift für Pädagogik. 6/1995, S. 889-903
Tilman Grammes: Handlungsorientierter Unterricht. Schriftenreihe der Niedersächsischen Landeszentrale für politische Bildung. 2. Aufl. – Hannover 1997
Herbert Gudjons: Handlungsorientiert lehren und lernen. 4. Aufl. – Bad Heilbrunn 1994
Hansjörg Kaiser: Handlungsorientierung als didaktisch-methodisches Element im Gemeinschaftskundeunterricht und in der Erwachsenenbildung am Beispiel der Museumsmethode. Frankfurt/M. 1996
Heinz Klippert: Methodentraining. Übungsbausteine für den Unterricht. Weinheim / Basel 1994
Landeszentrale für politische Bildung Baden-Württemberg (Hrsg.): Praktische politische Bildung. Schwalbach/Ts. 1997
Sibylle Reinhardt: Handlungsorientierung. In: Wolfgang Sander (Hrsg.): Handbuch politische Bildung. Schwalbach/Ts. 1997, S. 105-114

B. Zur Bürgerrolle in der Demokratie

Paul Ackermann

Die Bürgerrolle in der Demokratie als Bezugsrahmen für die politische Bildung

Nach dem Darmstädter Appell aus dem Jahre 1995, an dessen Formulierung führende Fachwissenschaftler und Fachdidaktiker beteiligt waren, besteht das Ziel der politischen Bildung in der „Befähigung der Schülerinnen und Schüler zur Wahrnehmung ihrer Bürgerrolle in der Demokratie" (Darmstädter Appell 1995, S. 6). Allerdings wird die Bürgerrolle nicht näher definiert. Zu welchem Bürger wollen wir erziehen? Wie sind die Bürger bzw. wie sollen sie sein? Befragt man entsprechende Titel wissenschaftlicher und publizistischer Beiträge, so bekommen wir recht unterschiedliche Antworten: Neben der klassischen Alternative „mündig" oder „unmündig", gelten die Bürger als „schwierig" (Siegfried Schiele 1994), „überfordert" (Helmut Schelsky 1973), „zornig" (Manfred Hättich 1984), als „Zuschauer" oder nach dem ehemaligen Oberbürgermeister von Stuttgart, Manfred Rommel, als „verwöhnt" und „verschnullert". Man könnte die Reihe fortsetzen: Die Bilder der Bürgerin und des Bürgers sind sehr unterschiedlich, ja sogar widersprüchlich.

Bei meinem Versuch, die Bürgerrolle in der Demokratie in der Bundesrepublik zu beschreiben, beschränke ich mich bewußt, soweit dies überhaupt geht, auf die didaktische Perspektive. Auf die Problematik, daß die Lehrenden selbst ein Modell eines Bürgers repräsentieren, kann ich in diesem Zusammenhang nicht näher eingehen, ebensowenig auf die besonderen Schwierigkeiten der Frauen bei der Wahrnehmung ihrer Bürgerinnenrolle.

1. Bürgerleitbilder in der Politikdidaktik

Im folgenden Teil möchte ich einige ausgewählte aktuelle Bürgerbilder, die in der politischen Bildung vermittelt werden, skizzieren. Es ist erstaunlich, daß die Frage „Zu welchem Bürger wollen wir erziehen?" oft nur indirekt oder gar nicht beantwortet wird. Mit meinem Versuch einer Typologisierung möchte ich deutlich machen, daß in der Politikdidaktik sehr unterschiedliche Bürgerrollen angeboten werden. Dabei gehe ich davon aus, daß vom Grundgesetz her kein ganz bestimmtes Bürgerbild abgeleitet werden kann. Es bietet einen Rechts- und Werterahmen an, der unterschiedlich ausgefüllt werden kann.

1.1 Bürger als „reflektierter Zuschauer"

Ich beginne mit Hermann Giesecke, der nach Walter Gagel als repräsentativ für die Rezeption der Sozialwissenschaften durch die politische Didaktik gelten kann. Er hat nicht nur den Konfliktbegriff von Ralf Dahrendorf für die politische Bildung fruchtbar gemacht, sondern sich auch mit dem Begriff des Bürgers in der damaligen politikwissenschaftlichen Diskussion auseinandergesetzt. Es ist im Vergleich zur heutigen Politikwissenschaft erstaunlich, daß sich in den 50er Jahren bekannte Wissenschaftler wie Wilhelm Hennis und Kurt Sontheimer mit der Frage nach dem Bürgerleitbild für die politische Bildung beschäftigt haben. Das Modell des Bürgers von Wilhelm Hennis aus dem Jahre 1957, an dem sich Giesecke in der ersten Auflage seiner Politikdidaktik orientiert, geht vom „einfachen Menschen und seinem Verhältnis zur Politik", vom „Normalbürger", wie ihn Giesecke nennt, aus. Hennis verwendet das heute noch eingängige Bild vom Fußballspiel und fragt nach den Kompetenzen des idealen Zuschauers: Entgegen der Satire von Loriot, bei der ein unbedarfter Zuschauer immer fragt „Wohin laufen sie denn?", muß der Zuschauer nach Hennis wissen, worum es geht. Er muß die Regeln kennen. Wenn es damals schon eine rote Karte gegeben hätte, dann wäre diese ein wichtiges Instrument des Zuschauers bzw. des Bürgers gewesen. Vom Normalbürger verlangt er das gleiche wie vom rechten Zuschauer. Er muß zumindest soviel über die Zusammenhänge des politischen Lebens wissen, daß er sie einigermaßen beurteilen kann. Hennis warnt vor der ständigen pädagogischen Forderung nach politischer Aktivität des Bürgers, die verfassungsmäßig nicht zu realisieren sei, und formuliert: „Die Aufgabe des Lehrers in der Schule ist nicht unmittelbar die Erziehung zur rechten Aktion, sondern zur rechten Reaktion" (Hennis 1957, S. 333). Hennis geht dabei von einem relativ formalen

Demokratiebegriff als „Set von Spielregeln" aus. Im Anschluß daran soll es in der politischen Didaktik „um eine Sicht des Politischen, die auf den sogenannten Normalbürger zugeschnitten ist – gewissermaßen auf den politischen Laien –, der weder Sozialwissenschaftler ist noch Politik zum Hauptberuf wählen will", gehen (Giesecke 1965, S. 175). Sein Zielbegriff der „politischen Beteiligung" beschränkt sich weitgehend auf ein Bewußtsein einer Art „passiver Aktivität", „insofern er sich nichts vormachen läßt und die politischen Akteure zwingt, bestimmte Dinge nicht zu tun" (a.a.O.). Nach Walter Gagel geht es ihm um den „Aktivitätsgehalt des Denkens" (Gagel 1994, S. 167) und dieser äußert sich, wie Giesecke es selbst formuliert: „im Üben des politischen Urteils an Ernstfragen des öffentlichen Lebens" (Giesecke 1965, S. 63). Das Bürgerbild des urteilsfähigen Zuschauers in der repräsentativen Demokratie finden wir auch heute noch bei anderen Politikwissenschaftlern und Politikdidaktikern.

1.2 Aktivbürger

In seiner Einleitung zu „Student und Politik", die als „Bibel" der studentischen Protestbewegung bezeichnet wurde, wendet sich Jürgen Habermas gegen eine „Formalisierung der Demokratie zu einem Set von Spielregeln" und eine „Fetischisierung der staatsbürgerlichen Teilnahme am politischen Leben" (Habermas 1961, S. 13). Er fragt nach der Funktion der politischen Partizipation im geschichtlichen Prozeß und versucht, dieses Ziel mit Begriffen wie Selbstbestimmung und Emanzipation inhaltlich näher zu bestimmen. Unter dem Einfluß der Kritischen Theorie und der studentischen Protestbewegung kam es zu einem neuen Bürgerleitbild in der politikdidaktischen Konzeption von Hermann Giesecke: „Wurde der Staatsbürger fast ausschließlich als Objekt der Demokratie betrachtet (er müsse ‚verantwortlich' sein, damit die Demokratie funktionieren könne), so wurde er jetzt ausdrücklich zum Subjekt erklärt" (Giesecke 1972, S. 43). Aus dem Grundgesetz, das er dynamisch interpretiert, leitet er das oberste Lernziel Mitbestimmung ab: „Es geht nicht nur ums Mitmachen in Institutionen und Organisationen, sondern um deren planmäßige Veränderung in Richtung auf zunehmende Demokratisierung der Gesamtgesellschaft" (Giesecke 1972, S. 139). Die zukünftigen Bürger sollten also durch politische Bildung Kenntnisse, Fähigkeiten und Fertigkeiten lernen, um in politischen Handlungssituationen Mitbestimmung optimal durchsetzen zu können. Bei seinem Zielbegriff der „emanzipierenden Mitbestimmung" geht es ihm im Gegensatz zu Rolf Schmiederer nicht um eine Systemüberwindung, sondern um Systemreform. Auf die Veröffentlichungen Hermann Gieseckes in den 90er Jahren, in denen er weitgehend wieder auf das Bürgermodell des reflektierten Zuschauers zurückgeht, kann ich in diesem Zusammenhang nicht eingehen.

1.3 Bürger als Interessenvertreter

Im Anschluß an den dritten Beutelsbacher Konsenssatz, nach dem der Schüler in die Lage versetzt werden muß, „eine politische Situation und seine Interessenlage zu analysieren, sowie nach Mitteln und Wegen zu suchen, die vorgefundene Lage im Sinne seiner Interessen zu beeinflussen" (Wehling 1977, S. 180), kann als weiteres Leitbild der Bürger als Interessenvertreter beschrieben werden. Unumstritten ist der methodische und operationale Aspekt dieses Prinzips. Doch wird in der dritten Beutelsbacher Konsensthese die zentrale Frage des Interessenausgleichs nicht angesprochen. Auf dem Hintergrund der pluralistischen Demokratie stellt das Paradigma des Interesses nicht nur ein brauchbares Instrument der sozialwissenschaftlichen Analyse, sondern auch der Politikdidaktik dar. Die Rekonstruktion der politischen Wirklichkeit mit Hilfe dieses Ansatzes hat sich in vielen Unterrichtsentwürfen bewährt, wobei die in der Pluralismustheorie umstrittene Frage des Gemeinwohls a priori oder a posteriori durchaus auch zum Gegenstand des Unterrichts selbst gemacht werden kann und soll.

1.4 Neue Leitbilder in der Bürgergesellschaft

Im Rahmen der Diskussion über die Bürger- oder Zivilgesellschaft werden vor allem in der politischen Erwachsenenbildung neue Bürgerleitbilder propagiert. Hinter diesem Begriff, der inzwischen fast zu einer Leerformel in der politischen und wissenschaftlichen Publizistik geworden ist, stehen zum Teil sehr unterschiedliche gesellschaftstheoretische Konzepte wie die Kritische Theorie, modifizierte liberale Modelle und die Theorie des Kommunitarismus. Den „institutionellen Kern der Zivilgesellschaft" nach Jürgen Habermas und anderen bilden „nichtstaatliche und nichtökonomische freiwillige Assoziationen wie z.B. soziale Bewegungen, Bürgerinitiativen und Bürgerforen. In ihnen sind es die als Freie und Gleiche gedachten Bürger, die ‚politische Öffentlichkeit' konstituieren sollen, um auf diesem Wege wirksamen Druck auf den ‚starren Staatsapparat' und die ‚strukturell konservative Ökonomie' auszuüben" (Hepp 1994, S. 4). Kritisiert wird vor allem der utopische Charakter dieses Konzepts, das von einem politischen

Dauerengagement ausgeht. Bei den liberalen Vertretern einer Bürgergesellschaft stehen zunächst die individuellen Bürgerrechte und die den Pluralismus garantierenden freien Gruppierungen im Vordergrund. Doch wird zunehmend die Bedeutung eines Bürgersinns oder die Notwendigkeit von emotionalen Gemeinschaftsbezügen als Bindeglieder der Gesellschaft betont. Allerdings werden entsprechende Vorschläge auch als „Heizkissen" für die (nach Ralf Dahrendorf) „kalten Projekte der Demokratie und Ökonomie" kritisiert.

Das Hauptanliegen des Kommunitarismus besteht darin, ein neues Gleichgewicht zwischen individueller Autonomie und der Erfordernis zur Übernahme von Verpflichtungen gegenüber der Gemeinschaft zu finden. Auf die Frage, was Kommunitarismus sei, hat Amitai Etzioni folgender ironischen Charakterisierung zugestimmt: „Es scheint zum Teil Kirchenpredigt, zum Teil Bekräftigung alter Werte, zum Teil politische Kampagne und zum Teil soziale Bewegung zu sein" (zit. nach Meyer 1994, S. 259f.). Anders formuliert geht es Etzioni, einem Hauptvertreter dieser Richtung, vor allem darum, eine neue moralische Infrastruktur und soziale Netzwerke politischer Gemeinschaftserfahrung zu schaffen (Honneth 1995). Deren Orte sieht er in Familie, Schulen, Kirchen, Vereinen bis hin zu neuen sozialen Initiativen. Kritisiert wird einmal die Gefahr der Sittenwächterei. Als negatives Beispiel werden oft die Raucher erwähnt, die man ermahnen müsse, weil sie die Gemeinschaftskasse mit den Kosten einer selbstverschuldeten Krebserkrankung belasten. Zum anderen wird die Frage gestellt, ob dieser Ansatz, der stark an die Partnerschaftstheorie der 50er Jahre erinnert, nicht zur Abwertung oder Ausblendung des Politischen führen kann. Gerd Hepp und Herbert Schneider versuchen diesen Ansatz als Demokratielernen im Rahmen der Inneren Schulreform weiterzuentwickeln.

Meiner Meinung nach muß sich die Politikdidaktik noch intensiver mit den im Rahmen des Konzepts der Bürgergesellschaft angebotenen Bürgerrollen und dabei mit der Entgrenzung des Politischen befassen und die zunehmende Politisierung des Alltags stärker berücksichtigen.

1.5 Unions- und Weltbürger:
Bürger-Rolle in einer entgrenzten Welt

Die bisherigen Bürgerleitbilder hatten weitgehend den Bürger eines Nationalstaates im Blick. Angesichts der zunehmenden internationalen Verflechtung entgleitet dem Nationalstaat nach Fritz Scharpf „mehr und mehr die Kontrolle über das kollektive Schicksal seiner Bürger" (Scharpf 1993, S. 165). Im Vertrag von Maastricht wird die Figur des

„Unionsbürgers" oder der europäischen Bürgerschaft definiert. Der Europäische Rat hat die Herausbildung eines „aufgeklärten europäischen Nationalbewußtseins" gefordert (Ungerer 1994, S. 129). Das didaktische Konzept des Globalen Lernens in der „Einen Welt" hat den Weltbürger im Blick, wenn auch Formeln wie „Global denken – lokal handeln" der Komplexität und Unübersichtlichkeit der internationalen Beziehungen noch nicht gerecht werden. Michael Greven stellt die Frage: „Müßte man, wenn man von ‚Weltgesellschaft' spricht, nicht auch an eine Form von ‚Weltdemokratie' denken [...]?" (Greven 1996, S. 115). Das verstärkte Aufkommen der Nichtregierungsorganisationen zeigt das Bemühen der sogenannten Weltbürger, auch auf internationale Entscheidungsprozesse, die bisher nur den Regierungen vorbehalten waren, Einfluß zu nehmen. Die wenigen Hinweise haben gezeigt, daß Bürger-Sein in einer entgrenzten Welt eine neue Herausforderung für die politische Bildung darstellt.

1.6 Interventionsfähiger Bürger

Fritz Scharpf kritisiert in dem von ihm geprägten Begriff der „komplexen Demokratie" das zu niedrige Komplexitätsniveau der verschiedenen Demokratietheorien. Dieses Problem stellt sich besonders für die Bürgerbilder in der Politikdidaktik, die ja von ihrer Aufgabe her gehalten ist, Komplexität zu reduzieren. Die komplexe Demokratietheorie will ausdrücklich nicht nur den Beteiligungs- oder Input-Aspekt, sondern auch die Steuerungsleistungen – den Output des politischen Systems berücksichtigen (Schmidt 1997, S. 205-217). Die Problemverarbeitung und Entscheidungsfindung müsse vom Zentralstaat soweit wie möglich an die nachgeordneten Systeme wie z.B. Bundesländer, Regionen und Kommunen verteilt werden. Auf diesen Ebenen gibt es durchaus noch mehr Partizipationsmöglichkeiten. Doch sieht Fritz Scharpf auch die eben angesprochene zunehmende internationale Verflechtung (Scharpf 1993, S. 167). Nach der komplexen Demokratietheorie stehen im Zeitalter komplexer Interdependenz die Effektivität politischer Problemlösungen und die demokratische Legitimation durch die Bürger in einem schwer lösbaren Spannungsfeld. Eine umfassende Teilhabe eines politischen Aktivbürgers an allen Entscheidungen des politischen Systems ist kaum organisierbar und wohl auch nicht zu erwarten. Anstelle eines politischen Dauerengagements halte ich mit Thomas Meyer „die politische Tugend der Interventionsfähigkeit" für sinnvoll. Unter politischer Interventionsfähigkeit versteht er „die doppelte Kompetenz des Urteils, wann die eigene Einmischung ins politische Geschehen nötig wird und wo und wie sie wirksam werden kann" (Meyer 1994, S. 263).

Ich möchte die Bürgerrolle in der komplexen Demokratie wenigstens andeutungsweise anhand der politischen Handlungsfelder, die ich in meinem Bürgerhandbuch (Ackermann 1998) herausgearbeitet habe, illustrieren.

I.	Bürgerrolle in der Demokratie
II.	Sich Informationen beschaffen
III.	An die Öffentlichkeit gehen
IV.	Durch Wahlen mitbestimmen
V.	Abstimmungen: an Sachentscheidungen mitwirken
VI.	Parteien: an der politischen Willensbildung teilnehmen
VII.	Vereine und Verbände: gesellschaftliche Aufgaben und Interessen wahrnehmen
VIII.	Bürgerinitiativen: sich für sich und andere einsetzen
IX.	Mit Verwaltungsbehörden umgehen
X.	Sich an Planungen beteiligen

An den bisherigen Demokratietheorien wird bemängelt, daß die Output-Seite des politischen Systems vernachlässigt wurde. Dies gilt auch für die Politikdidaktik: Der „Umgang mit den Verwaltungsbehörden", von deren Entscheidungen alle Bürger betroffen sind, und die „Mitwirkung an Planungsprozessen" (Bausteine IX und X) wurden bisher kaum berücksichtigt. Unumstritten ist die Medienkompetenz in den Bausteinen II und III als Voraussetzung für die Wahrnehmung jeglicher Bürgerrolle. Fritz Scharpf hat schon 1970 dafür plädiert, das Gewicht der Wahlentscheidung zu erhöhen (Baustein IV). Bemerkenswert ist, daß der Bürger seine unterschiedliche Rolle als Wähler auf den verschiedenen Systemebenen durchaus differenziert wahrnimmt und entsprechende Möglichkeiten auf der kommunalen Ebene durch die Einführung der Direktwahl des Bürgermeisters und des Landrats in fast allen Bundesländern erhöht wurden. Die Möglichkeiten, durch Abstimmungen an politischen Sachentscheidungen mitzuwirken (Baustein V), sind besonders geeignete Beispiele, die oben genannte Interventionsfähigkeit auszuüben. Diese Interventionsmöglichkeiten sind in den letzten Jahren nicht nur auf Länder- und kommunaler Ebene erweitert, sondern auch verstärkt genutzt worden. Dies ist ein Beleg dafür, daß ein komplexes politisches System durchaus lernfähig ist. Die politischen und sozialen Bürgerinitiativen auf der innerstaatlichen und internationalen Ebene bieten den organisatorischen Rahmen für die Interventionsfähigkeit der Bürger (Baustein VIII). Wenn die politischen Parteien (Baustein VI) sich „ihrerseits auch als Katalysatoren solcher Initiativen und in unaufdringlicher Weise zugleich als Brücken zwischen ihnen und dem politischen System verstehen, gewinnen sie durch einen Wandel ihres Rollenverständnisses einen Teil ihrer Bedeutung zurück" (Meyer 1994, S. 262). Insgesamt scheint mir der interventionsfähige Bürger das Bürgerleitbild zu sein, das unserer komplexen Diskussion am ehesten angemessen ist. Auf die Frage, wie in der politischen Bildung mit den unterschiedlichen Bürgerleitbildern umgegangen werden soll, will ich im 3. Kapitel eingehen.

2. Das politische Selbstverständnis der Bürgerinnen und Bürger – Ausgewählte Befunde der politischen Kultur- und Sozialisationsforschung

Nach der mehr normativen Perspektive scheint es mir notwendig, wenigstens kurz auf die Frage einzugehen, wie die Bürgerrolle von den Bürgern selbst, also den Adressaten der politischen Bildung wahrgenommen wird. Dabei ist zu berücksichtigen, daß entsprechende Untersuchungen der politischen Kultur- und Sozialisationsforschung nicht aus didaktischem Interesse gemacht wurden.

Mit dem Konzept der politischen Kultur, die man verallgemeinernd als Gesamtheit der Orientierungsmuster der Bürgerinnen und Bürger gegenüber dem politischen System bezeichnen kann, wird in der Politikwissenschaft versucht, die subjektive Dimension der Politik zu erfassen. Politische Sozialisation hat innerhalb des politischen Systems die Aufgabe, die politische Kultur zu tradieren und zu wandeln.

2.1 Indikatoren einer demokratischen Bürgerkultur oder Merkmale einer demokratischen Persönlichkeit

In den 50er Jahren wurde die politische Kultur der Bundesrepublik noch als Untertanenkultur, nach der sich die Bürger noch in hohem Maße als Objekt des staatlichen Handelns verstehen, charakterisiert. Unumstritten ist, daß sich inzwischen ein Wandel hin zur demokratischen Bürgerkultur vollzogen hat. Auf dem Hintergrund des von Gabriel Almond und Sidney Verba entwickelten Konzepts der „civic culture" haben Martin und Sylvia Greiffenhagen Indikatoren einer demokratischen Bürgerkultur und zugleich auch Merkmale einer demokratischen Persönlichkeit (Greiffenhagen 1993, S. 112) herausgearbeitet. Diese Kriterien sind auch von didaktischem Interesse, wenn es um die Beantwortung der Frage geht: „Zu welchem Bürger sollen wir erziehen?"

Im einzelnen werden folgende genannt:
- Informiertheit, also die Kenntnis der Institutionen, Gesetze und politischen Verfahren.
- Politisches Interesse: Politisches Interesse bildet einmal die Grundlage für politische Informiertheit, drückt sich aber auch in der kritischen Beobachtung und der Diskussion politischer Vorgänge aus.
- Soziales Vertrauen: Damit sind Eigenschaften wie Offenheit für andere Menschen, Vertrauen in die soziale Umgebung oder Toleranz gemeint.
- Selbstvertrauen: Danach steht Selbstachtung und eine gewisse Selbstsicherheit in Zusammenhang mit der Akzeptanz demokratischer und rechtsstaatlicher Verfahrensweisen, während geringes Selbstvertrauen und allgemeine Ängstlichkeit autoritäres und antidemokratisches Denken und Handeln fördern können.
- Glaube an den eigenen Einfluß: Dieses Kriterium hängt sehr stark mit den genannten Faktoren zusammen. Mit dem steigenden Vertrauen in den Sinn und Erfolg politischer Beteiligung steigt auch die Partizipationsbereitschaft, wozu auch ein höherer Bildungsgrad beitragen kann.
- Form und Grad politischer Partizipation: Die aufgezeigten Merkmale können als Bedingungen politischer Beteiligung gewertet werden.

Nach vier Jahrzehnten hat sich das politische Bewußtsein der Bundesbürger nach den genannten Indikatoren zum Positiven verändert. Besonders stieg das Interesse an Politik und das Wissen über politische Vorgänge. Auch das Vertrauen zu anderen Menschen und in die eigenen politischen Wirkungsmöglichkeiten nahm zu. Allerdings gibt es auch noch Defizite, die sich aus der obrigkeitsstaatlichen Tradition Deutschlands erklären lassen: mangelnder Sinn für Pluralität sowie Opposition und Mißachtung von Minderheiten.

Besondere Veränderungen ergaben sich seit den 70er Jahren auf dem Feld der politischen Partizipation. Max Kaase spricht sogar von einer „partizipatorischen Revolution", d.h. immer mehr Menschen engagieren sich in neuen Formen. Neben den etablierten, konventionellen Partizipationsformen entwickelten sich neue, unkonventionelle und zum Teil illegale Formen wie Hausbesetzungen und Sitzstreik, wobei der Übergang von konventionellen zu unkonventionellen Formen fließend ist. Nach Hermann Trinkle sind die in den 70er und 80er Jahren entstandenen Bürger- und Protestbewegungen auch „Ausdruck und Ergebnis veränderter Ansprüche und Erwartungen an das politische System. Politische Partizipation ist dadurch viel stärker punktuell, auf einzelne Problembereiche konzentriert, situations- und kontextabhängig. Die Formen politischer Partizipation werden stärker auf dem Hintergrund der eigenen Lebenswelt betrachtet, aus deren unmittelbarer Betroffenheit dann gehandelt wird" (Trinkle 1997, S. 142). Eine auf langfristige Veränderungsprozesse hin orientierte politische Beteiligung in verfaßten Großorganisationen wie z.b. Parteien und Gewerkschaften nimmt demgegenüber ab.

Auf die nach der Wiedervereinigung im Jahre 1989 notwendigen Nachhol- und Umstrukturierungsprozesse in den neuen Bundesländern kann in diesem Zusammenhang nicht näher eingegangen werden. Die unterschiedlichen Einschätzungen der Partizipationsmöglichkeiten hat der Soziologe Peter Mohler etwas zugespitzt auf folgende Formel gebracht: In Ostdeutschland denkt man: „Die Obrigkeit wird's schon richten, aber denen da oben trauen wir nicht"; in Westdeutschland: „Denen da oben trauen wir nicht und deshalb wollen wir selber sehen und entscheiden, was gemacht wird."

Auch wenn es in der quantitativen Entwicklung der neuen Beteiligungsformen durchaus Schwankungen gibt, kann man insgesamt feststellen, daß sich in der Bundesrepublik nicht nur das politische Handlungsrepertoire erweitert, sondern auch das politische Selbstverständnis der Bürgerinnen und Bürger verändert hat.

2.2 Wertewandel: Auf der Suche nach einer neuen Bürgerrolle

Als bestimmende Ursache für diese Veränderungen kann der gesellschaftliche Wertewandel angesehen werden, der in den letzten Jahrzehnten nicht nur in der Bundesrepublik, sondern auch in anderen westlichen Industriestaaten stattgefunden hat. Helmut Klages, dessen Konzept ich hier nur andeuten kann, bringt den nach ihm unumkehrbaren Megatrend auf die kompakte Formel „Von Pflicht und Akzeptanzwerten zu Selbstentfaltungswerten", betont aber gleichzeitig, daß sich im Prozeß des Wertewandels „innerhalb der Bevölkerung jedoch die unterschiedlichsten Varianten von Wertekombinationen entwickeln, die sich [...] auf der Ebene des alltäglichen Denkens und Fühlens, Wollens und Bewertens des Menschen mit den allerverschiedenartigsten Einstellungen und Verhaltensdispositionen verbinden" (Klages 1993, S. 34). Auf die verschiedenen Mischungstypen kann ich in diesem Zusammenhang nicht eingehen. Die gröbste Einteilung wäre die Unterscheidung zwischen dem Idealisten, hedonistischen Materialisten und aktiven Realisten.

Abb. 1: Karikatur von Mohr

Der Typ des aktiven Realisten – auch ein realistischer Zielbegriff für die politische Bildung – ist am häufigsten anzutreffen; er legt einerseits großen Wert auf Selbständigkeit und engagiert sich konstruktiv-kritisch in Gesellschaft und Politik, sieht aber die Notwendigkeit von Ordnungen und Gesetzen ein (Klages 1993, S. 38ff.).

„Der Wandel von einem nomozentrischen zu einem autozentrischen Selbst- und Weltverständnis, in dem das originäre Selbst, die eigenen Lebensinteressen zur Leitinstanz des Denkens und Fühlens aufrücken" (Hepp 1994, S. 147), ist nach Gerd Hepp nur eine Seite der Medaille des Wertewandels. Gleichzeitig wuchsen die Ansprüche an die Problemlösungsfähigkeit des politischen und ökonomischen Systems, d.h. „die Bürger sind gegenüber der Politik und den staatlichen Institutionen hochgradig unzufriedener, mißtrauischer, abstands- und protestbetonter geworden" (Hepp 1994, S. 149).

Helmut Klages sieht durchaus die möglichen negativen Auswirkungen des Wertewandels, bleibt aber – und das finde ich bemerkenswert – nicht bei einer kulturpessimistischen Zeitdiagnose wie z.B. einer Egogesellschaft stehen. Seiner Meinung nach ist es für die Werteentwicklung entscheidend, „in welchem Maße Handlungsfelder eine Verwirklichung individueller Selbstentfaltungsleitbilder im Wege aktiver und verantwortlicher Betätigung begünstigen und Erfolgserlebnisse zu vermitteln vermögen, die auf einer solchen Grundlage aufbauen. Überall, wo dies in ausreichendem Maße der Fall ist, sind unter den Bedingungen des vorhandenen Megatrends des Wertewandels die Weichen eher in Richtung des aktiven Realisten gestellt" (Klages 1993, S. 38). Die angebotenen Rollen müssen in stärkerem Maße als bisher „Verantwortungsrollen" sein, die dem individuellen Wunsch, „sich einzubringen", Rechnung tragen. Er führt die Tatsache, daß trotz des gestiegenen politischen Interesses die Mitgliederzahlen in Großorganisationen wie Parteien, Gewerkschaften und Kirchen gesunken sind, darauf zurück, daß diese „noch bei weitem an herkömmlichen Autoritätstraditionen, Organisationsgrundsätzen und Führungsphilosophien" festhalten und an den „aktuellen Wertverwirklichungsbedürfnissen und -interessen der ‚Menschen draußen' vorbeidenken und -handeln" (Klages 1993, S. 39f.). In ähnliche Richtung geht ein neues Verständnis vom Ehrenamt, das sich erstaunlicherweise auch oder gerade bei Senioreninitiativen breit macht: „War das sogenannte ‚Alte Ehrenamt' stark durch den Einsatz für die ‚Sache' geprägt, so knüpfen die meisten freiwillig Aktiven heute ihre Bereitschaft zum Engagement an bestimmte Bedingungen: Sie wollen Tätigkeiten, von deren Sinn sie selbst überzeugt sind, die inhaltlich und zeitlich überschaubar sind, Möglichkeiten der Mitgestaltung und der Mitbestimmung bieten, sie in Kontakt mit anderen Menschen bringen, ein Dazulernen ermöglichen und schlicht und einfach Spaß machen" (Landschaft Bürgerschaftliches Engagement 1996, S. 12).

George Bernard Shaw hat einmal gesagt: „Tugend ist ein Mangel an Gelegenheit" und geht dabei von einem etwas eingeschränkten Tugendbegriff aus. Für Thomas Meyer, einem der wenigen Politikwissenschaftler, die sich auch mit politischer Bildung beschäftigen, sind politische Tugenden auch „eine Frage der Gelegenheit, zum Verlernen und Versäumen nicht weniger als zum Erwerb und zur Einübung. Absurd ist der abstrakte Idealismus, der in der Zumutung liegt, die aus dem politischen Geschehen Ausgeschlossenen sollten wenigstens kluge Duldung üben, damit der politische Betrieb weiterlaufen kann, von dem am Ende doch irgendwie alle profitieren. Auch politische Klugheit wächst verläßlich nur in der Teilhabepraxis, die die Perspektive verantwortlichen Handelns ist" (Meyer 1994, S. 255). Dieser Hinweis auf die Notwendigkeit, Gelegenheiten für Verantwortungsrollen anzubieten, die Teilnehmerperspektiven vermitteln, scheint mir auch für unsere Diskussion über den handlungsorientierten Unterricht wichtig zu sein.

2.3 Politische Persönlichkeiten – eine aussterbende Spezies unter Jugendlichen?

Diese Frage stellten sich die Autoren nach einer Längsschnittstudie, die bei Jugendlichen von 8 bis 20 Jahren von 1985 bis 1995 durchgeführt wurde. Der Begriff „politische Persönlichkeit" wird in diesem Zusammenhang so verstanden, daß er das Interesse an oder das Engagement in politischen Zusammenhängen zum Ausdruck bringt. Er bezeichnet also „eine Einstellung, eine politische Affinität, die sich in politischem Verhalten artikulieren kann" (Sohr 1997, S. 210). In der allerdings nicht repräsentativen Längsschnittstudie von 1985 bis 1995 bei über 1.000 Jugendlichen zwischen 8 und 20 Jahren wurde ein Rückgang des politischen Interesses und Engagements festgestellt. Bezeichnend für den gewissen Rückzug ist die Kommentierung der letzten Erhebung nach 10 Jahren durch eine befragte, jetzige Familienpädagogin: „Mit 17 wollte ich die Welt noch verändern, jetzt bin ich froh, wenn ich mein eigenes Leben im Griff habe." Für unser Thema des handlungsorientierten Unterrichts ist interessant, daß nach der Untersuchung ein aktiver zugewandter Stil im Umgang mit politischen Problemen „die wichtigste Vorbedingung für späteres politisches Interesse und Engagement darstellt" (Sohr 1997, S. 225). „Wer also bereits 1985 gelernt hat, aktiv mit politischen Problemen umzugehen, gehört mit großer Wahrscheinlichkeit zu denjenigen Personen, die als politische Persönlichkeiten bezeichnet werden können" (Sohr 1997, S. 225).

Abb. 2: Wem vertraut die Jugend? Vertrauen der 12- bis 24jährigen in Institutionen und Organisationen nach der Shell-Jugendstudie 1997   (*Quelle:* Globus Nr. 4145)

Es ist sicher nicht möglich, die verschiedenen Jugenduntersuchungen wie z.B. die des Deutschen Jugendinstituts oder von Klaus Hurrelmann und schließlich die Shell-Studien auf einen Nenner zu bringen. Die politischen Einstellungen der Jugendlichen sind gekennzeichnet durch eine Distanz zu der institutionalisierten Politik, während die neuen politischen Aktionsformen bereits als normal angesehen werden. Zur Illustration dienen die entsprechenden Ergebnisse der jüngsten Shell-Studie, nach der Greenpeace bei den Jugendlichen an der Spitze und die Parteien am Ende der Vertrauensskala stehen (vgl. S. 25).

Klaus Hurrelmann spricht von einem „Mißtrauen gegenüber den politischen Apparaten", denen die Jugendlichen kaum mehr Lösungen für die Zukunftsfragen zutrauen. Daß die Kluft zwischen der Systemwelt der Politik und der Lebenswelt der Jugendlichen immer größer wird, zeigt auch die neueste Shell-Studie: „Den Wesenskern von Demokratie machen für Jugendliche vor allem solche Aspekte aus, die sie persönlich betreffen. Insofern ist Demokratie für sie konkret. Eine Gesellschaftsordnung, die anscheinend eine solche Leistung nicht (mehr) erbringt, wird von den Jugendlichen nicht (mehr) als Demokratie erlebt, unabhängig von ihrem verfassungsrechtlichen Status und dem Gang ihrer Entscheidungsprozesse. Hier ergeben sich Ansatzpunkte für die politische Bildung" (Jugendwerk der Deutschen Shell 1997, S. 309). Welche, verraten allerdings die Autoren nicht. Sie gehen von der drohenden Arbeitslosigkeit als prägender Generationserfahrung aus und weisen auf die Gefahr hin, „daß ein erlebtes Desinteresse der Politik an der Jugend verbunden mit dem Gefühl, daß die Erwachsenengesellschaft die Bedürfnisse der Jugendlichen unberücksichtigt läßt, zur politischen Entfremdung führt" (a.a.O., S. 319). Allerdings finde ich es problematisch, von einem Aussterben der politischen Persönlichkeit zu sprechen. Es kann durchaus sein, daß die Jugendlichen ihre Bürgerrollen nur anders zu definieren versuchen.

3. Bürgerrollen und handlungsorientierter Politikunterricht

3.1 Verantwortungsrollen und Kompetenzen

Wir haben gesehen, daß in der Politikdidaktik sehr unterschiedliche Rollenleitbilder angeboten werden, daß es in der politischen Wirklichkeit verschiedenartige Auffassungen von der Bürgerrolle gibt, und daß der einzelne in unterschiedlichen Handlungszusammenhängen unterschiedliche Bürgerrollen spielen kann. Dabei gehen wir von einem dynamischen Rollenbegriff aus. In den rollentheoretischen Überlegungen von Jürgen Habermas und Lothar Krappmann wird „Rolle" nicht als etwas Fertiges, Vorgegebenes angesehen, sondern muß in jedem Kommunikationsakt wieder neu geschaffen werden. Damit ist die Rolle nicht fixer Schnittpunkt zwischen dem einzelnen und der Gesellschaft, sondern Handlungsfeld, das je nach den Bedürfnissen der Interaktionspartner gestaltet werden kann. Allerdings müssen bei der Definition der Bürgerrolle in der Systemwelt der Politik Probleme wie Herrschaftsnormen, Macht und Sachzwänge berücksichtigt werden. Den Adressaten politischer Bildung ein bestimmtes Bürgerbild aufzuoktroyieren, würde einmal dem angedeuteten Rollenverständnis und dem Überwältigungsverbot des Beutelsbacher Konsens widersprechen, zum anderen bestünde angesichts des raschen gesellschaftlichen und politischen Wandels die Gefahr, daß wir zum „Bürger von vorgestern" erziehen.

In diesem Zusammenhang spricht der Darmstädter Appell vom Zielbegriff des „handlungsfähigen politischen Bürgers", ohne diesen näher zu definieren. Unter „handlungsfähig" kann wohl nicht eine unmittelbare Handlungsfähigkeit, also der mit allen Wassern gewaschene politische Profi oder Mehrkämpfer gemeint sein. Es ist daher notwendig, kurz auf den Handlungsbegriff einzugehen, der zur Zeit in nahezu allen Wissenschaften diskutiert wird. Handeln wird im Gegensatz zum bloß reaktiven Verhalten dadurch bestimmt, daß es für den Handelnden selbst bewußt ist, von ihm selbst kontrolliert und mit Sinn versehen wird. „Bewußtsein, Sinngebung, Antizipation und Entwurf von Zielen, Mitteln und Nebenwirkungen, Wahl und Entscheidung" (Popp 1985, S. 68) sind wesentliche Merkmale des Handelns allgemein und meiner Meinung nach auch des politischen Handelns. Bei der Entwicklung einer politischen Handlungsfähigkeit in der politischen Bildung geht es daher nicht darum, ein bestimmtes Bürgerverhalten zu schulen, sondern den angehenden Bürgern ihre gegenwärtigen und zukünftigen Rollen in den verschiedenen Handlungszusammenhängen und Handlungsebenen der Politik durchsichtig und verfügbar zu machen. Ich spreche in diesem Zusammenhang in Anlehnung an Helmut Klages bewußt von Verantwortungsrollen, um die Eigenverantwortlichkeit und die ethische Dimension politischen Handelns, bei dem es auch um die allgemeine Verbindlichkeit von Wert- und Ordnungsvorstellungen geht, anzudeuten. Ich kann an dieser Stelle nicht näher auf diesen Aspekt, vor allem auf die damit zusammenhängende aktuelle Diskussion über Menschenrechte und Menschenpflichten eingehen. An dieser Stelle wird deutlich, wie sehr die Bürgerrolle letztlich auch eine Frage nach dem jeweiligen Menschenbild ist.

Welche Kompetenzen sind notwendig, um politische Handlungsfähigkeit zu entwickeln? Nach dem Politikwissenschaftler Herfried

Münkler sollen unter bürgerschaftlicher Kompetenz „die qualifikatorischen Voraussetzungen für die Wahrnehmung von Rechten wie die Übernahme von Pflichten verstanden werden, die mit dem Bürgerstatus verbunden sind. Solche Kompetenzen können kognitiver, prozeduraler oder habitueller Art sein" (Münkler 1997, S. 156). Wir nehmen hier aus didaktischer Sicht wieder die Frage nach den Merkmalen einer politischen Persönlichkeit und damit des Bürgers auf, die im Rahmen der politischen Kulturforschung gestellt wurde (s. Kapitel 2.1). Gerade weil die Massenmedien eine zentrale Vermittlerfunktion haben, kommt der Medienkompetenz eine besondere Bedeutung zu. Im übrigen wurden von Heinz Klippert folgende Kompetenzen unterschieden:
- inhaltlich-fachliche,
- handlungsstrategische,
- sozialkommunikative Kompetenz (Klippert 1991, S. 16).

Mit diesen allgemein formulierten Kompetenzbegriffen werden Schwerpunkte im Zielbereich genannt, wobei deren Differenzierung und Gewichtung durchaus umstritten ist. Ziel des Erwerbs von Kompetenzen sind bestimmte Verhaltensdispositionen im Sinne von Persönlichkeitsmerkmalen, die im Gegensatz zu den Lernzielen nicht unmittelbar beobachtbar und abrufbar sind. Mit Dispositionsangaben werden nach Werner Jank und Hilbert Meyer „Fähigkeiten bezeichnet, Gelerntes auch in nicht eindeutig voraussehbaren Situationen ‚sinngemäß' richtig zu beherrschen" (Jank/Meyer 1991, S. 302). Beim handlungsorientierten Unterricht geht es also in der Regel nicht um die Vermittlung von unmittelbar im politischen Alltag anwendbaren Handlungskompetenzen, sondern um die Anbahnung von erst später zu aktualisierenden Handlungsdispositionen.

3.2 Handlungsorientierter Unterricht als Konzept zur Vermittlung von Lebens- und Systemwelt

Wir haben gesehen, daß eines der Hauptprobleme der politischen Kultur und damit der politischen Bildung in der zunehmenden Distanz zwischen Lebenswelt und der Systemwelt der Politik besteht. Dabei sollte uns jedoch bewußt sein, daß es sich bei diesen Begriffen um theoretische Konstrukte handelt, mit Hilfe derer wir aus der Perspektive der Lebenswelt die Prozesse der Systemwelt durchschaubar, nachvollziehbar und damit beeinflußbar machen wollen. In der politischen Wirklichkeit sind Lebens- und Systemwelt verflochten und stehen in einem dynamischen Austausch- und Wechselverhältnis.

Der Jugendforscher Klaus Hurrelmann spricht von einer „immer weiter voranschreitenden Entfremdung aller Bevölkerungsgruppen von dem derzeitigen politischen System, insbesondere aber der Kinder und Jugendlichen" (Pallentien/Hurrelmann 1997, S. 19). Er und andere schlagen unter anderem folgende Maßnahmen zur Verbesserung des Verhältnisses zur Politik vor:
- Herabsetzung des Wahlalters;
- Kinder- und Jugendbeiräte, Foren;
- Institutionalisierte Jugendparlamente;
- Kinder- und Jugendbeauftragte bzw. Anwaltschaften.

Die Möglichkeiten und Grenzen dieser Maßnahmen, auf die in diesem Zusammenhang nicht eingegangen werden kann, sind auch unter Fachleuten umstritten. Wilhelm Heitmeyer spricht z.B. „von politischen Billiglösungen, wie die Herabsetzung des Wahlalters für junge Leute. Wäre der Wunsch nach Mitsprache ernst gemeint, müßten sie ‚Sand ins Getriebe' werfen dürfen" (Heitmeyer 1997, S. 3). Der Vermittlung von Lebens- uns Systemwelt dienen auch die Vorschläge zum Demokratielernen im Rahmen einer Inneren Schulreform und zur Politisierung des Schullebens und der Schulkultur. Ich halte es für notwendig, die eben genannten Vorschläge wenigstens zu erwähnen, um den Gesamtzusammenhang anzudeuten, in dem die Diskussion über den „handlungsorientierten Politikunterricht", auf die ich noch kurz eingehe, steht.

Nach Heinz Klippert ist der handlungsorientierte Unterricht ein „Ansatz zur Förderung von demokratischer Handlungskompetenz" (Klippert 1996, S. 277). Das nachfolgende Schaubild (vgl. S. 30) macht die verschiedenen Aspekte dieses Ansatzes deutlich.

Im Anschluß an die anthropologischen, lernpsychologischen und politikdidaktischen Gründe, die er nennt, möchte ich an die oben schon genannte Längsschnittstudie erinnern. Sie hat ergeben, daß ein „aktiv-zugewandter Umgangsstil mit politischen Problemen" sich als bester Prädiktor für eine politische Persönlichkeit erweist (Sohr 1997, S. 129). Thomas Meyer betont, daß Bürgern, die Politik und politisches Handeln nur aus der Zuschauerperspektive betrachten und nur nach ihren Eigeninteressen beurteilen, die Ergebnisse oder gar die Erfolge politischen Handelns kaum zu vermitteln seien. „Erst wenn eine hinreichend große Zahl von Bürgern durch eine eigene Praxis der Freiheit den Zumutungen der unvermeidlichen Einigungszwänge aus der Teilnehmerperspektive ausgesetzt ist oder es auf biographisch nachhaltige Weise einmal war, erst wenn sie also in der Handlungsperspektive selbst in die politisch unvermeidlichen Zwänge der Vermittlungspraxis verstrickt ist, kann sich die Praxis der Freiheit mit der Fähigkeit zur Beurteilung von Handlungserfolgen nach allgemein anerkannten Maßstäben verbinden" (Meyer 1996, S. 72).

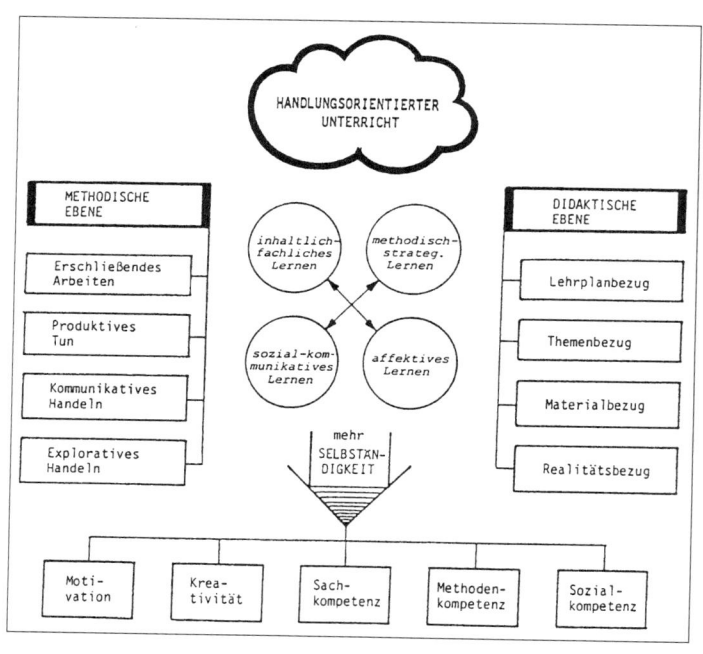

Abb. 3: Schaubild zur Struktur der methodischen und didaktischen Ebene des „handlungsorientierten Unterrichtes" (*Quelle:* Klippert 1996, S. 278)

Der handlungsorientierte Unterricht erhebt den Anspruch, Politik aus der Handlungsperspektive zu vermitteln. Es würde zu weit führen, auf die verschiedenen Definitionsversuche wie zum Beispiel die von Hilbert Meyer, für den die „Orientierung am Handlungsprodukt" (Jank / Meyer 1991, S. 362) maßgebend ist, oder von Sibylle Reinhardt, die vom „Lernen durch Interaktion" (Reinhardt 1997, S. 106) spricht, einzugehen. Unbestritten ist das Kriterium, daß die Schülerinnen und Schüler selbst Verantwortung für das Lernen übernehmen müssen. Der handlungsorientierte Unterricht stellt eine Form des Zugangs zur politischen Wirklichkeit dar, in dem die Schüler Politik selbständig erfahren und teilweise politische Verantwortungsrollen übernehmen können. Der quantitative Hinweis von Hilbert Meyer, daß höchstens ein Drittel des Unterrichts nach diesem Konzept durchgeführt werden kann, macht deutlich, daß es sich dabei um kein Allgemeinrezept für die politische Bildung handelt.

Bei der Handlungsorientierung ist der Unterricht als eine Art Spielfeld oder Bühne zu verstehen, auf dem unter Angabe von Spielregeln verschiedene Spielpartien durchgespielt werden können. Dabei spielen die Schüler nicht nur vorgegebene Spielpartien nach, sondern sollen auch selbständig neue Spielzüge, Strategien oder gar Handlungsmodelle entwickeln. Auf die verschiedenen Zugriffsweisen oder Rekonstruktionsformen politischer Wirklichkeit wie Simulation, Produktion oder Realerkundung kann ich im einzelnen nicht eingehen. Ich möchte wenigstens noch auf drei Fragestellungen hinweisen, die sich aus den bisherigen Ausführungen ergeben.

3.2.1 Bedeutung des „handlungsvorbereitenden Denkens"

Wir haben gesehen, daß die Bürger in unterschiedlichen politischen Handlungszusammenhängen ganz unterschiedliche Rollen spielen. Diese Handlungs- und Problemzusammenhänge müssen den Schülern vor der eigentlichen Handlungsphase deutlich gemacht werden. Deshalb darf die inhaltliche Komponente nicht vernachlässigt werden. Heinz Klippert hat in seiner neuesten Veröffentlichung diese Frage damit abgetan, daß diese durch die Lehrpläne weitgehend geklärt sei. Ich halte es für problematisch, wenn bei den Lehrenden der Eindruck entsteht, daß es bei dem handlungsorientierten Ansatz darum geht, die traditionellen Themen „methodisch aufzumotzen". Am Anfang des handlungsorientierten Unterrichts muß nach Hilbert Meyer ein kognitiver, komplexer Planungsprozeß stehen (Jank/Meyer 1991, S. 375). Die Schüler müssen die Handlungsebene kennen, d.h. ob und wie sie als Gemeinde-, Landes-, Staats-, Unions- und Weltbürger agieren können. Nur wenn den Lernenden die politische und ethische Problemhaftigkeit einer Handlungssituation deutlich ist, sind ihre Aktivitäten im Unterricht sinnvoll. Daher halte ich das „handlungsvorbereitende Denken" – eine Formulierung von Walter Gagel – mindestens für genauso wichtig wie die Auswertung.

3.2.2 Reduktion politischer Komplexität

Im handlungsorientierten Unterricht spielen Schüler nicht nur ihre möglichen Rollen als Bürger, sondern auch die Funktionsrollen von Politikern nach, die sehr stark durch Handlungsnormen, Spielregeln und Funktionen bestimmt sind. Den Schülern muß sowohl bei der Vorbereitung und vor allem bei der Nachbereitung deutlich gemacht werden, daß im handlungsorientierten Unterricht die Komplexität, Abstraktheit und Interdependenz politischer Handlungssysteme sehr stark reduziert oder – wie es Tilman Grammes formuliert – transformiert wird. Dazu kommen die unterschiedlichen Zeithorizonte. Den Lernenden muß bewußt gemacht werden, daß z.b. kommunalpolitische Entscheidungsprozesse, die sie an einem Tag in einem Planspiel simulieren, in der politischen Wirklichkeit Jahre dauern können.

3.2.3 Unterschied zwischen pädagogischem und politischem Handeln

Für den handlungsorientierten Unterricht, der auf eine lange schulpädagogische Tradition von Unterricht zurückblicken kann, scheint mit die Unterscheidung zwischen pädagogischem und politischem Handeln wichtig zu sein. Klaus Mollenhauer hat dies folgendermaßen formuliert: „Politisches Handeln steht unter dem Druck praktischer Ziele; der politisch Handelnde trägt – als Erwachsener – das Risiko seines Handelns selbst. Pädagogisches Handeln ist demgegenüber zu postulieren als ein Handeln mit ‚gebrochener Intention'; die Intentionen des Erziehenden müssen sich im Lichte der zu interpretierenden Intention des educandus reflektieren. Im pädagogischen Handeln sollen die individuellen empirischen Bedingungen hervorgebracht werden, unter denen rationales politisches Handeln erst möglich ist" (Mollenhauer 1972, S. 15). Durch das Konzept der Handlungsorientierung können die Bürgerrollen in der Demokratie aus der Sicht der Lernenden nur rekonstruiert werden. Das schließt nicht aus, daß es gelegentlich bei außerschulischen Aktionen zu unmittelbarem politischen Handeln kommen kann. Das schließt auch nicht aus, daß durch Probehandeln im Unterricht praktische politische Handlungskompetenzen geschult und vorbereitet werden können und sollen.

4. Schlußbemerkung

Der Politikwissenschaftler Giovanni Sartori hat geschrieben: „Demokratien sind nur lebensfähig, wenn sie von ihren Bürgern verstanden werden." Die Politikwissenschaft scheint mir zunehmend diese Aufgabe zu vernachlässigen. Eine handlungsorientierte politische Bildung kann meiner Meinung nach die Bürgerrollen in der Demokratie besonders gut verständlich machen, weil sie das demokratische System aus der Handlungs- oder Teilnehmerperspektive vermitteln und entsprechende Handlungsdispositionen und damit politische Interventionsfähigkeit vorbereiten kann.

Literatur

Paul Ackermann: Bürgerhandbuch. Basisinformationen und 57 Tips zum Tun. Schwalbach/Ts. 1998

Darmstädter Appell: Aufruf zur Reform der „Politischen Bildung" in der Schule. In: dialog. Dezember 1995, S. 5-8

Walter Gagel: Geschichte der politischen Bildung in der Bundesrepublik Deutschland. Opladen 1994

Hermann Giesecke: Didaktik der politischen Bildung. München 1965

Tilman Grammes: Handlungsorientierung im Politikunterricht. (Schriftenreihe der niedersächsischen Landeszentrale für politische Bildung). Hannover 1997

Martin und Sylvia Greiffenhagen: Ein schwieriges Vaterland. Zur politischen Kultur Deutschlands. München / Leipzig 1993

Michael Greven: Die politische Gesellschaft braucht politische Bildung. In: Dorothea Weidinger (Hrsg.): Politische Bildung in der Bundesrepublik. Zum dreißigjährigen Bestehen der Deutschen Vereinigung für politische Bildung. Opladen 1996, S. 112-118

Jürgen Habermas: Politische Beteiligung, ein Wert an sich. In: Jürgen Habermas / Ludwig v. Friedeburg-Hübner / Christoph Oehler / Friedrich Weltz: Student und Politik. Eine soziologische Untersuchung zum politischen Bewußtsein Frankfurter Studenten. 3. Aufl. – Darmstadt / Neuwied 1961, S. 13-17

Wilhelm Hennis: Das Modell des Bürgers. In: Gesellschaft – Staat – Erziehung. 7/1957, S. 330-339

Gerd Hepp / Siegfried Schiele / Uwe Uffelmann (Hrsg.): Die schwierigen Bürger. Schwalbach/Ts. 1994

Gerd Hepp: Wertewandel. Oldenburg 1994

Axel Honneth (Hrsg.): Kommunitarismus. 3. Aufl. – Frankfurt/M. / New York 1995

Werner Jank / Hilbert Meyer: Didaktische Modelle. Frankfurt/M. 1991

Jugendwerk der Deutschen Shell (Hrsg.): Jugend '97. Opladen 1997

Helmut Klages: Traditionsbruch als Herausforderung. Perspektiven der Wertewandelsgesellschaft. Frankfurt/M. / New York 1993

Heinz Klippert: Handlungsorientierter Politikunterricht. In: Bundeszentrale für politische Bildung (Hrsg.): Methoden politischer Bildung – Handlungsorientierung. (Schriftenreihe der Bundeszentrale für politische Bildung, Bd. 304). Bonn 1991, S. 9-31

Heinz Klippert: Handlungsorientierte politische Bildung – Ein Ansatz zur Förderung demokratischer Handlungskompetenz. In: Dorothea Weidinger (Hrsg.): Politische Bildung in der Bundesrepublik. Zum dreißigjährigen Bestehen der Deutschen Vereinigung für politische Bildung. Opladen 1996, S. 277-286

Landschaft Bürgerschaftliches Engagement: Das Praxis-Handbuch der ARBES. Freiburg 1996

Peter Massing: Handlungsorientierter Politikunterricht. Schwalbach/Ts. 1998

Heiner Meuleman: Werte und Wertewandel. Zur Identität einer geteilten und wiedervereinten Nation. Neuwied 1996

Thomas Meyer: Die Transformation des Politischen. Frankfurt/M. 1994

Herfried Münkler: Der kompetente Bürger. In: Ansgar Klein/Rainer Schmalz-Bruns (Hrsg.): Politische Beteiligung und Bürgerengagement in Deutschland. (Schriftenreihe der Bundeszentrale für politische Bildung, Bd. 347). Bonn 1997, S. 153-173

Christian Pallentien / Klaus Hurrelmann (Hrsg.): Jugend und Politik. Ein Handbuch für Forschung, Lehre und Praxis. Neuwied 1997

Walter Popp: Erfahren – Handeln – Verstehen. In: Deutsches Institut für Fernstudien an der Universität Tübingen (Hrsg.): Grundbaustein: Zur Pädagogik des Heimat- und Sachunterrichts. Tübingen 1985

Sibylle Reinhardt: Handlungsorientierung. In: Wolfgang Sander (Hrsg.): Handbuch politische Bildung. Schwalbach/Ts. 1997, S. 105-115

Wolfgang Sander: Zur Problematik von Leitbildern für die politische Bildung. In: Ulrich O. Sievering (Hrsg.): Politische Bildung als Leistung der Schule. Beiträge zu einer Bestandsaufnahme am Beispiel der Hessischen Gesellschaftslehre. Frankfurt/M. 1990, S. 101-125

Fritz W. Scharpf: Legitimationsprobleme der Globalisierung. Regieren in Verhandlungssystemen. In: Carl Böhret / Göttrik Wewer (Hrsg.): Regieren im 21. Jahrhundert. Opladen 1993, S. 165-185

Manfred G. Schmidt: Demokratietheorien. 2. Aufl. – Opladen 1997

Gerhard Schmidtchen: Wie weit ist der Weg nach Deutschland? Sozialpsychologie der Jugend in der postsozialistischen Welt. 2. Aufl. – Opladen 1997

Sven Sohr / Klaus Boehnke / Claudia Stromberg: Politische Persönlichkeiten – eine aussterbende Spezies? In: Christian Pallentien / Klaus Hurrelmann (Hrsg.): Jugend und Politik. Ein Handbuch für Forschung, Lehre und Praxis. Neuwied 1997, S. 206-238

Hermann Trinkle: Veränderungen politischer Partizipation. Entwicklung eines erweiterten Analyse- und Interpretationsmodells und dessen Bedeutung für die politische Bildung. Frankfurt/M. 1997

Lothar A. Ungerer: Der Bürger und Europa. In: Gerd Hepp / Siegfried Schiele / Uwe Uffelmann (Hrsg.): Die schwierigen Bürger. Schwalbach/Ts. 1994, S. 129-145

Hans-Georg Wehling: Konsens à la Beutelsbach. In: Siegfried Schiele / Herbert Schneider (Hrsg.): Das Konsensproblem in der politischen Bildung. Stuttgart 1977, S. 173-184

Werner Weidenfeld (Hrsg.): Demokratie am Wendepunkt. Berlin 1996.

Gerhard Himmelmann

Das Bild des Bürgers in der politikwissenschaftlichen Theorie und in der politischen Praxis

Grundlage für die „Handlungsorientierung" im politischen Unterricht?

> Politik kostet viel Mühe,
> bevor sie Spaß macht.

1. Wurzeln der Demokratie – Demokratie als unvollendetes Projekt

Jede Diskussion über den „Bürger" muß eigentlich mit der Antike beginnen! Denn letztlich wurzelt unser heutiges demokratisch-politisches System und unser heutiges demokratisch-politisches Denken im Kern immer noch in der attischen Polis.[1] Dort hatte sich mit den Reformen von Solon, Kleisthenes, Themistokles und Perikles ein semi-demokratisches System mit einem so erstaunlich hohen Niveau an Dauerpolitisierung der Aktivbürgerschaft herauskristallisiert, daß die Erinnerung daran nicht verblassen will.

Aus dem Niedergang dieses einzigartigen Modells hat uns jedoch die spätantike philosophische Reflexion im nachhinein ein Bild der Demo-

---

[1] Vgl. Jochen Bleicken: Die athenische Demokratie. Paderborn 1994; Werner Dahlheim: Die Antike. Paderborn 1994; Hermann Hansen: Die Athenische Demokratie im Zeitalter des Demosthenes. Berlin 1995; Konrad H. Kinzel (Hrsg.): Demokratia. Der Weg zur Demokratie bei den Griechen. Darmstadt 1995; Moses J. Finley: Das politische Leben in der antiken Welt. München 1986; Tuttu Tarkiainen: Die athenische Demokratie. Zürich 1966; Christian Maier: Die Entstehung des Politischen bei den Griechen. Frankfurt 1989; Hans-Joachim Gehrke: Stasis. München 1985; Hannes Wimmer: Evolution der Politik. Wien 1996 und Manfred Trapp: Unterschiede zwischen antiker und modernen Staatsauffassung. In: PVS. 2/1988, S. 210-229

kratie überliefert, das weitgehend negativ – als Entartungsform einer „guten" Staatsverfassung – gekennzeichnet wurde. So beklagt Aristoteles den Ehrgeiz, den Machtmißbrauch und die Unersättlichkeit des Adels (der Reichen) ebenso wie die mangelnde Beständigkeit, die fehlende Tugendhaftigkeit und die Verführbarkeit des Volkes (der Armen). Aus diesem Dilemma sah er nur den doppelten Ausweg: die Bildung einer „gemischten Verfassung" („Politie") und – als Basis – die Erarbeitung einer Philosophie des guten, tugendhaften Lebens, der gerechten Gemeinschaft und der gemeinwohlorientierten Politik. Hubertus Buchstein meint: „Es ist eine Ironie der politischen Ideengeschichte, daß die uns bekannten antiken Quellen, in denen geklagt wird, daß die Bürger den Anforderungen der Demokratie nicht gewachsen seien, älter sind als die ersten uns bekannten Demokratietheorien" (Buchstein 1995, S. 304).

Bis in die Zeit des 19. Jahrhunderts galt Demokratie in der Nachfolge von Aristoteles als „unmittelbare Volks(versammlungs)herrschaft", die sich aber bei einer großen Zahl von Bürgern und in großen Flächenstaaten schon aus praktischen Gründen nicht eigne (vgl. Rousseau: Vom Gesellschaftsvertrag, 3. Buch, 5. Kap.).

Ein positives Bild der Demokratie hat sich in Europa erst in den 30er Jahren des 19. Jahrhunderts durchgesetzt (vgl. Conze 1972 u. Schmidt 1995), als sich am Beispiel des „Randstaates" Amerika abzeichnete, daß Demokratie auch als „repräsentative" Demokratie gedacht und erfolgreich praktiziert werden konnte. Allerdings warnte noch 1830 der Aristokrat Alexis de Tocqueville – angesichts der turbulenten Erfahrungen mit der französischen Revolution und angesichts der „wilden Anfangsjahre" der Demokratie in Amerika – vor der Möglichkeit von „Anarchie" einerseits und der „Diktatur der Mehrheit" andererseits (vgl. Tocqueville 1835). Gleichwohl hielt Tocqueville die Durchsetzung der Demokratie historisch für unausweichlich.

Nirgendwo wurde das, was wir heute unter „Demokratie" verstehen, als fertiges, funktionierendes Ganzes eingeführt. Die einzelnen Komponenten dessen, was wir heute unter „Demokratie" verstehen (Menschen- und Bürgerrechte, Konstitutionalismus, Volkssouveränität, Repräsentation, Gewaltenteilung und Rechtsstaat und gleiches Wahlrecht), haben sich in unterschiedlichen Zeiten, in unterschiedlichen Regionen und jeweils in unterschiedlicher Tiefenwirkung durchgesetzt. Daher haben die real existierenden Demokratien – im gegenseitigen Vergleich – außerordentlich unterschiedliche Gestaltformen. Zugleich sind viele Irrwege gegangen worden. Gerade Deutschland hat im Kontrast zu den anderen westlichen Demokratien (vgl. Fraenkel 1964) aus zahllosen fehlgehenden Theorien und aus den bitteren Erfahrungen (Weimar, NS-Zeit und Sowjetsystem) historisch-pragmatisch viel gelernt. Heute machen viele andere Länder die Erfahrung, daß man die Demokratie nicht einfach als Importprodukt „einführen" kann, daß sie nicht automatisch funktioniert und daß sich die angestrebte Kombination aus Marktwirtschaft und Demokratie überaus schwierig gestaltet! Und schließlich wird (fast) überall und (fast) immer über die „richtige" Form der Demokratie, über ihre Krisen und über die Herausforderungen und Gefährdungen, denen sie ausgesetzt ist, gestritten.[2] Ist also die „eigentliche" Demokratie immer noch das „unbekannte Wesen", das „unvollendete Projekt"?

Kontrovers im Rahmen der heutigen Demokratiediskussion ist vor allem wieder – oder immer noch – die Frage, welche Stellung der „Bürger" als letzter Souverän *hat* bzw. welche Stellung er als Ausgangs- und Endpunkt jeder demokratischen Regierungsform *haben sollte*. Die Frage der Stellung des Bürgers ist vor allem deshalb höchst relevant, weil jeder ein bestimmtes Bild der Demokratie und auch ein bestimmtes Bild des Bürgers in der Demokratie hat. Beide sind eng verknüpft. Aus einer fachwissenschaftlichen Erörterung beider Themen kann sich auch eine neue Problemsicht des Ziels der „Handlungsorientierung" im politischen Unterricht ergeben.

2. Realistische Politikwissenschaft

Ich werde mich im folgenden zunächst mit dem Bild der Bürger befassen, wie es sich in der realistischen Politikwissenschaft darstellt, mich danach mit der normativen Politikwissenschaft befassen und anschließend einige Elemente der „reflexiven Demokratie" ansprechen, durch die die Stellung der Bürger in unserer Demokratie in jüngster Zeit außerordentlich gestärkt wurde.

Immer wieder drängt sich im Zusammenhang des Themas „Bürger und Demokratie" die Frage auf: Trägt der Gedanke einer „Selbstregierung des Volkes", einer allgemeinen „Volksgesetzgebung" (vgl. Jung 1987) oder nicht? Kann es eine plebiszitäre, unmittelbare Demokratie

---

2 Vgl. z.B. Werner Weidenfeld (Hrsg.): Demokratie am Wendepunkt. Berlin 1996; Ulrich Rödel / Günter Frankenberg / Helmut Dubiel: Die demokratische Frage. Frankfurt/M. 1989. Vgl. auch Arpad Sölter: Zivilgesellschaft als demokratietheoretisches Konzept. In: Jahrbuch für Politik. Halbband 1/1993, S. 145-180

geben oder nicht (vgl. Rödel 1990)? Oder „genügt" eine plebiszitäre Ergänzung des bestehenden Repräsentativsystems? Hatte nicht bereits Ernst Fraenkel entsprechende Defizite im repräsentativen System der Bundesrepublik bemängelt? Letztlich sind diese Fragen auch Fragen nach der Verknüpfung von Politik und Anthropologie: Was ist der Mensch? Was ist dem Menschen zuträglich? Was kann er für die Politik, für das öffentliche Wohl leisten?

Anläßlich der ersten neuzeitlichen Demokratiegründung im Jahre 1787/88, als es um die Ausgestaltung der amerikanischen Verfassung ging, hat einer der amerikanischen Verfassungsväter, James Madison, diesen Zusammenhang auf folgende klassische Weise hergestellt: „Was ist das Nachdenken über die Regierung selbst anderes als das größte Nachdenken über die menschliche Natur? Wenn die Menschen Engel wären, so bräuchten sie keine Regierung. Wenn Engel die Menschen regierten, dann bedürfte es weder innerer noch äußerer Kontrollen der Regierenden" (Hamilton/Madison/Jay 1961, S. 77ff.).

1. Am Ausgangspunkt der ersten Ausgestaltung eines republikanisch regierten Gemeinwesens stand also ein ausgesprochen skeptisches Menschenbild, denn Engel sind – bekanntlich – weder die Regierten noch die Regierenden. Madison spricht vom „Fehlen edler Motive" bei den Menschen. Er äußert Skepsis vor den „individual interests", den „private aims" und den „perfidious ambitions" der Menschen. Er warnt zugleich vor dem Mißbrauch der Macht durch „fractions", vor Korruption, Instabilität, Ungerechtigkeit, Chaos, Arroganz und Eifersucht, vor Unzuverlässigkeit und Fehlbarkeit der menschlichen Vernunft. Er befürchtet Feindseligkeiten infolge ungleicher Eigentumsverteilung und leidenschaftliche Konflikte zwischen den Gläubigern der Ostküste und den Schuldnern im weiten Westen u.v.a.m. Da man die Ursachen dieser Mißhelligkeiten nicht beseitigen könne, müsse man Abhilfe dadurch schaffen, daß man deren Auswirkungen unter Kontrolle bringt.

Madison und die anderen Autoren der Federalist-Papers halten sich – anders als Aristoteles – nicht mit dem Entwurf eines „guten" Lebens und nicht mit dem Appell an die „Tugendhaftigkeit" der Bürger auf. Sie entwerfen kein System der „Erziehung" zum „guten" Bürger, sondern entwickeln ein demokratisches, immerhin funktionstüchtiges Repräsentativsystem auf föderaler Grundlage und gründen es auf den Kerngedanken der Volkssouveränität (der „dependence of the public powers on the people").

Doch „the consent of the governed" und das Prinzip „government under control of the governed" reichen Madison bei weitem nicht: „Experience has tought mankind the necessity of auxiliary precautions".

Diese zusätzlichen Vorsichtsmaßnahmen sieht Madison vor allem im Rechtsstaat („rule of law"), in der Gewaltenteilung und im System der „checks and balances". Dadurch würde Macht nicht nur vom Volk, sondern auch von innen her kontrolliert und gegenseitig ausbalanciert. „Ambition" könne so am besten „counteract ambition". (Von „Demokratie" sprechen die Autoren der Federalist-Papers im übrigen noch nicht, denn dieser Begriff hatte noch einen schlechten Klang, sondern sie sprechen von: „republic", „free body politic", „popular government", „civil government", „representative government".)

Tocqueville hatte zwar für die 30er Jahre des 19. Jahrhunderts noch eindrucksvoll gezeigt, daß gemeinschaftsorientierte Werte und Verhaltensweisen im damaligen Amerika sehr weit verbreitet waren. Gleichwohl minimalisiert das Demokratiekonzept der Federalist-Papers die tugendhaften Zumutungen an die Bürgerschaftlichkeit der Mitglieder der politischen Gemeinschaft im neuen Amerika. Die Federalist-Autoren rechnen – in realistischer Betrachtung – nicht mit den „guten" Staatsbürgern und sie spekulieren – in utopischer Hoffnung – auch nicht auf sie. Ihr Modell beruht dagegen auf einem gerüttelten Maß an Mißtrauen gegenüber den Bürgern. Das von ihnen vorgeschlagene Repräsentativsystem kommt mit einem Minimum an politischer Partizipation der Bürger aus: der Beteiligung an Wahlen. „Tugenddefizite werden durch ein ausgetüfteltes System der checks and balances überbrückt" (Buchstein 1995, S. 306). Alles andere überlassen die Federalist-Autoren den Verfassungen der amerikanischen Einzelstaaten bzw. der „Township-Demokratie", in der bis in die jüngste Vergangenheit hinein eine äußerst lebendige „Basisdemokratie" gepflegt wurde und auch heute noch praktiziert wird (vgl. Möckli 1994).

Die Argumentation der Autoren der Federalist-Papers mit ihrem realistisch-skeptischen, wenig schmeichelhaften Menschenbild bestimmte die Ausgangsbasis vieler weiteren Debatten um die repräsentative Demokratie. Über Charles Montesquieu, Benjamin Constant, Edmund Burke, John Stuart Mill, Robert von Mohl bis hin zu Robert Michels und Joseph A. Schumpeter – und vielen anderen Autoren – läßt sich das skeptische Bild der Bürger in der politischen Theorie weiterverfolgen.

2. Nach Schumpeter „fällt der typische Bürger auf eine tiefere Stufe der gedanklichen Leistung" zurück, „sobald er das politische Gebiet betritt" (Schumpeter 1942, S. 416). Schumpeter spricht von „reduziertem Wirklichkeitssinn" und „schwachem Verantwortungsgefühl" der Bürger in öffentlichen Angelegenheiten, von „außerrationalen Trieben" und „irrationalen Vorurteilen", von „mangelnder Mühewaltung bei der

Informations- und Wissensbeschaffung", von „M⸺ an Urteilsvermögen" und „nachlassender Moral", wenn der „r⸺che Bürger" sich mit öffentlichen Belangen befaßt. Daher beschr⸺t Schumpeter sein Demokratiemodell äußerst restriktiv auf die „de⸺kratische Methode". Sie ist „diejenige Ordnung der Institutionen z⸺ Erreichung politischer Entscheidungen, bei welcher einzelne die F⸺scheidungsbefugnis vermittels eines Konkurrenzkampfes um die ⸺mmen des Volkes erwerben" (a.a.O., S. 428). Dieses System i⸺ mit den von Schumpeter angenommenen äußerst beschränkten ⸺olitischen Kompetenzen der Bürger immerhin kompatibel.

3. Gehen wir einen Schritt weiter. Die erste und zugleich klassische „Voting"-Studie aus den USA von Berelson/Lazarsfeld/McPhee aus dem Jahre 1954 bestätigt das skeptische Bild des Bürgers (Berelson u.a. 1954). Die Studie widerlegt die in der Demokratiediskussion so oft unterstellte Vermutung, daß die Wähler gut informiert, aufgeschlossen, rational abwägend, moralisch gefestigt, aktiv-partizipatorisch, mutig im öffentlichen Auftreten, vernünftig im Urteil und aufrecht im Gang durch die öffentlichen Angelegenheiten seien. Das Gegenteil sei der Fall. Die Autoren vermuten eher, daß die politische Apathie der vielen Bürger letztlich die Voraussetzung für ein funktionierendes, entscheidungsorientiertes politisches System sei. Ihre Frage lautet: „Wie könnte eine Massendemokratie funktionieren, wenn das ganze Volk in die Politik verstrickt wäre?" (a.a.O., S. 312).

4. Nimmt man neuere Studien über das politische Alltagsbewußtsein, z.B. von Parteimitgliedern, oder neuere Untersuchungen zu Wissen und Einstellungen der Bürger zu Hilfe, so findet man ebenfalls wenig schmeichelhafte Bemerkungen über die Bürger. Nach Michael Greven paaren sich „hohe Anspruchshaltung" mit einer „sehr geringen Mühewaltung" in der eigenen politischen Aktivität (vgl. Greven 1987). Die Bürger könnten durchaus – und sogar sehr gut – mit großen „Selbstwidersprüchen" leben. Werner J. Patzelt geißelt sogar die „zugewucherten Wissenslücken und fokussierten Vorurteile" der Bürger.[3]

5. Claus Offe, der – gewissermaßen als „Linker"- von den Befürwortern einer plebiszitären Öffnung des Grundgesetzes nach der deutschen Einheit zur Anhörung vor die Gemeinsame Verfassungskommission

---

[3] Werner J. Patzelt: Abgeordnete und ihr Beruf. Berlin 1995, S. 16/17. Ders.: Ist der Souverän aufgeklärt? Universitätsdruck Dresden 1996 und ders.: Das Wissen der Deutschen über Parlament und Abgeordnete. In: Gegenwartskunde. 3/1996, S. 309-322

geladen war, äußerte sich zu diesem Problemzusammenhang – entgegen den Erwartungen – mit der überraschenden Warnung: „Wider scheinradikale Gesten".[4] Des Volkes Wille sei „fiktiv, fehlerhaft und verführbar". Die Bürger wollten „heute dies, morgen jenes", handelten „nicht widerspruchsfrei". Sie seien in den meisten politischen Sachverhalten „unschlüssig", hätten eine „zu geringe Aufmerksamkeitsenergie", es fehle die „zeitliche Beständigkeit". Sie könnten auch nicht zur Verantwortung gezogen werden. „Die schiere Komplexität macht uns in den meisten öffentlichen Angelegenheiten zu veritablen Analphabeten [...]."

6. Um einen anderen Pol der neueren Debatte um „Bürger und Demokratie" zu erwähnen, zitiere ich die markanten Äußerungen von Heinrich Oberreuter (ders. 1996). Oberreuter stellt ganz generell die handlungstheoretischen Prämissen der partizipatorischen Demokratie in Frage: „In Wirklichkeit gibt es kein vorrangiges und universales menschliches Interesse an politischer Beteiligung [...]. Soweit überhaupt vorhanden, konkurriert es mit anderen Interessen mehr privater Natur, bei denen die Chancen effizienter Selbstverwirklichung ungleich größer sind als auf dem unübersichtlichen und von konkurrierenden Ansprüchen geprägten Feld der Politik. Politische Beteiligung ist daher die Ausnahme, Aktivität und Mobilisierung eine Sache von Minderheiten [...]. Der Forderung nach ständigen allgemeinen politischen Initiativen und Beteiligung der Bürger [...] stehen [...] strukturelle und individualpsychologische Gründe entgegen" (Oberreuter 1996, S. 269).

7. Wenden wir uns schließlich und zuletzt einem anderen „Debattenbestimmer" des theoretischen Zeitgeistes zu. Jürgen Habermas meinte doch früher, Demokratie „arbeite" an der „Selbstbestimmung der Menschheit" und „erst wenn diese wirklich", dann sei „jene wahr" (Habermas 1973, S. 11). Heute arbeitet die Demokratie bei Habermas an ihrer Aufgabe offenbar nur noch fiktiv im Cyberspace des „herrschaftsfreien Dialogs" bzw. der „subjektlosen Kommunikation" (Habermas 1992, S. 130 u. 362). Angesichts der widrigen Umstände der realen Lebenswelt stützt sich Habermas ausdrücklich auf die „methodische Fiktion" einer „subjektlosen Kommunikation", um der „Vernunft" im Austausch der Argumente zwischen den „Freien und Gleichen" überhaupt noch eine Chance zu geben. Für die reale Lebenswelt

---

4 Claus Offe: Wider scheinradikale Gesten. Verfassungspolitik auf der Suche nach dem „Volkswillen". In: Gunter Hofmann / Werner A. Perger (Hrsg.): Die Kontroverse. Weizsäckers Parteienkritik in der Diskussion. Frankfurt/M. 1992, S. 126-142

warnt er vor einer „moralischen Überfrachtung des tugendhaften Staatsbürgers" (a.a.O., S. 611 u. 627). Er führt eine ganze Kanonade von Argumenten ins Feld, woran es dem realen Staatsbürger mangele und was die reale politische Kommunikation so erschwere: begrenzte kognitive Verarbeitungskapazitäten, hohe Informations- und Entscheidungskosten, ungleiche Verteilung von Aufmerksamkeit, Kompetenz und Wissen; dann: Egozentrismus, Willensschwäche, Irrationalität und Selbsttäuschung, Asymmetrien individueller Fähigkeiten, begrenzte Ressourcen der demokratischen Teilhabe bis hin zu opportunistischen Einstellungen, Affekten und Vorurteilen (a.a.O., S. 395ff.). Für die reale Lebenswelt erahnt oder befürchtet Habermas eher (rechts-)„populistische Bewegungen", welche die bestehenden Verhältnisse „blind verteidigen" (a.a.O., S. 449). Selbst die neuen sozialen Bewegungen, Bürgerinitiativen und Bürgerforen hält er für „zu schwach, um Lernprozesse anzustoßen und Entscheidungsprozesse in der Politik umzusteuern" (a.a.O., S. 451).

Könnten – im Anschluß an Madison – die Worte noch deutlicher ausfallen? Seit 1787 hat sich offenbar nicht sehr viel geändert – und zwar auf allen Seiten der politischen und wissenschaftlichen Lager bzw. quer durch alle Lager. Oder?

3. Norm und Realität

Man muß die soeben genannten vorpolitischen, die anthropologischen Grundlagen mit in die Diskussion über die Demokratie einbeziehen, wenn man gehaltvoll über Demokratie oder über den „Bürger" sprechen will.[5] „Wenn die Demokratie (von ihren Definierern) falsch definiert wird, so laufen wir alle auf die Dauer Gefahr, etwas abzulehnen, was wir gar nicht richtig identifiziert haben, und dafür etwas zu bekommen, was wir bestimmt nicht haben wollten" (Sartori 1992, S. 22).

Dieser Appell von Giovanni Sartori steht ausdrücklich den folgenden Ausführungen voran. Denn das Dilemma der Politikwissenschaft als Sozialwissenschaft ist, daß sie sich nie allein in realistischen Analysen, in bloßen Realitätsbeschreibungen erschöpfen kann. Norm und Reali-

---

5 Zu den seltenen Büchern über den „Bürger" vgl. Gerd Hepp / Siegfried Schiele / Uwe Uffelmann (Hrsg.): Die schwierigen Bürger. Schwalbach/Ts. 1994 und Albert O. Hirschmann: Engagement und Enttäuschung. Frankfurt/M. 1984

tät sind different, lassen sich aber kaum trennscharf voneinander unterscheiden. Auch die repräsentative Demokratie hat in ihren einzelnen Komponenten idealistische Wurzeln. Die kann und soll sie auch nicht leugnen. Nur, es sind andere Wurzeln als diejenigen, die dem Konzept der partizipatorischen Demokratie zugrunde liegen. Es stehen sich gegenüber: die liberal-demokratische, funktional-repräsentative Elitenherrschaft und die libertäre, ur-republikanische, deliberative oder basisorientierte Demokratie. Und dennoch sind beide eng verzahnt.

Wir würden uns zum Stillstand, zum „Ende der Geschichte" verurteilen, wenn wir das Normproblem nicht beachteten und in der rein empirisch-realistischen Betrachtung verharrten. Ohne die Spiegelung der Realität an der Norm verlöre die Politikwissenschaft (wie auch die Politische Bildung) das ihr eigene zukunftsorientierte Spannungsfeld, ohne die Prüfung der Norm an der Realität auch.

Sicher kommt es einerseits darauf an, wie weit sich die Norm von der Realität entfernen darf. Wir wollen ja nicht zum „Stillstand", aber auch nicht zur bloßen „Schwärmerei" verdammt sein. Andererseits kommt es darauf an, ob und inwieweit die Normen, an denen wir die Demokratie messen, selbst kompatibel sind. Empirisch-realistische Theorien messen sich in aller Regel an outputorientierten Kriterien (Führung, Entscheidungsfähigkeit, Effizienz), appellativ-normative Theorien dagegen in aller Regel an inputorientierten Maßstäben (Art der Willensbildung, Umfang der Partizipation, Legitimität). Aber in der Realität gehören doch beide zusammen: Effizienz und Legitimität. Zwei Theoriestränge stehen nebeneinander und spiegeln eine komplexe Realität. Damit ist das Dilemma der Demokratietheorie manifest.

4. Appellativ-normative Politikwissenschaft

Ich komme zur normativen Politikwissenschaft, die jeweils auch als Appell zur Verbesserung der bestehenden Realität zu verstehen ist. Ausgangspunkt fast aller appellativ-normativen Theorien zum Verhältnis von Bürger und Politik ist und bleibt meist Jean-Jacques Rousseau. Manche Analysen der aktuellen Politik lassen ein Bild erscheinen, als ob das Fanal des ersten Satzes aus Rousseaus „Gesellschaftsvertrag" auch heute noch umstandslos Gültigkeit beanspruchen könnte: „Der Mensch wird frei geboren, und überall liegt er in Ketten" (Rousseau 1762 [Neuausgabe 1963], S. 30).

Das stete, immer wiederkehrende Sprudeln dieser Urquelle speist sich über weite Strecken vor allem aus der Negation, aus der Unzufriedenheit, aus dem Unmut über die strategischen, institutionellen und praktischen Unzulänglichkeiten der vorgefundenen Politik – und weniger aus der unmittelbaren Überzeugungskraft der angedeuteten Alternativen (Schmalz-Bruns 1995, S. 21 u. 22). Es handelt sich bei diesen kritischen Analysen nicht um Berichte zu dem stets amüsanten Thema „Pleiten, Pech und Pannen" in der Politik, sondern um Analysen zu den tatsächlichen, vermeintlichen und doch gewiß auch für jeden von uns spürbaren „Systemdefekten" der repräsentativ-föderalen Massendemokratie: die „Ohnmacht der Bürger", die „Machtvergessenheit" und „Machtversessenheit" der Parteien[6], die „Cliquen, Klüngel und Karrieren" in der Politik (vgl. Scheuch/Scheuch 1992). Es sind „Skandale" und „Machtmißbräuche" und es sind Phänomene von „Selbstbedienung" und „Entfremdung" der Politiker vom Volk usw. usw. Es sind Entscheidungsverzögerungen, Blockaden, echte oder vermeintliche Fehlentscheidungen usw. In der Kritik vermischt sich vieles: System-Formales und Inhaltlich-Politisches, die Art der formellen Willensbildung und die materiellen Ergebnisse der Politik.

In einer Art kulturpessimistischer Zeitdiagnose werden zudem die „Enttraditionalisierung", die „Individualisierung" und der „Sinnverlust" beklagt, die zu einer Erosion von Gemeinsinn und Gemeinschaftlichkeit führten (vgl. Brumlik/Brunkhorst 1993; Teufel 1996). Auch der revitalisierte „Neo-Liberalismus" wird beklagt, da eine forcierte Markttheorie mit ihren egoistischen und privatistischen Orientierungen die Motivationsbasis bürgerschaftlichen Handelns aufzehre. Zusätzlich wird die „Globalisierung" und das „Ende des Nationalstaates" kritisch beleuchtet, da sie die inhaltliche Basis von Bürgergesellschaft und Demokratie immer weiter zu untergraben scheinen.[7] Schließlich wird der Demokratie selbst unterstellt, daß sie in „Anomie" (Dahrendorf) auslaufe und von Werten lebe, die sie selbst nicht neu erschaffen könne (Böckenförde). Es paaren sich Fäulnis-, Erosions- und Untergangstheorien. Gegen diese Bastionen der Unzulänglichkeit des etablierten Repräsentativsystems wird in aller Regel der Bürger theoriestra-

---

6 Zu diesen Thesen von Richard von Weizsäcker vgl. Hans Wollow (Hrsg.): Richard von Weizsäcker in der Diskussion. Die verdrossene Gesellschaft. Düsseldorf 1993
7 Vgl. Hans-Peter Martin / Michael Schumann: Die Globalisierungsfalle. Der Angriff auf Demokratie und Wohlstand. Hamburg 1996; Jean-Marie Guehenno: Das Ende der Demokratie. Zürich 1994. Zu diesem Thema in der Kommunitarismus-Diskussion vgl. Walter Reese-Schäfer: Was ist Kommunitarismus? Frankfurt/M. 1995

tegisch erneut in Stellung gebracht – meist mit der Gewißheit populistischer Zustimmung. Man kann sogar von einer wahren Erwartungs- und Anspruchsinflation gegenüber der Bürgerschaftlichkeit der Menschen sprechen. Der Bürger erscheint zuweilen als wahre „Lichtgestalt", als verführtes „Unschuldslamm" und als „Retter in der Not", wenn man ihn nur endlich „ran" ließe (Herbert v. Arnim).

Neuere Springquellen dieser normativ-appellativen Demokratiedebatte sind Erinnerungen an die Rufe von 1989: „Wir sind das Volk" (vgl. Klages/Paulus 1996). Gespeist werden solche Ansätze schließlich aus

- dem (in Osteuropa entwickelten) Konzept der „Bürgergesellschaft",
- dem (in Amerika stets präsenten) Konzept der „Zivilgesellschaft",
- der Revitalisierung des Individuums im „Neo-Liberalismus", aber zugleich auch
- der Kritik am liberalen Individualismus mit Hinwendung zum neuen „Kommunitarismus",
- den Erinnerungen an die republikanische Tradition der „Township-Demokratie" in Amerika,
- der ähnlichen Erinnerung an die „Landsgemeinden-Demokratie" und aus der Realität der vielen Plebiszite in der Schweiz,
- der Erfahrung, daß die Bürger in anderen europäischen Demokratien offenbar über „mehr Demokratie" verfügen (Maastricht-Abstimmungen),
- dem erneuerten „Neo-Aristotelismus" mit einer neuen Romantisierung der altgriechischen Polis (Hannah Arendt),
- der normativ-ontologischen Schule in der Politikwissenschaft (vgl. Gebhardt 1995),
- einer Romantisierung der Neuen Sozialen Bewegungen, der Bürgerinitiativbewegung der 70er Jahre („Bewegungsforschung"),
- den neuen kritischen Ansätzen der Dialog- und Kommunikationstheorie („deliberative Demokratie"), aber auch
- der konservativen Angst vor dem „Verlust an Gemeinschaft" angesichts der fortschreitenden Individualisierung, die durch mehr Partizipation und durch mehr politische Integration aufgefangen werden soll, sowie aus
- neuen Modellen der Bürgerbeteiligung in den Kommunen.

Betrachten wir die Theorie „des Bürgers" in dieser Diskussion, so besteht eine grobe Gemeinsamkeit vieler dieser Ansätze in der Negativdiagnose über die „eigentlich" für notwendig erachteten, aber nicht allgemein vorhandenen Kompetenzen der Bürger, wie wir sie in der realistischen Politikwissenschaft bereits ausführlich kennengelernt haben. Kaum jemand aus der appellativ-normativen Richtung unterstellt, daß die Bürger bereits über jene Qualifikationen oder Voraussetzungen verfügten, die für das erneuerte Konzept einer „bürgerschaftlichen Demokratie" notwendig wären. Die bürgerschaftliche Negativdiagnose wird mit einer weiten Palette von appellativen Gegenargumenten und normativen Gegenstrategien beantwortet, damit die Theorie „bürgergerechter", die Demokratie „demokratischer" und die Politik „gemeinschaftlicher" werde. An dieser Stelle sollen nur drei Therapiekomplexe angesprochen werden.

5. Gegentherapien

5.1 Förderung der Bürgertugenden, „Zivilreligion", „öffentlicher Vernunftdiskurs"

Der Reigen dieser Gegenkonzepte wird eröffnet mit einer neuen, neoaristotelischen Auseinandersetzung um den Tugendbegriff, d.h. um die für ein erneuertes Konzept der Demokratie notwendigen „Bürgertugenden". Im Zusammenhang damit wird versucht, eine neue „Zivilreligion" (vgl. Münkler 1996) zu entwerfen. Der in sich recht blasse „Verfassungspatriotismus" soll unterfüttert werden mit einem tiefer greifenden „demokratischen Normpatriotismus".

Die neuen Tugendanforderungen beziehen sich nicht nur auf formale Partizipationszumutungen („Mitmachen", „Einmischen", „Courage") (vgl. Eichel 1996), sondern teilweise auch auf inhaltlich-ethische Haltungen der Bürger. Verlangt werden z.B.: Loyalität, Vertrauen, Gemeinschaftlichkeit, Moral, Verantwortungs- und Pflichtbewußtsein, Solidarität usw. Die Leitbegriffe der klassischen Politikwissenschaft wie Pluralismus, Heterogenität, Interessen, Macht, Herrschaft und Emanzipation, Selbstbestimmung, Selbstverwirklichung findet man in dieser neuen appellativ-normativen Politikwissenschaft kaum noch. Statt dessen werden die „Stimmen der Moral" (A. Etzioni) eingefordert, die Pflege der Wert- und Moralbasis der Gesellschaft angemahnt und den Menschen- und Bürgerrechtskatalogen neue „Bürgerpflichtenerklärungen" gegenübergestellt (H. Schmidt).

Kaum einer der Protagonisten dieser appellativen Politikwissenschaft glaubt jedoch an eine durchgreifende und dauerhafte „heroische Selbsttransformation" der „schlechten", der nicht „theoriegerechten" Bürger zu „guten", also „theoriegerechten" Bürgern. Die Strategie des Appells an die tugendhafte Bürgerschaftlichkeit hat gewiß Grenzen!

Für die Tugendhaftigkeit der Bürger gibt es sicherlich viele Beispiele. Wenn sie existiert, ist sie eine außerordentlich schöpferische, höchst ertragreiche und wohlfahrtssteigernde Quelle der Politik. Jedoch leidet sie meist auch schnell unter Erschöpfung, hat zuweilen eine sehr kurze Halbwertszeit und bleibt auf Dauer auch nur bei einer Minderheit der Bürger verhaltensbestimmend. Die neuere Theorie der „deliberativen Demokratie" hofft z.B., daß Tugendhaftigkeit ansteckend sein könne und daß die Bürger über einen umfassenden Kommunikationsprozeß unter „Freien und Gleichen" zur Erkenntnis ihrer wahren, wohlverstandenen und vernünftigen Interessen kommen könnten (Habermas 1992a, S. 10ff.). Doch die Bedingungen einer solchen herrschaftsfreien, unverzerrten Kommunikation unter den Freien und Gleichen ist bisher nur als „methodische Fiktion" gegeben! Die Theorie der bürgerschaftlichen Tugendhaftigkeit der Bürger ist also bisher mit der Realität (noch) nicht kompatibel.

5.2 Ethische Gemeinschaften, Erziehung, Sozialisation, Politische Bildung

Eine zweite Reihe von Argumenten bezieht sich auf die Pflege ethischer Gemeinschaften, auf obligatorische Gemeinschaftsdienste und -pflichten wie etwa Militär- und Ersatz-/Gemeinschaftsdienst, in denen die geforderten Bürgertugenden – als Gegengewicht zum vorherrschenden Individualismus – eingeübt werden sollen. Solche Forderungen zielen zugleich auf die Pädagogik, auf die familiale Erziehung und auf die schulische Sozialisation, und – wieder einmal – auf die Politische Bildung (vgl. Barber 1984 sowie Bellah u.a. 1987): Hier sollen jene Werte und Verhaltensweisen, jene Tugenden „anerzogen" und eingeübt werden, deren Fehlen derzeit so vehement beklagt wird. Politisches Lernen wird hier zugleich als individuell-normatives und als politischsoziales Lernen für die „Zivilgesellschaft" aufgefaßt (moralische Urteilsbildung und soziales Lernen).

Gewiß betreiben Pädagogik und Politische Bildung – im Kampf gegen die „unheiligen Schwestern" des Individualismus, gegen: „Egoismus, Neid und Vorurteil" (vgl. Preuß 1990) – bereits heute schon ein gerütteltes Maß an „pädagogisch-partizipatorischem Interventionismus", an „Staatsbürgerqualifikationspolitik" (a.a.O.). Politische Bildung betreibt dabei sowohl „Lebenshilfe" als auch „soziales Lernen" und schließlich „politisches Lernen" im engeren Sinn (vgl. Breit 1993 u. 1996). Doch mit der Forderung nach einer grundlegenden Verstärkung dieses Interventionismus, gar mit der Forderung nach neuer

„moralischer Aufrüstung", betritt man ein heikles Gebiet. Solche Forderungen sollten und müßten zuerst darlegen, welche materiell-inhaltlichen Werte es denn sind, die als bürgerschaftlich erstrebenswerte Ziele gesetzt werden. Pädagogik und Politische Bildung können im Rahmen einer staatsoffiziellen Ideologie und einer ideologischen Massenmobilisierung der Gesellschaft gegenüber einer unfertigen, suchenden Jugend gewiß viel bewirken (sogar eine 100%ige politische Partizipation und Identifikation im NS-System oder einen begeisterten Marsch in die Schützengräben von Langemarck!). Doch mit dem Fall solcher Ideologiesysteme wird dann auch die verhaßte wert-doktrinäre „Staatsbürgerkunde" vollends diskreditiert. Die „Erziehung" auf der Grundlage von bestimmten inhaltlich geschlossenen Wertsystemen (Rasse, Klasse, Nation, Ethnie, Religion oder Sekte) ist uns in der „Erziehung nach Auschwitz" (Adorno 1969) ganz sicherlich verwehrt. Politische Bildung muß vielmehr weiterhin der konsequenten „Erziehung zur Selbständigkeit und Mündigkeit" dienen – im Gegensatz zur „Hingabe an Gemeinschaften".

So führt also der Rekurs auf „ethische Gemeinschaften" und auf „Erziehung" allein auch nicht recht weiter! In der „Furcht vor der Freiheit" ist uns eine „Flucht aus der Freiheit" nicht erlaubt. Gleichwohl bleibt die Frage von „Freiheit und Bindung" und bleibt das Problem von „Erziehung und moralischer Urteilsbildung" weiterhin relevant. Nach Richard Herzinger lassen sie sich nur auf der Basis des individualistischen Menschen- und Gesellschaftsbildes klären (Herzinger 1997, S. 45). Viele Kommunitaristen haben sich auf den Weg gemacht, zwischen den libertären Marktradikalen, den moralzentrierten Sozialkonservativen und den neuen religiös-gemeinschaftlichen „Erweckungsbewegungen" (in den USA) einen freiheitlich-sozialen Ausgleich zu finden.

5.3 Advokatorische Systemöffnung, Animation zu „mehr Demokratie"

Ein drittes Arrangement zur Förderung von Gemeinschaft, Bürgergesellschaft und „mehr Demokratie" ergibt sich aus einer Strategie der „advokatorischen Systemöffnung" (vgl. Schmalz-Bruns 1995 u. Buchstein 1995), einer gleichsam „staatspaternalistischen Systementwicklung". Man kann diese Ebene auch als Strategie der „Animation" in der Demokratietheorie bezeichnen.

Hier sind die Eliten des repräsentativen Systems selbst aufgerufen, mehr Spielräume für die politische Partizipation der Bürger zu schaffen, wenn die Bürger es denn wollen. „Wenn die Bürger es denn wollen ...", das ist die Bedingung. Hier sind die Bürger im Prinzip zu nichts verpflichtet. Wenn sie sich stärker direkt beteiligen wollen, sollten sie es auch können! Die Bürger sollen zur politischen Beteiligung animiert und die Demokratie selbst soll „lebendiger" werden. Mit systemkompatiblen Öffnungen soll zugleich der Negation, dem Protest und der Verdrossenheit die (potentiell systemsprengende) Spitze genommen werden. Freier, spontaner Protest soll systemverträglich „fruchtbar gemacht", auch „eingehegt" und „kanalisiert" werden. Damit führt die advokatorisch-paternalistische Position die Diskussion um die „richtige" Demokratie zurück in die Bahnen einer im Kern liberalen Repräsentativdemokratie. Es geht – in einer Art demokratietheoretischer „Doppelstrategie" – um plebiszitäre Erweiterungen.

Als strategische Möglichkeiten einer solchen „demokratischen Modernisierung der Demokratie" ergeben sich die vielfältigsten Reformen, wie sie auch in jüngster Zeit in der Bundesrepublik immer wieder diskutiert werden (vgl. Niclauß 1997 u. Luthardt 1997), z.B.:

- eine Reform des Wahlrechts und der Kandidatenaufstellung,
- eine unmittelbare Wahl des Staatsoberhauptes,
- Sachplebiszite in den Parteien und auf den verschiedenen föderalen Ebenen,
- Personalplebiszite in den Parteien und auf den verschiedenen föderalen Ebenen,
- eine Reform des Parteiensystems (und ihrer Finanzierung),
- eine Reform des Parlamentsrechts oder
- eine Reform des politischen Systems (Föderalismus etc.) und
- eine bürgerschaftliche Reform der Verwaltungen.

Hier ist vieles im Fluß und das „Viele" ist im pluralistischen Meinungsstreit heftig umstritten. In allen diesen Fällen bedarf es zuvörderst nicht einer „heroischen" ethischen Selbsttransformation der Bürger und keiner übertriebenen Forderungen an Pädagogik und Politische Bildung. Es geht nicht um die Ablösung, nicht um die Ersetzung des Repräsentativsystems durch ein plebiszitäres System, sondern um eine behutsame, jeweils zweckmäßige Öffnung (Luthardt 1994).

Auffällig ist, daß die meisten Autoren, die dieser Strategie der „advokatorischen" oder „paternalistischen" Systemöffnung folgen, die Einübung in partizipatorische Demokratie meist in „kleinen Gemeinschaften", in „face-to-face-societies", befürworten (Benjamin Barber). Man kann diese Strategien auch als die „kleinen Fluchten" der animatorischen Demokratietheorie bezeichnen. Doch auc̲h ist im Sinne von Sartori Behutsamkeit am Platze. Als Prüfkriterien für e̲ine partizipative Öffnung können an dieser Stelle nur einige Gefahrenmomen̲te in den Blick genommen werden. Da die Theorie 1. den „neuen, den tugendhaften Menschentyp" noch nicht voraussetzen kann, da die Menschen 2. weiterhin in einer dominanten Konkurrenzgesellschaft leben und da sie 3. die neuen Formen der demokratischen Teilhabe erst erlernen müssen, könnten die nicht-intendierten Folgen solcher „Demokratisierung" auslaufen in: Provinzialismus und Lokalismus, Irrationalismus, Populismus, Intoleranz und Gefährdung gleichwertiger Lebensverhältnisse in allen Landesteilen, Aushebelung des Föderalismus und vor allem in der Installierung zusätzlicher Veto- und Blockademöglichkeiten usw. Im übrigen ist darauf zu verweisen, daß sich bereits in Athen einzelne Personen oder Adelscliquen „des Volks bedient" haben. Heute sind es vor allem die etablierten Parteien, Verbände, Kirchen und finanzstarke Einzelpersonen, Inhaber von Medienkonzernen oder wirtschaftlichen Gruppen, die die plebiszitären Möglichkeiten nutzen, um ihre bisher nicht mehrheitsfähigen eigenen Interessen, Ambitionen oder Glaubenssätze doch noch zur Geltung zu bringen. Auf der anderen Seite können durch solche Systemöffnungen aber auch neue Initiativen und Ideen geweckt, können neue Anstöße gegeben oder letzte Korrekturen an einer offenbar fehlgehenden Realpolitik angebracht werden. Das öffentliche Meinungsklima kann verbreitert werden, und potentielle Gegeneliten können sich öffentlich Geltung verschaffen.

Bei allen „advokatorischen", „paternalistischen" Systemöffnungen sollte also gemeinsam und genau geprüft werden, worin die Rationalitätsvorteile liegen und inwieweit das Gemeinwohl im Kräfteparallelogramm der existierenden Ideen, Interessen und Institutionen tatsächlich substantiell gefördert wird, denn das ist der eigentliche Kern, um den die entsprechenden Vorschläge bemüht sind. Die Vorschläge sollten dort ihre festen Grenzen finden, wo die Relation zwischen den Input- und Outputkriterien der Politik außer Balance gerät oder wo der Gedanke der „Animation" zu mehr politischer Partizipation z.B. dem Mehrheitsprinzip oder dem Gedanken der „wehrhaften Demokratie" eklatant zuwiderläuft.

6. Reflexive Demokratie

6.1 Repräsentative Elitendemokratie, schmale Elite und dünner Firnis der politischen Beteiligung

Die Demokratie in der Bundesrepublik mag zuweilen erstarrt, verkrustet und unbeweglich erscheinen. Sie ist in ihrem Kern eine vergleichsweise stabile und funktionstüchtige „repräsentative Parteien-Demokratie" auf der Basis der Volkssouveränität. Sie ist aber zugleich auch eine „rechtsstaatliche Demokratie" auf der Basis des unabhängigen Rechts mit dem Verfassungsgericht als oberstem Schiedsrichter, was denn („im Namen des Volkes") als „Recht" gelten soll. Im Vergleich zu anderen europäischen Ländern muß die Bundesrepublik vor allem auch als „föderale Demokratie" bezeichnet werden. Der Verbandspluralismus ist in der Bundesrepublik vielfältig entwickelt, so daß man zugleich von einer „pluralistischen Demokratie" sprechen muß. Wer die Analysen zur Programm-, Implementations- und Evaluationsforschung ernst nimmt, kann die vielen Einflußvariablen im politischen Prozeß erkennen. Man wird zu dem Ergebnis kommen, daß der politische Entscheidungsprozeß im bundesdeutschen Politikmodell tatsächlich recht offen ist, so daß man kaum noch entscheiden kann, wo denn die Macht eigentlich liegt, die zusätzlich durch Plebiszite kontrolliert werden soll. Das Stichwort der „Vernetzung" der verschiedensten Entscheidungsebenen und der „Politikverflechtung" der verschiedensten Entscheidungsbeteiligten in diesen „Netzwerken" deutet nicht von ungefähr auf eine „Diffusion der Macht" hin. Manch einer spricht sogar schon von fehlender Verantwortlichkeit und fehlender „Führung", von einem „Verschwinden des Staates", von „mangelnder Steuerungsfähigkeit" und von „Unregierbarkeit".

Das System der „checks and balances" zur inneren Kontrolle von Macht funktioniert in der Bundesrepublik offenbar recht gut. Doch der Firnis der politischen Beteiligung der Bürger bleibt in der Bundesrepublik – außerhalb der politischen Beteiligung an Wahlen – sehr dünn. Nimmt man den Kern der politischen Beteiligung, die Parteimitgliedschaft und die damit verbundene politische Beteiligung, so ergeben sich für die Bundestagswahl 1994 folgende Relationen.[8] Im Jahre 1994 gab

---

8 Vgl. Daten zur Bundestagswahl am 16. Oktober 1994. In: Das Parlament v. 24. Oktober 1994

es 1.954 Mio. Parteimitglieder. Das sind: 4,1% der Wahlbeteiligten, = 3,2% der Wahlberechtigten und = 2,4% der Bevölkerung.

Nimmt man an, daß sich in den Parteien in aller Regel nur 30% der Parteimitglieder in irgendeiner Weise „aktiv" beteiligen, überhaupt zu Parteiversammlungen kommen und dort auch „reden", also sich in ihrer Faktizität partizipativ zur Geltung bringen, so sind dies 586.000 Parteimitglieder. Das wiederum sind: 1,2% der Wahlbeteiligten, = 0,9% der Wahlberechtigten und = 0,7% der Bevölkerung.

Nimmt man an, daß in den Parteien tatsächlich nur 10% der Mitglieder bereit sind, ein „Amt" oder eine „Funktion" zu übernehmen, so sind dies 195.000 Parteimitglieder.

Geht man von der Anzahl der ehrenamtlichen Ratsmitglieder in den Ortschaften, Gemeinden, Städten und Kreisen aus (zu denen in aller Regel auch die Politiker in den Landtagen und im Bundestag gehören), so liegt die Zahl bei 207.700 Personen.[9] Das sind etwa: 10% der Parteimitglieder, = 0,35% der Wahlbeteiligten, = 0,30% der Wahlberechtigten und = 0,18% der Bevölkerung.

Mit der Angabe dieser Zahlen soll keine exakt empirische „Beweisführung" angetreten werden. Viele andere Aktivitäten, Gruppen und Variablen müßten hinzugezogen werden, um tatsächlich die politische Beteiligung in der Bundesrepublik zu bestimmen. Es soll damit lediglich „illustriert (!)" werden, wie dünn doch insgesamt die Personaldecke der „aktiven politischen Beteiligungen" in der Bundesrepublik ist.

Als Indiz der eigentlichen politischen Beteiligung der Bürger im bundesdeutschen System sollten nicht nur zweifelhafte Umfragen herangezogen werden, die abfragen, inwieweit die Bürger bereits einmal – oder mehrere Male – an sog. „unkonventionellen Partizipationsformen" teilgenommen hätten (Klingemann 1991). Solche Befragungen führen meist zu selbstgefällig hohen Werten. Auch die jüngst – aufgrund der Selbstauskunft der Verbände – zusammengestellten Daten zum „Ehrenamt" in seinen unterschiedlichen Variationen[10] lassen nicht umstandslos auf entsprechende Massenphänomene schließen, da es sich 1. nicht um genuin politische Beteiligungsformen handelt, und da die befragten Verbände 2. durch überhöhte Angaben über die Zahl ihrer Helfer, Übungsleiter, Mitglieder und Klientelgruppen etc. heftig gegenseitig um

---

9 Vgl. Antwort der Bundesregierung auf die Große Anfrage der Abgeordneten Klaus Riegert u.a. BT-Drucksache 13/2652 und Pressemitteilung des Bundesministeriums für Familie, Senioren, Frauen und Jugend, Nr. 75 v. 1. Oktober 1996
10 Vgl. Anm. 9

Finanzunterstützung konkurrieren und daher Doppel-, Dreifach- oder Vierfachzählungen an der Tagesordnung sind. Auch die Vereine können nicht umstandslos als „Basis der Demokratie" (vgl. Zimmer 1996) interpretiert werden (vgl. Aufschwung des Vereinslebens im NS-System, „Massenorganisationen" in der DDR). Selbst die Euphorie über die (angebliche) Zahl an Bürgerinitiativen und „Bewegten" in den Neuen Sozialen Bewegungen der 70er und 80er Jahre[11] lassen sich nicht selbstgefällig generalisieren oder einfach zeitunabhängig fortschreiben.

Es scheint, daß für die Funktionsweise des politischen Systems in der Bundesrepublik die „auxiliary precautions" (Madison) i.S. der inneren „checks and balances" dominant sind und doch einiges für die realistische Theorie der Demokratie und der Bürger spricht. Eine idealistische Position muß ständig die höchsten Ansprüche an Partizipation als Medium der festgehaltenen Möglichkeit einer Selbstregierung des Volkes stellen. Eine realistische Position hält dagegen mit konventionellen Beteiligungsformen, bei allen Problemen, die gerade Politologen kennen, Volkssouveränität, Entscheidungsfähigkeit und Kontrolle von Herrschaft aufrecht. Sie trauert dem Mythos der „idealen Welten", der „guten Demokratie" weder in antiker Tradition nach, noch kann sie aus utopischer Perspektive darauf hoffen. Sie läßt daneben aber überaus vielfältige Möglichkeiten direkter, offener subjektiver Partizipation zu, irrt sich wiederum nicht über historische Möglichkeiten und zukünftige Bestandsgarantien.

6.2 Wandel, Offenheit, neue Eliten

Als Gegenpol zur relativ geringen „aktiven politischen Partizipation" muß auf den Umstand verwiesen werden, daß die Gesellschaft der Bundesrepublik in den letzten 30 Jahren durch verschiedene „Bewegungen" durcheinandergewirbelt und innovativ verändert worden ist: erstens durch die „Notstands-" und „Studentenbewegung" der 60er Jahre (politisch und theoretisch noch rückwärts gewandt) und zweitens durch die vielfältige „Basis"- oder „Bürgerinitiativbewegung", d.h. durch die sog. „Neuen Sozialen Bewegungen" der 70er Jahre (mit neuen Themen, neuer Politik und neuer Theorie).

Aus diesen Bewegungen resultierten – als langfristige Effekte – wichtige thematische Erneuerungen der Politik in der Bundesrepublik.

---

11 Schätzungen gehen bis in die Höhe von 2,2 bis 2,6 Mio. Mitglieder; vgl. Anm. 9

Zugleich sind „Neue Eliten" entstanden, ehemals „Gegeneliten", die heute bereits zu den „mitherrschenden Eliten" gehören (einschließlich „Greenpeace" und der „jet-set"-Elite der NGOs). Die zukünftige Themen- und Elitenerneuerung der Politik, die aufgrund solcher Bewegungen initiiert wird, läßt sich nicht vorhersagen. Ebensowenig ist geklärt, wann, unter welchen Umständen, wie heftig und mit welchen Themen, Zielen und Theorien solche Bewegungen überhaupt entstehen, wann und wie sie sich wiederholen.

Neuerdings erleben wir eine dritte Welle politischer, plebiszitärer Bürgerbeteiligung. Sie manifestiert sich z.T. in massenhaft initiierten Volksinitiativen, Volksbegehren und Volksentscheiden.

Während der Debatte um die Verfassungsreform nach der deutschen Einheit wurden plebiszitäre Ergänzungen des Grundgesetzes nicht ernsthaft in das Kalkül der Mehrheit aufgenommen (vgl. Klages/Paulus 1996 u. Batt 1996). Die Parteien, die solche Elemente befürworteten, waren in sich gespalten, die Staatsrechtslehre stand – fast einheitlich – in Gegenposition und in der Politikwissenschaft gab es heftige Kontroversen. Gleichwohl folgten die Bundesländer mit ihren Verfassungsänderungen nach 1990 dem Ruf nach „mehr Demokratie".[12] Baden-Württemberg kann hier eine frühe Vorreiterrolle für sich beanspruchen. Innovativ wirkte vor allem die Ausarbeitung neuer Landes- und Kommunalverfassungen für die neuen Bundesländer. In Schleswig-Holstein setzte sich dieser Ruf nach „mehr Demokratie" im Jahre 1990 *mit* dem Willen der politischen Mehrheit im Landtag durch, in Bayern 1995 – gedrängt durch eine entsprechende Bürgerinitiative – *gegen* den Willen der politisch herrschenden Mehrheit. Neben den Landesverfassungen hat sich am meisten auf der kommunalen Ebene (Gemeinden, Städte, Landkreise) verändert (Knemeyer 1995). Man kann hier sogar von einer „plebiszitären Fundamentalreform" sprechen. Das politische System hat sich hier im institutionellen Sinn also durchaus als „reflexiv" und „responsiv" erwiesen. Es hat neue Ebenen der „Subpolitik" (Beck 1993) geöffnet. Die offizielle Politik ist analog zur advokatorisch-paternalistischen Theorie verfahren, die für plebiszitäre Elemente am ehesten in lokalen Gemeinschaften („face-to-face-societies") plädierte. Allerdings sind im Rahmen dieser partizipativen Kommunalreform z.T. hohe Ansprüche an Verfahrensvorschriften und Quoren für Bürgerbegehren und

---

12 Vgl. Gunther Jürgens: Direkte Demokratie in den Bundesländern. Stuttgart 1993. Vgl. auch Verfassungen der deutschen Bundesländer, Beck-Texte. 5. Aufl. – München 1995

Bürgerentscheide gestellt, z.T. auch erhebliche Hürden für die inhaltlichen Themen von Volksbegehren und Volksentscheide aufgerichtet worden. Solche Begrenzungen entsprechen dem Gedanken von James Madison, daß aus Erfahrung „auxiliary precautions" höchst sinnvoll seien und man nicht einfach „blind" auf das Volk vertrauen dürfe.

Wir stehen heute mitten drin in der Phase der Praktizierung dieser plebiszitären Beteiligungsmöglichkeiten. Wir erleben derzeit die Erprobungs- und Lernphase einer neuen Art der Bürgerbeteiligung. Von „Politikverdrossenheit" kann hier wohl nicht mehr die Rede sein! Die Empirie wartet noch auf genauere Tiefenanalysen der Formen, Effekte und Langfristbedeutsamkeit dieser neuen Form der Bürgerpartizipation. Gegenwärtig läßt das Volk gleichsam „tausend bunte Blumen blühen". Die Frage der Verfahrensvorschriften, der Quoren und der zulässigen Inhalte dieser Beteiligung der Bürger an der Kommunal- und Landespolitik werden sicherlich noch Gegenstände der rechtlichen, politischen und wissenschaftlichen Prüfung sein.[13] Die Befürworter von „mehr Demokratie", beschweren sich bereits jetzt über „zuwenig Demokratie". Sie führen Klage gegen die Verfahrensvorschriften, Quoren und Inhaltsbeschränkungen.[14]

7. Handlungsorientierung und politisches Lernen

Aus dieser Erörterung unseres Themas ergeben sich für die politische Bildung der Bürger – auch für die „Handlungsorientierung" im politischen Unterricht – eine Fülle neuer Anknüpfungspunkte.

Gehen wir nochmals auf empirische Studien zur politischen Partizipation zurück. Diese Studien belegen z.T. extrem hohe Werte zugunsten einer generalisierten Bereitschaft zur politischen Beteiligung. Real setzt sich diese generalisierte Bereitschaft aber nur in aktives politisches Handeln um,
1. wenn ein konkreter „Ich-Bezug" hergestellt werden kann, wenn also die politische Beteiligung etwas mit konkreter Lebenshilfe, mit einer Hilfe für die praktische eigene Lebens- und Zukunftsgestaltung zu tun hat,

---

13 So verwarf z.B. das Bayerische Verfassungsgericht drei zentrale Punkte des 1995 mittels Volksentscheid durchgesetzten Gesetzes über den kommunalen Bürgerentscheid; vgl. Frankfurter Rundschau v. 30.08.1997 („Bürgerentscheid wird gestutzt")
14 So Roland Roth vom Komitee für Grundrechte und Demokratie in Köln; Frankfurter Rundschau v. 05.08.1997 („Hürdenlauf zum Bürgerentscheid")

2. wenn ein „Sozialbezug" hergestellt werden kann, also ein Handeln in erlebbarer und geregelter Gemeinschaft Gleichgesinnter möglich ist (sonst muß der Bürger den Rechtsweg beschreiten), und
3. wenn – wie ich es nenne – die Ressourcen von Zeit, Energie und Sachverstand in ausreichendem Maße zur Verfügung stehen.[15]

Ansonsten bleiben die Bürger – trotz selbstgefällig hoher Bereitschaftserklärungen zur eigenen politischen Beteiligung – „Zuschauer" am Rande des Spielfeldes der Politik, gleichsam „Voyeure der Demokratie" (Leggewie). Sie geben von Zeit zu Zeit lediglich ein „generalisiertes Vertrauens- und Mißtrauensvotum" (Offe) in der abgesicherten Einsamkeit der Wahlkabine ab – oder bleiben sogar den Wahlen fern. Im übrigen widmen sie sich eben ihren alternativen Rollenanforderungen als Familienmitglied, als Berufstätiger, als Wirtschaftsbürger oder pflegen ihre Interessen im Privaten, in Freizeit und Kultur, vor den Medien oder in schlichter Muße. Wer sich aber tatsächlich der politischen Partizipation verschreibt, opfert viel Zeit, zahlt hohe Kosten und muß viel Energie aufbringen. Er muß über psychische Robustheit und über ein gerütteltes Maß an Frustrationstoleranz verfügen. Als Wahlbürger fühlt er sich unterfordert, als politischer Aktivbürger aber sehr schnell überfordert (A. O. Hirschmann).

Demokratie und politische Partizipation gestalten sich heute sehr zwiespältig und spannend zugleich. Parallel zum wissens- und wertorientierten politischen Unterricht kann m.E. die neue Art der advokatorischen Öffnung der repräsentativen Demokratie heute sehr viel zum demokratischen Lernen der Bürger beitragen. Schule und politischer Unterricht können sich hier ergänzen, um politisch-demokratische Prozeßqualifikationen ausfindig und verfügbar zu machen. Es ist ein alltägliches politisches Lernen „on the job", was wir in der neuen Welle von massenhaft initiierten Volksinitiativen, Volksbegehren und Bürgerentscheiden auf Kommunal- und Länderebene derzeit erleben.

1. Schüler und Bürger können dabei lernen, welche subjektiven Zumutungen die Demokratie tatsächlich an sie heranträgt, wenn sie ihre politischen Teilhaberechte praktisch realisieren wollen. Sie können lernen, wieviel:

---

15 Vgl. Irene Dingeldey: Bürgerschaftliches Engagement als „neue" Form der Solidarität? In: Gegenwartskunde. 2/1997, S. 175-188. Zum Aufschwung der partizipatorischen Demokratie vgl. Otmar Jung: Der Aufschwung der direkten Demokratie nach 1989. In: Rainer Schneider-Wilkes (Hrsg.): Die Demokratie in Gefahr? Münster 1997, S. 130-144

- Zeit (Ressourcen, Geld ... bei der Erfüllung alternativer Rollenanforder... Arbeit/Beruf, Familie, Ökonomie, Recht, Kultur ...eizeit),
- Energie (habituelle Disposition, Wollen, Mut, Courage, Mühe, Leidensfähigkeit etc.) und
- Sachverstand (sach-inhaltliche und prozedurale Kompetenz, Wissen und Können, auch „skills" der politischen Teilhabe etc.) die partizipatorische Demokratie von jedem „Partizipationsbürger" fordert.[16]

2. Schüler und Bürger können lernen, welche objektiven systemischen Rahmenbedingungen die real-existierende Politik bestimmen:
   - Zahl (Menge der beteiligten und betroffenen Bürger und deren unterschiedlichste An- und Einsprüche),
   - Zeit (Dauer der Entscheidungsprozesse),
   - Raum (flächenmäßige Wirkung/Einwirkungsmöglichkeit, Gemeinde, Land, Bund, EU, Welt) und
   - Komplexität der Probleme.
3. Sie können lernen, wie hochgradig verflochten die einzelnen Politikmaterien, wie vernetzt die einzelnen Ebenen des Entscheidungsprozesses sind und wie unübersehbar am Beginn eines „policy"-Zyklus die intervenierenden Variablen sind und wie vielfältig sie sich in „politics", d.h. im Verlauf eines „policy"-Zyklus tatsächlich Geltung verschaffen.
4. Sie können zudem lernen, daß sich „Politik machen" in aller Regel dem Prozeß der Arbeitsteilung, der Professionalisierung, der Repräsentation, der Aktenmäßigkeit, der sozialen Differenzierung, auch der Gruppen- und Fraktionsbildung etc. nicht entziehen kann.

---

16 Vgl. Carl Böhret: Folgen. Entwurf für eine aktive Politik gegen schleichende Katastrophen. Leverkusen 1990, S. 19. Böhret betont den handlungstheoretischen Dreiklang von: „Wollen, Wissen und Können". Hubertus Buchstein stellt dagegen auf die „kognitive", die „habituelle" und die „prozedurale" Kompetenz der Bürger ab. Zum Dreiklang von „Zeit, Energie und Sachverstand" vgl. Gerhard Himmelmann: Chancen und Grenzen politischer Beteiligung und „Handlungsorientierung" in der Politischen Bildung. In: Politische Bildung. 2/1996, S. 81-96 und in: Peter Massing (Hrsg.): Das Demokratiemodell der Bundesrepublik Deutschland. Schwalbach/Ts. 1996, S. 81-96. Vgl. auch Rainer Schneider-Wilkes: Macht oder Ohnmacht? Erfolgsbilanz und persönliche Auswirkungen von politischem Engagement in Bürgerinitiativen. In: ders. (Hrsg.): Demokratie in Gefahr? Münster 1997, S. 294-315

5. Sie können lernen, daß „Rationalität" in der Politik unter der „Diktatur des Kompromisses" – wie die Programm-, Implementations- und Evaluationsforschung in der Politikwissenschaft zeigt – allzu oft nur eine „okkasionelle Rationalität" (Ellwein 1987, S. 116ff.) sein kann.
6. Sie können lernen, daß Demokratie auch die „Ausübung von Herrschaft" („Herrschaft der Mehrheit") bedeutet, daß Demokratie aber eben auch an übergeordnetes „Recht" gebunden ist, daß die Demokratie die Durchsetzung von Herrschaft zuweilen äußerst schwierig macht, daß Diktaturen möglicherweise die Sehnsucht nach schnellen und einfachen Lösungen besser befriedigen, daß aber die Ergebnisse von Demokratie meist sehr viel besser sind (vgl. Schmidt 1997).
7. Schließlich können alle Teilnehmer am politischen Prozeß, die Eliten und die Bürger, die Wissenschaftler und die Laien, Lehrer und Schüler lernen und Erfahrungen sammeln, welche Effekte die partizipatorische Input-Öffnung für die Output-Entscheidungen des im Kern repräsentativ bleibenden politischen Systems hat. Wir alle können also lernen, ob wir – im Sinne von Giovanni Sartori – bekommen haben, was wir wollten, und ob den neuen Formen plebiszitärer Demokratie tatsächlich, wie oft behauptet, überlegenere moralische Geltungsansprüche zukommen sollten („mehr Demokratie") als den klassischen Verfahren und Ergebnissen der repräsentativen, rechtsstaatlichen, föderalen und pluralistischen Demokratie.

Literatur

Theodor W. Adorno: Erziehung nach Auschwitz. In: ders.: Stichworte. Kritische Modelle 2. Frankfurt/M. 1969, S. 85-101
Benjamin Barber: Starke Demokratie. Über Teilhabe am Politischen. Hamburg 1994
Helge-Lothar Batt: Die Grundgesetzreform nach der deutschen Einheit. Opladen 1996
Ulrich Beck: Die Erfindung des Politischen. Frankfurt/M. 1993
Robert N. Bellah / Richard Madson / William M. Sullivan / A. Swindler / Steven M. Tipton: Gewohnheiten des Herzens. Individualismus und Gemeinsinn in der amerikanischen Gesellschaft. Köln 1987
B.R. Berelson / P.F. Lazarsfeld / W.N. McPhee: Voting. Chicago 1954
Carl Böhret: Folgen. Entwurf für eine aktive Politik gegen schleichende Katastrophen. Leverkusen 1990
Gotthard Breit: Verfassungspatriotismus – eine ausreichende Zielsetzung des Politikunterrichts? In: Günter C. Behrmann / Siegfried Schiele (Hrsg.): Verfassungspatriotismus als Ziel politischer Bildung? Schwalbach/Ts. 1993, S. 181-207
Gotthard Breit: Unterrichtseinheit: Der Bürger in der Demokratie. In: Politische Bildung. 2/1996, S. 97-112
Micha Brumlik / Hauke Brunkhorst (Hrsg.): Gemeinschaft und Gerechtigkeit. Frankfurt/M. 1993
Hubertus Buchstein: Zumutungen der Demokratie. Von der normativen Theorie des Bürgers zur institutionellen vermittelten Präferenzkompetenz. In: Klaus von Beyme / Claus Offe (Hrsg.): Politische Theorien in der Ära der Transformation. PVS Sonderheft. 26/1995, S. 304-320
Werner Conze: Demokratie. In: Otto Brunner u.a. (Hrsg.): Geschichtliche Grundbegriffe. Bd. 1. Stuttgart 1972, S. 821-899
Irene Dingeldey: Bürgerschaftliches Engagement als „neue" Form der Solidarität? In: Gegenwartskunde. 2/1997, S. 175-188
Hans Eichel (Hrsg.): Einmischen. Vorschläge zur Wiederbelebung politischer Beteiligung. Frankfurt/M. 1996
Thomas Ellwein: Die Diktatur der Kompromisse. In: ders.: Politische Wissenschaft. Opladen 1987, S. 116-125
Ernst Fraenkel: Deutschland und die westlichen Demokratien. Stuttgart 1964
Jürgen Gebhardt: Die Idee des Bürgers. In: Klaus von Beyme / Claus Offe (Hrsg.): Politische Theorien in der Ära der Transformation. PVS Sonderheft. 26/1995, S. 349-361
Michael Th. Greven: Parteimitglieder. Ein empirischer Essay. Opladen 1987
Jean-Marie Guehenno: Das Ende der Demokratie. Zürich 1994
Jürgen Habermas: Zum Begriff der politischen Beteiligung. In: Jürgen Habermas / Ludwig v. Friedeburg-Hübner / Christoph Oehler / Friedrich Weltz: Student und Politik. Eine soziologische Untersuchung zum politischen Bewußtsein Frankfurter Studenten. Darmstadt / Neuwied 1961, S. 13-17
Jürgen Habermas: Faktizität und Geltung. Frankfurt/M. 1992
Jürgen Habermas: Drei normative Modelle der Demokratie. Zum Begriff deliberativer Politik. In: Herfried Münkler (Hrsg.): Die Chancen der Freiheit. Grundprobleme der Demokratie. München 1992, S. 10 ff. (1992a)

Alexander Hamilton / James Madison / John Jay: The Federalist Papers. Clinton / New York 1961

Gerd Hepp / Siegfried Schiele / Uwe Uffelmann (Hrsg.): Die schwierigen Bürger. Schwalbach/Ts. 1994

Richard Herzinger: In der Gemeinschaftsfalle. Ohne Individualismus keine Verantwortung – wider die konservative Klage vom Untergang der Werte. In: Die Zeit. Nr. 15 v. 4. April 1997, S. 45

Gerhard Himmelmann: Chancen und Grenzen politischer Beteiligung und „Handlungsorientierung" in der Politischen Bildung. In: Politische Bildung. 2/1996, S. 81-96

Gunter Jürgens: Direkte Demokratie in den Bundesländern. Stuttgart 1993

Otmar Jung: Volksgesetzgebung in Deutschland. In: Leviathan. 2/1987, S. 242-265

Otmar Jung: Der Aufschwung der direkten Demokratie nach 1989. In: Rainer Schneider-Wilkes (Hrsg.): Die Demokratie in Gefahr? Münster 1997, S. 130-144

Andreas Klages / Petra Paulus: Direkte Demokratie in Deutschland. Impulse aus der deutschen Einheit. Marburg 1996

Hans-Dieter Klingemann: Bürger mischen sich ein: Die Entwicklung der unkonventionellen Beteiligung in Berlin 1981–1990. In: Hans-Dieter Klingemann / Richard Stöss / Bernhardt Weßels (Hrsg.): Politische Klasse und politische Institutionen. Probleme und Perspektiven der Elitenforschung. Opladen 1991, S. 375-404

Franz-Ludwig Knemeyer: Bürgerbeteiligung und Kommunalpolitik. München 1995

Wolfgang Luthardt: Probleme und Perspektiven direkter Demokratie in Deutschland. In: Aus Politik und Zeitgeschichte. Beilage zur Wochenzeitung Das Parlament, B 14/1997, S. 13-22

Hans-Peter Martin / Michael Schumann: Die Globalisierungsfalle. Der Angriff auf Demokratie und Wohlstand. Hamburg 1996

Peter Massing (Hrsg.): Das Demokratiemodell der Bundesrepublik Deutschland. Schwalbach/Ts. 1996

Silvano Möckli: Direkte Demokratie. Ein internationaler Vergleich. Frankfurt/M. 1990

Herfried Münkler (Hrsg.): Bürgerreligion und Bürgertugend. Debatten über die vorpolitischen Grundlagen politischer Ordnung. Baden-Baden 1996

Karlheinz Niclauß: Vier Wege zur unmittelbaren Bürgerbeteiligung. In: Aus Politik und Zeitgeschichte. Beilage zur Wochenzeitung Das Parlament, B 14/1997, S. 3-12

Heinrich Oberreuter: Repräsentative und plebiszitäre Elemente als sich ergänzende politische Prinzipien. In: Günther Rüther (Hrsg.): Repräsentative oder plebiszitäre Demokratie – eine Alternative? Baden-Baden 1996, S. 262-274

Claus Offe: Wider scheinradikale Gesten. Verfassungspolitik auf der Suche nach dem „Volkswillen". In: Gunter Hofmann / Werner A. Perger (Hrsg.): Die Kontroverse. Weizsäckers Parteienkritik in der Diskussion. Frankfurt/M. 1992, S. 126-142

Werner J. Patzelt: Abgeordnete und ihr Beruf. Berlin 1995

Werner J. Patzelt: Ist der Souverän aufgeklärt? Universitätsdruck Dresden 1996

Werner J. Patzelt: Das Wissen der Deutschen über Parlament und Abgeordnete. In: Gegenwartskunde. 3/1996, S. 309-322

Ulrich K. Preuß: Revolution, Fortschritt und Verfassung. Zu einem neuen Verfassungsverständnis. Berlin 1990
Ulrich K. Preuß: Verfassungstheoretische Überlegungen zur normativen Begründung des Wohlfahrtsstaates. In: Christoph Sachße / Tristam H. Engelhardt (Hrsg.): Sicherheit und Freiheit. Zur Ethik des Wohlfahrtsstaates. Frankfurt/M. 1990, S. 106-132
Walter Reese-Schäfer: Was ist Kommunitarismus? Frankfurt/M. 1995
Ulrich Rödel / Günter Frankenberg / Helmut Dubiel: Die demokratische Frage. Frankfurt/M. 1989
Ulrich Rödel (Hrsg.): Autonome Gesellschaft und libertäre Demokratie. Frankfurt/M. 1990
Jean-Jacques Rousseau: Der Gesellschaftsvertrag (1762). Stuttgart (Neuausgabe) 1963
Giovanni Sartori: Demokratietheorie (1987). Hrsg. v. Rudolf Wildemann. Darmstadt 1992
Erwin Scheuch / Ute Scheuch: Cliquen, Klüngel und Karrieren. Über den Verfall der politischen Parteien. Reinbek bei Hamburg 1992
Rainer Schmalz-Bruns: Reflexive Demokratie. Die demokratische Transformation moderner Politik. Baden-Baden 1995
Manfred G. Schmidt: Demokratietheorien. Opladen 1995
Manfred G. Schmidt: Zur politischen Leistungskraft liberaler Demokratien. In: Gegenwartskunde. 1/1997, S. 27-40
Rainer Schneider-Wilkes: Macht oder Ohnmacht? Erfolgsbilanz und persönliche Auswirkungen von politischem Engagement in Bürgerinitiativen. In: ders. (Hrsg.): Demokratie in Gefahr? Münster 1997, S. 294-315
Arpad Sölter: Zivilgesellschaft als demokratietheoretisches Konzept: In: Jahrbuch für Politik. Halbband 1/1993, S. 145-180
Joseph A. Schumpeter: Kapitalismus, Sozialismus und Demokratie (1942). 3. Aufl. – München 1972
Erwin Teufel (Hrsg.): Was hält die moderne Gesellschaft zusammen? Frankfurt/M. 1996
Alexis de Tocqueville: Über die Demokratie in Amerika (1835). Frankfurt/M. (Neuauflage) 1956
Werner Weidenfeld (Hrsg.): Demokratie am Wendepunkt. Berlin 1996
Hans Wollow (Hrsg.): Richard von Weizsäcker in der Diskussion. Die verdrossene Gesellschaft. Düsseldorf 1993
Annette Zimmer: Vereine – Basiselement der Demokratie. Opladen 1996

Siegfried Frech, Peter Massing

Ein Gespräch zwischen Paul Ackermann und Gerhard Himmelmann

Moderation: Peter Massing

Zusammenfassung der Diskussion

Der Moderator wiederholt kurz die Schwerpunkte der beiden Vorträge[1] und verweist darauf, daß darin drei Diskurse miteinander verknüpft sind:
1. der Diskurs über Handlungsorientierung,
2. der über die Bürgerrolle in der Demokratie und
3. der Diskurs über zentrale Ziele und Aufgaben des Politikunterrichts.

Anschließend formuliert *Peter Massing* drei grundlegende Fragen, die zunächst Gegenstand der Diskussion sein sollen:
1. Von welcher Bürgerrolle gehen wir in unserem demokratischen System aus? Wie soll der ideale Bürger, die ideale Bürgerin aussehen?
2. Was bedeuten die verschiedenen Vorstellungen von der Bürgerrolle für die politische Bildung? Welche Konsequenzen ergeben sich daraus für den Politikunterricht?
3. Mit welchen Methoden soll und kann der Politikunterricht auf die zukünftige Bürgerrolle vorbereiten?

In seiner Antwort macht *Gerhard Himmelmann* noch einmal deutlich, daß er ein zentrales Problem darin sehe, daß im Unterricht kein echtes politisches Handeln möglich sei. Auch die zur Zeit zu beobachtenden Prozesse der Inneren Schulreform könnten nicht mit politischem Handeln gleichgesetzt werden. Dem Unterricht gelinge es nur selten, daß Schülerinnen und Schüler sich nach außen wenden würden. Im Unterricht ließen sich bestenfalls Perspektiven entwickeln. Interventionen,

---

[1] Das dokumentierte Gespräch erfolgte im Anschluß an die Vorträge „Die Bürgerrolle in der Demokratie als Bezugsrahmen für die politische Bildung" von Paul Ackermann (S. 13ff. in diesem Band) und „Das Bild des Bürgers in der politikwissenschaftlichen Theorie und in der politischen Praxis – Grundlage für die ‚Handlungsorientierung' im politischen Unterricht?" von Gerhard Himmelmann (S. 35ff. in diesem Band).

also politisches Handeln im eigentlichen Sinne, erfolge in der Regel später, d.h. nach und außerhalb der Schule. Handlungsorientierung dürfe daher im wesentlichen nur als eine Lernstrategie verstanden werden mit dem Ziel, Wissen zu verfestigen. Schüler seien längst keine Aktivbürger, wenn sie die Schule verließen.

Paul Ackermann greift noch einmal auf den Vortrag von *Himmelmann* zurück und fragt, welches eigentlich das Grundanliegen des Vortrags gewesen sei. Präsentiert habe der Referent ein skeptisches, ja zynisches Menschenbild, das er mit sehr subjektiv und einseitig ausgewählten Zitaten legitimiert habe. In dieser Zitatenauswahl zeige sich ein zynischer Eklektizismus, der letztlich bedeute, daß politische Bildung chancenlos sei.

Gerhard Himmelmann macht daraufhin deutlich, daß es sein Grundanliegen gewesen sei, die politische Bildung „auf den Teppich zu holen". Es ginge ihm darum, zu zeigen, was politisches Handeln und politische Beteiligung in der Realität bedeute. Dies könne man nicht mit idealistischen Bildern klarmachen. Wenn man über den Aktivbürger diskutiere, müsse man auch berücksichtigen, daß fast alle Bürgerbewegungen und viele Bürgerinitiativen in sich „zusammengesackt" seien. Wissenschaft habe in diesem Zusammenhang vor allem die Aufgabe, die Ursachen hierfür zu analysieren. Genau dies könne man mit den von ihm genannten Kriterien, d.h. mit dem hohen Maß an Zeit, Energie und Sachverstand, die jede politische Partizipation von denjenigen abverlangt, die ihre politische Teilhabe realisieren wollen.

Der *Moderator* fragt, was dies denn nun für die politische Bildung bedeute. Heißt „politische Bildung auf den realistischen Teppich zurückzuholen", sich mit wenigen Aktivbürgern zufrieden zu geben und zu akzeptieren, daß die Mehrheit nur in ihrer Zuschauerrolle verbleibe? Heißt politische Beteiligung bestenfalls Partizipation auf der kommunalen Ebene, die sich nicht auf anderen politischen Ebenen fortsetzt? Kann politische Bildung – z.B. über handlungsorientierte Methoden – den „Aktivbürger" hervorbringen oder erzeugt sie immer nur den passiven Zuschauer?

Paul Ackermann nimmt in seiner Reaktion Bezug auf den „Darmstädter Appell" und kritisiert, daß es sich dabei um „Resolutionslyrik" handele. Hierbei treffe man auf ein Klischee politischer Bildung, daß nämlich Handlungsorientierung mehr oder weniger automatisch handelnde Bürger und Bürgerinnen liefere. Diese utopische Position vertrete er nicht, andererseits würden in den skeptischen Ausführungen von *Gerhard Himmelmann* wesentliche empirische Daten unterschlagen. Die politische Kultur habe sich in den letzten Jahren sehr wohl geändert, und man könne heute vom „reflektierten Zuschauer" ausgehen. Auch wenn er den „Aktivbürger" für ein utopisches Modell halte, müsse man die Möglichkeit ausreichend berücksichtigen, daß Bürger – abhängig vom Lebensalter und in Krisensituationen – bereit seien, zu intervenieren. Das Modell des Bürgers, das die Demokratie benötige, könne man als das des „Interventionsbürgers" bezeichnen. Ziel sei danach „partielle Interventionsfähigkeit". Handlungsorientierter Politikunterricht habe nicht unbedingt den Aktivbürger vor Augen; aber handlungsorientierter Politikunterricht könne den „reflektierten Zuschauer" vorbereiten und erziehen. Gerade über den Einsatz von simulativen Methoden im Unterricht ließen sich Interventionsfähigkeit und -bereitschaft vorbereiten.

Peter Massing fragt nach, ob Politikunterricht unterschiedliche Bürgerrollen bzw. Bürgerbilder vermitteln solle? Eine Bandbreite, in der das „Minimum" der „reflektierte Zuschauer" und das „Maximum" der „Aktivbürger" darstelle. Bestehe nicht die Gefahr, wenn Politikunterricht nur die Probleme, vor allem die hohen persönlichen Kosten politischen Engagements thematisiere, daß seine kritische Funktion verloren ginge?

Gerhard Himmelmann macht darauf aufmerksam, daß er sich mit seiner Position auch auf eigene Erfahrungen in Bürgerinitiativen beziehe. Der Bürger würde zwar gerade wieder neu entdeckt. Bürgerinitiativen zeichneten sich jedoch genauso wie traditionelle Organisationen, Parteien, Gewerkschaften und Verbände durch einen Ämter- und Mitgliederschwund aus. Welche Erklärungen könne man denn dafür anbieten? Die Realität sei manchmal sehr ernüchternd.

Der *Moderator* stimmt der empirischen Beschreibung dieser Entwicklung zu, auch daß es Aufgabe der Wissenschaft sei, Erklärungen dafür zu finden. Als äußerst problematisch bezeichnet er jedoch, daß *Himmelmann* das empirisch Vorfindbare normativ wende und daraus ein Bürgermodell entwickele.

Gerhard Himmelmann entgegnet, daß es doch wohl schon erstaunlich sei, daß man in der wissenschaftlichen Literatur auch bei „Linken" – bis hin zu Jürgen Habermas – ein skeptisches Bild der Bürgerrolle vorfinde.

Nach *Paul Ackermann* liegt dies in erster Linie an der eklektizistischen Auswahl der Zitate. Mit dieser Methode könne man genauso einfach einen Vortrag mit nur positiven Bildern vom Bürger halten.

In der Bewertung der Bürgerinitiativen stimme er *Himmelmann* allerdings zu. Auch er wende sich gegen Romantisierungen; eine Abflachung bei den Mitgliederzahlen und im Engagement ließe sich nicht leugnen. Andererseits könne man aber gerade auf der kommunalen Ebene (z.B. Bürgerbegehren) eine geradezu „partizipatorische Kommunalrevolution" feststellen. Ähnliches gelte z.B. für Ehrenämter, wie empirische Studien belegten. Dennoch würde immer noch unterstellt, daß niemand sich engagieren wolle.

Gerhard Himmelmann faßt zusammen, daß der Bürger auch immer Objekt von Herrschaft sei. „Bürger" heiße, gleichzeitig Souverän, Wähler und Beteiligter zu sein. Aber damit diese Funktionen auch wirklich ausgeübt werden könnten, müßten Hürden überwunden werden. Wolfgang Hilligen habe ja den Dreischritt „Sehen – Beurteilen – Handeln" entwickelt, wobei „Handeln" mit dem politischen Feld gleichgesetzt werde. Genau in diesem Punkt aber liege Hilligen falsch.

Öffnung der Diskussion

Dagmar Richter sieht ein zentrales Problem in den Tugendkatalogen, die eine normative Überforderung darstellten. Sie formuliert die These, daß die Bürgerrolle kontextualisiert werden müsse. Denn wo es um ihre Belange und ihre Interessen gehe, seien Bürgerinnen und Bürger durchaus bereit, aktiv zu werden. Darüber hinaus sei es notwendig, viel stärker zu berücksichtigen, daß für „Nicht-Engagement", wie z.B. bei Frauen, auch politische Strukturen verantwortlich seien.[2]

Jürgen Faulenbach stellt die Frage, welche Aufgabe denn die politische Bildung bei einem Rückgang des politischen Engagements heute habe, und wie man das sehr viel stärkere Engagement in den 68er-Jahren erklären könne. *Gerhard Himmelmann* führt dies auf zeitgebundene Wellen (z.B. Anti-Atom- und Anti-Notstandsbewegung, die 68er, die Zeit der Bürgerbewegungen, die Friedensbewegung) zurück. Diese Wellen seien in der Bewegungsforschung noch nicht geklärt und auch noch nicht ausreichend untersucht.

Peter Massing weist darauf hin, daß bisher das wichtigste Kriterium für den Rückgang politischen Engagements die hohen subjektiven Kosten (Zeit, Engagement, notwendiger Sachverstand) gewesen seien. Diese Kosten aber wären immer schon hoch gewesen. Erklärungsbedürftig sei also, wieso diese Kosten in den „zeitgebundenen Wellen" offensichtlich keinen negativen Einfluß gehabt hätten.

---

2 Vgl. den Beitrag von Dagmar Richter in diesem Band (S. 170ff.)

Gerhard Himmelmann vermutet, daß die Anhäufung der Rollen das entscheidende Problem sei. Die Frage müsse lauten, wann ist die Energie so groß, daß sie die anfallenden Kosten überwiegt.

Paul Ackermann verweist in diesem Zusammenhang auf die Dissertation von Hermann Trinkle[3], die zeige, daß vor allem die Frage der persönlichen Betroffenheit für die politische Aktivität ausschlaggebend ist. Wenn dies richtig sei, stelle sich die Frage, ob in einer bestimmten gesellschaftlichen Situation nicht wieder ein ähnlich hohes Engagement wie z.B. 1968 erwartet werden könnte. Bezogen auf den Politikunterricht, betont er noch einmal, wie wichtig es sei, die Handlungszusammenhänge im Kontext zu sehen und Handlungsorientierung nicht nur als bloßes methodisches Prinzip zu begreifen.

Tilman Grammes warnt generell davor, Kontextualisierungsfehler zu begehen. Für Multiplikatoren sei es sicherlich wichtig, ihre Vorstellungen vom Bürger zu klären. Das habe aber noch nichts mit Didaktik zu tun. Ein Bürgermodell als oberstes Richtziel für den Politikunterricht zu formulieren, sei völlig falsch und wäre „paternalistisch". Dies verbiete auch das zweite Beutelsbacher Gebot, im Unterricht die Kontroverse zu verdeutlichen. Der „Teppich", auf den Himmelmann die politische Bildung wieder bringen wolle, sei wichtig, damit politische Bildner und Bildnerinnen nicht so frustriert und moralisch aufgeladen seien. Ein normatives Bürgerbild für den Politikunterricht halte er nicht für sinnvoll, den Begriff der Interventionskompetenz aber für wesentlich. Vor diesem Hintergrund könne handlungsorientierter Unterricht das Spektrum politischer Handlungsmuster ohne normativen „Kurzschluß" aufzeigen.

Georg Weißeno will dagegen an einem normativen Bild des Bürgers festhalten. Er stellt die These auf, daß politische Bildung ohne normative „Bilder" nicht möglich ist. Allerdings müsse an der Differenzthese festgehalten werden: Schulisches Lernen sei nicht gleich politisches Lernen.[4]

Siegfried Schiele hält es ebenfalls für sinnvoll und notwendig, sich darüber Gedanken zu machen, wohin und wozu politische Bildung erziehen will. Auch wenn einheitliche Antworten dabei nicht möglich seien, müsse man wissen, wohin man wolle. Das Aufzeigen der Ist-Si-

---

3 Vgl. Hermann Trinkle: Veränderungen politischer Partizipation. Entwicklung eines erweiterten Analyse- und Interpretationsmodells und dessen Bedeutung für die politische Bildung. (Europäische Hochschulschriften: Reihe 31, Politikwissenschaft, Band 327). Frankfurt/M. 1997
4 Vgl. den Beitrag von Georg Weißeno in diesem Band (S. 214ff.).

tuation durch *Gerhard Himmelmann* möge zwar richtig sein, aber dies beinhalte auch die Aufgabe, sich immer wieder bewußt zu machen, daß der Bestand der repräsentativen Demokratie auf Dauer gefährdet werde, wenn diese beobachtbare Entwicklung weitergehe. Die Demokratie benötige eine Mindestquote von Aktivbürgern. Bezogen auf politische Bildung heiße das, „wir müssen trotzdem etwas tun, d.h. für aktive Bürger werben und arbeiten."[5]

Beate Thull kritisiert den Politikbegriff der beiden Referenten. Er sei zu weit weg von Schülerinnen und Schülern. Man könne und müsse auch zeigen, daß Schule etwas mit Politik zu tun habe. Man denke nur an Noten und festgelegte Inhalte. *Herbert Uhl* verweist darauf, daß es sich hier um zwei Ebenen handele, die auseinandergehalten werden müßten: die Ebene schulischen Lernens und die Ebene der gesellschaftlichen Lernprozesse.

Paul Ackermann geht noch einmal auf die von *Himmelmann* mehrmals getroffene Unterscheidung zwischen „Experten" und „Bürgern" ein. Eine solche Differenzierung halte er für elitär. Die Entwicklung der letzten Jahrzehnte habe doch gezeigt, daß sich auch „Normalbürger" Expertenwissen aneignen könnten. Die Grenze zwischen Experten und Bürgern sei fließend geworden, vor allem auf Grund der Medien: auch der Bundestagsabgeordnete lese am Montagabend den Spiegel.

Wolfgang Ziefle fragt *Gerhard Himmelmann*, ob der theoretische Hintergrund seiner Thesen vielleicht eine ökonomische Theorie des rationalen Entscheidens sei? Denke man diese nämlich zu Ende, dann käme man zu dem Ergebnis, daß sich keiner mehr engagieren dürfe. Warum sich Menschen trotzdem engagieren würden, ließe sich mit einem solchen Ansatz nicht erklären. Dieser habe bestenfalls diagnostischen Wert.

Lothar Scholz kritisiert, daß die bisherige Diskussion ohne eine Bedingungsanalyse abgelaufen sei. Die zentrale Frage müsse doch sein, unter welchen Voraussetzungen (Lehrer, Schüler, organisatorische Bedingungen) politische Bildung funktioniere.

Paul Ackermann hebt abschließend noch einen neuen Aspekt hervor. Politisches Engagement enthalte ein Bündel von Motiven, und als *ein* zentrales Motiv müsse „Verantwortung" gesehen werden. Die moralische Komponente „Verantwortung" sei bisher aber nicht ausreichend berücksichtigt worden. Aufgabe der Schule sei es auch, Schülerinnen und Schülern zu helfen, Verantwortung zu übernehmen und ihre

---

5 Vgl. ebenfalls den Beitrag von Siegfried Schiele in diesem Band (S. 1ff.).

eigene Bürgerrolle zu finden. *Gerhard Himmelmann* betont noch einmal, daß handlungsorientierter Politikunterricht durchaus einen Beitrag zur Emanzipation der Schüler leisten könne, allerdings immer in dem Bewußtsein, daß handlungsorientierter Unterricht kein politisches Handeln sei.

Am Ende der Diskussion faßt *Peter Massing* zusammen, daß viele Aspekte, angefangen bei der Rolle des Bürgers in der Demokratie, über die Frage, wieviel Engagement Demokratie benötige und wieviel Engagement der einzelne überhaupt leisten könne, bis hin zu den Vorstellungen, von welchem Bürgerbild Politikunterricht ausgehen solle und welchen Beitrag dazu ein „handlungsorientierter" Politikunterricht leiste, kontrovers gesehen würden. Vieles sei noch lange nicht ausdiskutiert und vieles sei offen geblieben.

Werner J. Patzelt

Die Bürger – Schwachstelle unseres Gemeinwesens? Ein latenter Verfassungskonflikt

1. Wider den politisch korrekten Konsens

Von „Legitimationsproblemen im Spätkapitalismus" und unaufhebbaren Widersprüchen im bürgerlichen Staat, von erreichten Grenzen der „Regierbarkeit" und von Staatsversagen, von Politik-, Politiker- und Parteienverdrossenheit war in den letzten Jahren und Jahrzehnten viel zu hören. Was dabei ins Feld geführt wurde, hat sicher dazu beigetragen, die Funktionsgrundlagen unseres politischen Systems gründlicher zu verstehen, seine Konstruktionsmängel klarer zu durchdenken und Verbesserungsnotwendigkeiten besser zu erkennen. Nicht selten hilft es der Erkenntnis aber weiter, einer These ihre Verneinung offensiv entgegenzusetzen. Befreit von ihrer marxistischen Engführung, dürfte diese alte Kunstform und scholastische Disziplin der Dialektik um so wertvoller sein, als inzwischen „politisch korrekte" Argumentationsverbote nachgerade provozieren, daß man sie durch klare Antithesen aufbricht.

Politisch korrekt war es lange Zeit, und weit bevor jener Begriff entstand, den im Prinzip guten und nur ihrer Emanzipation bedürfenden Bürgern das schlechte „System", die unzulänglichen Institutionen, die tadelige politische Klasse gegenüberzustellen. Politische Bildung hieß dann Konditionierung auf Kritik: auf Kritik am „System", an den Institutionen, an ihren Verfahren, an „den" Politikern. Erstrangiges Ziel politischer Bildung mußte dann Handlungskompetenz in dem Sinn sein, die authentischen eigenen Interessen trotz des „gesellschaftlichen Verblendungszusammenhanges" zu erkennen und – durch möglichst „unkonventionelle" Partizipation – gegen die entfremdenden Interessen des Systems und seiner „Charaktermasken" durchzusetzen.

Die Antithese, wiederum mit weitreichenden Konsequenzen für die politische Bildung und ihre Handlungsorientierung, lautet hingegen: Unsere politischen Institutionen sind im großen und ganzen gut; unsere politische Klasse ist vielleicht Durchschnitt; und der eigentliche Schwachpunkt unserer Demokratie sind die Bürger mit ihren Partizipationsaversionen, fossilisierten Vorurteilen, Verständnismängeln und Wissenslücken im ganzen Bereich der öffentlichen Angelegenheiten. Soweit sich diese These als richtig erweist, muß die Vermittlung von Wissen, von kognitiven Landkarten, von Denkalgorithmen und hermeneutischen Hilfsmitteln das erstrangige Ziel politischer Bildung sein; und Vermittlung von Handlungskompetenz muß meinen, zum zielführenden Agieren anhand des angebotenen institutionellen Instrumentariums fähig zu machen.

Es wäre undialektisch, nur die These oder nur die Antithese für erkenntnisträchtig zu halten. Ebenso undialektisch wäre es, die Antithese nicht ebenso stark zu machen wie die These; andernfalls hat die Synthese nämlich ein viel zu schwaches Fundament. In diesem Beitrag geht es darum bloß um die Antithese, und es geht darum, sie plausibel zu machen. Es soll gezeigt werden, in einem wie tiefliegenden Sinn die Bürger eine Schwachstelle unseres Gemeinwesens sind. Dabei wird die Antithese vom Bürger als dem Schwachpunkt unserer Republik nicht einmal in ihrer ganzen Breite entfaltet. Von den Mängeln an politischer Partizipationsbereitschaft – beim systematischen politischen Interesse, beim langfristigen Engagement im vorpolitischen Raum, bei der Übernahme von Pflichten in Parteien und Kommunalpolitik – soll nämlich gar nicht erst die Rede sein. Vielmehr geht es nur um jene grundlegenden Verstehensmängel, mit denen die Bürger unserem Staatswesen gegenübertreten, und um das, was sich ein „latenter Verfassungskonflikt" nennen läßt.

Soweit er anhand der bislang verfügbaren Daten zu verorten ist[1], betrifft er den Kernbereich unseres parlamentarischen Regierungssystems und das Verhältnis zwischen Volk und Volksvertretern. Dieser latente Verfassungskonflikt wird in drei Schritten dargelegt. Erstens

---

1 Vgl. Werner J. Patzelt: Abgeordnete und Bürger: Erwartungen und Enttäuschungen. In: Ulrich Sarcinelli (Hrsg.): Öffentlichkeitsarbeit der Parlamente. Politikvermittlung zwischen Public Relations und Parlamentsdidaktik. Opladen 1994, S. 85-105; und ders.: Das Verhältnis von Bürgern und Parlament – Aufgaben der politischen Bildungsarbeit. In: Gerd Hepp / Siegfried Schiele / Uwe Uffelmann (Hrsg.): Die schwierigen Bürger. Schwalbach/Ts. 1994, S. 216-239

sind die zentralen Merkmale der tatsächlichen – und zugleich verfassungsmäßigen – Funktionsweise unseres parlamentarischen Regierungssystems zu umreißen. Zweitens wird gezeigt, daß die Deutschen – auf recht dünner Kenntnisgrundlage – eben diese zentralen Merkmale ablehnen. Auf der Grundlage dieses Befundes wird dann – drittens – plausibel gemacht, daß die Deutschen ihr modernes parlamentarisches Regierungssystem anhand antiquierter Kategorien beurteilen und, indem sie das tun, in Tausenden von Alltagsgesprächen zu jenen Legitimationsschwächen des politischen Systems beitragen, die Demoskopen in Studien zu dessen Vertrauens- und Akzeptanzkrise seit langem messen.[2] Handlungsorientierter Politikunterricht – entfaltet *nicht* als „Basteldidaktik" oder anpolitisierender Aktionismus, sondern vor allem in den von Peter Massing vorgestellten Formen des Rollen- und Planspiels sowie der Expertenbefragung[3] – könnte hier bessernd wirken.

2. Kristallisationskerne des latenten Verfassungskonflikts: zentrale Merkmale unseres Regierungssystems

Westdeutschland hat seit dem staatlichen Neuaufbau nach 1945, Ostdeutschland seit 1990 ein recht neuartiges politisches System: das *parlamentarische* Regierungssystem. Traditionelle Regierungssysteme wie die konstitutionellen Monarchien, die es in Deutschland bis 1918 gab, oder wie das über 200jährige amerikanische Regierungssystem, kennzeichnen sich durch eine recht klare Trennung zwischen Parlament und Regierung. In ihnen wird die Regierungsgewalt über dynastische Thronfolge „von Gott verliehen" oder fällt einem Staats- und Regierungschef durch Volkswahl zu, und sie wird durch ein Parlament gewissermaßen „von außen" kontrolliert. Daß Abgeordnete zugleich

---

2 Siehe exemplarisch das umfangreiche Datenmaterial in Oscar W. Gabriel: Politische Einstellungen und politisches Verhalten. In: Oscar W. Gabriel / Everhard Holtman (Hrsg.): Handbuch Politisches System der Bundesrepublik Deutschland. München / Wien 1997, S. 381-497, v.a. S. 412-434, sowie die Zeitreihe zum Ansehensverfall der deutschen Abgeordneten zwischen 1953 und 1996 in: Allensbacher Jahrbuch der Demoskopie 1993–1997, Bd. 10. Hrsg. v. Elisabeth Noelle-Neumann und Renate Köcher. München u.a. 1997, S. 822
3 Peter Massing: Handlungsorientierter Politikunterricht. Ausgewählte Methoden. Schwalbach/Ts. 1998

der Regierung angehören, ist in so aufgebauten „präsidentiellen" Regierungssystemen mit ihrem „alten" Dualismus zwischen Parlament und Regierung ein Unding. Ganz anders verhält es sich in „parlamentarischen" Regierungssystemen, deren Urtyp in England seit dem 18. Jahrhundert entstand, und das seit dem Ende des 19. Jahrhunderts voll ausgebildet war. Montesquieu kannte diesen Systemtyp nicht, als er seine – obendrein oft mißverstandene – Lehre von der Gewaltenteilung entwickelte, die ihrerseits bis heute die populärste Leitlinie für die Beurteilung des Verhältnisses zwischen Parlament und Regierung ist.[4]

Im parlamentarischen Regierungssystem geht die Regierung nämlich aus dem Parlament hervor, indem der Führer der Mehrheitsfraktion oder einer Koalition zum Regierungschef gewählt wird (oder nach Ernennung durch das Staatsoberhaupt durch eine Vertrauensabstimmung in diesem Amt bestätigt wird), wobei er – in verfassungsrechtlich verschieden ausgestaltbaren Modalitäten – weitere Spitzenparlamentarier in sein Kabinett aufnimmt. Es ist geradezu die Leitidee dieses Regierungssystems, daß *Abgeordnete* in die Regierungsämter einrücken und ihr Mandat – die Basis ihrer politischen Stellung – auch während der Jahre ihrer Regierungstätigkeit nicht aufgeben. Was im präsidentiellen Regierungssystem falsch wäre, ist somit konstitutiv für das „parlamentarische" Regierungssystem: Parlamentsmehrheit und Regierung verschmelzen auf diese Weise zu einer Funktionseinheit. Die Regierung bleibt „Fleisch vom Fleisch des Parlaments", während ein eigenständig regierendes Staatsoberhaupt systemwidrig und letztlich – wie in den deutschen Ländern – sogar entbehrlich ist.

So konstruiert, ist das parlamentarische Regierungssystem, ungleich dem präsidentiellen, von seiner ganzen Anlage her *mannschaftsbildend*. Denn nur wer sich im Parlament in geschlossen handlungsfähigen Gruppen zusammenhält, bewahrt eine stabile Regierungsmehrheit oder schafft es, die bisherige Regierungsmehrheit zu sprengen und selbst an die Regierung zu kommen. An die Stelle des „alten Dualismus" zwischen Regierung und Parlament tritt so ein „neuer Dualismus" zwischen der Regierung und ihrer Parlamentsmehrheit auf der einen Seite, den parlamentarischen Oppositionsparteien auf der anderen Seite. Gewaltenteilung wird dergestalt nicht abgeschafft; sie ist nur komplizierter ausgestaltet als beim alten Gegenüber von Legislative und Exekutive, da

---

4 Vgl. Heinrich Oberreuter: Gewaltenteilung – Theorie und Praxis. In: Konflikt und Integration II. Perspektiven des politischen Systems der Bundesrepublik Deutschland. München 1978, S. 93-109

sich über jenes „klas..sche" Spannungsfeld nun das neue zwischen stabiler Mehrheit und opponierender Minderheit legt.

Erfolgen die Parlamentswahlen ferner nach dem Verhältniswahlrecht, so werden überdies die *Parteien* zu besonders wichtigen Mannschaften, die sowohl *außerhalb* des Parlaments als auch – in Gestalt ihrer Fraktionen – *im* Parlament gegeneinander antreten. Wer nicht von einer Partei als Kandidat aufgestellt wird, hat – zumal unter Geltung eines Verhältniswahlrechtes – kaum Chancen auf einen Parlamentssitz. Von seiner Partei wird auf einem aussichtsreichen Platz für die Wahl ins Parlament aber nur aufgestellt, wer sich als guter Mannschaftsspieler erwiesen und das Vertrauen seiner – in Deutschland vor allem regionalen – Parteigliederung erworben hat. Ausweis solchen Vertrauens sind in der Regel Führungsfunktionen auf regionaler Ebene. Wer sein Mandat behalten, also zunächst wieder als Kandidat aufgestellt werden will, muß deshalb dafür sorgen, daß er von seiner Partei weiterhin als wenigstens regionaler Führer anerkannt und nicht aus seinen Parteifunktionen entfernt wird. Auf diese Weise führt das parlamentarische Regierungssystem, vor allem in Kombination mit einem Verhältniswahlrecht, auch zu äußerst engen Bindungen zwischen dem Abgeordneten und seiner Partei.

Insgesamt lassen sich darum vier zentrale Merkmale eines parlamentarischen Regierungssystems benennen, hinsichtlich welcher es die Funktionswirklichkeit des deutschen Regierungssystems mit den Vorstellungen und Urteilsmaßstäben der Bürger zu vergleichen gilt: das grundsätzliche Verhältnis zwischen Parlament und Regierung; die Verbindung von Parlamentsmandat und Regierungsamt bzw. Parteiführungsfunktion; sowie praktizierter Mannschaftsgeist zumindest der regierungstragenden Parlamentarier bei Plenarentscheidungen, also: öffentlich praktizierte Fraktionsdisziplin.

3. Das parlamentarische Regierungssystem Deutschlands im Urteil der Bürger

3.1 Verständnismängel: Was vermuten die Bürger über den Bundestag?

Demoskopische Befunde zeigen: die Deutschen wissen recht wenig und vermuten viel Falsches über den Bundestag, das zweifellos bekannteste deutsche Parlament.[5] Von sich aus, also ohne weitere Hinweise, können beispielsweise 58% der Bürger keinerlei Angaben dazu machen, wo denn – außer im Plenarsaal – die Arbeit des Bundestages stattfindet. Ein

Viertel der 42%, die das immerhin versuchten, äußerte – mit Bezugnahmen auf den Bundesrat, die Ministerien, die Wahlkreisarbeit oder gar einen Landtag – schlechterdings Falsches. Besser stand es, wenn Antwortvorgaben gemacht wurden. 85% behaupteten dann, um die Existenz von Fraktionen, 80% um die des Plenums, 78% um die von Ausschüssen zu wissen. Weil allerdings auch 60% angaben, sogar den Petitionsausschuß zu kennen, wird hinter diesen Angaben nicht nur die übliche Diskrepanz zwischen „aktivem" und „passivem" Wissen, sondern auch ein beträchtlicher „Lügefaktor" wirken: man gibt sich wissender, als man ist. Eher dürften also die frei formulierten Aussagen widerspiegeln, was am Bundestag den Bürgern wirklich bekannt ist. Neben dem Plenum sind das für mindestens 27% der Deutschen die Ausschüsse, für mindestens 12% die Fraktionen, und für mindestens 6% die Arbeitskreise bzw. Arbeitsgruppen der Fraktionen.

Auf so dünner Wissensgrundlage kommt es zu klaren Fehleinschätzungen der Parlamentsarbeit. Für deren wichtigste Stätte halten die Bürger nämlich – nach den Fraktionen und dem aus den Medien seit Jahren bekannten Vermittlungsausschuß – ausgerechnet das Plenum: 39% erachten es als „besonders wichtig". Koalitionsrunden, ohne Antwortvorgabe von niemandem genannt, werden hingegen von ganzen 20% der Deutschen für „besonders wichtig" gehalten, die Fraktionsvorstände von 21%, die Arbeitskreise der Fraktionen von 23%, die Ausschüsse von 28%. In Wirklichkeit stellt sich die Wichtigkeitsreihung parlamentarischer Gremien weitgehend andersherum dar – was die Bürger aber nicht wissen.

Was vermuten die Deutschen über die *Aufgaben* des Bundestages? Am besten ist die *Gesetzgebungsfunktion* bekannt, was gut zur populären, doch unzulänglichen Redeweise vom Parlament als einer „Legislative" paßt. Anhand von Antwortvorgaben befragt, gaben 84% an, um dessen

---

5 Die im folgenden wiedergegebenen Befunde zum Wissen und zu den Einschätzungen der Bürger entstammen repräsentativen Bevölkerungsumfragen, die im Auftrag des Verfassers und finanziert von der Deutschen Forschungsgemeinschaft im Frühjahr 1995 vom Allensbacher Institut für Demoskopie durchgeführt wurden. Die wesentlichen Ergebnisse sind publiziert in Werner J. Patzelt: Ist der Souverän unaufgeklärt? Die Ansichten der Deutschen über Parlament und Abgeordnete. Dresden 1996 (Universitätsdruck); ders.: Das Wissen der Deutschen über Parlament und Abgeordnete. Indizien für Aufgaben politischer Bildung. In: Gegenwartskunde. 3/1996, S. 309-322, sowie in Allensbacher Jahrbuch der Demoskopie. A.a.O., S. 818-827

Aufgabe zu wissen, Gesetze zu beschließen; unter diesen hielten das 51% ebenfalls persönlich für eine „besonders wichtige" Aufgabe. Zählt man zur Gesetzgebungsfunktion auch die Aufgabe, Gesetze *auszuarbeiten* (was im parlamentarischen Regierungssystem allerdings eine zentrale Aufgabe der Regierung ist), und mittelt man die entsprechenden Aussagen mit den Befunden zum Gesetzesbeschluß, so kennen 78% der Deutschen insgesamt die Gesetzgebungsfunktion, und 47% halten sie auch persönlich für wichtig. Hinsichtlich der *Regierungsbildungsfunktion* „wußten" zwar 74% um die Wahl des Bundeskanzlers als einer Aufgabe des Bundestages (davon, nach persönlicher Meinung, „besonders wichtige" Aufgabe: 39%). Daß der Wahl des Kanzlers vorausgehend – und ihr dann auch folgend – der Bundestag ebenfalls für eine stabile Regierungsmehrheit zu sorgen hat, erachteten hingegen nur 30% der Deutschen als eine Aufgabe des Bundestages, und davon verstanden das persönlich als eine „besonders wichtige" Aufgabe bloß 42%. Das – in Walter Bagehots berühmter Formulierung – „wirkungsmächtige Geheimnis" des parlamentarischen Regierungssystems, daß nämlich die Regierung aus dem Parlament hervorgeht und mit dessen Mehrheit engstens verbunden bleibt, ist den meisten Deutschen also bis heute verborgen geblieben: 44% trennen nämlich die Kanzlerwahl geistig von der ihretwegen nötigen Bildung und Sicherung einer regierungstragenden Mehrheit. Dann freilich wird sich auch kein rechtes Verständnis für die – zu diesem Zweck erforderliche – Fraktionsdisziplin einstellen.

Besser bekannt ist die Aufgabe der *Regierungskontrolle*: 66% kannten sie als Parlamentsaufgabe; davon hielten 65% sie auch persönlich für „besonders wichtig". 63% wußten ferner um die *Öffentlichkeitsfunktion* des Parlaments, formuliert als „in Debatten Argumente und Standpunkte der Öffentlichkeit darstellen". Für eine „besonders wichtige" Aufgabe erachteten das persönlich 36%. Außerdem glaubten 60%, der Bundestag habe Wünsche und Ansichten der Bevölkerung in die Politik einzubringen (davon „besonders wichtige" Aufgabe: 61%). Das klingt den Deutschen aber sehr stark danach, der Bundestag habe sich – wohl wegen des Demokratieprinzips – bei seinen Entscheidungen nach dem Willen der Bevölkerungsmehrheit zu richten: von den 39%, die das als Parlamentsaufgabe nannten, hielten das 45% auch persönlich für wichtig. Hingegen betrachteten nur 18% jener 42%, welche die dem Gemeinwohl verpflichtete *Führungsaufgabe* des Parlaments kannten, es auch als wichtig, daß sich der Bundestag – bei Vorliegen guter Gründe – gegebenenfalls *gegen* den Willen der Bevölkerungsmehrheit entscheide.[6] Hier werden grundsätzliche Legitimierungsschwächen unpopulärer Parlamentsentscheidungen sichtbar.

Aufschlußreich sind ferner die Zusammenhänge zwischen einesteils den *normativen* Vorstellungen der Bürger von den Aufgaben des Bundestages (d.h.: Was halten sie persönlich für wichtig?) und andernteils ihren Vermutungen zu deren *tatsächlichem* Stellenwert in der Praxis der Parlamentsarbeit. Plausiblerweise hält normativ wie faktisch die Aufgabe des Gesetzes*beschlusses* für wichtiger, wer auch persönlich die *Ausarbeitung* von Gesetzen als wichtigere Parlamentsaufgabe ansieht (r = .65/.53).[7] Ebenso meint normativ wie faktisch eher, die Abgeordneten sollten bzw. würden sich bei ihren Entscheidungen nach dem Willen der Bevölkerungsmehrheit richten, wer zugleich stärker als Parlamentsaufgabe gewichtet, die Wünsche und Ansichten der Bevölkerung in die Politik einzubringen (jeweils r = .38). Auch fassen die Bürger die Öffentlichkeitsfunktion des Parlaments normativ wie faktisch zunächst einmal als Widerspiegelung von Wünschen der Bevölkerung (r = .28/.22) bzw. als Entscheidung in deren Sinn auf (r = .24/.20). Daß zur Öffentlichkeitsfunktion auch die werbende Begründung von Entscheidungen gehört, die gegen den bekundeten Willen einer Bevölkerungsmehrheit getroffen werden, wird stärker faktisch in Rechnung gestellt (r = .23) denn als normativ akzeptabel aufgefaßt (r = .18). Dieser Unterschied paßt zum Gesamtbefund, wonach die Bürger von den Parlamenten ohnehin weniger Führung als vielmehr Responsivität wünschen. Die größte Abweichung zwischen Soll und Ist orten die Befragten aber dort, wo es um das Kernelement des parlamentarischen Regierungssystems geht: um die Kanzlerwahl und um die Sicherung der Regierungsmehrheit. So deutet sich an, daß die tatsächliche Funktionsweise des deutschen parlamentarischen Regierungssystems sich von den normativen Vorstellungen der Bevölkerung über dessen „ordnungsgemäßes" Funktionieren deutlich unterscheidet.

Bemerkenswerterweise erkennt ein nennenswerter Teil der Deutschen normativ wie faktisch auch den funktionslogischen Zusammenhang zwischen den Aufgaben der Kanzlerwahl und der Sicherung einer stabilen Regierungsmehrheit (r = .40/.32).[8] Ansonsten verbindet ein

---

6 Ernst Fraenkel nannte das bekanntlich die „Veredelung des empirisch vorfindbaren Volkswillens".
7 Werte des Korrelationskoeffizienten r von 1,0 bzw. -1,0 ergeben sich bei einem vollständigen (linearen) Zusammenhang zwischen zwei in Beziehung gesetzten Sachverhalten, während ein Wert von 0,0 das gänzliche Fehlen eines (linearen) Zusammenhangs anzeigt.
8 Dahinter steht, daß 30% der Befragten b e i d e Aufgaben persönlich für „besonders wichtig" halten (beide „wichtig": 18%) und gar 40% der Befrag-

Teil der Bürger normativ wie faktisch die Aufgabe der Bildung und Sicherung einer stabilen Regierungsmehrheit zutreffenderweise mit den Aufgaben des Gesetzesbeschlusses (r = .15/.24), auch der Ausarbeitung von Gesetzen (r = .28/.26), der Öffentlichkeitsfunktion (r = .21/.18) sowie mit Entscheidungen teils im Übereinklang mit (r = .16/.21), teils im Widerspruch zu der jeweiligen Bevölkerungsmehrheit (r = .29/.20). Ebenso wird die Aufgabe der Kanzlerwahl im Prinzip – und richtigerweise – mit der Gesetzgebungsaufgabe zusammengedacht (Gesetzesbeschluß: r = .28/.14; Gesetzesausarbeitung: r = .27/.15); immerhin ist im Streitfall die „Kanzlermehrheit" gefordert, um ein Gesetz zu beschließen. Ein Teil der Bevölkerung kennt die tatsächliche Funktionslogik eines parlamentarischen Regierungssystems auch im Bereich der Regierungskontrolle: normativ wird mit ihr die parlamentarische Beteiligung an der Gesetzgebung assoziiert (r = .14 bzw. .22), faktisch auch – neben dem Gesetzesbeschluß (r = .16) – das Ringen um den Bestand der regierungstragenden Mehrheit (r = .23) sowie die Responsivität hinsichtlich von Bevölkerungswünschen (r = .28 bzw. .14).

Somit ist festzuhalten: Zwar kommt ein Teil der Bürger, doch keineswegs deren Mehrheit zu stimmigen Einschätzungen des Zusammenwirkens zentraler Parlamentsfunktionen. Doch insgesamt haben die Deutschen keine fundierten Kenntnisse von ihrem parlamentarischen Regierungssystem. Vor allem ihre Kritik an seinem praktischen Funktionieren wird sich darum auf Vor-Urteile stützen: auf Urteile, die auf eher *tradierten* als *dem Gegenstand selbst abgewonnenen* Kenntnissen und Deutungsmustern beruhen.

3.2 Urteile zur Struktur des Regierungssystems

In diesem Zusammenhang wird der Vergleich zwischen einerseits den Ansichten der *Bürger* und andererseits den Einschätzungen der *Abgeordneten* wichtig.[9] Den letzteren sollte nämlich die eigene Anschauung,

---

ten beide Parlamentsaufgaben auch in der Praxis als „besonders wichtig" erachten (beide „wichtig": 16%). Immerhin ist es aber allenfalls die Hälfte der Bürger, welche sowohl normativ als auch faktisch den Zusammenhang jener beiden Aufgaben korrekt erkennt bzw. akzeptiert.

9 Die entsprechenden Daten entstammen einer im Frühjahr 1994 unternommenen Befragung aller gut 2.800 deutschen Landes-, Bundes- und Europaabgeordneten; Rücklauf ein Drittel; n = 856. Zentrale Ergebnisse und Angaben zu Methode, Repräsentativität und Validität finden sich in Werner J. Patzelt: Deutschlands Abgeordnete. Profil eines Berufsstandes, der weit

die durch eigenes Handeln gewon_ _.e Orientierung im politischen System, dabei helfen, über den mit der Bevölkerung geteilten *common sense* hinauszugelangen und Vor-Urteile durch solche Einschätzungen zu ersetzen, die in praktischen *Erfahrungen* gründen. Dann freilich sind Beurteilungsunterschiede zwischen dem Volk und seinen Vertretern eben dann zu erwarten, wenn das parlamentarische Regierungssystem in der Praxis recht anders funktioniert, als das die Mehrheit der Bevölkerung meint. Solche Unterschiede dürfte das Volk seinerseits mit Etiketten wie „Einvernahme der Parlamentarier durch das System" oder „Abgehobenheit der Abgeordneten von dem, was der normale Bürger denkt" versehen und dergestalt vorwurfsvoll gegen seine Vertreter wenden. Auf diese Weise entsteht dann hinsichtlich der gelebten Verfassung ein unmittelbarer Meinungskonflikt zwischen Repräsentanten und Repräsentierten.

Bei allen zentralen Merkmalen unseres parlamentarischen Regierungssystems gibt es nun tatsächlich große Meinungsunterschiede zwischen den Abgeordneten und der Bevölkerung. Sie betreffen, wie die Tabelle 1 zeigt, bereits die *Art* des Regierungssystems.[10]

---

besser ist als sein Ruf. In: Zeitschrift für Parlamentsfragen 27/1996, S. 462-502. Die in diesem Beitrag mitgeteilten Zahlen beziehen sich nur auf die 815 Landtags- und Bundestagsabgeordneten, die sich an der Umfrage beteiligten. Weil das Fragenmaterial auf vier Versionen des Fragebogens aufgeteilt war, hängen die konkreten Fallzahlen davon ab, ob eine Frage in allen vier Versionen, in drei, zwei oder nur einer einzigen Version enthalten war. Für die Erledigung der Datenerfassung, Datenaufbereitung und Datenanalyse sowohl der Abgeordneten- als auch der Bevölkerungsstudie danke ich vor allem Dipl.-Kauffrau Ulrike Ebner und Frau Brigitte Heller.

10 Natürlich denken die Bürger nicht wie ein Politikwissenschaftler über grundlegende Strukturmerkmale politischer Systeme nach. Darum wurde nicht „unmittelbar" nach den beiden Strukturtypen des parlamentarischen und des präsidentiellen Regierungssystems gefragt. Vielmehr wurden auf einem jeweils zur eigenen Lektüre vorgelegten Blatt zwei Staaten beschrieben. Der Staat A – das präsidentielle Regierungssystem – wurde so charakterisiert: „Regierung und Parlament sind voneinander unabhängig. Das Parlament als ganzes, also alle Abgeordneten, kontrolliert die Regierung." Der Staat B – das parlamentarische Regierungssystem – wurde so beschrieben: „Im Parlament schließen sich einige Parteien zu einer Mehrheit zusammen und wählen die Regierung. Die Regierung und die Abgeordneten der Parteien, die die Regierung unterstützen, bilden eine Gruppe, die von der Opposition kontrolliert wird." Bezüglich dieser beiden einander gegenübergestellten Staaten wurde sodann eine Halbgruppe der Bürger gefragt: „Hier auf diesem Blatt sind einmal zwei verschiedene Staaten beschrieben. Wenn Sie das bitte

Welches Regierungssystem ...	... besteht in Deutschland?		... wird gewünscht?		%-Differenz gewünscht / bestehend
	Bevölkerung	Abgeordnete	Bevölkerung	Abgeordnete	Bevölkerung
• präsidentielles	18	6	33	53[2]	+15
• parlamentarisches	61	84	40	70[2]	-21
• keines davon	6	10[1]	8	45[1,2]	+2
• unentschieden, weiß nicht	15	-	19	-	+4
Befragte	938	205	938	208	

Tab. 1: Perzeptionen und Normvorstellungen zum Regierungssystem. Volk und Vertreter im Vergleich. **Legende:** Angegeben sind Spaltenprozent.
[1] Vorgabe: Regierung, regierungstragende Fraktionen und Oppositionsfraktionen als jeweils eigenständige Machtfaktoren;
[2] erhoben auf fünfstufigen Beurteilungsskalen; angegeben sind die auf 1 und 2 entfallenen Werte.

61% der Bundesbürger erkennen durchaus, daß Deutschland ein parlamentarisches Regierungssystem hat. Ein solches Regierungssystem wünschen aber nur 40% der Deutschen, während 33% ein präsidentielles Regierungssystem bevorzugen. Von ihm meinen sogar 18%, es bestehe in Deutschland.[11] Brisant sind die Differenzen zwischen den Angaben einesteils zum erwünschten und andernteils zum als bestehend wahrgenommenen Regierungssystem. Denn für 15% der Deutschen wirkt das präsidentielle Regierungssystem wie ein nicht verwirklichtes „Idealsy-

---

einmal lesen. ... Wenn Sie sich nun einmal ansehen, wie das Verhältnis zwischen Regierung und Parlament in beiden Staaten geregelt ist: In welchem der beiden Staaten möchten Sie lieber leben, in Staat A oder in Staat B?" Während auf diese Weise die normative Vorstellung vom *erwünschten* Regierungssystem erhoben wurde, erhielt die andere Halbgruppe den wie folgt abgewandelten Text, um ihre Perzeption des tatsächlich in Deutschland *bestehenden* Regierungssystems ausfindig zu machen: „... geregelt ist: In welchem dieser beiden Staaten ist es in etwa so, wie das auch bei uns in der Bundesrepublik ist, in Staat A oder in Staat B?"
11 Die restliche Angaben entfallen auf „weiß nicht" bzw. „keines von beiden Systemen".

stem", während 21% das etablierte parlamentarische Regierungssystem wie eine Abweichung von der eigentlich anzustrebenden Norm auffassen. Das bestehende und bewährte Regierungssystem, welches überkommene Vorstellungen von der Gewaltenteilung zwischen Parlament und Regierung zu differenzieren zwingt, ist in Deutschland also noch nicht zu einer politisch-kulturellen Selbstverständlichkeit geworden. Es wird zwar von einer relativen Mehrheit, faktisch aber nur von einer Minderheit der Bevölkerung ausdrücklich unterstützt. Außerdem wird, wie weitere Ergebnisse zeigen, seine Funktionsweise von einem Großteil der Deutschen nicht verstanden bzw. akzeptiert. Gerade das ordnungsgemäße Funktionieren des parlamentarischen Regierungssystems wird dann zum Auslöser von Kritik. Das ist um so folgenreicher, als anscheinend die meisten weiteren Mißverständnisse und Fehlbeurteilungen unseres Regierungssystems ebenfalls davon geprägt werden, ob die Bürger ein parlamentarisches oder ein präsidentielles Regierungssystem wünschen. Plausiblerweise gilt das auch und gerade für die Zentralaufgabe eines Parlaments im parlamentarischen Regierungssystem, nämlich für die Sicherung einer stabilen Regierungsmehrheit. Sie hält nämlich klar für wichtiger, wer ein parlamentarisches Regierungssystem befürwortet.[12]

Unter den deutschen Abgeordneten sind glücklicherweise nur 6% der irrigen Ansicht, in einem präsidentiellen Regierungssystem zu agieren.[13] Vielmehr sehen 84%, daß ein parlamentarisches Regierungssystem besteht; die übrigen meinen eine Art „Mischmodell" mit Regierung, Koalitionsfraktionen und Opposition als eigenständigen Machtfaktoren zu erkennen. Zweifellos wissen die Abgeordneten also besser um die tatsächliche Beschaffenheit unseres Regierungssystems Bescheid als die Bürger. Sie *wünschen* dieses Regierungssystem auch stärker als die Bevölkerung.[14] 70% der deutschen Abgeordneten sprachen sich näm-

---

12 Anhand einer Skalierung zwischen 1 = „besonders wichtig", 2 = „wichtig" und 3 = „weniger wichtig" messen die Befürworter des parlamentarischen Regierungssystems der Sicherung der regierungstragenden Mehrheit eine durchschnittliche Wichtigkeit von 1,5 zu, die Befürworter des präsidentiellen Regierungssystems hingegen nur von 2,0.
13 Den Abgeordneten wurden zunächst drei mögliche Strukturtypen beschrieben, in denen sich das präsidentielle Regierungssystem, das parlamentarische Regierungssystem sowie ein Mischmodell darstellten. Sodann wurde gefragt: „Welches dieser Strukturmodelle entspricht im Fall ‚Ihres' Parlaments der Wirklichkeit am besten?"
14 Danach wurde so gefragt, daß die in Anm. 13 genannten Strukturtypen danach zu beurteilen waren, wie sehr sie den persönlichen Vorstellungen vom richtigen Verhältnis von Parlament und Regierung entsprächen. Die Ein-

lich dafür, nur 11% dagegen aus; der Rest war unentschieden. Allerdings befürworteten zugleich auch 53% der deutschen Parlamentarier ein präsidentielles Regierungssystem; dagegen waren 23%, der Rest war unentschieden. Die Abgeordneten mögen also zwar überzeugt hinter der *repräsentativen Demokratie* stehen, die sich ja auch im präsidentiellen Regierungssystem entfalten kann. Aber nur eine Minderheit befürwortet *eindeutig* das *parlamentarische* Regierungssystem.[15] Immerhin identifizieren sich die Volksvertreter mit diesem Regierungssystem viel stärker, als es das Volk tut.

3.3 Urteile zur Verbindung von Parlamentsmandat und Regierungsamt

Solche grundsätzlichen Beurteilungsunterschiede zwischen dem Volk und seinen Vertretern prägen auch die Haltung zu jenem Konstruktionsmerkmal des parlamentarischen Regierungssystems, in dem sich der „neue Dualismus" auf das anschaulichste konkretisiert: der Verbindung von Abgeordnetenmandat und Regierungsamt. Ihretwegen übt das Parlament Regierungskontrolle nicht nur in Form einer – meist nachträglichen – Aufsicht über fremde Amtsführung aus, sondern ganz wesentlich in Gestalt des (Mit-)Regierens führender Parlamentarier. In der Praxis haben rund 90% der deutschen Minister auf Bundes- oder Landesebene ein Abgeordnetenmandat inne und geben es auch nicht auf. Für *richtig* halten das aber nur 52% der deutschen Abgeordneten, während 36% gegen eine solche Verbindung von Mandat und Regierungsamt sind.

---

schätzung erfolgte anhand fünfstufiger Beurteilungsskalen mit 1 = „Ich stimme völlig zu" und 5 = „Ich halte diese These für falsch". In der Tabelle 1 sind die Angaben zu 1 und 2 bzw. 4 und 5 jeweils zusammengefaßt; als „unentschieden" werden die Antworten zu 3 ("ich stimme teils zu, teils nicht zu") klassifiziert.

15 Analoge Befunde wurden in Studien von Bundestagsabgeordneten aus den Jahren 1968 und 1989 erhoben. Siehe Hans Maier / Heinz Rausch / Emil Hübner / Heinrich Oberreuter: Parlament und Parlamentsreform. Zum Selbstverständnis des fünften Deutschen Bundestages. 2. Aufl. – München 1979, S. 25-30, und Dietrich Herzog / Hilke Rebenstorf / Camilla Werner / Bernhard Weßels: Abgeordnete und Bürger. Ergebnisse eine Befragung der Mitglieder des Deutschen Bundestages und der Bevölkerung. Opladen 1990, S. 101-109

Kompatibilität zwischen parlamentarischem Mandat und ...	Regierungsamt		Parteiamt	
	Bevölkerung[1]	Abgeordnete[2]	Bevölkerung[1]	Abgeordnete[2]
• gewünscht bzw. akzeptiert	16	52	29	52
• unentschieden	27	12	21	26
• abgelehnt	57	36	50	22
Befragte	1876	211	1876	597

Tab. 2: Wünsche zu funktionslogischen Folgeerscheinungen des (deutschen) parlamentarischen Regierungssystems; Volk und Vertreter im Vergleich.
[1] erhoben auf dreistufigen Beurteilungsskalen. Die Frageformulierung findet sich im Text.
[2] erhoben auf fünfstufigen Beurteilungsskalen; die auf 1 und 2 bzw. auf 4 und 5 entfallenen Werte sind jeweils zusammengefaßt, die auf 3 entfallenen bilden die Mittelkategorie. Die Frageformulierung findet sich im Text.
Legende: Angegeben sind Spaltenprozent. Die unterschiedlichen Fallzahlen bei den Abgeordneten gehen darauf zurück, daß nicht jede Frage in allen vier verwendeten Versionen des Fragebogens enthalten war

Zumal unter den Landesparlamentariern und den ostdeutschen Abgeordneten stößt dieses Kernmerkmal des parlamentarischen Regierungssystems auf große Vorbehalte. Hingegen sind für die Kompatibilität von Parlamentsmandat und Regierungsamt unter den Abgeordneten vor allem die Befürworter des parlamentarischen Regierungssystems (r = .32), während solche Kompatibilität eher ablehnt, wer dem präsidentiellen Regierungssystem zuneigt (r = -.23).[16] Dabei befürwortet nur eine Minderheit von 41% der Abgeordneten klar *sowohl* solche Kompatibilität *als auch* das parlamentarische Regierungssystem, obwohl beides doch in Theorie und (etwa deutscher oder britischer) Praxis zusammengehört.[17] Umgekehrt befürworten bloß 23% der Abgeordneten sowohl das präsidentielle Regierungssystem als auch die – ihm entsprechende – Inkompatibilität von Regierungsamt und Abgeordne-

---

16 Mit der Befürwortung des „Mischmodells" besteht kein Zusammenhang: r = -.02.
17 Nur 7% lehnen beides ab.

tenmandat. Hingegen wünschen ebenso viele zugleich – und funktionslogisch widersinnig – das parlamentarische Regierungssystem *und* die Inkompatibilität von Mandat und Regierungsamt. Diese Abgeordneten wollen offenbar das bestehende Regierungssystem mit dem – im Rahmen überkommener Denkweisen – „eigentlich richtigen" Gegenüber von Parlament und Regierung verbinden. Daraus ist zu schließen, daß nur eine – allerdings recht große – Minderheit der Abgeordneten ein systematisch klares und in sich stimmiges Verständnis von zentralen Strukturmerkmalen unseres Regierungssystems besitzt.

Noch viel größer sind die Vorbehalte ohnehin im Volk. 57% der Deutschen lehnen – wie die Tabelle 2 zeigt – die Verbindung von Parlamentsmandat und Regierungsamt rundweg ab. Nur 16% befürworten sie; der Rest ist unentschieden. Gegen jene Kompatibilität ist eher, wer ein präsidentielles Regierungssystem wünscht[18] bzw. in Deutschland bestehen sieht.[19] Ganz offensichtlich funktioniert unser Regierungssystem in seinem Kernbereich also anders, als es eine Mehrheit der Bevölkerung und eine beträchtliche Minderheit der Abgeordneten wünscht. Insgesamt steht der ablehnenden Mehrheit der Bürger eine geringe Mehrheit der Abgeordneten gegenüber, die jenes zentrale Merkmal des parlamentarischen Regierungssystems befürwortet. Zwei ganz unverträgliche Grundpositionen mit jeweils knappen Mehrheiten treffen also aufeinander. Verständlicherweise entstehen hieraus seitens der Bevölkerung Mißstimmung und Kritik: die Parlamentarier spielen und vertreten ja mehrheitlich eine andere politische Rolle, als sie die Bevölkerung für richtig hält; das System funktioniert anders, als es nach Ansicht der meisten Bürger funktionieren sollte; und für solche Kritik erhält das Volk auch noch Zustimmung von einem beträchtlichen Teil seiner Vertreter.

---

18 Für diese Analyse wurden die Antwortvorgaben wie folgt skaliert: 1 = „Ablehnung von Kompatibilität", 2 = „unentschieden", 3 = „Befürwortung von Kompatibilität". Die Befürworter des präsidentiellen Regierungssystems antworteten hier mit einem Durchschnittswert von 1,5 und die des parlamentarischen Regierungssystems mit einem Durchschnittswert von 1,6.

19 Bei gleicher Skalierung, wie sie in der letzten Anmerkung beschrieben wurde, antwortete auch hier mit einem Mittelwert von 1,5, wer in Deutschland ein präsidentielles Regierungssystem vermutete, hingegen mit 1,6, wer ein parlamentarisches Regierungssystem bestehen sah.

3.4 Urteile zur Verbindung von Parlamentsmandat und Parteiamt

Deutschlands Parlamentarier *sind* Parteiführer. Fast 90% der deutschen Abgeordneten üben Vorsitzenden- und Vorstandsfunktionen auf den unterschiedlichen Organisationshöhen ihrer Parteien aus: rund 60% auf Kreis- und Unterbezirksebene, über 20% auch in den Landesvorständen ihrer Parteien. Nur gut 13% der Abgeordneten haben keinerlei Parteiführungsfunktionen. Im übrigen sind gut 80% der Abgeordneten Delegierte für die auf unterschiedlicher Organisationshöhe angesiedelten Parteitage ihrer Parteien, und knapp ein Drittel wirkt in den Arbeitskreisen der Parteien mit. Insgesamt sind nur 2% der Abgeordneten ohne alle Parteifunktionen.

Diese bestehende Praxis, daß nämlich Abgeordnete Parteifunktionen übernehmen, halten – laut Tabelle 2 – 52% der deutschen Abgeordneten für richtig, 22% aber für falsch. Der Rest ist unentschieden. Die *produktive* Antwort auf das Aufkommen starker Parteien, zu dem es insgesamt ja erst *nach* der Etablierung von Parlamentarismus und parlamentarischer Demokratie kam, besteht zwar eben in der *Verbindung* von innerparlamentarischer und innerparteilicher Verantwortung und in der *Verschränkung* von innerparlamentarischer und innerparteilicher Willensbildung. Doch das sieht eine nennenswerte Minderheit von deutschen Parlamentariern bis heute nicht so. Tatsächlich stimmen viel mehr Abgeordnete einer nur *affektiven* Identifikation mit ihrer Partei zu, als eine Übernahme von innerparteilichen Führungsfunktionen befürworten: 77% schließen sich nämlich der These an, die Partei sei die „politische Heimat" eines Abgeordneten, der gegenüber er sich solidarisch und loyal verhalten solle (dagegen: 5%).

Bei den Bürgern ist Ablehnung einer innerparteilichen Führungsrolle von Abgeordneten erst recht populär. Gemäß Tabelle 2 lehnen nämlich 50% der Deutschen eine Verbindung von Parteiamt und Parlamentsmandat ab; nur 29% befürworten sie, und der Rest ist unentschieden. Wüßten die Bürger besser um die tatsächliche Praxis Bescheid, so machten sie den Abgeordneten bestimmt weitere Vorwürfe: es vermuten nämlich nur 22% der Deutschen, die Parlamentarier hätten in ihren Parteien Führungsfunktionen inne und übten innerparteilich Einfluß aus, während 42% vom Gegenteil überzeugt sind (Rest: „weiß nicht", „unentschieden"). Wie im Fall der Verbindung von Abgeordnetenmandat und Regierungsamt lehnt die Bevölkerung die herrschende Praxis also ab und gelangt mehrheitlich zu einem anderen Urteil als die Abgeordneten. Aus beiderlei Abweichung erwachsen bestimmt Mißstimmung und Kritik. Das ist um so ernster zu nehmen, als die Ablehnung der für unser Regierungssystem typischen Verbindung von Parteiamt und Parlamentsmandat ebenfalls einhergeht mit jener diffusen Abneigung, mit der ein Großteil der Deutschen ohnehin dem parlamentarischen Regierungssystem und seinen Folgeerscheinungen gegenübersteht: Inkompatibilität zwischen Abgeordnetenmandat und Parteiführungsfunktion wünscht nämlich eher, wer auch die Verbindung von Parlamentsmandat und Regierungsamt ablehnt (r = -.34) sowie in Deutschland ein präsidentielles Regierungssystem bestehen sieht.[20]

3.5 Urteile zum Plenarverhalten der Abgeordneten und zur Fraktionsdisziplin

Wo ein parlamentarisches Regierungssystem besteht, dort stimmen im Parlamentsplenum die Fraktionen in der Regel einheitlich ab. Ursache ist die mannschaftsformende Prägekraft dieses Systemtyps.[21] Die zu solcher Geschlossenheit führende Willensbildung und Entscheidungsfindung wird nämlich meist im Rahmen der Fraktionen und ihrer Arbeitskreise sowie in den Parlamentsausschüssen geleistet. Darum finden im Plenum überwiegend solche Debatten statt, in denen die entscheidungstragenden Gründe öffentlich dargelegt und notifiziert werden. Nur sehr selten kommt es im Plenum aber zu ergebnisoffenen Beratungen, weil diese – im Zug innerparlamentarischer Arbeitsteilung – schon im Vorfeld von Plenarsitzungen durchgeführt und möglichst abgeschlossen werden. Das alles wird von einer Mehrheit der Bürger aber nicht verstanden und nicht akzeptiert. 51% der Deutschen halten nämlich die überwiegend praktizierte Form der Plenardebatte für falsch, nur 29% verstehen und akzeptieren sie, und der Rest ist unentschieden.[22] Das heißt: eben wo das Parlament seine Öffentlichkeits-

---

20 Für diese Analyse wurden die Antwortvorgaben wie folgt (und anders als bei der in Anm. 18 behandelten Frage!) skaliert: 1 = „Befürwortung von Kompatibilität", 2 = „unentschieden", 3 = „Ablehnung von Kompatibilität". Wer in Deutschland ein präsidentielles Regierungssystem bestehen sah, antwortete hier mit einem Durchschnittswert von 2,2, wer ein parlamentarisches Regierungssystem perzipierte, mit einem Durchschnittswert von 2,1.
21 Eine Zusammenstellung der einschlägigen Prägefaktoren findet sich in Werner J. Patzelt: Wider das Gerede vom „Fraktionszwang". Funktionslogische Zusammenhänge, populäre Vermutungen und die Sicht von Abgeordneten. In: Zeitschrift für Parlamentsfragen. 2/1998
22 Schwach hängt diese Beurteilung von Plenardebatten mit Vermutungen über die innerparteiliche Rolle der Abgeordneten zusammen: wer meint, die Parlamentarier hätten keinen durch Parteiführungsfunktionen abgesicherten

funktion am sichtbarsten erfüllt, nämlich in seinen Plenardebatten, ruft es bei den meisten Bürgern Widerspruch und Kritik hervor. Klar hängt das Urteil der Bevölkerung mit ihrer Grundeinstellung zum Typ des Regierungssystems zusammen: eher hält die vorherrschende Form der notifizierenden Plenardebatte für sinnvoll, wer auch ein parlamentarisches Regierungssystem wünscht.[23]

Ein derart tiefliegendes Mißverständnis wird ebensowenig folgenlos für die Einschätzung von Parlament und Parlamentariern bleiben wie die Tatsache, daß auch 54% der Deutschen das – für ein parlamentarisches Regierungssystem funktionslogisch notwendige – abgeschlossene Abstimmungsverhalten der Fraktionen für falsch halten. Ganze 30% billigen solche Fraktionsgeschlossenheit; der Rest ist wiederum unentschieden. Dabei sind vor allem jene Bürger gegen das einheitliche Abstimmungsverhalten der Fraktionen, die einesteils nicht darum wissen, daß die Abgeordneten auf die politischen Positionen ihrer Parteien inhaltlich Einfluß nehmen können (r = -.11)[24], und die andernteils unter den Parlamentsaufgaben ausgerechnet jene für *wenig* wichtig halten, die für das parlamentarische Regierungssystem zentral ist: die Sicherung einer stabilen Regierungsmehrheit (r = -.13). Umgekehrt befürworten eher jene das einheitliche Abstimmungsverhalten, die auch für das parlamentarische Regierungssystem sind[25] bzw. es in Deutschland bestehen sehen.[26] Wieder tritt das vertraute Muster zutage: gegen

---

parteiinternen Einfluß, hält die vorherrschende Form der Plenardebatte eher für sinnlos: r = -.13.

23 Für diese Analyse wurden die Antwortvorgaben wie folgt skaliert: 1 = „die gegenwärtige Debattenform ist sinnlos", 2 = „unentschieden", 3 = „die gegenwärtige Debattenform ist sinnvoll". Wer ein parlamentarisches Regierungssystem befürwortet, antwortete hier mit einem Durchschnittswert von 1,9, wer hingegen ein präsidentielles Regierungssystem befürwortete, mit einem Durchschnittswert von 1,7.

24 Tatsächlich glauben nur 17% der Bürger, die Abgeordneten könnten die Positionen ihrer Parteien weitgehend mitbestimmen. 33% meinten „teils-teils", und 40% waren gar der Ansicht, die Abgeordneten müßten meist Positionen vertreten, auf die sie selbst eher wenig Einfluß hätten. 10% wußten nichts zu sagen.

25 Für diese Analyse wurden die Antwortvorgaben wie folgt skaliert: 1 = „individuelles Abstimmungsverhalten", 2 = „unentschieden", 3 = „fraktionseinheitliches Abstimmungsverhalten". Wer ein parlamentarisches Regierungssystem befürwortet, antwortete hier mit einem Durchschnittswert von 1,8, wer hingegen ein präsidentielles Regierungssystem befürwortet, mit einem Durchschnittswert von 1,7.

die tatsächliche Funktionsweise unseres parlamentarischen Regierungssystems sind vor allem jene Bürger, welche es nicht durchschauen und das Zusammenwirken seiner einzelnen Funktionselemente nicht verstehen. Also rührt die populäre Systemkritik nicht zuletzt davon her, daß die Bürger sich dem Parlament mit einem Verständnisrahmen zuwenden, der auf die Funktions- und Erscheinungsweise der Legislative eines *präsidentiellen* Regierungssystems ausgerichtet ist, nicht aber auf die Rolle des Parlaments im *parlamentarischen* Regierungssystem.[27] Natürlich gehen auch hier die Ansichten von Volk und Volksvertretern weit auseinander. Die von über der Hälfte der Deutschen mißbilligte Fraktionsdisziplin beim Abstimmungsverhalten wird von 49% der Abgeordneten nämlich klar für richtig erachtet und von ganzen 17% abgelehnt. Auch halten eine generelle Auflockerung der vom Volk ihnen vorgeworfenen Fraktionsdisziplin 28% der Parlamentarier von vornherein für unwichtig und 46% für allenfalls teilweise wichtig, während nur 26% die Ansicht der Bevölkerung teilen.

Wie erklären sich die Bürger die Abweichung der politischen Praxis von der für richtig gehaltenen Norm? 53% bis 76% der Deutschen führen Fraktionsgeschlossenheit bei Abstimmungen (als häufige bzw. wenigstens manchmal gegebene Ursache) darauf zurück, daß sonst der politische Gegner eine uneinheitliche Stimmabgabe ausnutzen könnte; 40% bis 72% meinen, man diskutiere oft oder wenigstens manchmal so lange, bis wenigstens die Mehrheit in der Fraktion einer Meinung sei, der sich die anderen Abgeordneten dann anschlössen. Beides sind *tatsächlich* Ursachen von Fraktionsdisziplin. Überdies meinen aber 38% bis 66% der Deutschen, der Fraktionsvorstand würde häufig oder manchmal „den Fraktionszwang beschließen", was bedeute, „daß alle Abgeordneten der Partei bzw. Fraktion gemeinsam abstimmen müssen". Diese reine Fiktion wird somit für eine häufigere Ursache gehalten als die drei weiteren abgefragten – und realistischen – Ursachen geschlossenen Abstimmungsverhaltens: die Abgeordneten sind mit den

---

26 Bei gleicher Skalierung, wie sie in der letzten Anmerkung beschrieben wurde, antwortete hier mit einem Mittelwert von 1,9, wer in Deutschland ein parlamentarisches Regierungssystem bestehen sah, hingegen mit 1,7, wer ein präsidentielles Regierungssystem vermutete.
27 In ein Bild gefaßt: die Bürger sehen Eistanz bzw. Fußball, ziehen aber die Beurteilungsregeln für Eiskunstlauf bzw. Handball heran – und kritisieren dann an der Vorstellung das Ausbleiben von Hebefiguren und Sprüngen bzw. sind irritiert, daß die Fußballspieler sich in aller Selbstverständlichkeit ‚evident regelwidrig' verhalten.

Grundpositionen ihrer Partei einverstanden, so daß es schon deshalb nicht dauernd zu heftigem Streit und unterschiedlichen Meinungen bei der Abstimmung kommt; man verläßt sich auf die fachlich zuständigen Experten in der eigenen Fraktion, deren Vorschlägen man sich anschließt; und gegebenenfalls vermeidet ein Abgeordneter lieber die Abstimmung selbst, als sich offen gegen seine Fraktion zu stellen.

Detaillierte Korrelationsrechnungen zeigen nun[28]: der Glaube an „Fraktionszwang" hängt zwar nicht mit unmittelbar die Persönlichkeit der Bürger prägenden Merkmalen[29], sehr wohl aber mit der Deutschen Rede von zentralen Konstruktionsmerkmalen unseres politischen Systems zusammen. Das heißt wiederum: falsches Meinen über die Funktionsweise unseres Regierungssystems ist mit einem falschen Sprachspiel zur Beschreibung von dessen parlamentarisch-stabilisierendem Eckstein verkoppelt. Noch anders gewendet: die Rede vom „Fraktionszwang" ist deshalb gegen Aufklärung so resistent, weil sie in ein Gesamtgefüge alltagstheoretischer Vorstellungen von Parlament und Politikern, in eine „Populartheorie des Abgeordnetenverhaltens"[30] einge-

---

28 Zu ihnen siehe Patzelt: Wider das Gerede vom „Fraktionszwang". A.a.O.
29 Im einzelnen wurde eine Vielzahl möglicher Prägefaktoren politischen Wissens und Meinens überprüft: vom Geschlecht und Bildungsstand der Befragten bis zu ihrer politischen Grundeinstellung, von ihrer Schichtzugehörigkeit bis zur soziographischen Struktur ihres Wohnortes, vom Unterschied zwischen West- und Ostdeutschen bis zum Vertrauen in den Bundestag, von den benutzten politischen Informationsquellen bis zu ihrem politischen Interesse. Dabei zeigte sich: der Glaube an den „Fraktionszwang" ist von allen solchen Merkmalen unabhängig.
30 „Theorie" ist hier im Sinn alltagssoziologischer Studien zu verstehen als „Alltagstheorie". Eine solche – vom Analytiker rekonstruiert – umfaßt jene Vermutungen und für wahr gehaltenen „Tatsachen", auf die man in alltäglichen Gesprächen in aller Selbstverständlichkeit als gemeinsam besessenes Wissen zurückgreift. Für Deutschland läßt sich diese Populartheorie des Abgeordnetenverhaltens auf der Grundlage demoskopischer und publizistischer Befunde so zusammenfassen: „Die Abgeordneten sind ohne eigenes Gewicht, da sie einerseits an ihren Posten hängen und andererseits, nicht zuletzt aufgrund mannigfachen Fehlverhaltens, alle irgendwo unter Druck zu setzen sind; man sieht das ja an den vielen Skandalen. Leider sind die Abgeordneten, statt echte Volksvertreter zu sein, auch so stark von ihren Parteien abhängig. Vor allem stehen sie unter der Fuchtel ihrer Parteioberen. Von einem ‚freien Mandat' – wie sie es laut dem Grundgesetz eigentlich ausüben sollten – kann dann natürlich keine Rede sein; das sieht man ja am stets einheitlichen Abstimmungsverhalten. Es stört die Abgeordneten wohl auch nicht weiter, wenn die Parteioberen über ihren Kopf hinweg kungeln –

bettet ist, die es zu destruieren gälte, *bevor* die Formel vom „Fraktionszwang" um ihre Glaubwürdigkeit gebracht werden kann.

Erstens sind nämlich jene Deutschen eher der Ansicht, der „Fraktionszwang werde verhängt", welche – ganz im Widerspruch zu den Tatsachen – auch vermuten, die Abgeordneten hätten wenig Einfluß auf die Positionen und auf die politische Linie ihrer Parteien. Zweitens glauben tendenziell jene Befragten eher an die „Verhängung des Fraktionszwangs", welche die Meinung vertreten, es mache nichts, wenn die Abgeordneten, nach individueller Meinungsbildung, quer durch die Fraktionen unterschiedlich abstimmten (r = .10). Auch hier liegt den Bürgern die Vorstellung nicht nahe, die Geschlossenheit im Auftreten einer Fraktion gehe vor allem auf die *Bereitschaft* ihrer Mitglieder zurück, im Inneren wohl Umstrittenes nach außen gemeinsam zu vertreten. „Zwang", verursacht von der Furcht vor einer Blöße, ist eher das zentrale Erklärungskonzept der Bevölkerung. Im übrigen lehnen jene Bürger, welche Abgeordnete in ihren Parteien für relativ einflußlos halten, auch eher die Kompatibilität von Parlamentsmandat und Regierungsamt ab (r = -.11); desgleichen befürworten gerade sie eher ein präsidentielles Regierungssystem.[31] Hier zeichnet sich also ebenfalls das typische Muster populärer Fehlwahrnehmung und mit ihr amalgamierter Systemkritik ab.

Dem entstandenen Bild muß nur noch der Befund der Tabelle 3 angefügt werden (vgl. S. 90). Dort ist dreierlei zusammengestellt: Wem gegenüber *soll* sich – nach Ansicht der Deutschen – ein Abgeordneter besonders verpflichtet fühlen; wem gegenüber *vermutet* die Bevölkerung

---

hat man je von einem ‚Aufstand der Hinterbänkler' gehört? Um die Bürger kümmert sich ein Abgeordneter, in erster Linie auf den eigenen Vorteil und die Erhöhung der Diäten aus, ohnehin nicht; erst zum Wahlkampf läßt er sich wieder im Wahlkreis blicken. Natürlich gibt es den einen oder die andere, die sich gegen dieses System auflehnen und öffentlich Kritik üben. Aber man erlebt es ja immer wieder: sie können nichts ändern. Wie anders als verdrossen soll man das alles über sich ergehen lassen! Das mindeste, was in dieser Lage zu tun wäre, ist die Einführung von Volksabstimmungen: da kann das Volk seinen faulen Vertretern und den nichtsnutzigen Parteien endlich Beine machen!"

31 Für diese Analyse wurden die Einschätzungen des innerparteilichen Einflusses eines Abgeordneten wie folgt skaliert: 1 = „großer Einfluß", 2 = „unentschieden", 3 = „wenig Einfluß". Wer ein parlamentarisches Regierungssystem befürwortet, antwortete hier mit einem Durchschnittswert von 2,2, wer hingegen ein präsidentielles Regierungssystem befürwortet, mit einem Durchschnittswert von 2,3.

Wem soll ein Abgeordneter sich besonders verpflichtet fühlen bzw. wem ist er besonders verpflichtet?	gewünschtes SOLL	vermutetes/bekundetes IST		IST-Defizit bzw. IST-Überschuß	Sind die Abg. näher am SOLL als die Bürger glauben?
	Bevölkerung	Bevölkerung	Abgeordnete	Bevölkerung	Abgeordnete
Was den Bürgern und dem Land insgesamt nutzt, dem Gemeinwohl	81	35	86	-46	ja
den Leuten, die ihn oder seine Partei gewählt haben	79	43	58	-36	(ja)
den Bürgern seines Wahlkreises	78	37	67	-41	ja
seiner Partei und ihren Zielen	56	79	34	+23	(ja)
seinen persönlichen Überzeugungen und Vorstellungen	56	61	–	+5	–
seiner Fraktion und ihren Zielen	47	66	49	+19	ja
den Interessen von nicht fest organisierten Gruppen, wie z.B. Bürgerinitiativen	17	6	–	-11	–
den Interessen von Verbänden und Organisationen	15	16	13	+1	(ja)
Befragte	1015	962	797 bis 803		

Tab. 3: Die Loyalitätsbindungen eines Abgeordneten. Vermutungen der Bürger und Selbstauskünfte der Abgeordneten.
Legende: Angegeben sind Spaltenprozent auf der Basis der im Tabellenfuß genannten Fallzahlen. Die Angaben der Bevölkerung beruhen auf dreistufigen Skalen mit 1 = ‚besonders verpflichtet', 2 = ‚auch verpflichtet' und 3 = ‚eher nicht verpflichtet'; mitgeteilt werden die Anteile von ‚besonders verpflichtet'. Die Angaben der Abgeordneten beruhen auf fünfstufigen Beurteilungsskalen, mit denen die Zustimmung zu analogen Thesen erhoben wurde. Hier wurden die Angaben für 1 (stimme völlig zu) und 2 (stimme überwiegend zu) zusammengefaßt und mitgeteilt.

besondere Loyalität und Solidarität eines Abgeordneten; und welche Haltung schreiben sich diesbezüglich die Parlamentarier selbst zu? Klar legt die Tabelle 3 eine große Vertrauenslücke zwischen dem Volk und seinen Vertretern offen. Gerade jene Loyalitätsbindungen, welche die Deutschen für besonders wichtig halten, nämlich gegenüber dem Gemeinwohl, den Wählern und den Bürgern im Wahlkreis, sehen sie von den Abgeordneten besonders wenig ernstgenommen. Hingegen meinen die Bürger einen klaren – und von ihnen nicht gewünschten – „Überschuß" an Loyalität im Verhältnis der Abgeordneten zu ihren Parteien und Fraktionen zu erkennen.[32] Auch dieser Befund läßt sich nicht anders deuten denn als weiterer Hinweis darauf, daß die Bürger ihr parlamentarisches Regierungssystem ganz anders funktionieren *sehen*, als sie wünschen, daß es funktionieren *solle*. Vor diesem Hintergrund enthält die Tabelle 3 eine besonders betrübliche Pointe: so gut wie überall liegen jene Loyalitätsbindungen, welche die Abgeordneten sich selbst zuschreiben, viel näher an dem, was die Bürger wünschen, als bei dem, was das Volk seinen Vertretern zutraut. Zu Unrecht also erfahren die Abgeordneten Kritik bezüglich der meisten in Tabelle 3 behandelten Sachverhalte.

4. Der „latente Verfassungskonflikt" und seine Folgen

Angesichts der vorgelegten Fakten führt kein Weg an der Einsicht vorbei: Gerade wenn unser parlamentarisches Regierungssystem so funktioniert, wie es seiner Funktionslogik *entspricht*, zieht es die Kritik der Bürger auf sich und auf die Abgeordneten als seine zentralen Akteure.[33] Seitens der Bevölkerung verschmelzen dabei, auf recht dünner Kenntnisgrundlage, manche *richtigen Einzelbeobachtungen* zu einem *falschen Gesamtbild*. Was an diesem Bild unverständlich bleibt, wird als zu beseitigender Mißstand aufgefaßt oder durch das Wirken unzulässiger Zwangsmaßnahmen erklärt. Eben das ist als „latenter Verfassungskonflikt" zu bezeichnen: als Konflikt zwischen der *tatsächlichen* Funktionsweise unseres verfassungsmäßigen parlamentarischen Regierungssystems und jenen *Vorstellungen*, anhand welcher die Bürger beurteilen, *ob* ihr Regierungssystem ordnungsgemäß funktioniert.

---

32 Diesbezüglich ist – wie oben gezeigt – in Rechnung zu stellen, daß die Deutschen ihre Parlamentarier nicht für einflußreiche Parteiführer halten, sondern sie eher durch „Fraktionszwang" geknebelt sehen.
33 Leider fehlen bislang analoge Untersuchungen in anderen Repräsentativdemokratien. Darum ist derzeit nicht zu entscheiden, ob der deutsche Fall einem allgemeinen Muster entspricht oder einen – wie auch immer bedingten – Sonderfall darstellt.

Der Ursprung dieses Verfassungskonflikts läßt sich mit einem mentalitätsgeschichtlichen Argument erhellen. Man muß nur bedenken, daß das parlamentarische Regierungssystem in Deutschland einen klaren Bruch mit der eigenen verfassungsgeschichtlichen Tradition darstellt. Diese war seit dem 19. Jahrhundert bis zur Revolution von 1918/19 durch konstitutionelle Monarchien, das monarchische Prinzip der Regierungsführung („vorwaltende Kronmacht") und einen Parlamentarismus ohne Zugriff auf die Regierung gekennzeichnet. In dieser Tradition – und nicht zuletzt ihretwegen – wurden solche Gewaltenteilungsvorstellungen populär, die sich heute noch am *präsidentiellen* Regierungssystem ausrichten, das strukturell ja die republikanische bzw. demokratische Variante einer konstitutionellen Monarchie darstellt. An den entsprechenden Vorstellungen von einem Gegenüber von Gesamtparlament und Regierung orientieren sich, wie zuletzt in der Mitte der 80er Jahre eine umfassende Schulbuchanalyse zeigte[34], leider auch viele Lehrmaterialien, anhand welcher die nachrückenden Jahrgänge sozusagen von Staats wegen mit den Grundlagen unseres politischen Systems vertraut gemacht werden sollen. Die popularisierte *Darstellung* unseres Regierungssystems hinkt dessen struktureller *Entwicklung* also hinterher. Noch mehr tun dies die alltäglichen Vorstellungen der Bürger von diesem Regierungssystem, da sie ja nicht durch eigenes Erleben geprägt und verändert werden können, sondern auf die Vermittlungs- und Korrekturleistung schulischer und außerschulischer politischer Bildung angewiesen sind, also: auf Unterricht und Massenmedien. Bleibt beider Korrekturleistung zu gering, so wird im generationenübergreifenden Wissenstransfer „Meinung von gestern und vorgestern" weitergegeben und in Tausenden von Alltagsgesprächen zu einer als sicher geltenden „sozialen Tatsache" verfestigt.

Akzeptiert man diese Argumentation, so erkennt man: Im Urteil der Bevölkerung, doch auch im Urteil von nicht wenigen Volksvertretern, spiegeln sich überkommene, von der Staatspraxis des 19. Jahrhunderts geprägte, von ehedem sehr einflußreichen Staatstheorien verfestigte[35]

---

34 Heinrich Oberreuter: Funktion und Bedeutung politischer Institutionen. In: Manfred Hättich u.a.: Die politische Grundordnung der Bundesrepublik Deutschland in Politik- und Geschichtsbüchern. Melle 1985 (= Forschungsbericht 47, hrsg. im Auftrag der Konrad-Adenauer-Stiftung und Hans-Joachim Veen und Peter R. Weilemann), S. 185-258

35 Nur exemplarisch sei auf die folgenden zwei äußerst folgenreichen Schriften hingewiesen: Friedrich Julius Stahl: Das monarchische Princip. Eine staatsrechtlich-politische Abhandlung. Heidelberg 1845, und Robert Redslob:

und von traditionellen Gewaltenteilungsvorstellungen mit Kredit ausgestattete Ansichten über das rechte Verhältnis von Parlament und Regierung. Ihnen gilt der – genetisch viel ältere[36] – Typ des präsidentiellen Regierungssystems als Leitbild. Die Abgeordneten haben hingegen, im Rahmen der Mandatsausübung, das viel neuere parlamentarische Regierungssystem auch aus eigener Anschauung und Handlungspraxis kennengelernt, und ein großer Teil der Parlamentarier hat seine Funktionsweise inzwischen verstanden. Praktische Erfahrungen und davon genährtes Verständnis für die Spielregeln des parlamentarischen Regierungssystems prägen dann das Urteil dieser Abgeordneten, und zwar vielfach *zugunsten* des Systems eines „neuen Dualismus". Doch ein gar nicht kleiner Teil der Parlamentarier teilt das Unverständnis bzw. die Vorbehalte der Bürger. Daraus ergeben sich zwei Spannungslinien: die eine im Systemverständnis zwischen dem Volk und seinen Vertretern, die andere zwischen der Mehrheit der Abgeordneten und jener Minderheit, die einesteils dem Volk die Kronzeugen für deren grundsätzliche Systemkritik stellt und die anderenteils mit ihren systemkonstruktiven Alternativvorstellungen breiten öffentlichen Echos gewiß sein kann.

Im Grunde versuchen die Deutschen also, ihr *modernes* parlamentarisches Regierungssystem, in dem die Regierung „Fleisch vom Fleisch" eines aus regionalen und nationalen Parteiführern bestehenden Parlaments ist, anhand jener Verständniskategorien zu beurteilen, die dem *vergangenen* deutschen Konstitutionalismus mit seinem Gegenüber von Regierung und Parlament angemessen waren.[37] Daß diese Kategorien, aufgrund ihrer ideengeschichtlichen Prägung, zum Typ des gattungsgeschichtlich älteren *präsidentiellen* Regierungssystems passen und ihnen das – in ungebrochener Kontinuität so weit in die Geschichte zurück-

---

Die parlamentarische Regierung in ihrer wahren und in ihrer unechten Form. Eine vergleichende Studie über die Verfassungen von England, Belgien, Ungarn, Schweden und Frankreich. Tübingen 1918. Siehe ferner zur schon zeitgenössischen Diagnose deutscher Besonderheiten: Robert v. Mohl: Über die verschiedene Aufnahme des repräsentativen Systems in England, Frankreich und Deutschland (1846). In: ders.: Politische Schriften. Hrsg. von Klaus v. Beyme. Köln / Opladen 1966, S. 47-84

36 Vgl. Werner J. Patzelt: Der Bundestag. In: Oscar W. Gabriel / Everhard Holtmann: Handbuch Politisches System. A.a.O., S. 121-179, hier S. 123-125

37 Ernst Fraenkel diskutierte dies ideengeschichtlich in seinen wichtigen Aufsätzen „Historische Vorbelastungen des deutschen Parlamentarismus" und „Strukturdefekte der Demokratie und deren Überwindung". In: ders.: Deutschland und die westlichen Demokratien. 7. Aufl. – Stuttgart u.a. 1979

reichende – Regierungssystem der USA entspricht, verleiht ihnen ebenso eine „fehlorientierte Plausibilität" wie die Tatsache, daß sich schlichten Vorstellungen von Gewaltenteilung viel besser der „alte Dualismus" (Parlament gegen Regierung) erschließt als der „neue Dualismus" (Regierung und regierungstragende Parlamentsmehrheit gegen Opposition), der das parlamentarische Regierungssystem kennzeichnet. Dieser *latente* Verfassungskonflikt ist vor allem deshalb ernst zu nehmen, weil nicht das kritisierte Verhalten der Abgeordneten und die Funktionsweise des Parlaments dem eingerichteten Regierungssystem widerspricht, sondern eben *das System den Vorstellungen der Bürger*. Auch und gerade sein ordnungsgemäßes Funktionieren entlegitimiert dann das Regierungssystem, macht das Parlament angreifbar und bringt die Abgeordneten in Mißkredit.

Darüber hinaus bleibt das nicht zuletzt hieraus entspringende und demoskopisch so gut dokumentierte Mißtrauen gegen Politiker und Politik, gegen Parlamente und Abgeordnete, ja nicht ohne *mittelbare* Folgen für die Politikgestaltung. Denn wird in der politisierenden Alltagskommunikation – gemäß David Eastons Formulierung – die Ressource „diffusen Systemvertrauens" knapp, oder ist sie gar verbraucht, so schrumpfen die Spielräume politischen Handelns drastisch. Reform, Umgestaltung und Führung brauchen nämlich einen Vertrauens*vorschuß*, der nach Erosion von Legitimitätsglauben nicht mehr verfügbar ist. Wurde Politik aber erst einmal *faktisch* handlungsunfähig, so werden ihre Effizienzmängel zu einer weiteren wichtigen Quelle von Entlegitimierung. Ferner leidet zunächst die politische Partizipation, sodann die Rekrutierung politischer Eliten darunter, wenn der Vertrauensverlust parlamentarischer Demokratie und die populäre Verachtung von Parteien und Abgeordneten allzu weit vorangeschritten sind. Wer will nämlich schon, falls sich ihm andere Karrieren öffnen, zur verfemten politischen Klasse gehören – um von finanziellen Konkurrenzmängeln des politischen Gewerbes für etwa Wirtschaftseliten ganz zu schweigen! Am Schluß eines solchen Prozesses von zunehmender Parlamentarismus- und Politikerverachtung erhält das Volk dann eines Tages wirklich die Vertreter, die es immer schon zu haben meinte.

Vor allem aber gewinnen, wenn man jenem „latenten Verfassungskonflikt" seine Eigendynamik läßt, bei den Bürgern funktionswidrige, teils nur unvernünftige, teils auch systemsprengende *Reformvorstellungen* große Attraktivität und Schubkraft. Die populärsten, aus Mißverständnissen entspringenden Reformvorschläge sind leicht zusammenzustellen. Das „leere Plenum" erregt öffentlich Anstoß; also muß man die Abgeordneten zum Absitzen der Plenarzeit anhalten! Debatten ohne vorausgehende fraktionsinterne Konsensbildung (wie etwa zum Bonn/Berlin-Umzug, zum Paragraphen 218 oder zum Hirntod-Kriterium) gelten dem Volk als „Sternstunden des Parlamentarismus". Warum dann nicht zur Regel machen, daß man mit noch unabgeschlossenen Diskussionsprozessen ins Plenum geht und dort – „spannender Debatten" wegen – aufs Geratewohl entscheidet? Weil das Publikum am Plenum vor allem die *überraschenden* Mehrheitsentscheidungen schätzt: warum dann überhaupt um innerfraktionell Mehrheitsfähiges ringen, warum den Verdacht auf „Fraktionszwang" nähren und parlamentarische Berechenbarkeit stiften – statt die Fraktionen immer wieder in konkurrierende Grüppchen zerfallen lassen, in denen sich dann ein „wahrhaft freies" Mandat der Abgeordneten entfalten kann? Und nachdem das Volk ja offenbar keine Parteiführer im Parlament und keine Parlamentarier an der Regierung will: warum nicht gesetzliche Inkompatibilitätsregeln erlassen? Falls sich hinter ihnen doch wieder das „wirkungsmächtige Geheimnis" der parlamentarischen Regierungsweise durchsetzt, nämlich eine enge Bindung zwischen Mehrheitsfraktionen und Regierungsmitgliedern: müßte man dann nicht erst recht dem Volk seinen Wunsch erfüllen und das Regierungssystem zum präsidentiellen umgestalten – mit Direktwahl von Bundes- und Ministerpräsidenten, mit größeren persönlichen Kompetenzen solcher Staats- und Regierungschefs, mit Kabinetten von Fachleuten anstelle von Politikern? Und hätte man am Ende einer solchen Reform nicht sogar besonders gute Gründe dafür, nun auch noch auf Bundesebene den Wunsch nach einem leicht zu benutzenden Sortiment plebiszitärer Instrumente zu erfüllen, um nämlich Präsident, Regierung und Parlament weiterhin demokratisch im Zaum zu halten – nachdem man, bester Absicht, die vom parlamentarischen Regierungssystem angelegten Fesseln eines *responsible party government* beseitigt hat?

5. Was tun?

Was zu tun ist, hängt davon ab, wem man bei diesem latenten Verfassungskonflikt recht gibt. Denn man muß sich durchaus entscheiden: Ist es richtig, der Mehrheit der Bevölkerung vorzuhalten, daß sie von der wirklichen Funktionsweise unseres Regierungssystems falsche Vorstellungen besitzt, unbegründete Vorwürfe erhebt und somit eine Schwachstelle unserer gelebten Verfassung darstellt? Oder muß man nicht umgekehrt den Schluß ziehen, daß dem bestehenden Regierungssystem die Vertrauensbasis und Verständnisgrundlage im Volk fehlt, so daß ganz im Gegenteil eine zur politischen Integrationsstiftung nicht fähige Verfassungsstruktur die zentrale Schwachstelle unserer Demokratie ist und es darum eher angebracht wäre, das System zu verändern? In Frage stünde hier nicht nur die Beseitigung einzelner Mißstände; solche Reformen sind ja immer nötig. Es ginge vielmehr um das parlamentarische Regierungssystem selbst. Paßt es vielleicht nicht zu den Deutschen?

Die Antwort auf diese Frage hängt einerseits davon ab, wie man den Strukturtyp des parlamentarischen Regierungssystems überhaupt einschätzt. Hält man ihn für eine Fehlentwicklung, die vom „eigentlich richtigen" Typ des präsidentiellen Regierungssystems weggeführt hat, so wird man für eine Systemveränderung zu argumentieren haben. Gilt das parlamentarische Regierungssystem hingegen als – über das präsidentielle Regierungssystem hinausgehende – Fortsetzung des *Aufstiegs* der Parlamentsmacht bis hin zum *unmittelbaren Zugriff auf die Regierungsämter*, so wird man für das parlamentarische Regierungssystem als den neueren und – aus Sicht des Parlaments – fortschrittlichen Verfassungstyp plädieren müssen.

Andererseits hängt die Antwort davon ab, wie man die Einsichts- und Lernfähigkeit der Bürger einschätzt. Wer meint, das Urteil der Bevölkerung liege fest und lasse sich nicht ändern, der muß im Interesse der Legitimitätssicherung für Reformen eintreten, die unser Regierungssystem und die Rolle der Abgeordneten besser an die Erwartungen und Wünsche der Bürger anpassen. Wer hingegen an die mittelfristige Wirksamkeit politischer Aufklärung und Bildung glaubt und die Lage dahingehend beurteilt, das politische Alltagsdenken hinke der Entwicklung unserer Institutionen eben hinterher, der sollte dafür plädieren, lieber den politischen Bildungsstand des Volkes zu verbessern, als strukturkonservativem Denken durch die Abschaffung moderner Institutionen nachzugeben.

Mir scheint, daß wir auf den moderneren Strukturtyp des parlamentarischen Regierungssystems setzen und auf die langfristige Einsichtsfähigkeit der Bürger vertrauen sollten. Bei solchen Prämissen hat man, um die gestörten Beziehungen zwischen dem Volk und seinen Vertretern zu verbessern, zunächst jenen „latenten Verfassungskonflikt" ins Bewußtsein zu rufen und ihn sodann durch offensive Information und Argumentation auszutragen. Also wären größere Anstrengungen politischer Bildungsarbeit gefordert, um über die Wirklichkeit des deutschen Parlamentarismus, über die tatsächliche Amtsführung der deutschen Abgeordneten und über die Funktionslogik unseres Regierungssystems bessere und zutreffendere Kenntnisse zu vermitteln, als sie derzeit bei den Bürgern verfügbar sind.

Dies wäre einesteils eine Aufgabe der massenmedialen Berichterstattung über Parlamente und Politiker.[38] Denn läßt sich – beispielsweise – im Verlauf von Fernsehübertragungen aus dem Parlamentsplenum von den Kommentatoren wirklich nicht erklären, aus welchen *guten* Gründen der Plenarsaal recht leer ist? Ist es völlig abwegig, im Informationskanal Phoenix kompetent moderierte Talkshows mit Parlamentariern und ehemaligen Regierungsmitgliedern bringen zu wollen, bei denen es nicht um die Inhalte, sondern um das handwerkliche Wie-es-gemacht-wird von Politik geht? Kann man über die parlamentarische Regierungsweise denn wirklich nicht in derselben Weise unterhaltsam – und somit massenwirksam – informieren, wie das in populären naturwissenschaftlichen Sendungen über ökologische Zusammenhänge, Tierpopulationen oder das Weltall mit so großem Erfolg geschieht? Und müssen Versuche massenmedialer politischer Bildung immer in das Prokrustesbett tagespolitischer Berichterstattung gezwängt werden?[39]

Andernteils hat die politische Bildungsarbeit, zumal an den Schulen, hier den zentralen Beitrag zu leisten. Natürlich tut angesichts der so umfangreichen Kenntnislücken und Verständnismängel zunächst einmal Wissensvermittlung not. Man kann ja nicht erwarten, unter den erwachsenen Bürgern wichtige Einsichten vorzufinden, wenn die Schule nichts unternimmt, sie in jungen Jahren zu vermitteln, und wenn im späteren Leben weder Erwachsene noch Massenmedien in der Lage

---

38 Für die Massenmedien besteht hier auch aus der Sicht der Bürger Handlungsbedarf. Gefragt, ob man aus Berichten über den Bundestag genug darüber erfahre, wie das Parlament arbeitet und was seine Abgeordneten tun, meinten hinsichtlich der Fernsehberichterstattung nur 14% der Deutschen (hinsichtlich der Berichterstattung in Zeitungen und Zeitschriften 22%), man wisse dann ganz gut Bescheid. Daß man nicht genug erfahre, sagten beim Blick auf das Fernsehen hingegen 69%, bezüglich der Berichterstattung in Zeitungen und Zeitschriften 61%; der Rest war jeweils unentschieden (bei beiden Fragen n = 989).

39 Der mangelhaften politischen Bildungsleistung der Massenmedien liegt offenbar ein strukturelles Problem zugrunde. Wissenschaftsredaktionen schieben Politik als Untersuchungs- und Berichtsgegenstand dem Ressort Politik zu, und dort argumentiert man – nicht zu Unrecht –, man bringe doch genügend aktuelle und Hintergrundinformationen. Auf der Strecke bleibt dabei die von aktueller Berichterstattung ganz unabhängige Aufklärung über die grundlegenden Strukturen und die Funktionslogik unseres politischen Systems.

oder willens sind, zum Nachlernen anzuhalten. Allerdings bleibt eine ‚rein theoretische' Vermittlung von institutionellem Wissen oft ohne jene langfristige Bildungswirkung, auf die es doch ankommen muß. An jenes Ziel gelangt politische Bildung wohl nur dann, wenn sie Brücken zwischen der Funktionslogik der politischen Institutionen und solchen praktischen Erfahrungen zu schlagen versteht, welche die Schüler im Bereich ihrer Lebenswelt machen können. Hier bieten sich die Leistungsmöglichkeiten handlungsorientierten Politikunterrichts an.[40]

Gefragt sind dabei nicht jene Formen[41], die auf einen anpolitisierenden Aktionismus der Schüler abzielen, der – wegen seiner praktischen Folgenlosigkeit – öfter zur Frustration als zu politischer Handlungskompetenz führen wird. Gefragt sind dafür auch weniger die – oft der traditionellen „Basteldidaktik" allzu nahestehenden – Formen „produktiven Gestaltens", etwa die Erstellung von Wandzeitungen, Dokumentationen oder Reportagen. Vielmehr ist die Überlegung wegweisend, daß es beim handlungsorientierten Unterricht weniger auf „learning by doing" ankommt als vielmehr auf „learning by thinking about what we (or others) are doing".[42] Dann werden jene Formen handlungsorientierten Politikunterrichts interessant, in denen *der eigenen Erfahrung zugänglich* wird, was es zur Funktionslogik politischer Institutionen zu lernen gibt.

In erster Linie handelt es sich dabei um Rollen- und Planspiele.[43] In ihnen ließen sich etwa Zweck und Mühsal der Herstellung von Grup-

---

[40] An einschlägiger fachdidaktischer Literatur sei vor allem verwiesen auf Tilman Grammes: Handlungsorientierung im Politikunterricht. Schriftenreihe der Niedersächsischen Landeszentrale für politische Bildung. 2. Aufl. – Hannover 1997, und Peter Massing: Handlungsorientierter Politikunterricht. A.a.O. Ferner: Bundeszentrale für politische Bildung (Hrsg.): Methoden in der politischen Bildung. Handlungsorientierung. (Schriftenreihe der Bundeszentrale für politische Bildung, Band 304). Bonn 1991; Gotthard Breit / Peter Massing (Hrsg.): Grundfragen und Praxisprobleme der politischen Bildung. Ein Studienbuch. (Schriftenreihe der Bundeszentrale für politische Bildung, Band 305). Bonn 1992, und Wolfgang Sander (Hrsg.): Handbuch politische Bildung. Praxis und Wissenschaft. Schwalbach/Ts. 1997
[41] Als Überblick zu den Formen handlungsorientierten Politikunterrichts siehe Heinz Klippert: Handlungsorientierter Politikunterricht. Anregungen für ein verändertes Lehr-/Lernverständnis. In: Methoden in der politischen Bildung. A.a.O., S. 9-30
[42] Vgl. Tilman Grammes: Handlungsorientierung im Politikunterricht. A.a.O., S. 20f.

pendisziplin (analog zur Fraktionsdisziplin) ebenso nachvollziehbar machen wie jenes (zum Verhältnis von Regierung und Parlamentsmehrheit analoge) spannungsgeladene Zusammenspiel zwischen dem Einfluß eines Führers und der Folgebereitschaft von Geführten, die dann entsteht, wenn Führer des – jederzeit widerrufbaren – Vertrauens einer Mehrheit bedürfen. Derlei Rollen- und Planspiele können durchaus aus der Lebenswelt der Schüler abgeleitet werden, sofern man – beispielsweise – in den Handlungsrahmen einer Klasse hypothetisch-spielhaft schwierigere Aufgaben und größere Befugnisse projiziert, als sie einem Klassenverband oder Klassensprecher üblicherweise zukommen, und dann planhandelnd herausfinden läßt, wie (und mit welchen zunächst unerwarteten Schwierigkeiten) diese Aufgaben im Rahmen der zugrunde gelegten Kompetenzverteilung bewältigt werden könnten. Ebenso kann man theoretisch Vermitteltes zur Funktionslogik parlamentarischer Institutionen auf vereinfachte Handlungsstrukturen „herabtransponieren". Dann wird es möglich, im Spielhandeln Erfahrungen herbeizuführen, die außerhalb des Spielhandelns ganz unzugänglich blieben, doch im Rahmen des Politikunterrichts vermittelt werden sollten, um den Schülern ein angemessenes Verständnis für die Lebenswelt und die praktischen Prioritäten von Politikern zu eröffnen.

Allerdings kosten Rollen- und Planspiele viel Zeit. Auch bringen sie nur dann viel, wenn der Vorbereitungs- und Spielphase eine ausgedehnte Auswertungsphase folgen kann. Wie alle anderen Formen handlungsorientierten Politikunterrichts stoßen sie darum an jene engen Grenzen, welche bereits die Stundentafel dem allenthalben knapp bemessenen Politikunterricht setzt. Aus diesem Grund haben die zeitlich viel weniger aufwendigen Expertenbefragungen[44] eine so große Bedeutung unter den Formen handlungsorientierten Politikunterrichts. Etwa könnten Kommunal- und Parteipolitiker, mitunter auch Abgeordnete, entlang eines gut vorbereiteten Katalogs von Thesen, Fragen und Nachfragen den Schülern über ihre praktischen Erfahrungen berichten, und sie werden es dabei wohl oft schaffen, tatsächlich eine Brücke zur Erfahrungswelt der Schüler zu schlagen. Freilich müßten Lehrer und Schüler in der Vorbereitungsphase eine Situationsdefinition dahingehend schaffen, daß es wirklich auf das *Lernen* von der handlungserprob-

---

43 Hierzu siehe vor allem Peter Massing: Handlungsorientierter Politikunterricht. A.a.O. S. 13-39
44 Siehe Peter Massing: Handlungsorientierter Politikunterricht. A.a.O., S. 54-59

ten Erfahrung politischer Praktiker ankoı.. nicht aber darauf, diesen im – recht billig anzunehmenden – kritischeı. :us „nachzuweisen", daß *sie* sich falsch verhalten – nämlich nicht entlang jenen populären Vorstellungen, um deren erfahrungsgesättigte Korrektur es doch gerade gehen müßte. Und völlig am Ziel vorbei führte es, wenn solche Expertenbefragungen bloß zur Erkundung und Diskussion aktueller politischer Probleme genutzt würden statt dazu, Einblicke in die institutionellen Mechanismen einer fremden Lebenswelt zu gewinnen. Wie leichtfertig die didaktischen Chancen von Expertenbefragungen auf diese Weise vergeudet werden, läßt sich immer wieder im Rahmen von Parlamentsbesuchen bei den Begegnungen zwischen Schülern und Abgeordneten erleben.

Dort wie im allgemeinen steht nämlich einer *polity*- oder *politics*-bezogenen Anwendung handlungsorientierter Unterrichtsformen, um die es hier geht, deren traditionelle – und oft ziemlich aktionistische – Fixierung auf den *policy*-Bereich im Wege. Grundsätzlich hindert allerdings nichts daran, handlungsorientierte Unterrichtsformen aus dieser kontraproduktiven Engführung im *policy*-Bereich zu lösen. Jene Engführung wird zwar oft mit dem Hinweis gerechtfertigt, es müsse der mangelhaften Partizipationsbereitschaft von Schülern aufgeholfen werden, und eben hier habe handlungsorientierter Politikunterricht seine wichtigste Aufgabe. Aber wenig spricht dafür, daß dieses Ziel realistisch ist. Sicher bescheidener, doch vermutlich wirkungsvoller ist es darum, handlungsorientierten Politikunterricht eher im *polity*-Bereich für ein besseres Verständnis von institutioneller Funktionslogik und im *politics*-Bereich für die Vermittlung von Erfahrungen mit taktisch-strategisch nutzbaren institutionellen Mechanismen einzusetzen. Entsprechende Unterrichtsmodelle zu schaffen, einschlägige Erfahrungen auszuwerten und Bewährtes den Praktikern politischer Bildung zu vermitteln, dürfte somit ein wichtiges Desiderat für Didaktiker der politischen Bildung sein. Werden ihm Didaktiker und Praktiker gerecht, so wäre zweifellos ein wichtiger Beitrag dazu geleistet, unser Gemeinwesen an jener Schwachstelle zu verbessern, von der hier die Rede war: im Bereich des defizitären Verfassungs- und Politikverständnisses der Bürger.

C. Handlungsorientierung aus fachdidaktischer Sicht

Gotthard Breit

Handlungsorientierung im Politikunterricht

> Wer kein Einverständnis stören will,
> hat wissenschaftlich nichts mitzuteilen.
>
> Karl Otto Hondrich

Handlungsorientierung besitzt in der Didaktik des Politikunterrichts eine doppelte Bedeutung. Zum einen kommt dieser Begriff in einer Zielsetzung des Politikunterrichts vor. Die Jugendlichen sollen das politische „Sehen, Beurteilen, *Handeln*" (Wolfgang Hilligen) lernen. Sie sollen befähigt werden, durch Nachdenken über politische Sachverhalte eine eigene politische *Handlungsorientierung* zu entwickeln.

Zum anderen bedeutet Handlungsorientierung ein Lehr-/Lernkonzept (Klippert 1996, S. 277), nach dem Schülerinnen und Schüler im Unterricht selbständig arbeiten sollen. Unterricht mit einem Rollenspiel, einem Planspiel, einer Pro- und Contra-Debatte oder einer Talkshow (Massing 1998) werden häufig mit handlungsorientiertem Unterricht gleichgesetzt.

Im Politikunterricht hängen beide Bedeutungen zusammen. Eine gelungene Unterrichtsplanung setzt u.a. ein ausgewogenes Verhältnis zwischen dem Inhalt/den Zielen (von Wolfgang Klafki „Thema" genannt) und der Methode voraus. Bekommt die Methode Priorität eingeräumt, dann kann dies zu einer Vernachlässigung des Inhalts und der Ziele führen, im schlimmsten Fall zu einer Entpolitisierung des Politikunterrichts.

Der Beitrag widmet sich den beiden Wortbedeutungen von Handlungsorientierung. Im Mittelpunkt steht die Frage, ob das Ziel „Handlungsorientierung" im handlungsorientierten Politikunterricht gut aufgehoben ist, ob Inhalt/Ziele und Methode(n) in einem ausgewogenen Verhältnis zueinander stehen. Die Antwort soll zu einer Diskussion über „Handlungsorientierung" im Politikunterricht anregen.

1. Merkmale der Bürgerrolle in der Demokratie

1.1 Selbständiges Denken als ein Merkmal der Bürgerrolle in der Demokratie

Nach dem Darmstädter Appell (1995) hat Politikunterricht die Aufgabe, die Schülerinnen und Schüler zur Wahrnehmung ihrer zukünftigen Bürgerrolle in der Demokratie zu befähigen.[1] Worin besteht diese Rolle?

Auf den ersten Blick nehmen sich die Tätigkeiten eines politisch kompetenten und interessierten „Normal- oder Durchschnittsbürgers" (Giesecke 1971, S. 175) recht gering aus. Er soll sich über Politik informieren und sich an Politik beteiligen. Dazu gehört:

- Der Bürger interessiert sich für Politik;
- er ist fähig, sich mit Hilfe von Zeitungen, Rundfunk, Fernsehen, Büchern und Internet zu informieren;
- er ist fähig, politische Vorgänge selbständig zu untersuchen, weil er die dazu notwendige politische Analysefähigkeit und das dazu notwendige Wissen besitzt; **Denkleistungen**
- er kann Politik beurteilen, weil er Beurteilungskriterien kennt und anwenden kann;
- er ist daher fähig, Kritik zu üben

und

- er verhält sich in der eigenen Umgebung demokratisch[2] (er bringt im Gespräch mit anderen seine politische Meinung zum Ausdruck, akzeptiert aber auch abweichende Ansichten, er achtet und schützt Grund- und Menschenrechte und tritt für Gewaltlosigkeit ein, er sieht nicht nur sich und seine Interessen, sondern nimmt auch Mitmenschen und deren Interessen wahr); **Politische Aktivitäten**
- er erkennt Mehrheitsbeschlüsse an;
- er geht zur Wahl bzw. er übt überlegt sein Wahlrecht aus;
- er beteiligt sich an Volksabstimmungen.

---

[1] Darmstädter Appell 1995 (S. 140): „Ziel politischer Bildungsarbeit muß deshalb die Befähigung von Schülerinnen und Schülern zur Wahrnehmung ihrer Bürgerrolle in der Demokratie sein."

[2] Demokratie kann nicht ausschließlich als verfassungsrechtliche Ordnung gedacht werden. Soll Demokratie das Zusammenleben in einer Gesellschaft prägen, dann sind alle Bürgerinnen und Bürger gefordert.

Nicht wenige Bürgerinnen und Bürger
- engagieren sich zusätzlich in einer beruflich-wirtschaftlichen Interessenvertretung (Verband),
- nehmen an Demonstrationen teil,
- beteiligen sich an einer Bürgerinitiative,
- gehen zu Wahlversammlungen,
- unterstützen eine freie Wählergemeinschaft,
- fördern mitunter NGO's (amnesty international, Greenpeace etc.),
- treten in eine Partei ein, bleiben aber darin zumeist weitgehend passiv.

Aktive politische Beteiligung bedeutet noch mehr; sie erfordert von den Bürgerinnen und Bürgern nicht nur Sachverstand, sondern auch einen großen Aufwand an Zeit und Energie (Himmelmann 1996, S. 88). Sie entwickelt sich rasch zu einem „zweiten" Beruf (Himmelmann 1996, S. 88) und überfordert damit den Normal-Bürger. Der sieht sich durch Beruf, Familie und Freizeitaktivitäten genügend ausgelastet. Die wenigsten Schülerinnen und Schüler werden nach Beendigung der Schulzeit neben ihrem ersten Beruf noch die notwendige Zeit und Energie für eine aktive politische Beteiligung aufbringen und z.B. für politische Ämter kandidieren. Die Zahl der Aktiv-Bürgerinnen und -Bürger ist klein und wird wohl auch immer klein bleiben.

In einer repräsentativen Demokratie kann der Bürger die Wahrnehmung von Politik als Beruf den gewählten Volksvertretern überlassen. Nach der Mehrzahl der Demokratietheorien ist eine „berufsmäßige" politische Beteiligung für den Bestand eines demokratischen Verfassungsstaates nicht notwendig. Es kommt auf das Verständnis der Bürgerinnen und Bürger für Politik und auf ihre „Bereitschaft zur Identifizierung mit der Demokratie" (Hättich 1993, S. 30) an. Im Politikunterricht erhalten die Jugendlichen Gelegenheit, „über die Bedeutung von Freiheit und Demokratie und über die Voraussetzungen und Möglichkeiten von politischer Beteiligung nachzudenken" (Breit 1996a, S. 100, 228).

Diese Zielsetzung bedeutet keine Festlegung, Einengung oder gar Indoktrinierung der Lernenden. Das Gegenteil ist der Fall. Jürgen Habermas hat einmal gesagt: „Demokratie arbeitet an der Selbstbestimmung der Menschheit, und erst wenn diese wirklich ist, ist jene wahr" (Habermas 1975, S. 207). Demokratie ist demnach auf Bürger angewiesen, die sich ihres eigenen Verstandes bedienen und selbst bestimmen und entscheiden können. Bildung verändert das Verhalten von Menschen. Die im Politikunterricht erworbene politische Eigenständigkeit soll die Lernenden nach Beendigung ihrer Schulzeit davor schützen, die jeweils vorherrschende Ansicht ungeprüft zu übernehmen und dem Zeitgeist blind nachzulaufen. Die Fähigkeit zur eigenen, unangepaßten Analyse, zum unabhängigen Urteil und zum selbständigen Handeln unterscheidet den „mündigen Bürger" grundlegend vom Untertanen früherer Zeiten, aber auch vom politisch unkundigen und desinteressierten Bürger der Gegenwart. Dessen Beteiligung beschränkt sich im besten Fall auf das verständnislose Zuschauen. Seine „ahnungslose Hilflosigkeit gegenüber wirtschaftlichen, gesellschaftlichen und politischen Veränderungen" kann plötzlich in „gefährliche Wut" umschlagen (Dohnanyi in Breit 1996b, S. 121f.).

Politische Unabhängigkeit, Handlungskompetenz und Identifikation mit der Demokratie sind Eigenschaften, die eine offene Gesellschaft und ihre demokratische Ordnung von ihren Bürgerinnen und Bürgern verlangt (Darmstädter Appell 1995, S. 143). Ohne eine bestimmte Anzahl von Bürgerinnen und Bürgern mit dieser Bereitschaft und mit diesen Fähigkeiten ist der Bestand des demokratischen Verfassungsstaates gefährdet.

1.2 Aufgabe des Politikunterrichts

„Der mündige Bürger fällt [...] nicht vom Himmel" (Eschenburg 1985, S. 239). „Wenn wir den zur politischen Kritik befähigten Bürger wollen, dann müssen wir seinen Verstand ausbilden und ihm angemessenes Wissen geben, und zwar rechtzeitig, also in den Grundzügen während der Schulzeit. Das ist im demokratischen Staat keine marginale[3], sondern eine zentrale Aufgabe der Schule" (Eschenburg 1985, S. 243). Ähnlich heißt es im „Münchner Manifest zum Auftrag der Bundeszentrale und der Landeszentralen für politische Bildung" vom 26. Mai 1997 (S. 37):

„Der demokratische Rechtsstaat lebt vom mündigen Mitdenken und Mittun seiner Bürgerinnen und Bürger und ihrer Bereitschaft, sich selbst- und sozialverantwortlich ein Urteil zu bilden, in der Verfassung normierte Regeln und Werte zu respektieren und sich für sie zu engagieren. Demokratie muß in jeder Generation neu erworben werden, gerade in Deutschland aufgrund der Erfahrungen der jüngsten Geschichte. Politische Bildung im öffentlichen Auftrag leistet insbesondere hier einen fortdauernden und unverzichtbaren Beitrag zu persönlicher und gesellschaftlicher Orientierung sowie zur Entwicklung und Festigung demokratischer Einstellungen und Verhaltensweisen."

---

3 Dieter Hildebrandt: „Was ist der Unterschied zwischen Demokratie und allem anderen? Alles andere ist leichter." (Süddeutsche Zeitung v. 28.2.1998, S. 7)

Die Aufgabe des Politikunterrichts besteht nicht darin, zukünftige Politiker auszubilden.[4] Er hat schon viel geleistet, wenn aus ihm, wie Theodor Eschenburg sagt, Zeitungsleser[5] mit kritischem Verstand[6] hervorgehen, „weder mit Verstand ohne Kritik, noch mit Kritik ohne Verstand" (Eschenburg 1985, S. 243).

Die Frage, der im folgenden nachgegangen werden soll, lautet: Ist der handlungsorientierte Politikunterricht geeignet, politische Handlungskompetenz zu fördern? Um diese Frage beantworten zu können, muß zunächst etwas über den handlungsorientierten Politikunterricht gesagt werden.

2. Die Gestaltung von handlungsorientiertem Politikunterricht

Die Erfahrung lehrt: Was wir handelnd erfahren und lernen, verstehen wir leicht und behalten es im Gedächtnis. Das Konzept der Handlungsorientierung im Politikunterricht geht davon aus, daß für die Lernenden Politik mehr sein sollte als die intellektuelle Aneignung von Sach- und Fachwissen. Die Schülerinnen und Schüler sollen selbst aktiv werden und durch Handeln und während des Handelns lernen.

Für die Vorbereitung von politischem Handeln können im Unterricht nach Heinz Klippert (Klippert 1991, S. 13) drei Formen von Handeln geübt werden (vgl. Reinhardt 1997, S. 105):

---

4 Diese Auffassung kann im Vergleich zu den Zielsetzungen anderer Fächer entstehen. So besteht (zumindest in den neuen Bundesländern) das Ziel des Sportunterrichts darin, die Schülerinnen und Schüler an den Leistungssport heranzuführen. Begabte Jugendliche sollen entdeckt, in Vereine übergeleitet und so zu Höchstleistungen gebracht werden.
5 Es ist kein Widerspruch zu Eschenburg, wenn man ergänzt: Rundfunkhörer, Fernsehzuschauer, Internetbenutzer.
6 Schülerinnen und Schüler orientieren sich vielfach an der Person ihres Lehrers. Politiklehrerinnen und -lehrer müssen sich demnach nicht unbedingt politisch aktiv betätigen. Sie müssen sich aber für Politik interessieren, zumindest eine überregionale Tages- oder Wochenzeitung lesen und auch spontan und ungeschützt im Unterricht zu aktuellen Vorgängen Stellung nehmen. Die politische Beteiligung eines kritischen Zeitungslesers kann und soll der Lehrer seinen Schülerinnen und Schülern vorleben (vgl. auch Henkenborg 1997, S. 83).

Reales Handeln	Simulatives Handeln	Produktives Gestalten
– Erkundigungen, – Praktika – Expertenbefragungen – Straßeninterviews – Projektinitiativen – Fall-Sozialstudien – Schulsprecherwahl – Schülerzeitung – Partizipation im Unterricht	– Rollenspiele – Planspiele – Entscheidungsspiele – Konferenzspiele – Pro- und Kontra-Debatte – Hearing – Tribunal – Zukunftswerkstatt	– Tabelle, Schaubild, Tafelbild erstellen – Flugblatt, Plakat, Wandzeitung – Reportage, Hörspiel, Video, Diareihe – Referate, Wochen- bzw. Monatsberichte – Ausstellung, Fotodokumentation – Rätsel, Quiz, Lernspiele – Unfertige Arbeitsblätter fertigstellen

Methodentraining mit Schülern

2.1 Reales Handeln

Durch reales Handeln wird das schulische Lernen aufgelöst und durch aktive Politik ersetzt. In der Stadtteilarbeit rufen Schüler und Jugendliche z.b. eine Initiative zum Bau eines Jugendzentrums ins Leben. Reales politisches Handeln der Lernenden sprengt rasch den Rahmen des Unterrichts. So mußte die Mitte der 80er Jahre von Adolf Noll geforderte Abschaffung der politischen Bildung in der Schule und ihre Ersetzung durch Stadtteilarbeit schon an der starren Schulorganisation mit ihrem festen Stundenkanon scheitern (Gagel 1985, S. 408).

Anerkennung verdienen an diesem Vorgehen die Selbständigkeit und der Eifer, mit dem die Jugendlichen agieren. Im Vergleich zu dem „gewohnten" Schülerverhalten im herkömmlichen Unterricht fallen Arbeitsverhalten und Leistungsbereitschaft auf.

Trotz dieser positiven Wirkung erweist sich die Verlegung unterrichtlicher Arbeit in die unmittelbare politische Praxis aus mehreren Gründen als problematisch (Knepper 1988, S. 77). Bei ihrer Stadtteilarbeit wie bei anderen Vorhaben mit realem Handeln (z.B. Veränderungen innerhalb der eigenen Schule) erhalten die Jugendlichen eine unzureichende Vorstellung, um nicht zu sagen, ein verfälschtes Bild von Politik. Sie sehen allenfalls die Akteure als Personen und nicht die dahinter stehenden Institutionen und deren Aufgaben. In ihren Augen hängen Entscheidungen vor allem von der Gutwilligkeit der Verantwortlichen ab; Sachzwänge dagegen werden leicht übersehen.

Das reale Handeln nimmt viel Zeit und Energie in Anspruch, so daß die Jugendlichen nicht immer zum Nachdenken über Politik und zum Aufschlüsseln von politischen Zusammenhängen vorstoßen (Gagel 1985, S. 412).

Und noch ein Einwand: Der Blick auf größere Zusammenhänge wird verstellt. Über dem realen politischen Handeln in der unmittelbaren Umgebung wie Schule und Stadtteil können politische Vorgänge auf Bundes- und Landesebene aus dem Blickfeld geraten, von dem Bereich der internationalen Beziehungen ganz zu schweigen. Handeln in der Schule oder im Stadtteil kann nur bedingt mit „Bonner" Politik oder gar mit internationalen Beziehungen gleichgesetzt werden. Die Unterrichtsteilnehmer, Lehrer wie Schüler, sind von ihren Aktionen so in Anspruch genommen, daß sie diese Horizontverengung kaum wahrnehmen.

Ferner stimmt skeptisch: Will eine Gruppe real und zielgerichtet handeln, dann muß sie innerlich geschlossen sein. Abwägendes Nachdenken der Mitglieder, Selbstreflexion oder gar Infragestellen des Vorhabens gefährden Einheit und Erfolg der Gruppe. Auf Lernende mit abweichendem Verhalten wird die Gruppe Druck ausüben. Gerade das darf aber nach dem Konsens von Beutelsbach im Politikunterricht nicht geschehen; Schülerinnen und Schüler müssen die Möglichkeit zur Distanzierung besitzen.[7]

2.2 Simulatives Handeln

Simulatives Handeln ist die häufigste Variante von handlungsorientiertem Politikunterricht. Schülerinnen und Schüler ahmen das Handeln von Politikern nach mit dem Ziel, dadurch einen Einblick in Politik zu gewinnen und sich im politischen Handeln zu üben. Sie agieren z.B. in einer gespielten Talkshow über Arbeitslosigkeit als Vertreter des Arbeitgeberverbandes, als Gewerkschafter, als Regierungsmitglied und als Betroffene (Breit 1998). Ein anderes Vorhaben zeigt eine Klasse, die anstelle von Politikern und Ministerialbeamten eine Gesetzesvorlage ausarbeitet (Reinhardt 1995). In einem weiteren Unterrichtsbeispiel wird der Bau einer Umgehungsstraße geplant und eine Entscheidung darüber herbeigeführt.

---

7 Trotz dieser Einwände möchte ich ein Vorhaben für das reale Handeln im Politikunterricht nennen, das viele Vorzüge aufweist und wohl jedem Lehrer gefallen wird: Die Klasse organisiert einen Schulstreik.

Über Unterricht mit simulativem Handeln wird übereinstimmend berichtet: Schülerinnen und Schüler zeigen oftmals eine erstaunliche Arbeits- und Leistungsbereitschaft. Sie arbeiten über einen langen Zeitraum hinweg konzentriert auf ein selbstbestimmtes Ziel hin; sie übernehmen freiwillig Arbeitsaufgaben. Die Selbsttätigkeit bewirkt, daß ihnen der Unterricht gefällt.

Die Simulation von Politik im Unterricht macht es aber fast immer notwendig, die Ausgangslage zu vereinfachen. Nicht selten reduzieren Lehrer und Schüler die Komplexität von Politik in einer Weise, die einer Verfälschung gleichkommt. Blenden z.B. in der Talkshow über Arbeitslosigkeit die Akteure bei ihrer Rollengestaltung Machtüberlegungen oder Interessen aus, dann erwerben die Jugendlichen im Unterricht eine entpolitisierte Vorstellung von Politik.

Bei der Entscheidung über die Umgehungsstraße propagiert der Lehrer eine Lösung, die jedem sofort als vernünftig einleuchtet, die nur den Nachteil aufweist, daß sie sich von der Ausgangslage her gar nicht verwirklichen läßt (unveröffentlichter Bericht von Peter Massing). Diesen Umstand übersehen aber alle Teilnehmer. Gelingt es Jugendlichen, anstelle von Politikern eine Ideallösung zu entwickeln, weckt dies bei ihnen Politikerverdrossenheit. Die Schüler müssen sich fragen: Warum kommen Politiker nicht auf diese Lösung, wenn wir sie im Unterricht finden? Die Antwort darauf geben sie sich selbst; Politiker sind eben unwillig, unfähig, dumm und/oder korrupt. Hätten sich die Unterrichtsteilnehmer intensiv in den Sachverhalt eingearbeitet und die Ausgangslage gründlich und kompetent analysiert, dann hätten sie gemerkt, daß es hier wie zumeist in der Politik keine einfache Problemlösung gibt. Einer Regelung zuzustimmen, die niemandem weh tut und keine negativen Folgen nach sich zieht, fällt leicht. Die Normalität sieht anders aus; sie lernen die Schülerinnen und Schüler aber bei ihrer Simulation nicht kennen.

2.3 Produktives Gestalten

Beim produktiven Gestalten stellen die Schülerinnen und Schüler etwas her, das in einem Zusammenhang mit Politik steht. Mit dem Produkt sollen sie nicht so sehr ihre Gestaltungsfähigkeit beweisen, sondern ihr Politikverständnis. Wieder wie beim realen und simulativen Handeln berichten Unterrichtsbeobachter, daß die Heranwachsenden bei der Produktion eifrig, leistungsbereit und konzentriert vorgehen und zugleich viel Spaß haben. Nach der Fertigstellung wird das eigene Werk von anderen (Mitschülern, Eltern, Lehrern, der Öffentlichkeit) z.B. bei einer Ausstellung bewundert. Dieser Erfolg stärkt das Selbstvertrauen der Jugendlichen.

Andererseits: Ein Produkt kann nur selten die Komplexität von Politik wiedergeben. Die Hinwendung der Lernenden gilt ihrem Werk und nicht so sehr der Politik.[8]

2.4 Zusammenfassung

In der Literatur stimmen alle Autorinnen und Autoren darin überein, daß Handlungsorientierung von den Unterrichtenden viel verlangt. Selbsttätigkeit und Selbständigkeit entstehen nicht dadurch, daß man Jugendliche einfach „machen" läßt. In mühevoller Arbeit schaffen die Lehrerinnen und Lehrer die Voraussetzungen für das selbständige reale oder simulative Handeln bzw. für das produktive Gestalten.

Im handlungsorientierten Politikunterricht ändert sich gegenüber herkömmlichem Unterricht die Rolle der Unterrichtsteilnehmer, die der Lehrerinnen und Lehrer ebenso wie die der Schülerinnen und Schüler (Knepper 1985, S. 79). Der Stoff wird nicht vorgetragen und von den Lernenden passiv-rezeptiv aufgenommen; die Schüler erarbeiten selbst den Inhalt. Der Lehrer leitet nicht den Unterricht, sondern wird zum Berater der selbständig agierenden Schüler. Durch emotionale Begleitung sorgt er dafür, daß das Selbstvertrauen der Jugendlichen keinen Schaden nimmt, sondern gestärkt wird (Henkenborg 1997, S. 79). Er organisiert Materialien für die unabhängig von ihm stattfindenden Lernprozesse der Heranwachsenden und moderiert die Zusammenarbeit unterschiedlicher Arbeitsgruppen.

Handlungsorientierter Unterricht verläuft offen. Während der Lehrer im Alltagsunterricht zumeist zutreffend voraussieht, was in der Stunde bis zum Ende passiert, kann niemand den Verlauf von handlungsorientiertem Politikunterricht vorhersagen. Dies kann sich für den Lehrer gleichermaßen spannend wie nervenaufreibend auswirken.

Ferner herrscht in der Literatur Übereinstimmung darüber, daß Handeln im Unterricht immer mit Nachdenken über das Handeln verbunden sein soll. Auch wenn Handlungsorientierung vielfach als Regulativ zur kognitiven Dominanz des traditionellen Politikunter-

---

8 Die Figuren z.B., die die Klasse von Laura Grammes geformt hat, spiegeln die Freude der jungen Künstler wider; leider fehlt in diesem Negativbeispiel von Sozialkundeunterricht politische Reflexion völlig (Grammes 1997, S. 24).

richts angesehen wird (Waidmann 1996, S. 91), soll Handeln immer „die kognitive Verarbeitung und intellektuelle Reflexion mit einschließen" (Klippert 1988, S. 76; vgl. Klippert 1996, S. 278). Im Gegensatz zu den Politikern in der Realität besitzen die Jugendlichen im Klassenzimmer Zeit und Ruhe und können ohne Druck über politische Probleme, Prozesse und Strukturen nachdenken.

Im Schulalltag kann das Tun die Reflexion in den Hintergrund drängen (Grammes 1997, S. 9; vgl. Reinhardt 1997, S. 110). Dies ist deshalb so verhängnisvoll, weil Lernen, wie das berühmte Zitat von John Dewey besagt, nicht durch Tun, sondern durch Nachdenken über das Tun erfolgt (Hilligen 1985, S. 239; Grammes 1997, S. 20f.).

3. Der Erfolg der Handlungsorientierung bei Lehrerinnen und Lehrern

Anfang der 50er Jahre wurden in der Bundesrepublik Deutschland an den Universitäten politikwissenschaftliche Lehrstühle eingerichtet, um das Fundament für das neue Unterrichtsfach Gemeinschaftskunde/Sozialkunde zu legen und den zukünftigen Politiklehrerinnen und -lehrern die notwendige fachliche Kompetenz zu vermitteln. Rasch setzte in der Politikwissenschaft eine Spezialisierung ein.[9] Heute weiß oftmals der Lehrstuhlinhaber für Innenpolitik nicht, mit was sich sein Institutskollege für Internationale Beziehungen beschäftigt. Als Folge der zunehmenden Konzentration der Politikwissenschaft auf besondere Bereiche vergaßen die Hochschullehrer mehr und mehr die ursprüngliche Orientierung auf Unterricht. Heute lassen sich Politikwissenschaftler an den Universitäten bei Auswahl und Inhalt ihrer Lehrveranstaltungen von allen möglichen Überlegungen leiten – nur nicht von den Bedürfnissen zukünftiger Politiklehrer. Ohnehin nahm in den letzten beiden Jahrzehnten die Zahl der Lehrerstudenten dramatisch ab und die Teilnehmer an den Magisterstudiengängen zu.[10]

Von einer generellen Verabschiedung des Politikunterrichts von seiner Bezugswissenschaft kann dennoch nicht gesprochen werden. Nach

---

9 An den Pädagogischen Hochschulen blieb diese Spezialisierung aus und die Ausrichtung auf die Lehrerausbildung beibehalten.
10 Auch in diesem Zusammenhang soll daran erinnert werden, daß ausgebildete Politiklehrerinnen und -lehrer kaum noch in den Schuldienst eingestellt werden, obwohl sie gebraucht werden. Kein Unterrichtsfach wird so häufig fachfremd unterrichtet wie Sozial- bzw. Gemeinschaftskunde.

wie vor halten Publikationen der Bundeszentrale für politische Bildung wie die Beilage der Wochenzeitung „Das Parlament", „Aus Politik und Zeitgeschichte", die Bücher der Schriftenreihe, die „Informationen zur politischen Bildung" und die Reihe „Kontrovers", Veröffentlichungen der Landeszentralen für politische Bildung, aber auch Fachzeitschriften wie die „Politische Bildung", in deren themengebundenen Heften der Anteil der Fachwissenschaft dominiert, und die „Gegenwartskunde" die Verbindung zwischen Fachwissenschaft und Schulunterricht aufrecht. Dennoch: Die hochgradige Spezialisierung der Politikwissenschaft macht es Lehrerinnen und Lehrern schwer, Forschungsergebnisse wahrzunehmen und für den eigenen Unterricht „klein" zu arbeiten. Hier ist eine Ursache dafür zu suchen, daß Lehrerinnen und Lehrer vor der Komplexität von Politik mehr und mehr die Waffen strecken.[11]

Mit der Entfremdung von Politikwissenschaft und Politikunterricht ging die Auseinanderentwicklung von der Fachdidaktik an den Hochschulen und dem Unterricht an den Schulen einher. In den 60er und 70er Jahren erfuhr die Fachdidaktik einige Aufmerksamkeit – auch und gerade bei den Lehrerinnen und Lehrern. Ab Mitte der 70er Jahre nahm das Interesse ab. Der Streit, der damals unter Fachdidaktikern mit Vehemenz und Leidenschaft ausgetragen wurde, und die Fragen, um die es dabei ging, erschienen ihnen von ihren schulischen Alltagsproblemen her doch recht abgehoben zu sein. Bei der Auswahl und Aufschließung von Themenbereichen und Unterrichtsinhalten fühlten sie sich von der Fachdidaktik mehr und mehr alleine gelassen. Umgekehrt kann mit Wolfgang Hilligen (1987, S. 15) darüber geklagt werden, daß fachdidaktische Theorien, Ansätze und Konzeptionen nur unzureichend von den Lehrerinnen und Lehrern wahrgenommen und im Schulalltag umgesetzt werden. Ohne auf die gegenseitigen Schuld-

---

11 Die Spezialisierung und deren Folgen werden in folgendem Vorfall sichtbar. Bei einem Treffen von Politikwissenschaftlern und Lehrern in Hannover wurde für ein weiteres Treffen die Thematik „Sozialstaat/Sozialpolitik" vereinbart. Hier intervenierte eine junge Privatdozentin. Es müsse klar festgelegt werden, ob die Thematik Sozialstaat oder Sozialpolitik heiße. Für „Sozialstaat" fühle sie sich zuständig, über „Sozialpolitik" dagegen könne sie nicht referieren. Darin sei sie nicht eingearbeitet; das müsse ein Kollege übernehmen. Darauf antwortete ein Lehrer, von ihm werde verlangt, nicht nur über Sozialstaat und Sozialpolitik, sondern darüber hinaus über zahlreiche weitere Themenbereiche der Außen-, Innen-, Wirtschafts- und Sozialpolitik zu unterrichten. Dazu kämen bei ihm noch die Anforderungen zweier weiterer Unterrichtsfächer.

zuweisungen näher einzugehen, läßt sich feststellen: Fachdidaktik und Schulpraxis haben sich voneinander entfernt. Versuche, die Verbindung neu zu beleben, wurden und werden immer wieder gemacht.[12]

Mit der Abkehr von der Fachdidaktik geriet auch das, was unter Lehrern anerkannt war bzw. im Begriff war, Zustimmung zu finden, in Vergessenheit. Von fachdidaktischen Konzeptionen haben sich eine große Anzahl von Politiklehrerinnen und -lehrern weitgehend verabschiedet (Harms/Breit 1990, S. 91ff.). Plant heute überhaupt noch jemand seinen Unterricht nach Sutor, nach Hilligen oder nach Giesecke? Hat es solche Unterrichtsplanungen außerhalb der Referendarzeit überhaupt je gegeben?[13] Auch die Analyse mit Hilfe von Kategorien geriet in Vergessenheit. Lernte in den 60er und 70er Jahren noch eine ganze Lehrergeneration die Arbeit mit Kategorien, so zeigt eine Untersuchung, daß Ende der 80er Jahre viele Politiklehrerinnen und -lehrer damit nicht mehr umgehen konnten (Harms/Breit 1990, S. 112ff., 144f., 161f.). Die Fähigkeit, sich einen aktuellen Vorgang auf seinen politischen Gehalt hin zu erschließen, verkam. Wer selbst politische Sachverhalte gedanklich nicht durchdringen kann (Henkenborg 1997, S. 72; vgl. Weißeno 1995), tut sich schwer, diese Kompetenz an andere zu vermitteln.

Die nach 1989 neu in diesem Fach unterrichtenden Lehrerinnen und Lehrer aus der ehemaligen DDR hatten die selbständige Analyse und Urteilsbildung ohnehin nie gelernt. Ganz abgesehen davon, daß sie, wie die vielen fachfremd unterrichtenden Kolleginnen und Kollegen in den alten Bundesländern, weder Politikwissenschaft noch Didaktik des Politikunterrichts studiert hatten, waren sie daran gewohnt, Inhalt und Ziele ihres Unterrichts sehr genau vorgegeben zu bekommen.

---

12 Vgl. die Zielsetzung der Beutelsbacher / Bad Uracher Fachgespräche, die seit über zwei Jahrzehnten die Landeszentrale für politische Bildung Baden-Württemberg ausrichtet. An dieser Stelle sei auch an die Werkstattgespräche zur Theorie und Praxis des Politikunterrichts erinnert, die die Bundeszentrale für politische Bildung immer wieder durchführt.

13 Häufig wird eingewandt, daß Lehrerinnen und Lehrer sich nicht an einer Konzeption orientieren, sondern sich aus mehreren fachdidaktischen Konzeptionen eine eigene Didaktik zusammenstellen. Hierzu muß festgestellt werden, daß dieses Vorhaben Zeit und Mühe beansprucht und hohe fachdidaktische Kompetenz voraussetzt. Die Konzeptionen gehen von unterschiedlichen Prämissen aus und verfolgen eigene Zielsetzungen. Es verbietet sich daher von selbst, mehrere Teile aus unterschiedlichen fachdidaktischen Konzeptionen unverändert zu übernehmen und einfach zu einer neuen Didaktik zusammenzufügen.

Was trat an die Stelle von politischer Analyse, Urteilsbildung und Handlungsorientierung? Die Vermutung sei gewagt: Anstatt bei Schülerinnen und Schülern diese Fähigkeiten anzubahnen, gingen viele Lehrer dazu über, (Fakten-)Wissen zu vermitteln[14] und/oder die Schülerinnen und Schüler über Politik reden zu lassen. Politikunterricht verkümmerte zur Stoffvermittlung[15] („Fakten, Fakten, Fakten – und nicht an die Schüler denken!") und/oder zum „Laberfach", in dem Themen andiskutiert, mit „Meinungs-Girlanden" versehen und zum „Betroffenheits-Palaver" genutzt werden (zit. nach Grammes 1997, S. 12; Massing 1998, S. 11).

Die Folgen bekamen die Lehrer zu spüren; ihre Schüler fanden den Unterricht langweilig. Sie reagierten mit Unwillen und Desinteresse.

Dieser unbefriedigende Zustand führte die Lehrerinnen und Lehrer zu der Suche nach Alternativen. Welchen Ausweg fanden sie?

Die Antwort liegt für mich in einem Vorgang, der angesichts der Abwendung der Lehrerinnen und Lehrer von Fachwissenschaft und Fachdidaktik Überraschung auslöst.

Seit Mitte der 80er Jahre wird „das handlungsorientierte Lehr-/Lernkonzept" (Klippert 1996, S. 277) von Pädagogen und Hochschuldidaktikern für den Unterricht propagiert – und es drang rasch bis zu den Lehrerinnen und Lehrern vieler Schulfächer vor. Der Bekanntheitsgrad[16], den Handlungsorientierung bei den Unterrichtenden besitzt, steht in einem direkten Gegensatz zu der zunehmenden Entfremdung von Fachwissenschaft und Fachdidaktik. Man kann geradezu von einem Siegeszug der Handlungsorientierung sprechen (Gagel 1994,

---

14 Tilman Grammes schreibt darüber (1997, S. 12): „Die empirische Unterrichtsforschung kann solche negativen Eindrücke bestätigen. Sie belegt vielfach eine unpolitische, vordergründig moralisierende Unterrichtspraxis. An die Stelle der Vermittlung kognitiver Strukturen tritt ein beliebiger Informationswust, ein permanentes ‚informationelles Rauschen'. Sozialkunde verliert sich in Nebensächlichkeiten oder schwingt sich zu einer überspannten globalen Weltproblemkunde auf." Das Zitat kann aber als Beleg für die Reduktion des Politikunterrichts zur Informations- bzw. Stoffvermittlung angeführt werden.

15 In vielen Bundesländern werden dazu die Lehrerinnen und Lehrer durch die Rahmenrichtlinien ermuntert, in denen zu viele Inhalte und Themen verpflichtend aufgeführt werden.

16 Damit wird nicht behauptet, daß der Politikunterricht zumeist handlungsorientiert abläuft. Das Interesse der Lehrerinnen und Lehrer an Handlungsorientierung aber ist groß, wie die Nachfrage nach Publikationen über Handlungsorientierung zeigt.

S. 295; Waidmann 1996, S. 90; Grammes 1997, S. 7; Reinhardt 1997, S. 105). Heute gibt es kaum noch Rahmenrichtlinien, Schulbücher oder veröffentlichte Unterrichtseinheiten, die nicht vorgeben, handlungsorientiert ausgerichtet zu sein.[17]

Der folgende Ausschnitt aus einer Interviewsequenz gibt die Nöte und den Ausweg der Lehrerinnen und Lehrer exemplarisch wieder (Henkenborg 1997, S. 71). Sie haben Schwierigkeiten mit der Strukturierung des Inhalts, die sie mit Methodenvielfalt überdecken:

„Ich weiß nicht, ob es an fehlender Kompetenz liegt. Ich könnte sagen, ich habe das Fach Geographie nie studiert und trotzdem fühle ich mich da viel, viel sicherer drin. Gerade auch bei dem letzten Thema, das wir zusammen gemacht haben, wo's ums Thema ,Familie und alt werden' ging, haben wir uns, so denke ich, ziemlich auch reingekniet und versucht, den Unterricht auch wirklich offen zu gestalten, mit Exkursionen und Aufträgen, also selbständigen Schülerarbeiten, das haben wir, denke ich, so in Griff gekriegt; aber da war auch vorher so diese Angst oder dieses Problem, das ist eine Riesenflut von Informationen, das Thema ist offensichtlich ganz schwer einzugrenzen, und dann da Schwerpunkte zu finden; also ich glaube, das wär hilfreich, wenn wir in unserem Team jemanden hätten, der das sehr gut versteht, einfach Schwerpunkte zu setzen und uns da zur Seite zu stehen. Das ist, denke ich, ein Problem."[18]

Wieviele Lehrerinnen und Lehrer gegenwärtig ihren Politikunterricht handlungsorientiert gestalten, darüber können nur Vermutungen angestellt werden (Massing 1998, S. 8).

In der didaktischen Theorie umfaßt handlungsorientierter Unterricht in der Regel eine ganze Einheit. Solche Unterrichtseinheiten dürften in der Praxis Seltenheitswert besitzen (Reinhardt 1997, S. 112). Im

---

17 Einen ähnlichen Erfolg erfahren mancherorts die Schlüsselprobleme, deren intensive Behandlung den Politikunterricht in eine Weltproblemkunde verwandeln.
18 Ähnliche Aussagen hörte ich in einer Rahmenrichtlinienkommission. Die Mitglieder, alle ausgewählte und sehr engagierte Politiklehrerinnen und -lehrer, eröffneten mir zu Beginn der gemeinsamen Arbeit: „Und Sie, Herr Breit, zeigen uns dann, wie man einen Inhalt strukturiert. Alles andere können wir selbst." Um Mißverständnisse zu vermeiden: In den zwei Jahren unserer gemeinsamen Arbeit lernte ich die Kompetenz, die Kreativität, den Fleiß und die Leistungsbereitschaft der Kolleginnen und Kollegen sehr schätzen.

Schulalltag sind häufig zwei Drittel einer „handlungsorientierten" Unterrichtseinheit der Vermittlung von Orientierungswissen gewidmet; nur das letzte Drittel bleibt der Erprobung einer handlungsorientierten Methode wie der Talkshow vorbehalten. Man spricht bereits von handlungsorientiertem Unterricht, wenn aktivierende Lernformen zur Förderung von Interaktion, Selbsttätigkeit und Kreativität im Unterricht initiiert werden. Heinz Klippert fordert den Einbau von „Arbeitsinseln" in den Unterricht, die den Jugendlichen Gelegenheit „zum eigenverantwortlichen Arbeiten, Kommunizieren, Kooperieren, Produzieren, Explorieren etc." (Klippert 1997, S. 285) geben. Da solche Arbeitsinseln in vielen Unterrichtsstunden vorkommen, nehmen viele Lehrerinnen und Lehrer für sich in Anspruch, handlungsorientiert zu unterrichten.

4. Gründe für das Interesse an Handlungsorientierung

Zur Erklärung des Bekanntheitsgrades von Handlungsorientierung bei Lehrerinnen und Lehrern lassen sich mehrere Gründe anführen.

4.1 „Handlungsorientierung" weckt Erwartungen bei Lehrerinnen und Lehrern

Auf Tagungen und Fortbildungsveranstaltungen (in Ost gleichermaßen wie in West) geben Lehrerinnen und Lehrer dem Referenten häufig gleich zu Beginn ihr Interesse an Methoden, speziell an Handlungsorientierung[19], deutlich zu verstehen (Henkenborg 1997, S. 71; Massing 1998, S. 5; vgl. Klippert 1994, S. 15). Woher rührt dieser Wunsch, der zugleich ein nachgeordnetes Interesse an den Inhalten und Zielen des Unterrichts signalisiert?

Politiklehrerinnen und -lehrer[20] beurteilen die Qualität einer Stunde vor allem nach der Aktivität ihrer Schülerinnen und Schüler. Eine, vielleicht die größte Herausforderung ihres Berufes sehen sie in der

---

19 So ist auch der große Erfolg des Heftes „Grundgesetz für Einsteiger" aus der Reihe „Thema im Unterricht" der Bundeszentrale für politische Bildung zu erklären. Hier bekommt der Leser Anregungen zur Anwendung aktivierender Lernformen.
20 Lehrer anderer Fächer wie Mathematik und Englisch leiden nicht so sehr unter Langeweile in ihrem Unterricht wie Politiklehrer. Vielleicht ist ihre fachliche Identität gefestigter als unsere?

Aufgabe, im Unterricht für Abwechslung und Spannung zu sorgen. Wird die Langeweile aus dem Klassenzimmer vertrieben, dann kann es gelingen, die Jugendlichen aus ihrer Passivität herauszulocken.

Und bei handlungsorientiertem Unterricht trügt diese Hoffnung nicht. Wer Jugendliche beim simulativen Handeln beobachtet, ist immer wieder aufs neue erstaunt über die Anstrengungen, die sie freiwillig auf sich nehmen. Hier stellen Heranwachsende unter Beweis, daß sie über einen längeren Zeitraum konzentriert und selbständig arbeiten können. Schülerinnen und Schüler verhalten sich so, wie Lehrerinnen und Lehrer es sich erträumen: nicht angepaßt, sondern unabhängig, unbefangen, originell, neugierig, phantasievoll und spontan.

Es nimmt nicht wunder, daß viele Lehrerinnen und Lehrer von Handlungsorientierung eine Garantie für die Qualität ihres Unterrichts erhoffen.

4.2 Handlungsorientierter Unterricht macht den Schülern Spaß

Politikunterricht als Stoffvermittlung lehnen Lehrerinnen und Lehrer ab. Sie kennen die Wirkung bei ihren Schülern. Die Resonanz signalisiert Desinteresse an Politik und am Unterrichtsgeschehen.

Im handlungsorientierten Politikunterricht dagegen erhalten die Jugendlichen eine Möglichkeit, sich selbst, ihre eigenen Erfahrungen, Vorstellungen und Einstellungen in den Unterricht einzubringen. Anstatt Wissensstoff aufnehmen zu müssen, können sie ihre Phantasie und ihr Darstellungsvermögen ebenso wie ihre Redegewandtheit und ihre soziale Kompetenz unter Beweis stellen. Die Wirkung ist durchschlagend. Handlungsorientierter Politikunterricht macht vielen Heranwachsenden Spaß.

4.3 Handlungsorientierung überwindet die Passivität der Schüler

Im lehrerzentrierten und auf Stoffvermittlung ausgerichteten Unterricht verharren viele Schülerinnen und Schüler in Passivität. Lehrer dozieren; die Schüler hören zu, langweilen sich oder sind mit ihren Gedanken und/oder mit ihrem Tun anderweitig beschäftigt.

Unter Lernen wird aber mehr verstanden, als daß die Heranwachsenden dasitzen, zuhören und sich den Stoff kurzfristig „reinziehen", um ihn spätestens nach der Lernzielkontrolle wieder zu vergessen. Die Jugendlichen sollen selbst tätig werden und Selbständigkeit entwickeln (Massing 1998, S. 10).

Zudem verbindet Lehrerinnen und Lehrer der Wunsch, den Schüler nicht als Objekt, sondern als ein selbständig denkendes und handelndes Subjekt zu erleben. Wenn eigenverantwortliches Handeln als Indiz für

Mündigkeit angesehen wird, dann gilt der Unterricht als erfolgreich, in dem Schüler konzentriert und selbständig arbeiten. Dies erhoffen sich Lehrerinnen und Lehrer vom handlungsorientierten Unterricht – und sie werden nicht enttäuscht.

4.4 Handlungsorientierung erfordert in erster Linie methodische Kompetenz

Das Lehr-/Lernkonzept „Handlungsorientierung" ändert die Anforderungen an die Lehrerinnen und Lehrer. Dafür sei ein Zitat von Heinz Klippert angeführt (1996, S. 285):

„Für die Unterrichtsplanung bedeutet das skizzierte Spiral-Konzept ein erhebliches Umdenken. An die Stelle der traditionellen lehrerzentrierten Lernziel- und Stoffplanung tritt stärker die Vorbereitung und Organisation geeigneter schülerzentrierter ‚Arbeitsinseln'. Dementsprechend ergibt sich für den planenden Lehrer eine veränderte Leitfrage, die da sinngemäß lautet: ‚Wie kann ich die Schüler/innen zum anstehenden Thema zum eigenverantwortlichen Arbeiten, Kommunizieren, Kooperieren, Produzieren, Explorieren etc. bringen? Welche Materialien und Arrangements sind diesbezüglich geeignet?' Angesagt ist also vorrangig das Initiieren, Organisieren und Moderieren themenzentrierter Arbeits- und Klärungsprozesse auf seiten der Schüler/-innen und weniger das umfängliche Durchnehmen des jeweiligen Lernstoffs[21] durch den Lehrer."

Im handlungsorientierten Politikunterricht kommt es demnach vorrangig auf methodische Fähigkeiten der Lehrerinnen und Lehrer an. Und hier beweisen viele Lehrerinnen und Lehrer Kreativität und Einfallsreichtum. Weniger gefordert wird nach diesem Zitat die fachlich-inhaltliche Kompetenz; für den Lehrer kommt es danach nicht so sehr darauf an, sich selbst den Unterrichtsinhalt zu erschließen. Die Untersuchung des Unterrichtsinhalts in der Sachanalyse kann demnach bei der Unterrichtsplanung nachgeordnet behandelt werden. Die „Arbeits- und Kommunikationsarrangements" (Klippert 1996, S. 281) stehen im Vordergrund. Die Verlagerung des Schwergewichts von Ziel- und Inhaltsfragen zur Methode kommt den Fähigkeiten vieler Lehrerinnen und Lehrer entgegen.

---

21 Das Zitat zeigt, daß für Klippert Stofforientierung die Alternative zur Handlungsorientierung bildet.

4.5 Handlungsorientierung entspricht der Bürgerrolle in der Demokratie

Im Zusammenhang mit den allgemeinen Zielen des Politikunterrichts wird immer wieder betont: Demokratie lebt vom politisch handelnden Bürger, der Selbst- und Mitbestimmung einfordert und praktiziert (Knepper 1988, S. 75; Darmstädter Appell 1995). Im politischen System der Bundesrepublik Deutschland besitzt der einzelne Bürger zahlreiche politische Partizipationsmöglichkeiten, wie jüngst Paul Ackermann in seinem Bürgerhandbuch so eindrucksvoll dargestellt hat (Ackermann 1998).

Wer sich nicht mit der politischen Beteiligung des Normalbürgers näher auseinandersetzt (s. oben, Abschnitt 2.1), dem drängt sich die Schlußfolgerung auf: Die Bürgerrolle in der Demokratie erfordert vom einzelnen die aktive Teilnahme an politischen Prozessen. Darauf soll der Politikunterricht die Schülerinnen und Schüler vorbereiten.

Wenn als ein Hauptziel des Politikunterrichts das politische Handeln angesehen wird, dann liegt es nahe, das politische Handeln im Unterricht zu üben.

„In der politischen Bildung ist der handelnde Ansatz besonders gefordert. Sollen hier die Schüler doch auf konkretes Handeln vorbereitet werden. Dieses Handeln muß im Unterricht konkret erfahrbar gemacht werden, d.h. politisches Handeln wird eingeübt." (Kaiser 1996, S. 41)

Es liegt nahe, Handeln mit Aktion gleichzusetzen. An dieser Auffassung ist nicht unwesentlich das Wort „Handeln" schuld (vgl. Reinhardt 1997, S. 105ff.; Grammes 1997, S. 11), das sowohl in der Bezeichnung „Handlungsorientierter Unterricht" als auch in der Zielsetzung des Politikunterrichts – „eine politische Handlungsorientierung gewinnen" – enthalten ist.

Dem muß aber widersprochen werden. Schon Giesecke betonte nachdrücklich, daß es im Politikunterricht nicht so sehr auf äußerlich erkennbare Handlungen ankommt. Gegenüber politischer „Aktivität", gegenüber dem Aktiv-Bürger als Erziehungsziel zeigt er sich eher skeptisch (Giesecke 1971, S. 63). Ihm geht es mehr um den „Aktivitätsgehalt des Denkens", um das „Üben des politischen Urteils an Ernstfragen des öffentlichen Lebens" (Giesecke 1971, S. 63; vgl. Gagel 1994, S. 167).[22]

---

22 Der Beitrag von Walter Gagel in diesem Band behandelt ausführlich diesen Zusammenhang.

5. Einwände gegen einen handlungsorientierten Politikunterricht

Gegen einen handlungsorientierten Politikunterricht lassen sich mehrere Einwände erheben.

5.1 Politik eignet sich nicht zum Handeln im Unterricht

Wie schon gezeigt wurde, erweist sich Politik zum Handeln im Unterricht als wenig geeignet. Für das reale Handeln gibt es im Politikunterricht nur wenige Möglichkeiten. Bei der Simulation besteht die Gefahr, daß Politik durch die dabei notwendige Reduktion von Komplexität verfälscht wird. Beim produktiven Gestalten steht häufig das Produkt und nicht die Politik im Vordergrund.

5.2 Handlungsorientierung hält vom selbständigen politischen Denken ab

Besteht die Aufgabe des Normalbürgers ohne Politik als zweitem Beruf vor allem in der gedanklichen Begleitung von Politik, so erschwert handlungsorientierter Politikunterricht die Vorbereitung der Schülerinnen und Schüler auf die Wahrnehmung ihrer Bürgerrolle in der Demokratie. Die Jugendlichen sollen nicht so sehr das Handeln, sondern vielmehr das politische Denken (Analyse, Urteilsbildung, Handlungsorientierung) lernen. Die Befähigung der Schüler
- zur Information über „Politik",
- zum Aufspüren und Erschließen von „Politik",
- zur Stellungnahme zur „Politik", *kurz*,
- zum selbständigen politischen „Sehen, Beurteilen, Handeln" (Wolfgang Hilligen)

wird im handlungsorientierten Politikunterricht eher vernachlässigt.

Heranwachsende agieren im handlungsorientierten Unterricht auch ohne vorher durchgeführte politische Analyse und Urteilsbildung. Bei aller Anerkennung jugendlicher Selbsttätigkeit muß gesagt werden, daß die Aufarbeitung von Informationen (Gagel 1985, S. 410) und die inhaltliche Auseinandersetzung mit dem Thema mitunter nicht im Vordergrund stehen.

5.3 Vernachlässigung der Unterrichtsinhalte

Unterrichtsbeobachtungen und -besuche zeigen ebenso wie veröffentlichte Unterrichtseinheiten, daß Lehrerinnen und Lehrer handlungsorientierten Unterricht einfallsreich und mit einigem Erfolg planen und durchführen.

Den komplexen und ungewissen Untersuchungsgegenstand „Politik" vereinfachen sie dabei allerdings häufig so, daß er für die Heranwachsenden „durch eigenes Handeln erlebbar" wird (Kaiser 1996, S. 67) – auch ohne die schwierige und langwierige gedankliche Durchdringung des Inhalts. Die Schülerinnen und Schüler sprechen über etwas, was sie für „Politik" halten, was aber nicht Politik ist. An die Stelle systematischer Analyse tritt unbeschwerte Kommunikation; kriteriengeleitete Urteilsbildung wird durch verantwortungsfreies Moralisieren ersetzt.

Handlungsorientierung macht Schülerinnen und Schülern auch dann Spaß, wenn Politik als der Inhalt des Unterrichts z.B. auf die Dimension Form des Politischen, auf Institutionenkunde, reduziert wird. Nun soll es keineswegs geringgeschätzt werden, wenn Unterricht den Lernenden Freude bereitet. Dennoch: ein inhaltsarmer Politikunterricht wird die Heranwachsenden nicht auf die Wahrnehmung ihrer zukünftigen Bürgerrolle in der Demokratie vorbereiten.

5.4 Unausgewogenheit zwischen Ziel-, Inhalts- und Methodenentscheidung

Die Aufgabe von Unterrichtsmethoden besteht darin, gute Bedingungen für die Begegnung der Lernenden mit der Sache, d.h. mit politischen Problemen, Prozessen und/oder Strukturen, herzustellen (Massing 1998, S. 8). Für die Wahl der Unterrichtsmethoden ist ausschlaggebend, inwieweit sie einen Weg öffnen, die Lernenden an den Unterrichtsinhalt heranzuführen, und inwieweit sie helfen, die allgemeinen Ziele des Politikunterrichts sowie die spezifischen Ziele der jeweiligen Unterrichtseinheit zu erreichen.

Zur Erläuterung soll an die Strukturelemente von Unterricht erinnert werden (Heimann 1962, S. 415ff.; Schulz 1976, S. 23).

Die Entscheidungsmomente des Unterrichts, „Inhalt, Ziele, Methoden und Medien", stehen in einem Abhängigkeits- oder Interdependenzverhältnis zueinander. Inhalt und Methoden des Unterrichts müssen ebenso zueinander passen wie Ziele und Medien. Diesen Implikationszusammenhang herzustellen, noch dazu unter den bestehenden

Unterrichtsbedingungen und in einem Zusammenhang mit den allgemeinen Lernzielen des Politikunterrichts, das stellt die eigentliche Herausforderung der Unterrichtsplanung dar. Daraus ergibt sich ein anderer Beurteilungsmaßstab von Unterricht als der oben aufgezeigte. Es genügt nicht, daß Schüler sich beteiligen – so erfreulich dies auch ist. Wenn Handlungsorientierung als Methode mit Inhalt, Zielen und Medien des Unterrichts unter den gegebenen Bedingungen in Übereinstimmung steht und wenn diese Unterrichtssequenz die Schülerinnen und Schüler ein Stück weit in Richtung der allgemeinen Zielsetzung voranbringt, dann verdient dieser Politikunterricht hohe Anerkennung – nicht zuletzt deshalb, weil dieser Unterricht von den Lernenden geschätzt wird.

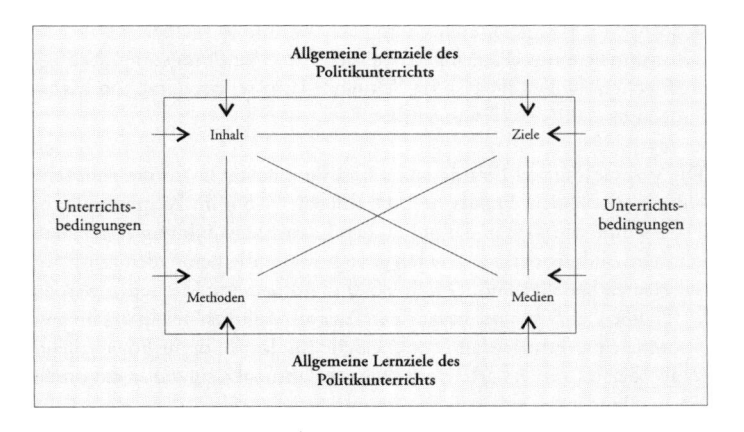

In ihrer Hoffnung, mit einer neuen Vermittlungsform könne das Interesse der Schülerinnen und Schüler wiedergewonnen werden, übersehen Lehrerinnen und Lehrer aber oftmals, daß ein Methodenwechsel zumeist eine Änderung des Unterrichtsinhaltes nach sich zieht (vgl. Kaiser 1996, S. 39, 41f., 75). Wer von Beginn der Planung an seinen Unterricht auf reales oder simulatives Handeln bzw. produktives Gestalten ausrichtet, der läuft Gefahr, den Inhalt der Methode anzupassen. Wohl paßt dann der Inhalt zur Handlungsorientierung, nur handelt es sich dabei nicht mehr um Politik (Breit 1998).

5.5 Begeisterung und Schwung behindern Reflexion im Unterricht

Reales oder simulatives Handeln sowie produktives Gestalten im Politikunterricht versetzen die Schülerinnen und Schüler möglicherweise in eine Begeisterung, die das abwägende Denken hemmt.

Ein ukrainisches Sprichwort sagt: „Wenn die Trompete bläst, setzt der Verstand aus." Wenn das gemeinsame Handeln im Klassenverband Wir-Gefühle und Gruppen-Euphorie hervorruft, dann werden Einwände unangepaßt urteilender Schüler überhört.[23] Gruppendruck steht der gleichberechtigten Kommunikation aller Unterrichtsteilnehmer entgegen. Die Freiheit des Denkens kommt nicht zur Entfaltung; Lernen durch Argumentation findet nicht statt. Selbstbestimmung und Kritikfähigkeit werden ebensowenig gefördert wie die individuelle Deutung von Politik (Henkenborg 1997, S. 60, 76 f., 78).

Zumindest einige Pädagogen, die sich für „Handlungsorientierung" aussprechen, wollen begeisterte Schüler. Dafür sei ein Zitat von Hansjörg Kaiser (1996, S. 67) angeführt:

„Die Verbindung von Emotionalität und Rationalität ist für die politische Bildung unerläßlich. Praktische Erfahrungen sowohl im Politikunterricht in der Schule wie auch in der politischen Erwachsenenbildung zeigen, daß politische Bildung dann am besten gelingt, wenn die Lernenden mit Haut und Haaren beteiligt sind. Durch handlungsorientierte Methoden werden die Themen er-faßt und be-griffen. Passives Zuhören reicht nicht aus. Persönliche Erfahrungen sind entscheidend für das politische Engagement, das als oberstes Ziel erwartet wird. Diese Erfahrungen sind aber nur durch eigenes Handeln erlebbar. Selbstbestimmtes Handeln ist die eigentliche Grundlage politischen Lernens. Die rezeptive Stoffaneignung und die Aneignung lexikalischen Wissens führen nicht zu Veränderungen."

Kaiser kann zugestimmt werden. Politisches Handeln, so wie er es im handlungsorientierten Politikunterricht anstrebt, kann nur gelingen, wenn sich die Beteiligten „mit Haut und Haaren" ihrer Sache verschreiben. Reflexion kann dabei allerdings nur hinderlich sein, denn sie dämpft die Begeisterung und stimmt zögerlich.

---

23 Werden Einwände von der Mehrheit der Klasse übergangen, dann liegt ein Verstoß gegen den ersten Beutelsbacher Konsenssatz vor. Die Schülerinnen und Schüler, die in der Klasse eine Minderheit bilden, werden von der Mehrheit ihrer Klassenkameraden „überwältigt".

Wenn aber im Politikunterricht nicht das Handeln, sondern das Denken über das Handeln im Vordergrund steht, dann ruft dieses Zitat ein Unbehagen hervor. Politisches Denken heißt Denken in Alternativen; das kann nur vorsichtig und bedacht geschehen. Je mehr der einzelne in komplexe politische Zusammenhänge eindringt, desto mehr stellen sich ihm Fragen, desto mehr wachsen Zweifel, desto mehr schwindet die Gewißheit, richtig zu urteilen, desto weniger läßt sich begeistert und schwungvoll handeln.

Von Kant stammt der Satz: „Begriffe ohne Anschauung sind leer, Anschauung ohne Begriffe ist blind" (zit. nach Hilligen 1985, S. 125). Ein Unterricht, der auf Handeln ausgerichtet ist, eignet sich wenig für die „Anstrengung des Begriffs" (Hegel, zit. nach Hilligen 1985, S. 237). Unterbleiben eine systematische, mit Hilfe von Schlüsselbegriffen durchgeführte Analyse des Inhalts und eine kriteriengeleitete Urteilsbildung, dann wird die Anschauung blind bleiben. Im handlungsorientierten Politikunterricht wird diese Blindheit durch Schwung und Aktivität verdeckt und so den Schülerinnen und Schülern gar nicht bewußt.

6. Alternativen zum handlungsorientierten Politikunterricht

Es gibt Möglichkeiten, selbsttätiges („handlungsorientiertes") Lernen mit einer Ausrichtung auf das Nachdenken über Politik als dem Inhalt des Politikunterrichts zu verbinden. Wer als Ziel des Politikunterrichts den kritischen Zeitungsleser ansieht, der legt zunächst Wert auf die Anbahnung von Analyse- und Urteilskompetenz bei den Jugendlichen; er konzentriert sich nicht von Beginn an auf reales oder simulatives Handeln bzw. produktives Gestalten. Die Zielsetzung „kritischer Zeitungsleser" läßt sich durchaus mit der Selbsttätigkeit der Schülerinnen und Schüler im Unterricht verbinden; sie fordert geradezu von den Jugendlichen selbständiges Vorgehen und eigene, selbstverantwortbare Entscheidungen.

Zwei Verfahren, die es Schülerinnen und Schülern ermöglichen, unabhängig von anderen die sie umgebende politische Wirklichkeit zu erfassen bzw. Zugang dazu zu gewinnen, möchte ich hier nennen:
- die Arbeit mit Kategorien bei der Analyse und Beurteilung von politischen Sachverhalten und
- der Weg vom Konkreten zum Allgemeinen bzw. vom Fall zur Politik.

Sowohl bei der Anwendung von Kategorien als auch bei der Analyse von Fällen kann man im Unterricht Schülerinnen und Schüler selbständig, engagiert und mit Freude bei der Arbeit erleben. Dabei machen sie die Erfahrung, daß sie ihren eigenen, zumeist begrenzten Horizont erweitern und eine neue Stufe geistiger Unabhängigkeit erreichen. Dieser Erfolg hebt ihr Selbstbewußtsein.

Ein Beispiel: Zwei Lehrerinnen berichteten, daß ihre Schülerinnen und Schüler zur Analyse politischer Konflikte Kategorien entsprechend der didaktischen Konzeption von Hermann Giesecke anwenden würden. Die Wirkung habe sie verblüfft. Erstmalig seien die Jugendlichen im Politikunterricht mit Eifer bei der Sache gewesen. Sie hätten sich mit Hilfe von Schlüsselbegriffen und -fragen Argumente selbst erarbeitet und diese spontan in einer Diskussion untereinander angewandt. Man habe gemerkt, daß ihnen die ungewohnte Eigenständigkeit Spaß gemacht habe.

Bezeichnenderweise waren die Lehrerinnen nicht deshalb erfreut, weil ihre Schüler politische Analyse- und Urteilskompetenz unter Beweis stellten und sich damit den Zielsetzungen des Politikunterrichts annäherten. Die Kategorien von Hermann Giesecke hatten es ihnen deshalb angetan, weil ihre Schülerinnen und Schüler im Unterricht selbständig und engagiert arbeiteten und miteinander diskutierten. Das gleiche Kriterium, das Lehrerinnen und Lehrer dazu bringt, handlungsorientierten Unterricht zu favorisieren, bewirkte hier eine Befürwortung des kategorialen Politikunterrichts.

Eine ähnliche Wirkung kann von Unterrichtseinheiten berichtet werden, die von einem Fall aus der Alltags- bzw. Vorstellungswelt der Schüler ausgehen. Werden bei der Untersuchung des (für die Heranwachsenden) konkreten und leicht vorstellbaren Ereignisses Anteilnahme und Gerechtigkeitsempfinden geweckt, dann finden sich die Unterrichtsteilnehmer häufig dazu bereit, schwierige politische Sachverhalte mit dem Ziel einer Urteilsbildung und Handlungsorientierung gedanklich zu durchdringen. Hier bleiben die Jugendlichen nicht bei ihren persönlichen Erfahrungen stehen, sondern stoßen zu verallgemeinerungsfähigen Erkenntnissen vor (Gagel 1985, S. 403f.).

Beide Verfahren fördern die Selbstreflexion. Das eigenständige Nachdenken ermöglicht es dem Jugendlichen, sich von den übrigen Unterrichtsteilnehmern, von dem Lehrer ebenso wie von den Mitschülern, zu emanzipieren. Der Unterricht führt jede Schülerin und jeden Schüler zu einer eigenen, von Lehrer und Mitschülern möglicherweise abweichenden Analyse, zu einem unabhängigen Urteil und zur selbständigen Handlungsorientierung.

Wie im handlungsorientierten Unterricht agieren die Jugendlichen auch hier selbständig. Der Unterricht bleibt aber nicht bei der Selbsttätigkeit stehen, sondern verknüpft sie mit einer Politikorientierung. Die

Schüler lernen, sich über Politik zu informieren und sich an Politik zu beteiligen, „wenn auch nur gedanklich" (Gagel 1994, S. 164).

Die Lernenden erhalten darüber hinaus noch zusätzliche Gelegenheit zum selbständigen Handeln. Schüler bestimmen die Organisation des Unterrichtsprozesses (Gagel 1973). Sie treffen Entscheidungen
- über das Ziel und den Gegenstand des gemeinsamen Untersuchungsvorhabens,
- über das Vorgehen bei der Beschaffung von Informationen,
- über Untersuchungsfragen,
- über Urteilskriterien.

7. Zusammenfassung

Politikunterricht, der nur der Stoffvermittlung dient, verurteilt Schülerinnen und Schüler zur Passivität; er kann für alle Teilnehmer, Lehrer wie Schüler, nicht befriedigend sein.

Auf der Suche nach einer Alternative haben viele Lehrerinnen und Lehrer die Handlungsorientierung entdeckt. Vom handlungsorientierten Unterricht erhoffen sie sich die Beteiligung ihrer Schüler am Unterricht – und sie werden darin nicht enttäuscht.

Stellen die Lehrerinnen und Lehrer bei der Planung und Durchführung von Unterricht die Handlungsorientierung in den Vordergrund, dann besteht die Gefahr, daß Politik als der Inhalt des Unterrichts nachgeordnet behandelt wird. Die Schülerinnen und Schüler erhalten im Unterricht Gelegenheit, ihre Kreativität, ihr Organisationsvermögen, ihre Kommunikationsfähigkeit und viele andere positive Eigenschaften mehr unter Beweis zu stellen. Um dies zu erreichen, wird Politik als der Inhalt des Unterrichts vereinfacht. Die Komplexität von Politik setzt aber einer Reduktion enge Grenzen. Wenn Unterricht auf Aktion ausgerichtet ist und dafür Politik verfälscht wird, können die Schüler das politische „Sehen, Beurteilen, Handeln" nicht lernen.

Trotz unbestreitbarer Vorzüge kann Handlungsorientierung allein nicht die Alternative zur Stofforientierung bilden. Selbständiges Denken, nicht Handeln, verhilft zu geistiger Unabhängigkeit und weckt Verantwortungsbewußtsein. Politikunterricht soll daher nicht so sehr auf das Handeln, sondern auf das Denken über das politische Handeln ausgerichtet sein. Im Mittelpunkt des Unterrichts haben nicht Aktionen, sondern Denkprozesse zu stehen. Verfahren, die die politische Analyse- und Urteilsfähigkeit fördern, gibt es seit vielen Jahren; sie sind nur in Vergessenheit geraten. Sie gilt es wiederzubeleben. Mit ihrer

Anwendung kann der Politikunterricht den Heranwachsenden helfen, während der Schulzeit geistige Unabhängigkeit als Grundlage für das zukünftige Leben zu entwickeln. Die Demokratie ist auf selbständige Bürgerinnen und Bürger angewiesen.

Literatur

Paul Ackermann u.a.: Politikdidaktik kurzgefaßt. Schwalbach/Ts. 1994
Paul Ackermann: Bürgerhandbuch. Schwalbach/Ts. 1998
Gotthard Breit: Kann die „Westorientierung" der politischen Bildung die Grundlage für einen inhaltlichen Konsens bilden? In: Siegfried Schiele / Herbert Schneider (Hrsg.): Reicht der Beutelsbacher Konsens? Schwalbach/Ts. 1996 (a), S. 81-106
Gotthard Breit: Unterrichtseinheit: Der Bürger in der Demokratie. In: Politische Bildung. 2/1996b, S. 97-126
Gotthard Breit: „Das erste steht uns frei, beim zweiten sind wir Knechte." Anmerkungen zum Planungsdenken im Implikationszusammenhang. In: Peter Henkenborg / Hans-Werner Kuhn (Hrsg.): Der alltägliche Politikunterricht. Ansätze, Beispiele, Perspektiven qualitativer Unterrichtsforschung zur politischen Bildung in der Schule. Opladen 1998 (im Druck)
Darmstädter Appell – Aufruf zur Reform der „politischen Bildung" in der Schule. Abgedruckt in: Politische Bildung. 4/1995, S. 139-143
Theodor Eschenburg: Der mündige Bürger fällt nicht vom Himmel. In: Der Bürger im Staat. 3/1985, S. 239-243
Hermann Harms / Gotthard Breit: Zur Situation des Unterrichtsfachs Sozialkunde / Politik und der Didaktik des politischen Unterrichts aus der Sicht von Sozialkundelehrerinnen und -lehrern. Eine Bestandsaufnahme. In: Will Cremer (Hrsg.): Zur Theorie und Praxis der politischen Bildung. (Schriftenreihe der Bundeszentrale für politische Bildung, Bd. 290). Bonn 1990, S. 13-167
Walter Gagel: Ein Strukturmodell für den politischen Unterricht – Generalisierbare Elemente für die didaktische Analyse. In: Hans Süssmuth (Hrsg.): Historisch-politischer Unterricht, Planung und Organisation. Stuttgart 1973, S. 95-142
Walter Gagel: Betroffenheitspädagogik oder politischer Unterricht? Kritik am Subjektivismus in der politischen Didaktik. In: Gegenwartskunde. 4/1985, S. 403-414
Walter Gagel: Geschichte der politischen Bildung in der Bundesrepublik Deutschland 1945–1989. Opladen 1994 (2. Aufl. 1995)
Hermann Giesecke: Didaktik der politischen Bildung. 6. Aufl. – München 1971
Tilman Grammes: Handlungsorientierter Unterricht. Schriftenreihe der Niedersächsischen Landeszentrale für politische Bildung. 2. Aufl. – Hannover 1997
Jürgen Habermas: Über den Begriff der politischen Beteiligung. In: Frank Grube / Gerhard Richter: Demokratietheorien. Frankfurt/M. 1975, S. 206-211
Manfred Hättich: Kann Verfassungspatriotismus Gemeinschaft stiften? In: Günter Behrmann / Siegfried Schiele (Hrsg.): Verfassungspatriotismus als Ziel politischer Bildung? Schwalbach/Ts. 1993, S. 25-35

Paul Heimann: Didaktik als Theorie und Lehre. In: Die Deutsche Schule. 54 (1962), S. 407-427

Peter Henkenborg: Die Selbsterneuerung der Schule als Herausforderung: Politische Bildung als Kultur der Anerkennung. In: Politische Bildung. 3/1997, S. 60-89

Wolfgang Hilligen: Zur Didaktik des politischen Unterrichts. 4. Aufl. – Opladen 1985

Wolfgang Hilligen: Mutmaßungen über die Akzeptanz des Beutelsbacher Konsenses in der Lehrerschaft. In: Siegfried Schiele / Herbert Schneider (Hrsg.): Konsens und Dissens in der politischen Bildung. Stuttgart 1987, S. 9-26

Gerhard Himmelmann: Chancen und Grenzen politischer Beteiligung und „Handlungsorientierung" in der Politischen Bildung. In: Politische Bildung. 2/1996, S. 81-96

Hansjörg Kaiser: Handlungsorientierung als didaktisch-methodisches Element im Gemeinschaftskundeunterricht und in der Erwachsenenbildung am Beispiel der Museumsmethode. Frankfurt/M. 1996

Heinz Klippert: Durch Erfahrung lernen. Ein Prinzip (auch) für die politische Bildung. In: Will Cremer (Hrsg.): Erfahrungsorientierte Methoden der politischen Bildung. (Schriftenreihe der Bundeszentrale für politische Bildung, Bd. 258). Bonn 1988, S. 75-93

Heinz Klippert: Handlungsorientierter Politikunterricht. In: Will Cremer (Hrsg.): Methoden in der politischen Bildung – Handlungsorientierung. (Schriftenreihe der Bundeszentrale für politische Bildung, Bd. 304). Bonn 1991, S. 9-30

Heinz Klippert: Handlungsorientierte Politische Bildung – Ein Ansatz zur Förderung demokratischer Handlungskompetenz. In: Dorothea Weidinger (Hrsg.): Politische Bildung in der Bundesrepublik. Opladen 1996, S. 277-286

Herbert Knepper: Handlungsorientierung des Politikunterrichts: Möglichkeiten und Grenzen. In: Walter Gagel / Dieter Menne (Hrsg.): Politikunterricht. Handbuch zu den Richtlinien NRW. Opladen 1988, S. 75-86

Peter Massing: Handlungsorientierter Politikunterricht. Ausgewählte Methoden. Schwalbach/Ts. 1998

Münchener Manifest. In: Aus Politik und Zeitgeschichte, B 32/97, 1.8.1997, S. 36-39

Sibylle Reinhardt: „Handlungsorientierung" als Prinzip. In: Politikunterricht. 1/1995, S. 5-13

Sibylle Reinhardt: Handlungsorientierung. In: Wolfgang Sander (Hrsg.): Handbuch politische Bildung. Schwalbach/Ts. 1997, S. 105-114

Wolfgang Schulz: Unterricht – Analyse und Planung. In: Paul Heimann / Günter Otto / Wolfgang Schulz (Hrsg.): Unterricht. Analyse und Planung. 8. Aufl. – Hannover 1976, S. 13-47

Hans-Jürgen Waidmann: Integrative politische Bildung. Gestaltpädagogische Methoden im politischen Unterricht – eine Chance der Politikdidaktik? Idstein 1996

Georg Weißeno: Politiklehrerinnen und Politiklehrer. Ihre Rolle als Erzieher. In: Peter Massing / Georg Weißeno (Hrsg.): Politik als Kern der politischen Bildung. Opladen 1995, S. 239-251.

Walter Gagel

Denken und Handeln.
Der Pragmatismus als Diagnosehilfe für Konzepte der Handlungsorientierung im Politikunterricht

1. Zwei Beispiele

Ein Lehrer sagte in einem Interview:

„Ich weiß nicht, ob es an fehlender Kompetenz liegt. Ich könnte sagen, ich habe das Fach Geographie nie studiert und trotzdem fühle ich mich viel, viel sicherer drin. Gerade bei dem letzten Thema, das wir zusammen gemacht haben, wo's ums Thema ‚Familie und alt werden' ging, haben wir uns, so denke ich, ziemlich auch reingekniet und versucht, den Unterricht auch wirklich offen zu gestalten, mit Exkursionen und Aufträgen, also selbständige Schülerarbeiten, das haben wir, denke ich, so in den Griff gekriegt; aber da war auch vorher diese Angst oder dieses Problem, das ist eine Riesenflut von Informationen, das Thema ist offensichtlich ganz schwer einzugrenzen, und dann da Schwerpunkte zu finden, also ich glaube, das wäre hilfreich, wenn wir in unserem Team jemanden hätten, der das gut versteht, einfach Schwerpunkte zu setzen und uns da zur Seite zu stehen. Das ist, denke ich, ein Problem" (Henkenborg 1997, S. 71).

Der Lehrer erinnert sich an den Unterricht über das Familienthema mit Befriedigung und mit Schrecken: das Methodische scheint gut gelungen zu sein, anders hingegen das Inhaltliche: man gewinnt den Eindruck, als sei der Lehrer in der „Riesenflut" von Informationen untergegangen, weswegen er nach einer Rettung von außen sucht. Peter Henkenborg, von dem die Zitate stammen, verweist auf die Schwierigkeiten mit den Inhalten, welche alle interviewten Lehrer bekundeten; es sind dies Schwierigkeiten speziell mit sozialkundlichen Themen, nicht in anderen Fächern. Zufrieden ist der Lehrer mit seinem handlungsorientierten Unterricht, der Methodenbeherrschung demonstriert. Unzufrieden ist er mit dem Inhaltlichen. Wie ist das zu verstehen?

Ich stelle dem Interviewausschnitt ein Unterrichtsbeispiel aus den Vereinigten Staaten der 20er Jahre gegenüber, das nach dem Vorbild von „Die Projekt-Methode", einer Veröffentlichung des Amerikaners William Kilpatrick aus dem Jahre 1918, entworfen wurde. Es handelt sich um das sog. „Typhusprojekt". Das war einmal berühmt und galt viele Jahrzehnte als das Vorbild für Unterrichtsprojekte.[1] Ich versuche es knapp zu beschreiben:

In einer Schulklasse stellte der Lehrer fest, daß Mary und Johnnie Smith fehlten. Auf Befragen berichtete ein Mitschüler, daß beide typhuskrank seien, und es ergab sich, daß in der Familie jeden Herbst einige ihrer Mitglieder vom Typhus befallen werden. Im folgenden Gespräch fiel den Schülerinnen und Schülern auf, daß in keinem anderen Haus so regelmäßig Typhusfälle vorkamen. Sie erörterten mögliche Gründe für diese Anfälligkeit der Familie Smith, kamen aber zu keinem Ergebnis, bis einer meinte, man müsse die speziellen Bedingungen im Hause Smith kennen. Es wurde eine Untersuchung an Ort und Stelle beschlossen; für die Beobachtung wurden vier Fragen vereinbart, außerdem wurde das Einverständnis des Herrn Smith eingeholt. Die Schülergruppe machte ihren Besuch und erörterte danach ihre Beobachtungen. Im Verlauf ihrer Diskussion verwarfen sie die Trinkwasser-Theorie und die Schlechte-Milch-Theorie aus einleuchtenden Gründen, sie stießen dann auf die Fliegentheorie als die wahrscheinlichste Ursache für den Typhus im Hause des Herrn Smith.

---

1 Tilman Grammes verdanke ich den nachträglichen Hinweis auf Michael Knoll (1992): „Abschied von einer Fiktion. Ellsworth Collins und das Typhusprojekt". Knoll weist nach, daß in dieser Form das Unterrichtsbeispiel geschönt veröffentlicht wurde. Es enthält alle Aktivitäten der Schüler, wie sie auch tatsächlich ausgeübt wurden, aber der Anteil an lenkenden Tätigkeiten des Lehrers war viel größer, überdies gab es vorher schon ein auch auf diese Thematik bezogenes Curriculum von demselben Autor. Der Autor Collins hat den tatsächlichen Unterricht so dramatisiert, daß er der Idealvorstellung von Kilpatrick, seinem Doktorvater, entsprach. Seine Dissertation, welche diesen Bericht enthielt, wurde angenommen und 1923 veröffentlicht. Seitdem gehört der Autor zu den Klassikern der Projektmethode, bis Michael Knoll 1992 ihn in detektivischer Arbeit entzauberte. Im vorliegenden Zusammenhang verwende ich das Typhusprojekt als „Idealtypus", d.h. als gedankliches Gebilde, das durch Vergleich die Wirklichkeit verstehen hilft, daher stört die entdeckte Fiktionalität nicht meinen Gedankengang. Man kann das Beispiel auch als eine Veranschaulichung der Idee der Projektmethode von Kilpatrick ansehen.

Von zwei Anschlußprojekten wurde zunächst eines ausgeführt: Wie kann Herr Smith die Fliegen in seinem Haus am besten bekämpfen? Nach einer Methodendiskussion entschieden sich die Schüler für zwei Verfahren: den Besuch eines modern eingerichteten Hauses in der Gemeinde, um dort die Fliegenbekämpfung zu beobachten, ferner die Suche in geeigneter Literatur nach Mitteln zur Fliegenbekämpfung. Eine Liste wurde zusammengestellt, dann folgten weitere Anschlußprojekte: Bau einer Fliegenfalle, Bau eines verschließbaren Müllkübels, Erkundung zu der Bekämpfung der Fliegen in der Gemeinde. Schließlich wurde ein Bericht für Herrn Smith verfaßt, der zusammen mit der Fliegenfalle und dem Müllkübel überreicht wurde. Dieser Bericht enthielt auch die Methoden zur Fliegenbekämpfung als Empfehlungen. Das Ergebnis war, daß Herr Smith die Vorschläge ausführte. Im nächsten Herbst wurde sein Haus nicht mehr von Typhus heimgesucht (Nach einem Sekundärbericht bei Schwerdt 1959, S. 327-333).

Uns Nachlebenden erscheint es, als datiere mit diesem Unterrichtsbeispiel die Geburt der Handlungsorientierung. Sicherlich ist eine Wurzel die genannte Veröffentlichung von Kilpatrick im Jahre 1918. Handlungsorientierung hat demnach schon ein ehrwürdiges Alter.

Denken wir an die Klagen des Lehrers zurück, dem es schwer fiel, angesichts der Fülle von Informationen Schwerpunkte zu setzen, wie er es nannte. Beim Vergleich kommt mir ein Bild: Ich denke bei dem Lehrer an einen Trichter; die Fülle der Einzelergebnisse aus all den Aktivitäten sollte über den Trichter in den engen Durchlauf gezwängt werden. Aber den Trichter hatte er nicht. Beim Typhusprojekt geht es umgekehrt, es beginnt mit einer einfachen Frage: Warum gibt es nur in der Familie Smith jedes Jahr Typhus? Diese Frage verzweigt sich in eine Fülle von Aktivitäten. Im Unterschied zu dem Unterricht des Lehrers haben diese amerikanischen Schüler einen roten Faden, und der Lehrer muß nicht nach einem „Schwerpunktsetzer" rufen, ja, in dem Bericht werden Aktivitäten des Lehrers kaum erwähnt, so als entwickele sich das Projekt mit einer eigenen Schwerkraft (was sich in diesem Fall später als Täuschung herausgestellt hat). Das Typhusprojekt beginnt nicht mit einem Themenfeld, sondern mit einem Problem, das sich in die Köpfe der Schüler festgesetzt hatte: Sie wollten den beiden Mitschülern helfen, von der Krankheit loszukommen. Daraus ergab sich der rote Faden: Alles was zur Problemlösung beitragen konnte, gehörte zum Arbeitsprozeß. In allem, was sie taten, hatten sie ein Ziel vor Augen: die Gefahr der Typhuserkrankung zu beseitigen. Alles was sie vorhatten, konnten sie schon im vorhinein darauf überprüfen, ob es zu dieser Problemlösung beitragen würde. So arbeiteten sie sich Schritt für

Schritt voran. Auf diese Weise gab es am Ende kein Chaos, sondern die Schüler erhielten ein Ergebnis: das Gelingen der Problemlösung, und das konnten sie selber empirisch überprüfen.

2. Problemorientierung als Ausweg

Nun klingt das alles etwas einfacher, als es in Wirklichkeit ist. Denn was ist ein „Problem"?

Dietrich Dörner hat dessen Skelett herauspräpariert. Er sagt: Ein Problem ist gekennzeichnet durch drei Komponenten: 1. Unerwünschter Anfangszustand, 2. Erwünschter Endzustand. 3. Barriere, die die Transformation der beiden Zustände im Moment verhindert (1979, S. 10). Die Schüler sehen, wie lebensnotwendig es für die beiden Mitschüler ist, daß sie den „unerwünschten Anfangszustand" überwinden, und sie kennen dadurch auch den „erwünschten Endzustand". Sie erfahren die „Dringlichkeit" einer Lösung, das ist ihre Motivation. Aber sie erleben auch die „Barriere", daß sie nämlich über die Ursache dieser Typhuserkrankungen nichts wissen und damit auch nicht die Wege kennen, sie zu überwinden: die „Ungewißheit". Jedoch wissen sie, was sie wissen wollen, und überlegen, wie sie es erfahren können. Der Motor ihres Suchens ist, daß sie den Sachverhalt als Problem erleben, als etwas Lebensbedrohliches für die beiden Mitschüler. Somit erfahren sie die Inhaltsstruktur von „Problem", nämlich seine Merkmale „Dringlichkeit" und „Ungewißheit". Dringlichkeit heißt: Wir müssen etwas tun, um das Defizit zu beheben, also das Praktische. Ungewißheit: Wir haben zwar ein Ziel, aber uns fehlt das Wissen, um das Ziel erreichen zu können, also das Theoretische. Summa summarum: Denken als Bedingung für das Handeln.

Das ist ein Zwischenergebnis. Nun zu den Methoden. Der Lehrer im ersten Beispiel vertraute darauf, daß die Fülle der Methoden irgendwie auch Inhalte hervorbringen würde. Das Typhus-Beispiel muß anders interpretiert werden. Hier gilt: Der Inhalt *ist* die Methode. Die Sachstruktur „Problem" enthält gleichzeitig eine Verfahrenssequenz. Wir können dem Problem also nicht mit methodischer Routine zu Leibe rücken, sondern was die Schüler gemacht haben: Sie haben an dem Problem gearbeitet und haben es sich dadurch methodisch entfalten lassen. Das klingt etwas wildwüchsig. Daher beschreibe ich es mit Hans Aebli genauer: „Es wird ein Handlungsplan im Denken aufgebaut und sodann in die Praxis umgesetzt" (1980, S. 23). Das haben die Schüler getan. Aus der Absicht, das Problem zu lösen, ergab sich der Leitfaden, der sukzessive immer wieder ergänzte Handlungsplan für die hierfür notwendigen Tätigkeiten. Das ist überraschend für den, der an die säuberliche Trennung von Inhalten und Methoden gewöhnt ist. Hier wird eine Verschränkung nahegelegt. Inhalte sind methodenkonstitutiv. Tilman Grammes nennt dies den „konstitutiven Methodenbegriff" (1997, S. 25). In diesem Sinne ist der Inhaltsstruktur „Problem" die Methode immanent.

Nun müssen wir uns hüten, das Typhusbeispiel fehlzudeuten, zumal es selber sich ja als Fiktion erwiesen hat. Für uns heute ist das Typhusprojekt ein „reiner Fall", und als solcher ist er idealtypisch zu verstehen. Es kann nicht nachgespielt werden, es demonstriert keine Methode. Vielmehr demonstriert es, wie ein Inhalt (das Problem) Methoden *generiert*, also aus sich hervorbringt. Und das gilt auch trotz seines fiktionalen Charakters. Insofern sollte man nicht von Handlungsorientierung sprechen. Richtiger müßte es heißen: *Problemorientierung*. Das Problem bewirkt Handlungsorientierung, ja es erzwingt Handlungsorientierung durch seine „Dringlichkeit", aus ihm ergeben sich die notwendigen Handlungen, die wir in der Sprache der Didaktik „Methoden" nennen.

Freilich hat der Autor Kilpatrick selber das folgenschwere Mißverständnis verursacht, weil er 1918 seinen Aufsatz unter dem Titel „Die Projekt-Methode" veröffentlichte. Damit waren auch sehr komplexe didaktische Geschehen wie das Typhusprojekt, das eigentlich einen Problemlöseprozeß veranschaulicht, für alle Zeit in der Rubrik „Methoden" einzementiert.

3. Denken und Handeln: ein theoretischer Rückgriff

Deswegen ist es wichtig, den theoretischen Kern des Typhus-Beispiels freizulegen. Als erstes: Ich verwende nicht mehr den Begriff „Projekt", weil wir vom Denken in Methodenkonzeptionen loskommen müssen. Das wird einleuchten, wenn wir im folgenden auf den Theoretiker zurückgehen, dessen Person und dessen Gedanken das beschriebene Unterrichtsbeispiel angeregt haben: John Dewey, der amerikanische Philosoph und Pädagoge des Pragmatismus (1859–1952).

Dewey hat keine Theorie der Projektmethode entworfen, sondern eine Theorie des Denkens. In seinem Buch „Wie wir denken" von 1910 (1951) schrieb er: „Das Denken nimmt seinen Ausgang von einer Beunruhigung, einem Staunen, einem Zweifel" (1951, S. 12). Das Denken ist also nicht schon immer da, sondern es muß ein Anlaß sein, es auszulösen. Der Mensch begegnet einer Schwierigkeit, und das veranlaßt ihn, nach einem Ausweg zu suchen. Das Denken enthält demnach zwei Grundelemente: „a) einen Zustand der Beunruhigung, des Zögerns, des Zweifelns, und b) einen Akt des Forschens oder Suchens, um weitere Tatsachen zu entdecken" (1951, S. 9), die als eine Art Wegweiser oder Landkarte dienen können, um die erfahrene Schwierigkeit zu überwinden. Diese Überwindung der Schwierigkeit ist das Ziel des Denkens (vgl. 1951, S. 12). Mit anderen Begriffen, die Dewey ebenfalls verwandte: Der Mensch steht vor einem Problem, entdeckt ein Dilemma und sucht nach Wegen, das Dilemma oder das Problem zu lösen. Daraus ergab sich für Dewey ein Denkprozeß, der in fünf Stufen verläuft:

„I. Man begegnet einer Schwierigkeit, II. sie wird lokalisiert und präzisiert, III. Ansatz einer möglichen Lösung, IV. logische Entwicklung der Konsequenzen des Ansatzes, V. weitere Beobachtung und experimentelles Vorgehen führen zur Annahme oder Ablehnung, das heißt, der Denkprozeß findet seinen Abschluß, indem man sich für oder wider die bedingt angenommene Lösung entscheidet" (1951, S. 75).

Darin ist etwas Erstaunliches enthalten. Wir haben es hier ja nicht mit so etwas wie den Formalstufen des Unterrichtens zu tun, die wir aus der deutschen Pädagogik des 19. Jahrhunderts kennen. Sondern Dewey entwickelte hier seine Theorie von der Entstehung des Denkens schlechthin. Dieses Denken vollzieht sich situationsbezogen: Die Begegnung mit einer Schwierigkeit ist das Synonym für die Erfahrung des Menschen, sich in einer problematischen Situation, gelegentlich auch in einer bedrohlichen Situation zu befinden. Allgemein gesprochen: Das In-der-Welt-sein liefert den Anstoß für das Denken. Nicht *Cogito, ergo sum*, sondern *Sum, ergo cogito*. Ich bin, also denke ich – Descartes auf den Kopf gestellt!

Das nur als kleine Abschweifung. Blicken wir jetzt auf das Typhus-Beispiel zurück: Die Krankheit der Mitschüler empfanden die Schüler als Beunruhigung, sie erlebten sie als Schwierigkeit, weil sie den Wunsch hatten, etwas dagegen zu tun, und das heißt: das Problem zu lösen. Nun begann das Forschen und das Suchen. Wenn sie das Ziel erreichen wollten, mußte dieses Forschen realitätsgerecht sein, und daher fordert Dewey nach der ersten Lösungshypothese die „logische Entwicklung der Konsequenzen" und „weitere Beobachtungen und experimentelles Vorgehen". Dewey spricht von einer „wissenschaftlichen Haltung", die man erwerben muß. Die gesuchte Lösung muß also einem empirischen Wahrheitsbegriff standhalten. In diesem Fall bestätigte der Erfolg der von den Schülern vorgeschlagenen Maßnahmen ihre Hypothesen; das Ziel wurde erreicht. Sie erlebten die Bewährung ihrer Theorie.

Ich habe damit eine Beziehung zwischen der Theorie Deweys und dem Typhus-Beispiel hergestellt. Als Zusammenfassung nenne ich folgende Merkmale dieser Theorie:

1. Die Theorie Deweys ist keine Theorie des Lernens, sondern eine *Theorie des Denkens*. Wie Kulissen auf der Bühne fallen die Wände der Schulstube auseinander und es eröffnet sich die Welt, wo der Mensch sich immer schon in problemhaltigen Situationen wiederfindet und sich müht, diese zu bewältigen. Lapidar bei Dewey: „Man begegnet einer Schwierigkeit." Umgekehrt: Diese Theorie des Denkens wird für Dewey zur Grundlage einer Theorie des Lernens, ja sie sind im Prinzip beide identisch. Für uns hat einmal Saul B. Robinsohn diese Verbindung hergestellt, als dieser pragmatistisch beeinflußte Curriculumtheoretiker in den 60er Jahren die Aufgabe der Erziehung als „Ausstattung zur Bewältigung von Lebenssituationen" definierte (1975, S. 45).

2. Das Denken wird als ein *kognitiver Prozeß des Problemlösens* gedeutet, und zwar in den Stufen: Problem, Hypothese, Experiment, Falsifikation (oder Verifikation). Es sind die Merkmale des positivistischen wissenschaftlichen Vorgehens, deshalb spricht Dewey auch häufig vom „Forschen". Dennoch haben wir keine sozialwissenschaftliche Propädeutik vor uns. Dieses Problemlösen ist ein Denken in Alltagssituationen; an diese werden elementare Standards empirischer Wahrheit angelegt. Im Typhusbeispiel: Die Schüler stellten Hypothesen auf: Trinkwasser-Theorie und Schlechte-Milch-Theorie, sie prüften diese Hypothesen durch die Beobachtungen vor Ort, sie verwarfen diese Hypothesen aus „einleuchtenden Gründen", führten also Beweise für ihre Unrichtigkeit, trafen die Entscheidung für eine dritte, wahrscheinlichere Hypothese und machten durch die Anschlußprojekte Experimente, durch welche die Hypothese verifiziert wurde, arbeiteten also wie kleine Forscher. Es werden Denkleistungen des wiederholten Planens, Entscheidens und Prüfens verlangt; deren Qualität ist am Ergebnis meßbar und die Schüler können diese Schritte fortwährend selbst kontrollieren. Im idealen Sinne ist der Problemlöseprozeß wegen seiner immanenten Logik ein selbststeuernder Prozeß.

3. Dieser Problemlöseprozeß ist ein *sozialer Prozeß*. An der Schulklasse wird dies sinnfällig; die Gruppe arbeitete gemeinsam. Es wurden

Vorschläge gemacht, Beschlüsse gefaßt, es wurde argumentiert, bis etwas einleuchtend wurde, die Klasse bezog aber auch den Herrn Smith, das eigentliche Untersuchungsobjekt, mit ein, indem sie sein Einverständnis einholte und später in einem Bericht ihm die Ergebnisse mitteilte. Wahrheitsfindung vollzieht sich hier in der Interaktion, die scheinbaren Objekte sind in die Kommunikation einbezogen, die Gründe dienen dazu, Zustimmung zu bewirken, aber immer ist die Möglichkeit der Widerlegung einbezogen. Wahrheitsfindung geschieht als offener und kollektiver Prozeß, sie gilt, wie Dewey schrieb, „solange nicht widersprechende Tatsachen eine Revision angezeigt sein lassen" (1951, S. 81). Insofern ist diese Schulklasse eine Demokratie im kleinen, denn die Demokratie war für Dewey mehr als eine Regierungsform, sondern, wie es im Originaltext heißt: „it is primarily a mode of associated living, of conjoint communicated experience" (Dewey 1980, S. 93; was Erich Hylla 1930 für uns heute unbefriedigend mit „sie ist in erster Linie eine Form des Zusammenlebens, der gemeinsamen und miteinander geteilten Erfahrung" übersetzt hat; Dewey 1964, S. 121). Näher kommt Karl-Otto Apel, wenn er die Auffassung Deweys von der demokratischen Lebensordnung als eine „Experimentiergemeinschaft mündiger Menschen" definiert (1975, S. 14; analog zum Begriff „Experimentiergemeinschaft" der Forscher im Pragmatismus, ebd. S. 59).[2]

4. Handlungsorientierung kognitiv aufwerten!

Soweit die Merkmale: Denktheorie, Problemlöseprozeß, sozialer Prozeß. – Ich will durch meine Ausführungen nicht die Handlungsorientierung abwerten, sondern ich will sie kognitiv aufwerten. Häufig wird Handlungsorientierung gegen das „verkopfte Lernen" ausgespielt, ein Produkt wie eine Wandzeitung soll faszinieren und motivieren, das Spielerische vieler Methoden bietet willkommene Abwechslung. Projekte, Planspiel, Rollenspiel, Erkundung, Befragung, Hearing, Debatte nehmen in Vorbereitung und Durchführung Schüler wie Lehrer derart in Anspruch, daß sie zusammen wie ein Lattenzaun wirken,

---

[2] Das vollständige Zitat von Karl-Otto Apel: „[...] die demokratische Lebensordnung ihrer objektiven Struktur nach eine Experimentiergemeinschaft mündiger Menschen ist, in der jeder dem anderen grundsätzlich die Aufstellung plausibler, d.h. erprobbarer Hypothesen, keiner aber dem anderen den Besitz der absoluten Wahrheit zutraut." (1975, S. 14)

welcher den Blick auf die eigentliche Aufgabe verdeckt: durch problemlösendes Denken zur Veränderung der Wirklichkeit zu qualifizieren. Dabei ist es dieser Kern, der die Methoden überhaupt erst hervorbringt und rechtfertigt. Vielleicht fällt es leichter, dies anzuerkennen, wenn ich noch etwas vom philosophischen Hintergrund dieser pragmatistischen Denktheorie erwähne. Denken, so haben wir gesehen, entsteht für Dewey aus der Not bzw. der Notwendigkeit, eine Schwierigkeit zu überwinden und dazu Ziele zu projizieren und über Mittel befinden zu müssen. Denkenlernen ist eine Frage der Selbsterhaltung, des Überlebens. Der Soziologe Hans Joas hat den Einfluß des Darwinismus auf den Pragmatismus aufgezeigt; nach dessen Muster sind die geistigen Leistungen in den Funktionen des Organismus eingebettet. Somit wird eine transzendentale Begründung der Philosophie und des Denkens überflüssig. Es ist das, wie Joas schreibt, „von Darwin inaugurierte Modell des ein Leben in der Umwelt aktiv sichernden Organismus", welches der Pragmatismus als Ausgangspunkt wählt (Joas 1980, S. 39). Anschaulich ist auch der Hinweis von Kurt Bohnsack, daß Dewey die Grundstruktur des Lernprozesses aus außerschulischen Situationen übernommen und dabei an die Lebensbedingungen der nordamerikanischen Pionierzeit gedacht habe (1976, S. 440). Erkenntnis wird im Pragmatismus als Lebensfunktion verstanden (so Apel 1975, S. 205).

Also: Der Lattenzaun der Methoden verbirgt nicht nur das Denken, sondern auch die Frage nach seinem Ursprung, also das Problem, den gewichtigen Anlaß für Suchen und Forschen. Keiner will erlebnisreiche Unterrichtsstunden vermiesen, die „Spaß" machen, weil Phantasie, Kreativität und Tätigkeitsdrang der Schüler angeregt werden. Das schließt aber die Arbeit an Problemen nicht aus. „Kreativ ist […] der Mensch, der nicht nur Probleme zu lösen vermag, sondern der sie sich auch selbst stellt", schreibt Hans Aebli (1985, S. 307). Das gilt für Probleme in allen Bereichen. Für die politische Bildung kommt hinzu: Hier ist die Wertigkeit der Themen in besonderem Maße ein unentbehrliches Kriterium; was hier als bedeutsam gilt, ist wichtig im Sinne der politischen Dringlichkeit, zielt auf einen gesellschaftlichen Mißstand oder auf einen Tatbestand der Gefährdung, die den Zwang zu ihrer Überwindung in sich tragen.

5. Diagnosehilfe

Nun werden Sie vielleicht fragen: Was sagt uns Darwinismus, was sagt uns pragmatistische Denktheorie heute? Ich will hier nicht darauf eingehen, daß der Situationsbezug der menschlichen Existenz auch in anderen Zusammenhängen betont wird, in der Geschichtsphilosophie Arnold Toynbees beispielsweise mit seinen Grundbegriffen „Herausforderung" und „Antworten" als der Motor für die Entstehung der Hochkulturen oder die „Geworfenheit" des menschlichen Daseins im Sinne der Existenzphilosophie. Ich gebe auch Einschränkungen Raum, die besagen, das einzige und letzte Ziel des Denkens sei nicht die praktische Wirksamkeit und die begriffliche Erkenntnis, sondern wichtig sei auch die zweckfreie Erkenntnis der übergreifenden Zusammenhänge all der empirisch beobachtbaren Handlungsstränge (so Aebli 1981, S. 385). Ich kann das hier so stehen lassen. Mir dient der Pragmatismus nicht als Dogma, nicht als Welterklärung, sondern er hat hier eine kritische Funktion, er dient als *Diagnosehilfe* für die Analyse handlungsorientierten Unterrichts, nicht als Beurteilungskriterium, nicht als Norm. Damit meine ich, wir sollten fragen: Wie nahe und wie fern steht der geplante oder der realisierte Unterricht dem Modell des problemlösenden Arbeitens und Lernens? Wie kann ich das rechtfertigen, wenn er ihm ferner steht? Oder anders gesprochen: Er antwortet auf die Fragen: Werden die Lernenden nicht vielleicht kognitiv unterfordert? Trägt der Unterricht zur zukunftsweisenden Qualifizierung der Lernenden bei? Woran kann ich das als Lehrer erkennen? – Und so möchte ich mit folgenden Diagnosehilfen in Frageform schließen:

1. Enthält das Thema des Unterrichts eine Schwierigkeit, ein Problem, das in Lebenssituationen bewältigt werden muß, real oder in Gedanken?
2. Wird der Unterricht als Prozeß des Problemlösens organisiert, und zwar unter strengen Kriterien der Wahrheit in der Form von Hypothesenbildung, Experiment (auch gedankliches), Gründen oder Beweisen für Verifikation und Falsifikation (kein bloßes „Meinen", sondern sicheres Wissen)?
3. Wird der Unterricht als Interaktion so organisiert, daß bei aller Diskussionsfreude und bei allem Aktivitätsdrang diese Regeln der Wahrheit zur Geltung kommen und zum Mittel der Selbststeuerung des Lern-/Arbeitsprozesses werden, aber auch zur Prüfung der Validität des Lern-/Arbeitsprozesses?

Kurz: damit bei allem Handeln das Denken nicht vergessen wird!

6. Nachbemerkungen

Den Vortragstext habe ich etwas verändert, vor allem insoweit, als es die Information in Anmerkung 1 erforderte. Ansonsten wollte ich ihn als solchen belassen. Allerdings haben mich die Diskussionen mit zwei Kreisen von Zuhörern darüber belehrt, daß die gemäß der Vorgabe des Veranstalters auf 30 Minuten kondensierten Ausführungen Kommentare wünschenswert erscheinen lassen. Ich will sie daher anfügen und greife einzelne Punkte heraus.

6.1 Das erste Beispiel sei zu kurz gekommen

In der Tat habe ich nicht gewürdigt, daß das gewählte Themenfeld im ersten Beispiel wichtig und ergiebig ist und daß die Arbeit der Lernenden, jedenfalls aus der Sicht des Lehrers, sehr variantenreich war und sicherlich bemerkenswerte Methodenkompetenz vermittelt oder aufgezeigt hat. Die Schüler scheinen weitgehend selbständig gearbeitet zu haben. Dennoch glaubt der interviewte Lehrer, daß er gescheitert sei. Das macht ja nachdenklich. Aus der Sicht, die ich in meinen Ausführungen entwickelt habe, ergibt sich ein Ausweg. Der Lehrer brauchte diesen Unterricht nur als Explorationsphase zwecks Problemfindung zu definieren. Es ist kaum zu glauben, daß die Schülerinnen und Schüler durch all ihre Informationssammlungen „vor Ort" nicht auf – sagen wir einmal – zwei oder drei gewichtige Probleme gestoßen sein sollten, die zu bearbeiten sich lohnte und wozu sie auch motiviert gewesen wären, weil sie die Problemlast und den Widerstand zu spüren bekommen haben. Die generelle Frage zum handlungsorientierten Unterricht: „Wie geht es weiter, wenn die Tätigkeiten abgeschlossen sind?" wäre damit leicht zu beantworten gewesen. Lehrerinnen und Lehrer benötigen also gleichsam einen Signalgeber „im Hinterkopf", mit dem sie diese oder ähnliche Unterrichtssituationen identifizieren, um Gelegenheiten zur Anregung von Problemlöseprozessen zu nutzen. Die Grundidee sollte in ihnen verankert sein: Denken führt weiter als Handeln, Handeln ohne Denken ist leer.

6.2 Zusammenhang von Denken und Handeln

Wie Denken mit Handeln zusammenhängt, das ist nicht immer so recht sichtbar. Handeln sei dem Denken vorgeschoben, heißt es gelegentlich, oder: Handeln bewirke Denken. Ich stelle mir folgendes Beispiel vor:

Der berufliche Tageslauf eines Lehrers wird von einer Videokamera aufgenommen und ohne Ton abgespielt. Da ist zu sehen: Ein Mann packt zu Hause seine Tasche, fährt mit dem Fahrrad zu einem großen Gebäude, geht dort in ein Zimmer, stellt sich zu Männern und Frauen, die schon anwesend sind, nimmt ein Buch, geht über einen Flur zu einem Raum, in dem sich Jugendliche befinden, er steht vor ihnen, bewegt Mund und Hände, die Jugendlichen heben hier und dort die Hand, der Lehrer schreibt etwas an die Tafel, die Jugendlichen stehen auf, rücken die Tische zusammen usw. Das Videobild gibt die Tätigkeiten wieder, die sichtbar sind, bei dem Mann wie bei den Jugendlichen.

Der Insider sieht diese Bildspur ganz anders. Er weiß, daß es sich um einen Lehrer handelt und daß die Tätigkeit des Lehrers nicht mit dem Betreten der Schule beginnt, sondern mit seiner Vorbereitung am Vortag. Dort macht er sich Gedanken über den Unterricht am folgenden Tag, über die Struktur der Unterrichtsstunde und über den Verlauf. Auf dem Papier notiert er die Schritte des Unterrichtsverlaufs. Er denkt über den Unterricht nach, bevor er ihn beginnt. Und wenn wir Unterrichten als Handeln verstehen, also zunächst des Lehrers, dann denkt dieser am Vortag über sein Handeln und das von den Lernenden nach und legt es in Gedanken fest, er spielt den Unterricht durch. Das heißt: Er entwirft einen Handlungsplan. Der Handlungsplan ist der Unterricht als Handeln im Kopf, ein Vor-Denken des Handelns. Natürlich: die Bewährung des Plans erweist sich in der Realisierung, das unterrichtliche Handeln ist seine Erprobung. Möglichst gibt er auch Spielraum, während des Handelns (im Unterricht) den Plan zu ergänzen oder zu variieren. Man kann auch scheitern. Es bleibt jedoch: mentale Prozesse (das Denken) gehen dem Handeln voraus und begleiten es.[3]

In seinem ersten Teil veranschaulicht das Beispiel einen tätigkeitsfixierten Begriff von Handlungsorientierung; die Aktivitäten der Lernenden sind der Beleg für das Gelingen. Und so gibt es denn in den Methodikschriften die Auflistungen von Handlungsmöglichkeiten, von Inszenierungen also von Methoden, die wie der genannte Lattenzaun wirken, weil sie den Blick verstellen darauf, daß zum Handeln ein Handlungsplan gehört, den man kognitiv entwirft. Der Handlungs-

---

3 Diese Deutung der Unterrichtsplanung liegt meinem Buch zugrunde: „Unterrichtsplanung Politik/Sozialkunde" (1986). Hier habe ich das „Perspektivenschema zur Unterrichtsplanung" von Wolfgang Klafki (1985) mit Hilfe von Hans Aebli (1980/81) handlungstheoretisch umformuliert.

plan drängt die Sinnfrage auf. Das Rollenspiel mag wie eine Inszenierung auf der Bühne zur Zufriedenheit verlaufen, dennoch stellt sich die Frage: Wozu? In welcher Hinsicht hat es die Lernenden weitergebracht? Welcher Gedanke wird hier erprobt?

Die Frage nach dem kognitiven Lernertrag mag reformorientierter Didaktik als Sakrileg erscheinen. Jedoch läßt sich empirisch nachweisen, daß problemorientiert gestaltete Lernprozesse nicht nur systematisch gegliederten bezüglich der Effizienz überlegen sind, sondern auch, daß sie keineswegs Lernfreude, Interesse und praktische Relevanz, die als Vorzüge handlungsorientierten und schülerorientierten Unterrichts angesehen werden, ausschließen.[4]

6.3 Die „künstlichen" Probleme

Schule ist eine Kunstwelt. In ihr werden Sachen verhandelt, die außerhalb von ihr entstanden sind und außerhalb von ihr weitergehen werden. Insofern wäre eine Ausgangssituation wie im Typhus-Beispiel (zynisch gesprochen) ein didaktischer Glücksfall. Aber auch die Lernenden des ersten Beispiels hatten die Chance, Probleme in der Realität aufzuspüren, und vielleicht haben sie es ja auch getan. In der Regel muß der Lehrende jedoch versuchen, ein Problem zu vergegenwärtigen. Das kann z.B. durch den „Fall" geschehen: Das kontroverse, zur Stellungnahme und zur Lösungssuche auffordernde politische oder lebensweltliche Ereignis ermöglicht die Imagination einer problemhaltigen Situation und erleichtert dadurch ein Hineindenken und Hineinfühlen in die an der Situation Beteiligten und ihre Schwierigkeiten. Die Künstlichkeit der medial repräsentierten Probleme wird dadurch reduziert, daß die Lernenden sie sich zu eigen machen können (Betroffenheit), psychologisch gesprochen: daß dadurch in ihnen eine Bedürfnisspannung entsteht, die zur Suche nach einem Lösungsweg drängt.

6.4 Gegen den Dualismus

Vielen Lehrerinnen und Lehrern scheint Theorie und Praxis weit voneinander entfernt zu liegen; Didaktik gilt als Fach der Universität, der Alltag der Schule sei etwas anderes; Kopf und Hand müssen erst

---

[4] So Britta Kohler in ihrer empirischen Studie zur Instruktionspsychologie, deren Ziel es ist, die „Kluft zwischen Wissen und Handeln" zu überbrücken (1998, S. 17).

mühsam zusammengebracht werden, Rationalität und Emotionalität werden vielleicht als Widersacher empfunden. Nicht ohne Grund hat John Dewey an seiner Universität in Chicago noch vor Ende des vorigen Jahrhunderts eine Versuchsschule (*Laboratory School*) gegründet. Seine Theorie ist antidualistisch, Denken und Handeln sind miteinander verschränkt, im Pragmatismus sind Begriffe geronnene Wirklichkeit. Es ist überflüssig, eine scheinbare Kluft zwischen Theorie und Praxis mit Anstrengung überspringen zu wollen. Beispielsweise Unterrichtsmodelle: Sie sind nicht „blasse Theorie", sondern schriftlich niedergelegte Handlungspläne. Es wird in ihnen über mögliches Handeln im Unterricht nachgedacht. Es muß sie jemand aufgreifen; er kann sie zum eigenen Handlungsplan machen (und ihn bei der Realisierung im Unterricht sicherlich verändern) oder er kann an ihm entlang seinen anderen Handlungsplan entwerfen. Gewiß, sie können sich nur in der Realisierung bewähren, sie müssen durch Handeln erprobt werden; die Näherung an die Richtigkeit geschieht auf dem Weg des *trial and error*. In jedem Fall aber ist in diesen gedanklichen und schriftlichen Gebilden die Praxis eingeschlossen; der Plan enthält das Handeln als Möglichkeit und Intention und kann deshalb durch Realisierung erprobt werden, und er entsteht durch ein Denken, das auf Handeln gerichtet ist. Daher ist reine Tätigkeit für Dewey kein Ziel („Bloße Betätigung stellt noch keine Erfahrung dar." 1964, S. 186), sondern sie gibt Gelegenheit zur Erprobung von Gedanken und wird dadurch zum Handeln: nämlich indem der Schüler „die Möglichkeit und die Gelegenheit hat, seine Gedanken durch praktische Anwendung zu erproben, ihren Sinn zu klären und ihren Wert selbständig zu entdecken" (1964, S. 218).

Mir erscheint daher die Aufgabe einer „Vermittlung von Kopf- und Handarbeit" oder einer Überwindung der „Entgegensetzung von Emotionalität und Rationalität", wie sie Hilbert Meyer fordert (1987, S. 421), als eher mißverständlich. Von der Theorie des Pragmatismus aus betrachtet, ergeben sich nur prozessuale Übergänge.

„Das Denken nimmt seinen Ausgang von einer Beunruhigung, einem Staunen, einem Zweifel" (Dewey 1951, S. 12): Es wurzelt in einer ganzheitlichen Erfahrung der emotional spürbaren Dissonanz von Wahrnehmungen und Bedürfnissen, der Widerständigkeit der Wirklichkeit. Immer ist mehr als der Kopf beteiligt, Herz und Sinne ebenso, und die Hand immer wenigstens der Möglichkeit nach. Letztere mag aus pädagogischen Gründen besonders betont werden, aber zwingend ist es nicht, wenn man nicht dem Dualismus erliegt. Insofern ist der Begriff des problemlösenden Unterrichts, den ich an Dewey entwickelt habe, weiter gefaßt als der traditionelle Begriff des handlungsorientierten Unterrichts, denn ersterer nimmt nicht vorweg, wodurch die Probleme gelöst werden (die Methoden); er ist nicht tätigkeitsfixiert, sondern immer schon auf Ganzheitlichkeit hin angelegt.

Literatur

Hans Aebli: Denken: Das Ordnen des Tuns. Bd. 1: Kognitive Aspekte der Handlungstheorie. Stuttgart 1980

Hans Aebli: Denken: Das Ordnen des Tuns. Bd. 2: Denkprozesse. Stuttgart 1981

Hans Aebli: Zwölf Grundformen des Lernens. Eine Allgemeine Didaktik auf psychologischer Grundlage. 2. Aufl. – Stuttgart 1985

Karl-Otto Apel: Der Denkweg von Charles S. Peirce. Eine Einführung in den amerikanischen Pragmatismus. Frankfurt/M. 1975

Fritz Bohnsack: Erziehung zur Demokratie. John Deweys Pädagogik und ihre Bedeutung für die Reform unserer Schule. Ravensburg 1976

John Dewey: Wie wir denken. Eine Untersuchung über die Beziehung des reflektiven Denkens zum Prozeß der Erziehung. Zürich 1951 (engl. zuerst 1910)

John Dewey: Demokratie und Erziehung. Eine Einleitung in die philosophische Pädagogik. 3. Aufl. – Braunschweig 1964 (Nachdruck Weinheim 1993, 1. Aufl. 1930, engl. zuerst 1916)

John Dewey: Democracy and Education. In: John Dewey: The Middle Work. Vol. 9. Southern Illinois 1916 (University Press 1980)

Dietrich Dörner: Problemlösen als Informationsverarbeitung. 2. Aufl. – Stuttgart 1979

Karl Frey: Die Projektmethode. Weinheim 1982

Walter Gagel: Unterrichtsplanung Politik / Sozialkunde. Studienbuch politische Didaktik II. Opladen 1986

Walter Gagel: Der Pragmatismus als verborgene Bezugstheorie der politischen Bildung. In: Karl Graf Ballestrem / Hans Buchheim / Manfred Hättich / Heinz Hürten (Hrsg.): Sozialethik und politische Bildung. Festschrift für Bernhard Sutor zum 65. Geburtstag. Paderborn 1995

Tilman Grammes: Handlungsorientierung im Politikunterricht. Schriftenreihe der Niedersächsischen Landeszentrale für politische Bildung. 2. Aufl. – Hannover 1997

Peter Henkenborg: Die Selbsterneuerung der Schule als Herausforderung: Politische Bildung als Kultur der Anerkennung. In: Politische Bildung. 3/1997, S. 60-89

Hans Joas: Praktische Intersubjektivität. Die Entwicklung des Werkes von G.H. Mead. Frankfurt/M. 1980

Wolfgang Klafki: Zur Unterrichtsplanung im Sinne kritisch-konstruktiver Didaktik. In: ders.: Neue Studien zur Bildungstheorie und Didaktik. Weinheim 1985, S. 194-227

Hans Knoll: Abschied von einer Illusion. Ellsworth Collins und das Typhusprojekt. In: Neue Sammlung. 4/1992, S. 571-587
Britta Kohler: Problemorientierte Gestaltung von Lernumgebungen. Didaktische Grundorientierung von Lerntexten und ihr Einfluß auf die Bewältigung von Problemlöse- und Kenntnisaufgaben. Weinheim 1998
Hilbert Meyer: Unterrichtsmethoden II: Praxisband. Frankfurt/M. 1987
Saul B. Robinsohn: Bildungsreform als Revision des Curriculum. 5. Aufl. – Neuwied 1975
Theodor Schwerdt: Kritische Didaktik in klassischen Unterrichtsbeispielen. Paderborn 1959.

Peter Massing

Lassen sich durch handlungsorientierten Politikunterricht Einsichten in das Politische gewinnen?

> „Das große Ziel des Lebens
> ist nicht Wissen, sondern Handeln."
>
> Th. H. Huxley[1]

Dieser Satz könnte als Motto über vielen pädagogischen, didaktischen und fachdidaktischen Veröffentlichungen der jüngsten Zeit, aber auch über immer mehr Rahmenplänen und Schulbüchern stehen. „Handlungsorientierung" ist zum Kennzeichen von modernem, motivierendem Unterricht geworden. Dabei wird der Handlungsbegriff von vielen Didaktikern und Unterrichtspraktikern „in einem emphatisch-naiven Sinne verwandt – so, als ob die Benutzung dieser Formel bereits die Qualität des didaktischen Konzepts garantiere" (Meyer/Paradies 1993, S. 48). Handlungsorientierung erscheint so mehr als reformpädagogisches Mantra denn als theoretisch reflektiertes Unterrichtskonzept.

1. Erwartungen an handlungsorientierten Unterricht

Die lange Tradition und die historischen Wurzeln des Begriffs, die in der deutschen Reformpädagogik und in der amerikanischen Pädagogik des Pragmatismus liegen, scheinen vergessen. Sie werden nur selten aufgegriffen und produktiv verarbeitet.[2] Dabei sind die Erwartungen an

---

1 Thomas Henry Huxley (1825–1895), Großvater des berühmten Schriftstellers; Zoologe, der sich für die Lehre von Charles Darwin einsetzte.

handlungsorientierten Unterricht, auch bei Autoren, für die das eben Gesagte nicht gilt, erstaunlich hoch. So geht z.B. Hilbert Meyer davon aus, daß Schüler auch heute noch regelmäßig für die Schule zu begeistern sind, „wenn mehr und anderes im Unterricht *getan* wird, wenn gespielt wird, wenn experimentiert wird, wenn die Lehrer-Schüler-Rollen verändert oder wenn etwas Spannendes erzählt, nachgemacht, erfunden wird." Und deshalb hält er „handlungsorientierten Unterricht für den ersten Schritt auf dem langen Marsch zur Aufhebung entfremdeten Lernens" (Meyer 1988, S. 344). Auch für viele Lehrerinnen und Lehrer scheint Handlungsorientierung zum Hoffnungsträger geworden zu sein. Sie soll helfen, aus totem Unterricht eine lebendige, sinnvolle Veranstaltung zu machen, und vor allem dazu beitragen, das Motivationsproblem zu lösen (vgl. Reinhardt 1997, S. 105).

Vielleicht ist es vor allem der Aspekt der Motivation, der Handlungsorientierung gerade für Politiklehrerinnen und -lehrer so attraktiv macht, die in der „nachkonzeptionellen Phase" (Walter Gagel) der Politikdidaktik mit einer Vielzahl von Orientierungsschwierigkeiten zu kämpfen haben und in besonderer Weise unter der mangelnden Motivation ihrer Schülerinnen und Schüler zu leiden scheinen. „Wie können wir unseren Unterricht methodisch so gestalten, daß Schülerinnen und Schüler ihn interessant finden, und wie können wir sie anregen, sich engagiert zu beteiligen?", gehört zu den am häufigsten geäußerten Erwartungen von Politiklehrerinnen und -lehrern in Fortbildungsveranstaltungen. Den Hintergrund dieser Erwartungen bildet die unbefriedigende Praxis des alltäglichen Politikunterrichts, die häufig gekennzeichnet ist durch Langeweile und Gleichgültigkeit der Schülerinnen und Schüler. Ihr scheinbar geringes Interesse an Politik und am Politikunterricht führt dazu, daß Lehrerinnen und Lehrer inhaltlich immer häufiger auf die Bereiche „Lebenshilfe" und „Soziales Lernen" ausweichen und einen Großteil ihrer Hoffnungen auf andere Unterrichtsmethoden richten: „weg von den Zielen und Inhalten hin zu den Tätigkeiten" (Gagel 1995, S. 235). Zwar dominieren im Alltag noch immer rezeptive Wissensvermittlung, Stoffhuberei, verbal-abstrakte Belehrung, Lehrerzentrierung und Lehrerlenkung, aber das Licht am Ende des Tunnels, das Besserung verspricht, wird für alle immer deutlicher erkennbar: „Handlungsorientierung". Dabei scheint „Handlungsorientierung" geradezu das Versprechen zu beinhalten, auf Theorie und fachdidaktische Reflexion verzichten zu

---

2 Es gibt natürlich auch Ausnahmen. Vor allem Hilbert Meyer 1987 sowie 1991 und Walter Gagel 1995 hier in diesem Band (vgl. S. 128ff.)

können, und vielleicht liegt darin eine Ursache für den erstaunlichen Aufstieg des Begriffes zusammen mit dem Tatbestand, daß er auf die Wurzeln eines weitverbreiteten Unbehagens am traditionellen Schulunterricht trifft, und zwar mit einem hohen Maß an Ad-hoc-Plausibilität. Dies und die kritische Emphase, mit der sich „Handlungsorientierung" gegen den „mainstream" des alltäglichen Unterrichts richtet, mögen mit dazu beigetragen haben, daß eine grundlegende systematische und historische Klärung des Begriffs und der mit ihm verbundenen fachdidaktischen Problematik entweder für überflüssig gehalten oder hintangestellt, auf jeden Fall aber nicht geleistet wurde.[3] Auch hier kann dies nur als Desiderat konstatiert werden.

Um die im Titel aufgeworfene Frage jedoch beantworten zu können, sind einige, wenn auch nur skizzenhafte Hinweise in diesem Zusammenhang notwendig.

2. Unterschiedliche Begriffe von Handlungsorientierung

Was als erstes auffällt, wenn man sich mit Literatur zur Handlungsorientierung beschäftigt, ist die uneinheitliche Verwendung des Begriffs. So versteht Frank Nonnenmacher unter Handlungsorientierung nicht eine Frage der Methodenwahl, sondern ein Zielproblem. An erster Stelle steht für ihn die Klärung des Handlungsbegriffs. Ausgehend von Jürgen Habermas unterscheidet er zwischen strategischem Handeln und kommunikativem Handeln als Handlungsalternativen, die beide zusammen politisches Handeln prägen. Handlungsorientiert ist Unterricht, wenn er der Vorbereitung von Handeln dient. Handlungsorientierung als Ziel politischer Bildung beschränkt sich dann im wesentlichen auf „Handlungsvorbereitung" (Nonnenmacher 1984), das vor allem durch Methoden, die „Probehandeln" ermöglichen, erreicht werden soll. Präziser spricht Gotthard Breit davon, daß Handlungsorientierung in der Didaktik des Politikunterrichts eine doppelte Bedeutung besitzt: „Zum einen wird eine Denkfähigkeit gemeint, die bei Schülerinnen und Schülern im Unterrichts angebahnt werden soll: Die Jugendlichen sollen das politische ‚Sehen, Beurteilen, Handeln' (Wolfgang Hilligen) lernen". Sie sollen befähigt werden, durch Nachdenken über politische Sachverhalte „eine eigene politische Handlungsorientierung zu entwickeln" (Breit

---

[3] Ansätze dazu finden sich allerdings bei Tilman Grammes 1997

1998, S. 101). Zum anderen bedeutet Handlungsorientierung die Verwendung handlungsorientierter Methoden im Unterricht. „Beide Bedeutungen hängen zusammen. Die Ziel-/Inhaltsentscheidung, eine eigene politische Handlungsorientierung zu gewinnen, legt die Verwendung der Unterrichtsmethode ‚Handlungsorientierung' nahe" (Breit 1998, S. 101). Auch Heinz Klippert unterscheidet zwischen einer didaktischen und methodischen Komponente von handlungsorientiertem Unterricht, gelangt aber zu einer umfassenderen Bedeutung von Handlungsorientierung. Handlungsorientierter Unterricht ist danach gekennzeichnet durch Realitätserfahrung, Selbsttätigkeit und Sozialbezug (vgl. Klippert 1984, S. 28).

Hilbert Meyer verwendet den Begriff Handlungsorientierung stärker in einem inhaltlich-normativen Sinne. Handlungsorientierung liegt für ihn dann vor, „wenn sich die Schüler mit den Unterrichtsverläufen und -ergebnissen identifizieren können, wenn die im Unterricht erarbeiteten Handlungsprodukte für diese Schüler einen sinnvollen Gebrauchswert haben" (Meyer 1989, S. 344). Daraus entwickelt er als Arbeitsdefinition: „Handlungsorientierter Unterricht ist ein ganzheitlicher und schüleraktiver Unterricht, in dem die zwischen dem Lehrer und den Schülern vereinbarten Handlungsprodukte die Unterrichtsprozesse leiten, so daß Kopf- und Handarbeit der Schüler in ein ausgewogenes Verhältnis zueinander gebracht werden können" (Meyer 1987, S. 402). Ganzheitlichkeit und Produktorientierung kommen demnach als weitere Merkmale handlungsorientierten Unterrichts dazu. Es ließen sich leicht noch eine Reihe von weiteren Definitionen finden. Sibylle Reinhardt versucht eine Klärung des diffusen Feldes dadurch, daß sie auf den problematischen Begriff „Handeln" verzichtet und „Handlungsorientierten Unterricht" ersetzt durch „Lernen in Interaktion".

„Lernen in Interaktion" als idealtypischer Begriff enthält in sich drei komplexe Elemente:
- Ganzheitlichkeit: „Die Tätigkeit der Lernenden umfaßt mehrere Dimensionen des Handelns der Person (kognitiv, emotional, pragmatisch, sozial, moralisch, politisch; methodisch, kognitive Strukturen aufbauend; erinnernd, vergewissernd, planend; sich nähernd, sich entfernend u.a.m.) und ist insofern ganzheitlich."
- Wirklichkeitsnah: „Die Lernenden sind auf mehreren Ebenen der Realität tätig (Person – Gruppe / Institution – Gesellschaft) und sind insofern wirklichkeitsnah."
- Demokratisch: „Die Lernenden bestimmen Inhalt und Prozeß des Lernens mit (Themenwahl, Verfahren, Unterrichtsablauf, Produktion); insofern ist der Lernprozeß demokratisch" (Reinhardt 1997, S. 107).

3. Handlungsorientierung als politikdidaktisches Prinzip

Gerade das letzte Element „demokratisch" verweist auf ein Problem, das bisher durch die Fülle der Definitionen eher verdeckt wurde. Handlungsorientierung ist zunächst ein *allgemeindidaktisches* Prinzip, das sich auf alle Fächer bezieht und beziehen kann. Für den Politikunterricht bedarf es erst der *fachdidaktischen*, d.h. politikdidaktischen Präzisierung. Nun hat „Handlungsorientierung" gerade dann, wenn man darunter „Lernen in Interaktion" versteht, auch als allgemeindidaktisches Prinzip Bedeutung für politische Bildung. Es ist, wie Sibylle Reinhardt formuliert, „demokratisch", d.h. Schülerinnen und Schüler „können" mitbestimmen und „lernen" mitbestimmen. Sie erwerben gerade für den politisch-gesellschaftlichen Bereich wichtige und notwendige kommunikative und soziale Fähigkeiten und Fertigkeiten. Für den Fachunterricht Politik ergibt sich daraus, daß Mitbestimmung, Selbständigkeit und Eigenarbeit der Schülerinnen und Schüler Vorrang haben müssen vor Formen der Belehrung. Demokratie läßt sich nicht „undemokratisch" lernen. Insofern hat Tilman Grammes recht, wenn er schreibt: „Diskutiert werden muß also nicht über das Ob, sondern um das Wie von Handlungsorientierung" (Grammes 1997, S. 11). Die Frage lautet dann politikdidaktisch zugespitzt: Wie lassen sich über handlungsorientierten Politikunterricht Verständnis für Politik gewinnen und Einsichten in politische Zusammenhänge vermitteln? Im folgenden soll eine Antwort versucht werden, die von einem Ansatz von Politikdidaktik ausgeht, der, bezogen auf Politikunterricht, Fragen auf drei Ebenen stellt:
- auf der Ebene der Ziel- und Inhaltsklärung nach dem, was gelehrt und gelernt werden soll, mit welchen Zielen und Intentionen.
- auf der Ebene der Lehr- und Lernbedingungen nach den „Subjekten", die im Lernprozeß als einzelne oder als Gruppe miteinander in Beziehung treten, sowie nach dem Bedingungsumfeld, in dem sie lehren und lernen.
- auf der Ebene der Organisation des Lernprozesses nach der Auswahl der Methoden und Medien, der Arbeits- und Interaktionsformen und den Folgen für den Politikunterricht (vgl. Massing 1996, S. 451).

Diese drei Ebenen stehen in einem Interdependenzverhältnis oder in einem Implikationszusammenhang, und die Aufgaben der Politikdidaktik, die sich daraus ergeben, sind in einen zirkulären Denkprozeß eingebunden. Daraus folgt, daß von einem handlungsorientierten Politikunterricht nur dann gesprochen werden kann, wenn Handlungsorientierung auf allen drei Ebenen begründet und zur Geltung gebracht werden kann.

3.1 Handlungsorientierung auf der Ebene der Ziele

Ziele und Aufgaben des Politikunterrichts sind innerhalb der Politikdidaktik und der politischen Bildung umstritten. Dennoch lassen sich jenseits aller Konflikte im einzelnen einige grundlegende Ziele des Politikunterrichts festhalten, über die in Theorie und Praxis weitgehend Einigkeit besteht. Sie bündeln sich im Begriff „Politikbewußtsein". Politikbewußtsein als Ziel von Politikunterricht heißt: „Fähigkeit zur kognitiven Orientierung in Politik und Gesellschaft, Interesse an öffentlichen Aufgaben und Sensibilität für gesellschaftlich politische Probleme in den verschiedenen Aufgabenfeldern der Politik sowie die Einsicht in die Komplexität und die Zusammenhänge genereller politischer Regelungen. Politikbewußtsein heißt auch, prinzipielle Partizipationsbereitschaft" (Massing 1996, S. 449) und „(Be-)Wertungssicherheit" (Hans-Hermann Hartwich). Damit ist die Fähigkeit gemeint, „aktuelle politische Herausforderungen regelmäßig und gesichert an den Normen und Gestaltungsmöglichkeiten unseres demokratischen Staatswesens zu messen" (Hartwich 1991, S. 92). Alle diese Fähigkeiten dürfen nicht nur als intellektuelle Instrumentarien zur Verfügung stehen, sondern müssen sich in Einstellungen und Verhaltensweisen niederschlagen, d.h. „handlungswirksam" aufgenommen sein. So verstanden ist Handlungsorientierung, als prinzipielle Fähigkeit zum Handeln, Element von Politikbewußtsein und ein wesentlicher Aspekt der Zieldimension von Politikunterricht, auch wenn damit noch keine normative Vorentscheidung für eine bestimmte, konkret ausgestaltete Bürgerrolle getroffen ist (vgl. Ackermann 1998, S. 13ff.).

3.2 Handlungsorientierung auf der Ebene der Inhalte

Nun sind die Ziele und Intentionen des Politikunterrichts immer an Inhalte gebunden. Ziele und Intentionen, die nicht auch inhaltlich bestimmt sind, bleiben leer und beliebig. Daraus folgt, daß „Handlungsorientierung" – als Teil der Zieldimension – sich auch in den Inhalten des Politikunterrichts widerspiegeln muß. Dies ist dann möglich, wenn wesentlicher Inhalt und Gegenstand des Politikunterrichts das politische Handeln ist. Politisches Handeln konkretisiert sich in politischen Entscheidungsprozessen. Bildungsinhalte handlungsorientierten Politikunterrichts sind dann politische Entscheidungsprozesse, die sich als komplexe kollektive Handlungsprozesse vollziehen.

3.3 Handlungsorientierung auf der Ebene der Lehr- und Lernbedingungen

Auf dieser Ebene geht es vor allem um die Voraussetzungen des Lehrens und Lernens, um Einstellungen und Vorprägungen, um Motivation, Sozialisierungsstand, Sprachentfaltung, außerschulische Anregungspotentiale usw., sowie um das Bedingungsumfeld und die daraus resultierenden Möglichkeiten und Grenzen politischer Bildungsprozesse. Gerade die Restriktionen des schulischen Lernens und Lehrens scheinen handlungsbezogenes Lernen erforderlich zu machen. Politische Bildung sei viel zu oft ein Unterricht der vordergründigen Belehrung, schreibt Heinz Klippert, mit der Folge, daß Schüler zwar lernten, aber vieles nicht wirklich begreifen würden, und die Lernmotivation der Schüler und die Lernwirksamkeit ihrer Unterrichtsarbeit nehme ständig ab (Klippert 1988, S. 78). Neben diesen eher pädagogischen Überlegungen, die für handlungsorientiertes Lernen sprechen, zieht Klippert auch Gesellschaftsdiagnosen heran, die z.B. das „allmähliche Verschwinden der Wirklichkeit" (Hartmut von Hentig) konstatieren. Gemeint ist der rasch fortschreitende Verlust originärer Welterfahrung aufgrund des enormen Einflusses der alten und neuen Medien. Die zunehmende Erfahrung aus „zweiter Hand", die einer „Enteignung der Erfahrung" (Jerry Mander) gleichkomme, erfordere besonders vom Politikunterricht, daß er kompensatorisch wirke, indem Schülerinnen und Schüler darin möglichst häufig Primärerfahrungen machen könnten. „Das heißt: Die Schüler sollen politische Probleme und Realitätsausschnitte möglichst authentisch erfahren, erforschen und intellektuell aufarbeiten und dabei eigene Sicht- und Urteilsweisen entwickeln" (Klippert 1988, S. 81). Auch die Vorprägungen und Vorkenntnisse von Schülerinnen und Schülern, die Politikunterricht im Rahmen der Bedingungsanalyse berücksichtigen muß, sprechen für einen handlungsorientierten Politikunterricht. Schülerinnen und Schüler schätzen die eigene Methodenkompetenz durchaus kritisch ein. Sie beklagen vor allem mangelnde Problemlösungsfähigkeit, geringe Gesprächsbereitschaft und -kompetenz, fehlende Teamfähigkeit sowie das Unvermögen, anderen zuzuhören (Massing 1998, S. 10). Hinzu kommen lernpsychologische Argumente. So kann nur eine Minderheit von Schülerinnen und Schülern zu den „verbal-abstrakten" Lernern gerechnet werden, die den dargebotenen Lernstoff rasch und wirksam aufnehmen und mit der entsprechenden Konzentration einspeichern. Die Mehrheit zählt zu den „anschaulich-praktischen" Lernern, die einen möglichst aktiven und erfahrungsorientierten Lern- und Arbeitsprozeß brauchen, um nachhaltig lernen zu können (Klippert 1991, S. 25). Auch Ergebnisse der Kommunikationsforschung scheinen eher für einen handlungsorientierten Unterricht zu sprechen, wenn es richtig ist, daß die Menschen von dem, was sie selbst tun und bewußt formulieren, weit mehr behalten als von dem, was sie hören oder lesen.

3.4 Handlungsorientierung auf der Ebene der Organisation des Lernprozesses

Auf dieser Ebene geht es im wesentlichen um die Wahl der Unterrichtsmethoden. Die Aufgabe von Unterrichtsmethoden ist es, die optimalen Bedingungen für die Begegnung von Lernenden und Sache herzustellen. Die Entscheidung für die Verwendung von handlungsorientierten Methoden kann also nicht allein auf Grund ihres Beitrages für die Motivation von Schülerinnen und Schülern getroffen werden, sondern die fachdidaktische Entscheidung für solche Methoden ist im wesentlichen abhängig davon, inwieweit sie einen Weg eröffnen, die Lernenden an den Gegenstand heranzuführen, und inwieweit sie helfen, die Ziele des Politikunterrichts zu realisieren. Handlungsorientierung bezogen auf Methoden beinhaltet einen doppelten Aspekt. Einen Innenaspekt: Schülerinnen und Schüler handeln im Politikunterricht. Sie sind aktiv am Unterrichtsgeschehen beteiligt und gestalten den Unterricht mit. Dabei erlernen und üben sie gleichzeitig die dafür notwendigen analytischen, problemlösenden, sozialen und kommunikativen Fähigkeiten und Fertigkeiten. Einen Außenaspekt: Schülerinnen und Schüler erwerben über handlungsorientierte Methoden Fähigkeiten und Kompetenzen, die ihnen späteres Handeln in Gesellschaft und Politik, d.h. die kompetente Wahrnehmung unterschiedlicher Bürgerrollen erleichtern (vgl. Massing 1998, S. 8f.). Nun sind Unterrichtsmethoden weder gegenüber den Inhalten noch gegenüber den Zielen von Politikunterricht neutral. Das heißt, mit der Wahl der Methoden, also einer bestimmten Form der Bearbeitung, entscheiden sich Lehrerinnen und Lehrer gleichzeitig für eine bestimmte inhaltliche Schwerpunktsetzung und Strukturierung des Themas, z.B. für das Hervorheben einiger Merkmale auf Kosten anderer, und sie entscheiden sich für bestimmte Ziele und gegen andere. Gerade der Implikationszusammenhang von Zielen, Inhalten, Lernvoraussetzungen und Methoden erfordert bei der Unterrichtsplanung und -durchführung eine sorgfältige fachdidaktische Reflexion.

4. Handlungsorientierter Politikunterricht – Ein Arbeitsbegriff

Unter diesen Voraussetzungen verstehen wir unter handlungsorientiertem Politikunterricht einen Unterricht, der sich inhaltlich mit generellen politischen Entscheidungen als kollektiven Handlungsprozessen mit dem Ziel beschäftigt, Politikbewußtsein „handlungswirksam" zu vermitteln, und der unter Berücksichtigung gesellschaftlicher Entwicklungen, in deren Folge Schülerinnen und Schüler immer stärker zu praktisch-anschaulichen Lernern werden, handlungsorientierte Methoden einsetzt, die Mitbestimmung, Selbständigkeit und Eigenarbeit erfordern und die über Realbegegnungen und simulierte Handlungssituationen „Erfahrungen" mit Politik ermöglichen, um Einsichten in das Politische zu fördern.

Handlungsorientierter Politikunterricht zielt also – wie Heinz Klippert ausdrücklich betont – sowohl auf Fachkompetenz als auch auf Handlungskompetenz in einem sehr weiten Sinne des Wortes: „auf strategisch-methodische und auf sozial-kommunikative Handlungskompetenz" (Klippert 1991, S. 19). Handlungsorientierung in diesem Sinne bedeutet also keineswegs eine „Entwertung des Kognitiven" (Walter Gagel).

5. Handlungsorientierter Politikunterricht – Voraussetzungen und Probleme

Nun sind allerdings die Voraussetzungen für die Realisierung eines solchen handlungsorientierten Politikunterrichts im Alltag nicht besonders günstig. Restriktive Bedingungen ergeben sich aus unterschiedlichen Faktoren. Lehrerinnen und Lehrer verweisen häufig in diesem Zusammenhang auf den zeitlichen Umfang des Faches, den üblichen 45-Minuten-Rhythmus sowie auf andere institutionelle Zwänge, denen sich die Schule im Alltag ausgesetzt sieht. Erfahrungen zeigen jedoch, daß diese Bedingungen häufig weit weniger restriktiv sind, als dies immer vermutet wird. Schwerwiegender wirkt sich der Tatbestand aus, daß Lehrerinnen und Lehrer wenig Erfahrungen mit handlungsorientiertem Unterricht haben, so daß die Hemmschwelle, einen solchen Unterricht zu wagen, relativ hoch ist. Die geringen Erfahrungen können auch dazu führen, daß Lehrerinnen und Lehrer Schwierigkeiten haben, Handlungsweisen mit Unterrichtsformen und Unterrichtssequenzen zu verknüpfen, in denen neben Grundwissen auch das notwendige Detailwissen vermittelt wird. Handlungsorientierung wird dann von diesen Leh-

rerinnen und Lehrern auch allein von den Methoden wie Rollenspiel, Planspiel, Pro- und Contra-Debatte, Talkshow, Expertenbefragung u.a. her bestimmt. Der Zusammenhang dieser Methoden mit den Inhalten und Zielen des Politikunterrichts wird dagegen häufig vernachlässigt. Die alleinige Orientierung an den Unterrichtsmethoden und ihre Dominanz führen zu einer Reihe problematischer Folgen.
- Methoden können ein Thema mitbestimmen bzw. es unter der Hand verändern. Die Lehrerin und der Lehrer möchten in ihrem Politikunterricht, daß Schülerinnen und Schüler z.B. sich mit politischen Handlungsprogrammen auseinandersetzen, vielleicht mit unterschiedlichen Vorschlägen zur „Steuerreform" oder mit Positionen zum „großen Lauschangriff". Der Schwerpunkt des Unterrichts liegt damit auf den politischen Inhalten oder der Policy-Dimension. Als Methode wählen sie nun ein Entscheidungsspiel, z.B. die Kompromißsuche im Vermittlungsausschuß. Natürlich werden sich Schülerinnen und Schüler in der Vorbereitung des Spiels auch mit unterschiedlichen Positionen zu diesen Fragen vertraut machen müssen. Die Methode „Entscheidungsspiel" verschiebt jedoch den inhaltlichen Schwerpunkt des Unterrichts von der Policy-Dimension hin zur Politics-Dimension, d.h. zu Fragen der Interessen, der Interessendurchsetzung, der Konflikte, der Machtverhältnisse, der Strategien, der Voraussetzungen von Kompromißbildung und Entscheidung. Ein solcher Unterricht würde aber eine andere kategoriale Strukturierung und eine andere Zielformulierung erfordern. Machen sich dies Lehrerinnen und Lehrer bei der Planung und bei der Durchführung des Unterrichts nicht bewußt, verschenken sie die Möglichkeiten politischen Lernens, die ein Entscheidungsspiel bietet. Handlungsorientierte Methoden eignen sich nicht für beliebige Lerngegenstände und Intentionen. Rollenspiele liegen z.B. häufig auf der Ebene „Sozialen Lernens". Rollenspiele zum politischen Lernen konfrontieren Schülerinnen und Schüler mit politischen Problem- und Konfliktsituationen, die sich durch Interaktion zwischen übernommenen sozialen Rollen herauskristallisieren und weiterentwickeln und den Beginn eines politischen Entscheidungsprozesses markieren. Bei Planspielen steht die Kompromißfindung und die Entscheidung im Mittelpunkt; Talkshows sind vor allem geeignet, ohne Entscheidungszwang unterschiedliche politische Positionen prägnant herauszuarbeiten und zugespitzt zu formulieren; Pro- und Contra-Debatten zielen auf die Gründe, Argumente, Kriterien, mit denen Positionen gerechtfertigt werden. Sie eignen sich besonders für die politische Urteilsbildung im Politikunterricht (im einzelnen dazu vgl. Massing

1998). Wenn diese Zusammenhänge zwischen Zielen, Inhalten und Methoden nicht immer wieder reflektiert und bei den Unterrichtsentscheidungen überprüft und berücksichtigt werden, können handlungsorientierte Methoden zwar noch immer „Spaß" machen, ihr Beitrag zum politischen Lernen aber ist gering.
- Die Vernachlässigung der Ziel- und Inhaltsebene kann dazu führen, daß ein prinzipielles Dilemma aller handlungsorientierten Methoden, das Spannungsverhältnis zwischen Realitätsangemessenheit und Praktikabilität, noch verschärft wird. Je stärker diese Methoden versuchen, die Komplexität des Politischen zu berücksichtigen und sich der Realität politischer Wirklichkeit anzunähern, um so mehr Fakten, Abhängigkeiten, Alternativen usw. müssen sie berücksichtigen, die unter schulischen Bedingungen kaum noch zu realisieren sind. Orientieren sich Lehrerinnen und Lehrer dagegen an der Handhabbarkeit der Methoden und an ihrem Beitrag für die Motivation der Lernenden, besteht umgekehrt die Gefahr, den Lerngegenstand so stark zu simplifizieren, daß politische Wirklichkeit verfälscht wird. Die einseitige Auflösung des Spannungsverhältnisses zugunsten der Methoden führt zwangsläufig zu einem „unpolitischen" Politikunterricht. Dem läßt sich nur durch eine ständige fachdidaktisch angeleitete Bestimmung des Implikationszusammenhangs entgegenwirken.
- Viele Erfahrungen mit handlungsorientierten Methoden in der universitären Ausbildung von Lehrerstudentinnen und -studenten, in der Lehrerfort- und -weiterbildung (Lehrertraining) sowie in der Unterrichtspraxis zeigen, daß die Dominanz der Aktion gegenüber der Kognition – verstärkt durch Vernachlässigung der anderen Planungsaufgaben – noch eine weitere Gefahr hervorruft, die sich auf Politikunterricht besonders schwerwiegend auswirken kann: die vorschnelle Harmonisierung von Konfliktsituationen. Was damit gemeint ist, soll an drei Beispielen erläutert werden:

In einem vom Referat für politische Bildungsarbeit in Berlin entwickelten Entscheidungsspiel zur Kommunalpolitik geht es um folgendes Problem:

In einer Kleinstadt führt der Durchgangsverkehr über eine Straße mitten durchs Zentrum. An dieser Straße liegen viele Geschäfte, eine Tankstelle, eine Schule und ein Kindergarten. Die Lärm- und Schmutzbelästigung am Tage ist erheblich, ebenso die Gefährdung der Kinder, die die Schule und den Kindergarten besuchen. Auf Initiative der Eltern dieser Kinder ist eine Bürgerinitiative „Weg mit dem Durchgangsverkehr!" gegründet worden, die erreichen will, daß aus der Durchgangsstraße eine Fußgängerzone wird. Die Bürgerinitiative hat schon viele öffentlichkeitswirksame Aktionen einschließlich einer mehrstündigen „Besetzung" der Straße durchgeführt. Die Karte der Stadt zeigt, daß alle übrigen erreichbaren Straßen durch Wohngebiete führen. Der Bau einer Umgehungsstraße ist wegen der leeren Kasse der Gemeinde und des Landes ausgeschlossen. Der Gemeinderat ruft eine Bürgerversammlung ein, in der die Betroffenen zu Wort kommen. Anschließend muß er eine Entscheidung darüber treffen, was passieren soll.

Die Intention des Spieles ist, zu zeigen, daß Politik sich häufig in Dilemmasituationen befindet, in denen es „die" Lösung nicht gibt. Jede Entscheidung verursacht soziale Kosten und hat negative Auswirkungen auf bestimmte Gruppen. (Die Entscheidung für die Fußgängerzone würde den Verkehr in die anderen Wohngebiete verdrängen, die Existenz des Tankstellenbesitzers wäre bedroht; der Bau einer Ampelanlage oder eine „Tempo-30-Zone" würde zwar die Gefährdungen der Kinder verringern, aber auf Grund des hohen Verkehrsaufkommens zu ständigen Staus und zu einer erhöhten Lärm- und Abgasbelastung führen usw.). Sowohl Schülerinnen und Schüler als auch Lehrerinnen und Lehrer neigen nun dazu, solche Konfliktsituationen nur begrenzt lange auszuhalten. Ebenso scheuen sie Entscheidungen, die für einen Teil der Betroffenen negative Folgen hätten. Die häufigste Lösung, die in dieser „ausweglosen" Situation gefunden wird, ist das „Wunder". Das Land hat plötzlich doch Geld, um eine Umgehungsstraße zu bauen, oder es finden sich private Investoren, die den Bau einer solchen Straße finanzieren.
Ähnliches läßt sich von einem Planspiel aus dem Bereich der internationalen Politik, „Streit um ein Grenzgebiet" (Politik gestalten 1993), berichten. Hier geht es um die Verhinderung einer kriegerischen Auseinandersetzung, die auf Grund der Entdeckung eines umfangreichen Goldvorkommens auf dem Gebiet eines Staates der Region droht. In diesem Planspiel wird oft die „Räuberlösung" favorisiert. Alle Staaten der Region bekommen etwas von dem Gold ab und alle sind „zufrieden". Auch das Planspiel von Heinz Klippert, „Bergstadt soll 20 weitere Asylbewerber bekommen" (Klippert 1988), wird immer wieder dadurch entschärft, daß sich plötzlich genügend „Privatleute" finden, die bereit sind, die zusätzlichen Asylbewerber aufzunehmen.
Auf diese Weise wird nicht nur politische Wirklichkeit verfälscht, sondern auch gängigen Vorurteilen und Politikverdrossenheit Vorschub geleistet: „Man muß sich ja nur zusammensetzen und vernünf-

tig miteinander reden, um eine gute, für alle befriedigende Lösung zu finden, und wieso sind unsere Politiker dazu nicht imstande?" Haben sich erst einmal solche Einstellungen herausgebildet, sind sie auch in der Auswertungsphase, die nur die kognitive und nicht die emotionale Ebene ansprechen kann, kaum noch nachhaltig zu korrigieren.

Die Problematisierung handlungsorientierten Politikunterrichts und die Hinweise auf Schwierigkeiten und Gefahren in der Praxis dürfen nicht als ein Plädoyer gegen einen handlungsorientierten Politikunterricht verstanden werden, sondern als eindringliche Mahnung, gerade im handlungsorientierten Politikunterricht den Implikationszusammenhang von Zielen, Inhalten und Methoden immer wieder neu zu bestimmen und zu berücksichtigen und der Aktion nicht die Reflexion zu opfern.

6. Handlungsorientierter Politikunterricht – Möglichkeiten und Chancen

Handlungsorientiert kann nur ein Politikunterricht genannt werden, der Analysefähigkeit, politisch-theoretisches Wissen und soziale Erfahrung miteinander verknüpft. Wenn dies gelingt, hat handlungsorientierter Politikunterricht viele Vorzüge.

Daß er in der Regel interessanter ist als herkömmlicher Unterricht, daß Schülerinnen und Schüler motiviert werden, sich aktiver am Unterricht zu beteiligen oder Verantwortung für den Unterrichtsverlauf zu übernehmen, daß der Unterricht schlicht Spaß machen kann, soll nicht gering geschätzt werden. Zentraler jedoch ist, daß sich über handlungsorientierten Politikunterricht wichtige Einsichten in das Politische gewinnen lassen. Politische und gesellschaftliche Wirklichkeit, schwer zugängliche Zusammenhänge und Prozesse können überschaubar und damit „durchschaubar" gemacht werden. Die Lernenden erhalten Einsichten in die Komplexität und Kompliziertheit politischen Handelns. Sie erfahren die Zwänge von gesellschaftlich definierten Rollen und die Abhängigkeit des einzelnen oder gesellschaftlicher Gruppen von vorgegebenen Systemstrukturen, Interessen, Machtpotentialen usw. Die Voraussetzungen von Kompromißbildung und die Grenzen politischer Handlungsmöglichkeiten werden nachvollziehbar. Sie „erleben", wie politische Entscheidungen zu Reaktionen führen, die neue Problemsituationen schaffen, aus denen die Notwendigkeit weiterer Entscheidungen folgt. Sie können „begreifen", daß politisches Handeln Probleme bewältigt und gleichzeitig neue Probleme erzeugt usw. Diese Merkmale des Politischen lassen sich sicherlich auch über kognitive Lernprozesse vermitteln. Aber die rein intellektuelle Aneignung von Fach-, Sach-, und Problemwissen führt erst dann zu „Politikbewußtsein", wenn sie durch Erfahrungen (und seien es auch nur simulierte Erfahrungen) tiefenwirksam bestätigt wird und Wissen über Politik sich zu Einsichten in Politik transformiert.

Handlungsorientierter Politikunterricht kann aber nicht nur bei Schülerinnen und Schülern zu Einsichten in das Politische führen, er kann auch Lehrerinnen und Lehrern zu Diagnosezwecken dienen. Das heißt, sie können ihre eigenen Beobachtungen bei der Durchführung von handlungsorientierten Methoden dazu nutzen, das Wissen, das Problembewußtsein, die Analyse- und Urteilsfähigkeit ihrer Schülerinnen und Schüler einzuschätzen, um nach Angeboten zu suchen, die sich zur Vertiefung und als Anknüpfungspunkte für den weiteren Politikunterricht eignen. Um dies an einem Beispiel kurz zu erläutern, wird auf ein halbstündiges Entscheidungsspiel zurückgegriffen (vgl. Kuhn/Massing 1998), das während einer Unterrichtseinheit (Klasse 13 Gymnasium) zum Paragraphen 218 durchgeführt wurde. Darin wird eine Sitzung der CDU-Fraktion simuliert, die eine Entscheidung darüber treffen muß, ob sie beim Bundesverfassungsgericht eine Normenkontrollklage einreicht, nachdem der fraktionsübergreifende Gruppenantrag „Fristenlösung mit Beratungspflicht" im Bundestag eine Mehrheit erhalten hat. Aus der Vielzahl der „Angebote", die sich aus der Diskussion ergeben, sollen nur drei kurz erwähnt werden:

> „*Fraktionsvorsitzender:* [...] vielleicht beginnen wir einmal mit einer Diskussion, um jetzt einmal die Fronten etwas weiter zu klären oder auch aufzulösen.
> *Frau Dr. Hardt:* Ich wollte nur sagen, ich finde, es gibt eigentlich, die Abtreibung ist eigentlich Mord, ich verstehe gar nicht, warum das noch Diskussionsthema ist. Es ist doch ganz klar, über Mord kann man einfach nicht diskutieren. Das ist Mord und Mord ist eine Strafsache und da gibt es eigentlich überhaupt nichts zu diskutieren. Das ist ganz klar verfassungswidrig und deshalb muß diese Klage eingereicht werden."

Die Aussage der Schülerin (die in anderer Form noch häufiger getroffen wird) ließe sich zum Ausgangspunkt machen, der Lerngruppe die Schwierigkeiten zu verdeutlichen, in die Politik gerät, wenn sie mit „letzten Werten" argumentiert. Wenn es um Mord geht, oder um die Existenz der menschlichen Gattung, um das Überleben, um die Zukunft der Welt, dann gibt es „nichts mehr zu diskutieren", und wenn nicht mehr diskutiert werden kann, dann sind auch keine Kompromisse möglich und die Politik ist letztlich am Ende.

> *„Fraktionsvorsitzender:* Herr Meier, wenn ich ihnen einmal kurz ins Wort fallen darf. Sie sagten, daß drei von vier Bundesbürgern für das Fristenmodell seien. Das mag so sein. Aber ich denke doch, daß wir als Politiker die moralische Aufgabe haben, gerade auch unpopulistisch zu entscheiden, Rückgrat zu zeigen und praktisch einen Gesetzesentwurf durchzubringen, der vielleicht gegen den Willen des allgemeinen Volkes ist, aber dennoch der Verfassung gemäß ist und auch moralisch einwandfrei ist."

An dieser These ließen sich eine Vielzahl von Prinzipien unseres politisches Systems verdeutlichen. Vom Repräsentationsprinzip über das Verhältnis von „empirischem" und „hypothetischem" Volkswillen, der Beziehung von „Freiem" und „Imperativem" Mandat bis hin zu Fragen, ob allein die Verfassung die Bundesrepublik als demokratischen Staat ausweist, inwieweit unser politisches System auf Werten (Grundwerte) beruht, die bei politischen Entscheidungen berücksichtigt werden müssen, ob der Abgeordnete, der Politiker in seiner Entscheidung an diese Grundwerte gebunden ist, auch wenn die Entscheidung dem Mehrheitswillen des Volkes widerspricht, usw.

> *„Herr Meyer:* Meines Erachtens, wenn ich mich zu Wort melden darf, meines Erachtens ist Mord doch eine moralische Frage und moralische Fragen gehören meines Erachtens in die Kirche. Und ich habe den Eindruck, daß vor allem die Mitglieder der CSU genauso unsachlich darüber diskutieren, als ob es eben eine moralische Frage ist …
> *Herr Schmidt:* Lassen sie mich auch noch ein Wort sagen. Wir sind eine Partei und keine moralische Versammlung, die sich hier gefunden hat …"

In diesem kleinen Ausschnitt wird von den Schülern „in ihrer Rolle" die These vertreten, daß Moral (Werte) und Politik nichts miteinander zu tun hätten und daß über Werte nur unsachlich diskutiert werden könne, weil sie offensichtlich irrational seien. Aus dem Beitrag ließe sich mit aller Vorsicht „diagnostizieren", daß die Beziehung von „Politik und Moral" von den Jugendlichen sehr eindimensional gesehen wird und daß keine Vorstellungen darüber bestehen, ob und wie sich über Werte und Moral rational diskutieren und urteilen ließe. „Moralisch-politische Urteilsbildung" könnte danach ein sinnvolles Thema des folgenden Politikunterrichts sein.

Die Hinweise sollen hier abgebrochen werden. Zusammenfassend läßt sich festhalten: Handlungsorientierter Politikunterricht enthält in der Praxis zahlreiche Gefahren, er bietet aber auch viele Chancen. Handlungsorientierter Politikunterricht ist, wenn er mehr sein soll als „punktueller Aktionismus", „Spaßunterricht" oder „Beschäftigungstherapie", theoretisch anspruchsvoller, fachdidaktisch reflektierter sowie zeitlich aufwendiger als konventioneller Politikunterricht. Er lebt von einer sorgfältigen Vorbereitung und von einer noch sorgfältigeren Nachbereitung. Handlungsorientierter Politikunterricht ist nicht „im Handformat" zu haben. Er bedarf der Anstrengung des Begriffs ebenso wie der Sorgfalt der Analyse, der kategorialen Durchdringung genauso wie der gedanklichen Abstraktion. Nur unter diesen Voraussetzungen ist handlungsorientierter Politikunterricht „besser" als herkömmlicher Politikunterricht, ohne diese Voraussetzungen ist er allerdings wesentlich „schlechter".

Literatur

Paul Ackermann: Bürgerrolle in der Demokratie als Bezugsrahmen für die politische Bildung. In: Gotthard Breit / Siegfried Schiele (Hrsg.): Handlungsorientierung im Politikunterricht. Schwalbach/Ts. 1998, S. 13-34

Gotthard Breit: Handlungsorientierung im Politikunterricht. In: Gotthard Breit / Siegfried Schiele (Hrsg.): Handlungsorientierung im Politikunterricht. Schwalbach/Ts. 1998, S. 101-127

Walter Gagel: Geschichte der politischen Bildung in der Bundesrepublik Deutschland 1945-1989. 2. Aufl. – Opladen 1995

Walter Gagel: Denken und Handeln. Der Pragmatismus als Diagnosehilfe für Konzepte der Handlungsorientierung im Politikunterricht. In: Gotthard Breit / Siegfried Schiele (Hrsg.): Handlungsorientierung im Politikunterricht. Schwalbach/Ts. 1998, S. 128-143

Tilman Grammes: Handlungsorientierung im Politikunterricht. (Schriftenreihe der Niedersächsischen Landeszentrale für politische Bildung). 2. Aufl. – Hannover 1997

Hans-Hermann Hartwich: Die „Herausforderungen" des technisch-wirtschaftlichen Wandels und ihre „kategoriale Bewältigung" durch Politikwissenschaft und politische Bildung. In: Herausforderungen – Antworten. Politische Bildung in den neunziger Jahren. Wolfgang Hilligen zum 75. Geburtstag. Opladen 1991, S. 91-106

Hans-Werner Kuhn / Peter Massing: Politikunterricht kategorial und handlungsorientiert. Schwalbach/Ts. 1998

Heinz Klippert: Durch Erfahrung lernen. Ein Prinzip (auch) für die politische Bildung. In: Bundeszentrale für politische Bildung (Hrsg.): Erfahrungsorientierte

Methoden der politischen Bildung. (Schriftenreihe der Bundeszentrale für politische Bildung, Nr. 258). Bonn 1988, S. 75-93

Ders.: Planspiele in der politischen Bildung. Planspiel: „Bergstadt soll 20 weitere Asylbewerber bekommen". A.a.O., S. 147-168

Ders.: Handlungsorientierter Politikunterricht. Anregungen für ein verändertes Lehr- / Lernverständnis. In: Bundeszentrale für politische Bildung (Hrsg.): Methoden in der politischen Bildung – Handlungsorientierung. (Schriftenreihe der Bundeszentrale für politische Bildung, Nr. 304). Bonn 1991, S. 9-30

Peter Massing: Das Verhältnis von Politikwissenschaft und Politikdidaktik und die Konsequenzen für die Sozialkundelehrerausbildung. In: GEP 7/1996, S. 449-455

Peter Massing: Handlungsorientierter Politikunterricht. Ausgewählte Methoden. Schwalbach/Ts. 1998

Hilbert Meyer: Leitfaden zur Unterrichtsvorbereitung. Königstein/Ts. 1980

Ders.: Unterrichts-Methoden. Band I, Theorieband; Band II, Praxisband. Königstein/Ts. 1987

Hilbert Meyer / Liane Paradies: Handlungsorientierter Unterricht. Oldenburger Vor-Drucke, Heft 218. Oldenburg 1993

Frank Nonnenmacher: Politisches Handeln von Schülern. Eine Untersuchung zur Einlösbarkeit eines Postulats der Politischen Bildung. Weinheim 1984

Politik gestalten: Ein Arbeitsbuch für die Sekundarstufe 1, Band 1. Hannover 1993

Sibylle Reinhardt: Handlungsorientierung. In: Wolfgang Sander (Hrsg.): Handbuch politische Bildung. Schwalbach/Ts. 1997, S. 105-114.

Sibylle Reinhardt

Was ist Handeln? „Handlungsorientierung" und/oder „Wissenschaftspropädeutik"?

1. Zwei Vorgänge

Im Unterricht zweier Kurse in Jahrgang 13 habe ich vor einer Reihe von Jahren den Schülerinnen und Schülern zur Wahl vorgeschlagen, daß wir entweder „Prozesse der Machtbildung" (Popitz 1968) gemeinsam lesen und besprechen oder eine Zukunftswerkstatt zur „Industriegesellschaft" (Schäfer/Strotmann 1991) durchführen. Der eine Kurs wählte die Lektüre und Besprechung, der andere Kurs wählte die Zukunftswerkstatt.

Wenn man die beiden Kurse gefragt hätte, ob sie im Unterricht handelten, hätten die Schülerinnen und Schüler wahrscheinlich die Frage bestaunt – wie denn etwa nicht! Besonders die Textbesprechung verlief äußerst lebhaft und selbstgesteuert durch die Lernenden. Das ist mir deshalb gut in Erinnerung, weil in einer Stunde eine Gruppe von Referendaren anwesend war und diese Stunde anschließend betrachtet wurde. Angefangen hatte die Stunde damit, daß ich gefragt hatte: „Wer fängt an?" Das war gewiß kein Impuls, keine Leitfrage oder sonst eine motivierende oder orientierende Aktion, sondern lediglich das Signal, daß es nun – wie immer – losginge. Die Lernenden entwickelten ein langes Gespräch, in das ich erst nach ca. 20 Minuten eingriff, damit es nicht kreiselte. Ich habe das Gespräch als intensiv und interaktiv erlebt (beim Zuhören).

2. Begriffliche Konventionen

Üblicherweise würde nur die Zukunftswerkstatt als handlungsorientiert klassifiziert und die Textbesprechung eher als das Gegenteil. Laut „Politikdidaktik kurzgefaßt" (Ackermann u.a. 1994, S. 148) muß Politikunterricht mehr sein „als die rein intellektuelle Aneignung von Sach- und Fachwissen", nämlich die Handlungsdimension mit einschließen. Genauer wird dies bestimmt als „praktisches, forschendes, problemlösendes, soziales, kommunikatives, projektartiges, produktorientiertes, ganzheitliches Lernen". Der Begriff der Handlungsorientierung ist vor Jahren gegen zwei konstituierende Elemente von Politik- und Sozialwissenschafts-Unterricht in Stellung gebracht worden – gegen Texte und gegen das Reden (vgl. Dorn/Knepper 1987, Klippert 1991).

Diese harte und zudem wertende Gegenüberstellung hat didaktische Nachteile, zum einen auf der Begriffsebene und zum anderen auf der Strategieebene. „Handeln" soll nach Max Weber „ein menschliches Verhalten (einerlei ob äußeres oder innerliches Tun, Unterlassen oder Dulden) heißen, wenn und insofern als der oder die Handelnden mit ihm einen subjektiven Sinn verbinden." Soziales Handeln wird näher bestimmt als solches Handeln, das seinem „gemeinten Sinn nach auf das Verhalten anderer bezogen wird und daran in seinem Ablauf orientiert ist" (Weber 1921/1964, S. 4). Dieser Handlungsbegriff trennt nicht zwischen der Textbesprechung und der Zukunftswerkstatt. Es deutet sich damit an, daß der Begriff Handlungsorientierung unscharf ist und deshalb zum einen Wortketten zur Erläuterung provoziert (vgl. oben) und zum anderen konkurrierende Deutungen (und vielleicht Umdeutungen zum Gemeinten) hervorbringt.

In seiner „Geschichte der politischen Bildung" weist Walter Gagel darauf hin, daß dem Handeln „die Planung der Handlung durch vorwegnehmendes Denken" vorangeht (1994, S. 301). Damit sind Denken und Tun eng verknüpft und eine Entwertung des Kognitiven vermieden. „Wissen, das nicht unmittelbar praktisch, nämlich subjektiv befriedigend verwertet werden kann, wird in der Didaktik jetzt vielfach abfällig beurteilt" (a.a.O., S. 291; vgl. auch den Beitrag von Walter Gagel in diesem Band). Auch Tilman Grammes (1997) differenziert Handeln in äußere Aktion (Tat) und gedankliches Probe-Handeln und das Nach-Denken über das Tun (Reflexion) und wählt damit ebenfalls einen weiteren Begriff von „Handlungsorientierung" (a.a.O., S. 11,19 u. 21).

Diese Begriffsrevision, die mit Max Webers Definition konform geht, hat den Vorteil, daß keine harte und wertende Gegenüberstellung von handlungs- und theorieorientiertem Unterricht erfolgt. Aber sie hat ihren Preis, denn sie verwischt u.U. die Intuitionen, die sich z.B. darin ausdrückten, daß ich den Lerngruppen zwei ganz unterschiedliche Lernstrategien (Besprechung eines wissenschaftlichen Textes/Zukunftswerkstatt) anbot und sie unterschiedlich wählten. Ich bin ziemlich sicher, daß der ersten Gruppe der Text „Prozesse der Machtbildung" auch praktischen Sinn gab und daß in der zweiten Gruppe die Zukunftswerkstatt auch Denkprozesse anstieß – und doch ist der Schwerpunkt des unterrichtlichen Handelns unterschiedlich gewesen.

3. Bedingungsanalyse als Kriterium

Die Lerngruppen waren unterschiedlich in ihren Bedürfnissen und in ihren Möglichkeiten; solche Differenzen gilt es zu sehen und entsprechend zu handeln. Die eine Lerngruppe hätte womöglich die Zukunftswerkstatt für öde und unfruchtbar gehalten (oder sich davon faszinieren lassen), die andere Lerngruppe hätte womöglich den wissenschaftlichen Text für trocken und weltfremd gehalten (oder Spaß daran gekriegt) – wobei ich bei diesen beiden Lerngruppen das erstere für wahrscheinlicher hielt und deshalb gern ihrer Wahl nachkam (auch wenn ich es für das Ziel der gymnasialen Oberstufe letzten Endes halte, den Umgang mit Wissenschaft propädeutisch zu verfolgen – es kommt dabei auf die Verbindung zwischen Schüler und Theorie an; vgl. Reinhardt 1997). In vergleichbarer Weise plädiert Franz-Josef Witsch-Rothmund (1990) aus einer konkreten Bedingungsanalyse heraus für „eine weniger textzentrierte Arbeit" (a.a.O., S. 397) und „handlungsorientierteren Unterricht" (a.a.O., S. 409) für bestimmte Lerngruppen. Die Bedingungsanalyse ergibt den Unterschied, wobei in ein und derselben Lerngruppe auch der Wechsel der Strategien die Lernchancen erhöhen kann – fürs Denkenlernen und fürs Handelnlernen.

Der Begriff der Handlungsorientierung ist nicht geeignet, den einen Schwerpunkt zu benennen (vgl. das bisher Gesagte); auch die polemisch gemeinten Gegenüberstellungen „Verkopfung" vs. „Aktionismus" helfen nicht weiter, weil sie die jeweils andere Lernstrategie nicht akzeptieren.

4. Begriffs-Vorschlag: Lernen in Interaktion

Mein Vorschlag zur Begriffsdefinition (zur Herleitung vgl. Reinhardt 1995a) lautet „Lernen in Interaktion" und benennt die drei Aspekte des Subjekts, der Lernorte und der Partizipation: Lernen in Interaktion: 1. Die Tätigkeit der Lernenden umfaßt mehrere Dimensionen des Handelns der Person (kognitiv, emotional, pragmatisch; sozial, moralisch, politisch u.a.m.) und ist insofern ganzheitlich (Subjekt). 2. Die Lernenden arbeiten auf mehreren Ebenen der Realität (Person – Gruppe der Lernenden – Institution Schule – außerschulische Lernorte) und handeln insofern wirklichkeitsnah (Lernorte). 3. Die Lernenden bestimmen Inhalt und Prozeß des Lernens mit (Themenwahl, Verfahren, Unterrichtsablauf, Produktion); insofern ist der Lernprozeß demokratisch (Partizipation).

In der Literatur werden häufig Merkmale von Handlungsorientierung aufgelistet; so extrahiert Tilman Grammes (1997) aus der reformpädagogischen Tradition diese sieben Punkte: Ganzheitlichkeit, Öffnung der Schule, Produktorientierung, Schüleraktivität, Verbindung von Kopf- und Handarbeit, Schülerinteressen als Ausgangspunkt, Beteiligung der Schüler an Planung, Durchführung und Auswertung des Unterrichts (a.a.O., S. 11f.). Die o.g. drei Aspekte von „Lernen in Interaktion" stellen eine Gruppierung und Zusammenfassung dar, auch pointieren sie den Prozeßcharakter des Konstrukts.

Der Status des Begriffs „Lernen in Interaktion" ist der eines Denk-Begriffs (Idealtypus nach Max Weber), das heißt er dient der analysierenden Betrachtung von Unterricht, ohne daß er vorfindliche Realität (die viel komplexer und uneinheitlicher ist) direkt erfassen kann. Der Begriff ist auch nicht normativ, das heißt er gibt keine Vorschrift fürs Unterrichten, auch wenn er mögliche Handlungsrichtungen aufzeigt. Normativ sollte der Begriff nicht sein, weil dies eine moralische Überlastung von Unterricht ergäbe und weil er die Sinnfrage gar nicht erfassen kann. Ob dieser Unterrichtsprozeß inhaltlich sinnvoll ist (also z.B. politisch bildend oder entpolitisierend oder gar antidemokratisch), bleibt offen. Im konkreten Unterricht werden wir ganz unterschiedliche Kombinationen der Elemente finden und nur selten eine vollständige Versammlung der o.g. Aspekte und Elemente.

5. Methode oder Verfahren

Die Vollständigkeit bzw. Elementenhaftigkeit des Prinzips – und damit eine weitere Irritation durch das Konstrukt – ergibt sich aus der unterschiedlichen zeitlichen Reichweite der Prozesse von „Lernen in Interaktion" im Unterricht. Es kann die Gesamtstruktur einer Unterrichtsreihe gemeint sein (Methode: z.B. Planspiel, Fallstudie, Projekt o.a.) und auch ein einzelnes Verfahren im Rahmen z.B. eines Lehrgangs (z.B. Erkundung, Debatte, Flugblatt). Besonders im Falle der Verfahren kann es sich um durchaus traditionellen Unterricht mit starker Lehrerlenkung und Instruktionsbetonung handeln – dann ist dieser Unterricht aufgelockert worden (oder auch „aufgemotzt"), was für das Arrangieren von Lernprozessen per se sinnvoll sein kann, aber keine anspruchsvolle neue Didaktik abgibt und sicherlich keine fachdidaktische Begründung mitliefert.

Beispiele in der Literatur zeigen unterschiedliche Methoden bei der Realisierung von Handlungsorientierung im umfassenden Sinne. Die o.g. Zukunftswerkstatt entwickelt sich als Abfolge von Kritikphase – Phantasiephase – Verwirklichungsphase (plus Vor- und Nachbereitung), Joachim Detjen hat 1995 eine Fallstudie mit den Phasen Konfrontation – Information – Exploration – Entscheidung – Vergleich mit der Realität berichtet und 1994 den Ablauf eines Projektes (eine ganze Schule verwandelte sich in einen „Staat"), ich selbst habe 1995 die Phasierung Wunschphase – Planungsphase – Arbeitsphase – Aktionsphase dargestellt. Diese Vielfalt ist irritierend, denn auch sie deutet auf einen zu umfassenden Begriff hin, der mehr eine grundsätzliche Intuition transportiert als klare analytische und normative Trennungen zu ermöglichen.

6. Konkurrenz der Strategien

Die grundsätzliche Intuition ist aber offensichtlich wichtig, sonst hätte sich „Lernen in Interaktion" (als Präzisierung von Handlungsorientierung) nicht in den pädagogischen Diskussionen so durchgesetzt. Die Relevanz des Konstrukts besteht wohl darin, daß es den text- bzw. materialgesteuerten und lehrergelenkten Unterrichtsstrategien andere Strategien zur Seite oder auch gegenüber stellt. Zwar ist die wertende Härte der Entgegensetzung nicht realistisch (denn text- bzw. theoriebezogener Unterricht muß nicht lehrergelenkt sein – vgl. das obige Beispiel der Besprechung eines wissenschaftlichen Textes –, und interaktive Strategien können durch ihre Spielregeln sehr rigide lenken – vgl. Planspiele) und deshalb diffamierend, aber die Entgegensetzung hat – historisch gesehen – dem Lehrerhandeln im Unterricht neue Möglichkeiten erschlossen.

Das Repertoire von Methoden und Verfahren ist also erweitert worden. Die fachdidaktische Aufgabe für die Wahl des Konzepts von Lernen in Interaktion oder einzelner Elemente ist damit nicht gelöst, denn die inhaltliche Frage nach politischer Bildung ist nicht beantwortet (möglicherweise ist der gemeinsame Kern die prozessuale Konzentration auf eine politische Entscheidung) und auch nicht die Frage nach den Bedingungen des politischen Lernens in der Lerngruppe.

Das Beispiel meiner Kurse verwies darauf, daß Bedürfnisse und Wahlen von Lernenden sehr unterschiedlich sein können, so daß eine Gruppe die Strategie „Gespräch über einen wissenschaftlichen Text" wählte und die andere Gruppe die Strategie „Lernen in Interaktion" bevorzugte. Die erste Strategie ist im Vergleich zur zweiten Strategie eine Engführung in mehrerer Hinsicht: Das Material ist ein Text einer bestimmten Textsorte, die Methode ist die des Lehrgangs, das Verfahren ist das des Unterrichtsgesprächs, die Zielrichtungen sind Wissenschaftspropädeutik und – normativ formuliert – der Diskurs über gemeinsame Angelegenheiten gesellschaftlicher und politischer Natur. Die zweite Strategie (hier: Zukunftswerkstatt) enthält Materialien unterschiedlicher Art, die Methode ist durch die Abfolge Kritik – Phantasie – Realisierung bezeichnet und auch in den Verfahren äußerst variabel, die Zielrichtungen sind Handeln in den Dimensionen von Denken und Tun. Läßt sich beides rechtfertigen?

Die Engführung wissenschaftspropädeutischen Arbeitens im Vergleich zum Lernen in Interaktion bestimmt sich aus der Eigenart von Wissenschaft, die in großer Distanz zur Realität arbeitet, Medien sprachlicher Symbolik benutzt, Beschreibung und Wertung analytisch trennt, ihr jeweiliges Thema klar bezeichnet – kurzum, die größte mögliche Entfernung zum Alltagsleben hält. Offensichtlich bedarf es bestimmter Sozialisationsprozesse, die die Lernenden befähigen, Sinn in dieser Art Arbeit zu sehen. Andere Lernende – oder auch zu einem anderen Zeitpunkt dieselben Lernenden – wollen/können dies nicht mit dem Argument der Sinnlosigkeit, Langeweile, Öde, Weltfremdheit etc.

Die Beziehung der beiden Lernstrategien zueinander kann als ein Verhältnis von Wechselseitigkeit (und evtl. eines der Hierarchie) gefaßt werden. Wechselseitig sind die Strategien, weil wissenschaftliche Distanz und Abstraktion ohne ständige Re-Konkretisierung leer liefen und ohne Fundierung im gesellschaftlichen Leben blieben (was soll das Ganze dann?). Die Erfahrung mit studentischen Referaten, in denen keine konkreten Beispiele zu abstrakten Begriffen gelingen und demnach auch keine Stellungnahmen zur Fruchtbarkeit von Theorien, deutet auf die mögliche Leere von bloß reproduzierten (in ihrer Wortgestalt, nicht in ihrem Sinn) Begriffen hin. Auf der anderen Seite bedarf das unmittelbare Leben der Instrumente von Erkenntnis für diese Erkenntnis – worin Schule ihre genuine Aufgabe findet, nämlich nicht die Realität zu verdoppeln, sondern den Lernenden bei der Verarbeitung dieser Realität zu helfen. Hierarchisch (aufhebend im doppelten Sinne des Wortes: bewahrend und überwindend) wäre das Verhältnis dann, falls – idealiter – der Erwerb der Fähigkeit zur disziplinierten Engführung und zur abstrahierenden Generalisierung der Arbeit (Wissenschaftspropädeutik) die Fähigkeit zur ganzheitlichen, ichbezogenen, affektiven, partikularen, gemeinschaftlichen Orientierung mit einbegreift.

7. Alternative Orientierungen

Talcott Parsons hat in „The Social System" einen Satz von alternativen Orientierungen vorgeschlagen, die für die Erfassung von Wertmustern, sozialen Normen und auch persönlichen Motivationen taugen kann (1951, S. 58-112; vgl. auch Hauck 1984, S. 137-139 und Korte 1992, S. 179f.):
1. Affektivität – affektive Neutralität (unmittelbare Befriedigung versus Disziplin),
2. Selbstorientierung – Kollektivorientierung (privater Eigennutz versus kollektive Ziele),
3. Partikularismus – Universalismus (einzigartige Beziehung versus generalisierter Bezug),
4. Zuschreibung – Leistung (quasi-natürliche Merkmale versus individuell Erworbenes),
5. Diffusität – Spezifität (umfassende Situation versus funktionale Engführung).

Gerhard Hauck spielt die Entgegensetzung (die auch zur Diagnose von Mischungen führen kann) am Beispiel von Familie und Wirtschaft durch: Die beiden Lebens- bzw. Handlungsbereiche sind unterschiedlich strukturiert; das wirtschaftliche Teilsystem dieser Gesellschaft verlangt und produziert diszipliniertes, eigenorientiertes, an generellen Maßstäben orientiertes, individuell zu verantwortendes und auf Wirtschaftliches begrenztes Handeln, während Leben in der Familie eher gefühlsbetont, an dieser kleinen Gemeinschaft orientiert, einzigartig in der konkreten Beziehung, den einzelnen als solchen akzeptierend und allumfassend in den Themen abläuft.

Diese Alternativen werden auch zur Bestimmung des Handelns von Professionellen genutzt (so der Lehrer – vgl. Reinhardt 1995b), auch wird damit der Übergang von Kindern aus der Grundschule in die Sekundarschule faßbarer (Parsons 1951/1987). Wir können die Variablen der Orientierung auch nutzen, um unterschiedliche Sozialisationsbedingungen zu beschreiben und ernst zu nehmen (Entwicklung als Merkmal von Lebenslauf und schulischer Karriere wäre eine Dimension) und um die Wechselseitigkeit der Orientierungen (idealiter eventuell auch ihre Hierarchie) zu erfassen. Insgesamt könnte dieser Ansatz für eine Theorie von Schule dienlich sein.

„Lernen in Interaktion" ist eher affektbetont und am unmittelbaren Bedürfnis orientiert, das eigene Ich ist stark involviert, die eigene Welt und ihre Umgebung sind wichtig, das Wir der Gruppe ist Wert in sich, viele thematische Aspekte sind zugelassen – der Prozeß ist ganzheitlich, wirklichkeitsnah und demokratisch. „Wissenschaftspropädeutik" hält eher Distanz zur Person, ihr übergreifender Wert ist Wahrheit, sie ist an abstrakten Regeln orientiert, der Erwerb wissenschaftlicher Fähigkeiten gilt als individueller Prozeß, Wissenschaft ist klar definiert – der Prozeß ist spezifisch, theorienah und nur begrenzt partizipativ.

Diese analytische Entgegensetzung mag helfen, Strategien zu klären und sie in ihrer gegenseitigen Abhängigkeit zu zeigen. Konkreter Unterricht wird häufig Mischungen produzieren und manchmal Zuspitzungen (vgl. das oben Beschriebene). Professionelles Lehrerhandeln kann die Unterscheidung für den reflektierten Einsatz unterschiedlicher Strategien in unterschiedlichen Lerngruppen in unterschiedlichen Situationen nutzen.

Literatur

Paul Ackermann / Gotthard Breit / Will Cremer / Peter Massing / Peter Weinbrenner: Politikdidaktik kurzgefaßt. 13 Planungsfragen für den Politikunterricht. Schwalbach/Ts. 1994 (auch Schriftenreihe der Bundeszentrale für politische Bildung, Nr. 326)

Joachim Detjen: Schule als Staat. Didaktische Chancen einer projektorientierten Simulation von Politik und Wirtschaft. In: Gegenwartskunde. 3/1994, S. 359-369

Joachim Detjen: Politik machen! – Schüler beraten und entscheiden ein kommunalpolitisches Problem. In: Gegenwartskunde. 2/1995, S. 217-228

Michael Dorn / Herbert Knepper: Wider das allmähliche Entgleiten der Schüler und der Wirklichkeit. In: Gegenwartskunde. 2/1987, S. 149-158

Walter Gagel: Geschichte der politischen Bildung in der Bundesrepublik Deutschland 1945–1989. Opladen 1994

Tilman Grammes: Handlungsorientierung im Politikunterricht. (Schriftenreihe der Niedersächsischen Landeszentrale für politische Bildung). 2. überarb. Aufl. – Hannover 1997

Gerhard Hauck: Geschichte der soziologischen Theorien. Reinbek 1984

Heinz Klippert: Handlungsorientierter Politikunterricht. Anregungen für ein verändertes Lehr- / Lernverständnis. In: Bundeszentrale für politische Bildung (Hrsg.): Methoden in der politischen Bildung – Handlungsorientierung. (Schriftenreihe der Bundeszentrale für politische Bildung, Nr. 258). Bonn 1991, S. 9-30

Hermann Korte: Einführung in die Geschichte der Soziologie. Opladen 1992

Talcott Parsons: The Social System. New York: Free Press 1964 (zuerst 1951)

Talcott Parsons: Die Schulklasse als soziales System. In: Klaus Plake (Hrsg.): Klassiker der Bildungssoziologie. Düsseldorf 1987, S. 102-124 (zuerst 1951)

Heinrich Popitz: Prozesse der Machtbildung. Tübingen 1976 (zuerst 1968)

Sibylle Reinhardt: „Handlungsorientierung" als Prinzip im Politikunterricht (Sinn, Begriff, Unterrichtspraxis). In: Politisches Lernen. 1-2/1995, S. 42-52 (1995a)

Sibylle Reinhardt: Die Profession des Politiklehrers. In: Gegenwartskunde. 1/1995, S. 45-57 (1995b)

Sibylle Reinhardt: Didaktik der Sozialwissenschaften. Gymnasiale Oberstufe. Sinn, Struktur, Lernprozesse. Opladen 1997

Frank Schäfer / Dirk Strotmann: Zukunft der Industriegesellschaft. Eine Unterrichtsreihe im Fach Sozialwissenschaften in der 13. Jahrgangsstufe mit der Methode ‚Zukunftswerkstatt'. In: Politisches Lernen. 1/1991, S. 33-55

Max Weber: Wirtschaft und Gesellschaft. Grundriß der verstehenden Soziologie. I. Halbband der Studienausgabe. Köln / Berlin 1964 (zuerst 1921)

Franz-Josef Witsch-Rothmund: Unterrichtserfahrungen mit der „Wochenschau". Vorschläge für eine Kurskorrektur in der Politikvermittlung auf der Sekundarstufe I. In: Bundeszentrale für politische Bildung (Hrsg.): Zur Theorie und Praxis der politischen Bildung. (Schriftenreihe der Bundeszentrale für politische Bildung, Nr. 290). Bonn 1990, S. 396-411.

Dagmar Richter

Geschlechtsdifferente Aspekte handlungsorientierten Lernens

Handlungsorientierung als didaktisch-methodisches Prinzip ist sinnvollerweise einzubetten in eine didaktische Konzeption politischer Bildung – und damit in deren Normativität. Ohne Explikation politischer Bildungs- und Lernziele ist sie lediglich eine Unterrichtsmethode im Kontext allgemeinpädagogischer Ziele. Da es bislang keine Konzeption gibt, die geschlechtsdifferente Aspekte adäquat, und d.h. substantiell in ihre Kategorien einbezieht (Richter 1997), können hier lediglich Bausteine dieses Prinzips im Rahmen einer zu skizzierenden geschlechtsdifferenzierenden Konzeption politischer Bildung entwickelt werden.

Handlungsorientiertes Lernen soll im folgenden verstanden werden als ein durch didaktisch-methodische Prozesse angeregtes Denken, das sich auf biographisch bedeutsame politische Handlungsprozesse bezieht. Dies können Reflexionen und Antizipationen über politische Handlungen sein, die von Lernenden selbst bereits durchgeführt wurden, angestrebt werden oder die in einem relevanten Zusammenhang zum eigenen Leben stehen. Das Denken kann in politisches Handeln münden (z.B. innerhalb der Bildungsinstitution selbst), muß es aber nicht und verbietet sich wegen des Überwältigungsverbots dann, wenn die Anregung dazu primär vom Lehrenden ausgeht.

Ein geschlechtsdifferenzierender konzeptioneller Ansatz ist notwendigerweise solange ein emanzipatorischer, wie davon auszugehen ist, daß politische Interessen und Bedürfnisse von Frauen bis hin zu ihren Handlungsmöglichkeiten in der Gesellschaft diskriminiert werden und daß sie selbst diejenigen sind, die diesen Diskriminierungen entgegenwirken müssen. Hier wird also eine didaktische Position Kritischer Theorie vertreten, die Zielen der Emanzipation, Mündigkeit und Selbstbestimmung folgt und affirmatives sowie fremdbestimmtes Verhalten von Lernenden ablehnt. Die Bedeutung der Wahl einer didaktischen Konzeption für geschlechtergerechten Unterricht belegen Arbeiten, die vergleichend aufzeigen, daß Konzeptionen im (Politik-)Unterricht mehr oder weniger bewußt einen Handlungsrahmen für Mädchen und Jungen bzw. Frauen und Männer setzen (Reinhardt 1997). Dessen Bandbreite kann von Diskriminierungen auf inhaltlicher oder handlungsorientierter sowie der Interaktionsebene bis hin zur Förderung bislang diskriminierter Bereiche reichen (siehe auch die Diskussionen zum sog. Heimlichen Lehrplan in den siebziger Jahren). Insofern sind prinzipiell alle Ebenen des handlungsorientierten Unterrichts auf geschlechtsdiskriminierende Elemente hin zu prüfen.

In diesem Sinne sind Bildungs- und Lernziele entsprechend zu differenzieren und d.h. zu kontextualisieren: Es kann weder allgemein in Prozessen politischer Bildung noch speziell im handlungsorientierten Lernen von einem geschichtslosen, gesellschaftlich unabhängigen menschlichen Wesen ausgegangen werden, für das allgemeingültige Ziele aufzustellen sind, sondern die Ziele sind auf historisch-gesellschaftlich situierte, sich in jeweils näher zu bestimmenden Herrschafts- und Konfliktverhältnissen befindliche Lernende zu beziehen. Dies bedeutet in einer Art Zangenbewegung zum einen eine biographische Orientierung, bei der allgemeine Bedingungen für Lernende im Bereich (politischer) Sozialisation bis hin zu möglichen Lebensperspektiven, wie sie sich u.a. in sozialwissenschaftlicher Literatur finden lassen, jeweils mit ihnen gemeinsam in aktuellen Unterrichtsprozessen zu konkretisieren sind. Zum anderen sind politische Theorien und empirisch zu findende Dimensionen des Politischen im Hinblick auf Erklärungen und Geschlechtsdiskriminierungen sowie ihre Überwindung zu beleuchten: das politische System und seine Strukturen (polity), die politischen Prozesse und ihre Akteure (politics) sowie Aufgaben und Inhalte von Politik (policy). Ohne solche biographischen und theoretischen Einbettungen läuft handlungsorientiertes Lernen ins Leere: Werden weder potentielle Handlungsfelder noch subjektive Voraussetzungen, Erfahrungen oder Orientierungen (z.B. moralische Prämissen) einbezogen, ist es für Lernende oft bedeutungslos. Handeln hat stets historisch-biographischen Charakter und somit auch das Nachdenken über Handeln.

Kontextualisieren heißt also unter der hier gewählten Perspektive, sowohl die Lernenden als auch das Politische konkreter im Hinblick auf Geschlechterdifferenzen und Geschlechterverhältnisse zu betrachten, wobei die analytische Trennung zwischen Individuum und Gesellschaft soweit wie möglich aufzuheben ist, da sonst zum einen die Gefahr besteht, traditionell-gesellschaftlich konstituierte Geschlechterdifferenzen und -verhältnisse den Menschen selbst zuzuschreiben, also fälschlicherweise zu anthropologisieren. Zum anderen besteht die Gefahr, daß von theoretischen Positionen ausgehend Ziele propagiert werden, die allein theoretischen Prämissen folgen oder dem Politischen: Es geht jedoch nicht darum, derart ‚von außen' festzulegen, was an politischen Handlungskompetenzen künftig gebraucht wird und wer in welchem Umfang politisch handeln soll, sondern dies ist von Bürgerinnen und Bürgern selbst zu entscheiden. Zwar wird z.B. politisches Nicht-Handeln von Frauen von verschiedenen gesellschaftlichen Gruppen kritisch betrachtet; so auch von Politikwissenschaftlerinnen:

„Wenn die politischen Entscheidungsträger die Ursachen der begrenzten Teilnahme- wie Teilhabechancen von Frauen [...] wie gewohnt ignorieren bzw. ihnen allenfalls in der politischen Rhetorik Beachtung schenken, dann kann eine sinkende Unterstützung des politischen Systems durch Frauen nicht länger ausgeschlossen werden; die alarmierend hohe Zahl junger Nichtwählerinnen, deren ausgeprägtes Desinteresse an jeglicher parteipolitischer Partizipation, aber auch der rapide Ansehensverlust von Politikern in der weiblichen Bevölkerung weisen bereits heute in diese Richtung" (Hoecker 1995, S. 194).

Dennoch haben Menschen das Recht und die Freiheit, nicht politisch handeln zu müssen. Bildungsinstitutionen können ihnen „lediglich" helfen, mit didaktisch-methodischer Unterstützung Handlungskompetenzen auszubilden, über die Lernende dann souverän verfügen können – mit der Maßgabe, daß ihre jeweiligen Entscheidungen und Handlungsprozesse den normativen Übereinkünften sowie Menschenrechten und demokratischen Grundwerten folgen bzw. sie ggf. verteidigen.

Zum genauer zu betrachtenden Politischen gehören u.a. politische Theorien über Demokratieformen (Holland-Cunz 1998) sowie über Staatsbürgerinnen und ihre Rechte. Sie sind wichtig, um im Zusammenhang mit Prozessen der Aufklärung und Emanzipation die gebotene Vielfalt im Sinne verschiedener Ansätze und Sichtweisen zu gewährleisten. Angesichts des hier möglichen Umfangs und der Tatsache, daß feministische Reflexionen in fachdidaktischer Literatur meist ausgeblendet sind, soll dennoch auf Vielfalt verzichtet und der Schwerpunkt exemplarisch auf feministische Theorie gelegt werden.

Formal haben Frauen den Staatsbürgerstatus, der ihnen gleiche Rechte im Zusammenleben und bei der politischen Mitsprache und Partizipation garantiert. In der politischen Praxis sieht dies jedoch anders aus (Hoecker 1995; Schöler-Macher 1994): Ein zentrales Moment der Geschlechtsdiskriminierungen ist die Bestimmung von Öffentlichkeit und Privatheit, die soziale Ungleichheiten zwischen den Geschlechtern konstituiert, indem geschlechtstypische Zuordnungen erfolgen. Öffentliche Beziehungen zwischen Menschen werden unter der Norm des Tausches betrachtet und damit auf Erwerbstätigkeit reduziert; private Beziehungen werden mit Normen der Fürsorge und Zuneigung charakterisiert und somit den Kategorien materieller Entlohnung und Absicherung entzogen. Sowohl das System sozialstaatlicher Versorgung als auch Gesetzesinhalte und Auslegungen der Rechtsprechung werden zu einem „Zwei-Geschlechter-System". Soziale Ungleichheit aber steht politischer Gleichheit im Wege (Pateman 1994); erst materielle Absicherung ermöglicht eine Inanspruchnahme umfassender politischer Teilhabe (Fraser/Gordon 1994, S. 185f; vgl. auch den Beitrag von Gerhard Himmelmann in diesem Band). Werden diese ungleichen Ausgangsbedingungen für die Geschlechter nicht in Vertragsverhandlungen aufgenommen, sind sie nicht verhandelbar und bleiben bestehen. Dies betrifft z.B. die Mutterschaft, die u.a. aufgrund des Tauschverständnisses z.Z. nicht als Beitrag zur allgemeinen staatlichen Wohlfahrt angesehen wird. Sie ist als politischer Status anzuerkennen, da sie Frauen in ihrer Rolle als Staatsbürgerinnen festlegt (Wilde 1997, S. 94ff.), zumindest aber entscheidend beeinflußt. Im Zusammenhang mit staatsbürgerlichen Rechten ist des weiteren nicht allein ‚Öffentlichkeit' zu betrachten, sondern auch bei der ‚Privatheit' muß zwischen dem privaten männlichen Raum und der Familie als privater Sphäre von Frauen unterschieden werden (Wilde 1997, S. 97). Die in feministisch-politikwissenschaftlicher Literatur aufgezeigten Defizite in gesellschaftlichen Verträgen verweisen auf eine Fülle nötiger politischer Handlungen zur Verringerung derartiger Diskriminierungen.

Solche theoretischen Positionen sind in einen handlungsorientierten Politikunterricht einzubeziehen; ob – und wenn, welche – Handlungskonsequenzen sich für Lernende ergeben, ist nicht mehr Gegenstand von Planungen des Unterrichts. Zum einen lassen sich wohl nur in Ausnahmefällen in heterogenen Lerngruppen gemeinsame Handlungsperspektiven finden, und auch innerhalb der Gruppe der Frauen sind die Interessenslagen und der Leidensdruck unter Herrschaft unterschiedlich. Zum anderen widerspräche dies einer Position Kritischer Theorie.

Des weiteren gehören zur theoretischen Ebene die oben schon erwähnten Dimensionen des Politischen, zu denen einige geschlechtsdifferenzierende Aspekte genannt seien:

- In der Schule kann politisches Handeln nur stattfinden, wenn es auf die Institution selbst, auf Schule als Politikum (polity) bezogen ist: Ihr politisch-rechtlicher Kontext bereitet den Rahmen, innerhalb dessen politische Bildung als Handlungszusammenhang überhaupt stattfinden und der zum Gegenstand kritischer Reflexionen über schulisches Miteinander und Formen schulischer Organisation werden kann: Koedukative oder geschlechtshomogene Lerngruppen? Wer hat welche Positionen in der Institution sowie in übergeordneten Institutionen wie Schulbehörden – und warum? Wer entscheidet über Schulentwicklungen, Schulprofile und Ressourcen?
- Inhalte und Lernziele des Politikunterrichts, zu denen Richtlinien, rechtliche Stellungen von Lehrenden usw. gehören (policy), stellen eine weitere Reflexionsebene dar: Sind verschiedene politische Handlungsfelder Gegenstand des Unterrichts, so u.a. Frauenpolitik wie Frauenförderungs- und Gleichstellungspolitik? Werden jeweils Geschlechterverhältnisse reflektiert, also z.B. bei Problemanalysen, Zielfindungen und möglichen Handlungsmustern Interessenslagen von Frauen oder ideologische Männlichkeits- und Weiblichkeitsrollenvorgaben berücksichtigt?
- Eine weitere politische Ebene ist die der schulischen Interaktionen (politics): Wie werden im Unterricht Weltzugänge und reale Probleme von Lernenden und Lehrenden wahrgenommen, Partizipationen angestrebt oder gefördert, Macht erworben und genutzt? Wie nehmen Mädchen und Jungen Probleme wahr? Wie vertreten sie ihre Interessen und tragen Konflikte aus bzw. wie stellen sie Konsens her? Methodisch ist darauf zu achten, daß beide Geschlechter ihre Kompetenzen erweitern, Interessen verfolgen und Bedürfnisse befriedigen können. Da hier Forschungsergebnisse fehlen, muß Unterricht selbst zum Forschungsfeld werden; unterstützt durch zahlreiche Arbeiten zu geschlechtsdifferenzierender Sozialisations- und Interaktionsforschung, die typische Unterschiede mit pädagogischer Relevanz herausgearbeitet haben.

Zum eingangs erwähnten biographischen Aspekt der Handlungsorientierung gehört u.a., das politische Alltagswissen von Lernenden auszudifferenzieren. Die in verschiedenen Kontexten generierten Wahrnehmungs-, Reflexions- und Handlungsstrukturen von Frauen und Männern sind unterschiedliche und insofern als biographisches Erkenntnisprinzip mit den jeweiligen Besonderheiten und bezogen auf allgemeine Bedingungen zu berücksichtigen. Dafür sind gesellschaftliche Mechanismen geschlechtstypischer Rollenzuweisungen im Zusammenhang mit (politischen) Sozialisationsprozessen der Lernenden auf-

zuzeigen, mit ihnen das sog. Doing-gender zu reflektieren und Geschlechtsstereotype aufzubrechen. Dies erfordert viel biographische Sensibilität, fundiertes Wissen sowie gutes Reflexions- und Imaginationsvermögen von Lehrenden über geschlechtsgenerierende und -diskriminierende Prozesse:
- Es besteht ein dialektischer Zusammenhang von Fremd- und Selbstzuschreibungen. Individuen werden qua Genus klassifiziert und entweder der sozialen Gruppe der Frauen oder der der Männer samt ihrer jeweils typischen Eigenschaften zugeordnet. Individuen ordnen sich zugleich selbst immer wieder der jeweiligen Gruppe zu: Doinggender.
- Ausprägungen und Erscheinungen sog. weiblicher bzw. männlicher Verhaltensweisen (z.B. moralisches Urteilen) sind im Kontextbezug zu sehen und nicht per se als Merkmal von Persönlichkeit. Auch Handlungen sind nach den verschiedenen Ebenen ihres Auftretens unterschiedlich zu beurteilen: auf der politischen Ebene finden sich objektiv-gesellschaftliche Handlungsprozesse, auf privater Ebene soziale Handlungen usw., die z.B. jeweils unterschiedliche Autonomiespielräume zulassen.
- Lebensentwürfe und Biographien beider Geschlechter unterscheiden sich auch aufgrund gesellschaftlich-struktureller Rahmenbedingungen; dies ist politisch relevant und hier gilt es wiederum, einen dialektischen Zusammenhang zu reflektieren: „Frauen, die Geschlechter selbst sind es, die mit ihrem Handeln vorgegebene Strukturen aufrechterhalten oder auflösen. Handeln ist ‚Strukturierung' ebenso wie mit Handlungen umgesetzte Lebensentwürfe, die bereits mehr sind als Handlung, ‚Struktur' besitzen innerhalb eines Strukturierungsprozesses" (Beer 1991, S. 292).
- Aufgrund patriarchaler Theoriebildung sind nicht allein politische Theorien wie die über Öffentlichkeit und Privatheit, sondern auch politische Begriffe und Kategorien in biographisch-konkreten Reflexionen kritisch zu hinterfragen. So läßt sich der gängige Handlungsbegriff erweitern, indem z.B. moralische Konzepte wie Fürsorglichkeit und Pflege in politische Handlungsbegriffe integriert werden, die sonst lediglich (männlichen) Prinzipien der Gerechtigkeit bzw. systemimmanenter Optimierung folgen.

Der hier skizzierte Anspruch an Aufklärung politischer Sozialisation, also an biographischem Lernen, ist in den praktischen Möglichkeiten seiner Durchführung nicht zu unterschätzen, da Lehrende selbst im dichotomisierenden System der Zweigeschlechtlichkeit leben, das es ja gerade nicht zu kopieren, sondern kritisch zu hinterfragen gilt. So müssen sie nicht nur Methoden kennen und umsetzen können, die dem Gegenstand der Überwindung von Diskriminierungen adäquat sind, sondern sie müssen zunächst ihre eigenen (unpolitischen) Sozialisationserfahrungen aufarbeiten, daran anknüpfend politische Aspekte reflektieren und das Allgemeine der Erfahrungen, Diskriminierungen etc. herausarbeiten, also zu grundlegenden Strukturen vordringen: Eine Anforderung an (Selbst-)Reflexionsprozesse, die aufgrund des eigenen Verstricktseins in die aufzuklärenden Mechanismen idealerweise didaktisch-methodische Unterstützung in Lehr-Lern-Prozessen bekommen sollte, also in LehrerInnen-Fortbildungen aufzugreifen ist.

Literatur

Ursula Beer: Geschlecht, Struktur, Geschichte. Soziale Konstituierung des Geschlechterverhältnisses. Frankfurt/M. / New York 1991

Nancy Fraser / Linda Gordon: Die Einforderung sozialer Bürgerrechte. Jenseits der Ideologie von Vertrag kontra Wohltätigkeit. In: Günter Frankenberg (Hrsg.): Auf der Suche nach einer gerechten Gesellschaft. Frankfurt/M. 1994, S. 185-203

Beate Hoecker: Politische Partizipation von Frauen. Kontinuität und Wandel des Geschlechterverhältnisses in der Politik. Ein einführendes Studienbuch. Opladen 1995

Barbara Holland-Cunz: Feministische Demokratietheorie. Thesen zu einem Projekt. Opladen 1998

Carole Pateman: Der Geschlechtervertrag. In: Erna Appelt / Gerda Neyer (Hrsg.): Feministische Politikwissenschaft. Wien 1994, S. 73-96

Sibylle Reinhardt: Männlicher oder weiblicher Politikunterricht? Fachdidaktische Konsequenzen einer sozialen Differenz. In: Sibylle Reinhardt / Elke Weise (Hrsg.): Allgemeine Didaktik und Fachdidaktik. Fachdidaktiker behandeln Probleme ihres Unterrichts. Weinheim 1997, S. 37-66

Dagmar Richter: Geschlechtsspezifische Zusammenhänge politischen Lernens. In: Wolfgang Sander (Hrsg.): Handbuch politische Bildung. Schwalbach 1997, S. 403-414

Bärbel Schöler-Macher: Die Fremdheit der Politik. Erfahrungen von Frauen in Parteien und Parlamenten. Weinheim 1994

Gabriele Wilde: Staatsbürgerstatus und die Privatheit der Frauen. Zum partizipatorischen Demokratiemodell von Carole Pateman. In: Brigitte Kerchner / Gabriele Wilde (Hrsg.): Staat und Privatheit. Aktuelle Studien zu einem schwierigen Verhältnis. Opladen 1997, S. 69-106.

Armin Scherb

Handlungsorientierung: Ermöglichende Bedingung *sinn*-voller politischer Bildung

1. Problemstellung

Negative Begleiterscheinung der sogenannten nachkonzeptionellen Phase in der Politikdidaktik war in den vergangenen Jahren oft ein Pragmatismus, der didaktische Entwürfe nur noch in der partiellen Sicht von „Orientierungen" zuließ und bisweilen Entwicklungen zu einer unpolitischen Methodik begünstigte. Diese verbreitete Interpretation von „pragmatisch" im Sinne von „theorielos" erklärt Walter Gagel wie folgt:

„Ich verstehe das so: Der theoretischen Explikation überdrüssig oder von der massiven Kritik beeindruckt, wendet man sich direkt der Praxis zu und findet diese als Realität der Schüler (Schülerorientierung), als Realität, in der Schüler leben (Alltagsorientierung), als Bewußtsein, wie es ist oder im Alltag entsteht (Erfahrungsorientierung)" (Gagel 1992, S. 66).

Mittlerweile sind sich viele Teilnehmer am fachdidaktischen Diskurs dieser Negativentwicklung, sich zu sehr in pädagogischen Details zu verlieren und das Politische als Kern der politischen Bildung zu vernachlässigen, bewußt geworden. *„Wege zur Überwindung unpolitischen Politikunterrichts"* (Massing/Weißeno 1995) werden inzwischen beschritten. Diese Trendwende in der Politikdidaktik, für pädagogische Details den Boden zurückzugewinnen, bedeutet allerdings, die Frage nach dem *„Warum"* zu stellen. Es geht um die Suche nach dem Sinn. Die Warum-Frage stellt die Sinnkategorie (möglicherweise sogar als anthropologische Grundkategorie) an den Anfang und weist denjenigen didaktischen Prinzipien, die begrifflich als *„Schüler-", „Alltags-" „Erfahrungs-"* und *„Handlungsorientierung"* erscheinen, ihren Stellenwert unterhalb dieser Grundkategorie zu. Wenn deshalb ein didaktisches Prinzip Berechtigung hat, dann zuvörderst das *Prinzip der Sinnorientierung*. Im folgenden soll daher das didaktische Prinzip der Handlungsorientierung als ermöglichende Bedingung *sinn*-voller politischer Bildung dargestellt werden.

2. Warum eigentlich Handlungsorientierung?

Die Prozesse schulischen Lernens, d.h. auch politischer Bildung, sind vielen Schülern fremd geworden. Als kritische Beschreibung des Mangels hat sich der Begriff „Lern-Taylorismus" inzwischen etabliert. Kritisiert wird hiermit die Trennung des Lernens in Fächer, die Arbeitsteilung zwischen isoliert voneinander tätigen Lehrern, der starre Zeitrhythmus des 3/4-Stunden-Takts, die Vorstellung von der Gleichförmigkeit von Lernprozessen und der Homogenität von Lerngruppen. Diese Lernbedingungen haben Auswirkungen auf die Einstellung der Schüler. Das Resümee von Befragungen (*„Wie sehen Schüler ihre Schule?"*) faßt der Pädagoge Heinz Schirp (1995, S. 265) – freilich überspitzt – wie folgt zusammen:

„Kritik am sinnentfremdeten Lernen äußert sich deshalb in der Kritik *an Inhalten, für die man sich nicht interessiert*, die mit Hilfe von *Lernverfahren, auf die man keinen Einfluß hat*, zu *Ergebnissen* führen, *mit denen man nichts anfangen kann*" (a.a.O.).

Viele Schüler geben an, daß sie nur für den nächsten Vokabeltest, die nächste Schulaufgabe, die anstehende Zeugnisnote oder den bevorstehenden Schulabschluß lernen, und daß Lernen nur darin seinen Sinn hat, daß man gute Zensuren erreicht. Diese *instrumentelle* Sichtweise begründet die Forderung, Schülern wieder eine *Sinnerfahrung* in der Sache selbst zu ermöglichen. Eine aus der Kritik am sinnentfremdeten Lernen abgeleitete Sinnkategorie trifft sich hier mit einer allgemeinen philosophischen Definition, derzufolge Sinn dasjenige ist, „was in der Perspektive des um Sinn ringenden Subjekts dessen Leben gelingen läßt."[1] Diese Definition enthält den Hinweis, daß Sinn nicht vermittelt

---

[1] Frankl zit. bei Kurz 1987, S. 199. Zur „Vieldimensionalität der Sinnkategorie" vgl. Kurz 1987, S. 199ff. und ders. 1989, S. 201ff. Vgl. auch Keupp 1997, S. 12, der in der Sinnkategorie eine anthropologische Basis annimmt.

oder hergestellt und vom Lehrer auf Schüler übertragen werden kann. *Sinn* gewinnt eine Sache nur, wenn *Sinn* vom Schüler aktiv konstruiert wird. Hier wird nun der Stellenwert des Prinzips der Handlungsorientierung deutlich. Es bedeutet die Ermöglichung *aktiver* Sinnkonstruktion durch den Schüler. Handlungsorientierung ist somit ein *Instrument* zur Verwirklichung *sinn*-vollen Lernens.

3. Handlungsorientierung und Sinnorientierung

So verstanden heißt Handlungsorientierung nicht „Learning by doing". Diese trivialisierte Dewey-Rezeption ist in den vergangenen Jahren zum pädagogischen Favoriten für die Modernisierung politischen Lernens geworden. Das sich daran knüpfende *„Hauptsache-im-Unterricht-tut-sich-was"* ist jedoch gerade der Ausdruck für die Trennung der Unterrichtspraxis von der didaktischen Theorie, die Walter Gagel zu Recht beklagt hatte. Handlungsorientierung muß deshalb zumindest Dewey authentisch wahrnehmen, um blinden Aktionismus und ein prinzipienloses „Trial-and-error"-Verfahren zu vermeiden. „We are learning *by thinking* about what we are doing!" Die Betonung der *kognitiven* Dimension ist die Mindestvoraussetzung für die Sinnkonstruktion durch die Schüler. Handlungsorientierung verlangt daher ein Anknüpfen an den Sinn-, Lebens- und Erfahrungshorizonten der Schüler und ein Herstellen von Realitätsnähe des Lernens auf den drei Ebenen, auf denen die Sinnentfremdung des Lernens konstatiert wurde: auf der Ebene der *Inhalte*, auf der Ebene der *Verfahren* und auf der Ebene der *Ergebnisse*. Beim Prinzip der Handlungsorientierung kann zunächst davon ausgegangen werden, daß sinnstiftende Elemente auf der *Verfahrensebene* durch die Aktivierung der Lernenden vorhanden sind. Der Mangel tritt hier auf der *Inhaltsebene* und auf der *Ergebnisebene* zutage. Danach können folgende *Sinn*-Stufen des Prinzips Handlungsorientierung unterschieden werden:

Stufe I:	Stufe II:	Stufe III:
Handlungsorientierung als *Simulationshandeln*	Handlungsorientierung als *„kognitives Probehandeln"* (Grammes 1997, S. 19)	Handlungsorientierung als *praktisches Handeln*
Beispiel: Rollenspiel zur Frage, ob beim sexuellen Mißbrauch von Kindern die Todesstrafe wieder eingeführt werden soll	*Beispiel:* Vor- oder Nachspielen einer konkreten (kommunal-)politischen Entscheidung[2]	*Beispiel:* Klassensprecherwahl im Kontext der Behandlung des Themas Wahlen
Sowohl das Problem als auch die Teilnahme der Lernenden an der Behandlung des Problems haben keinen *direkten* Realitätsgehalt.	Der Realitätsbezug des Problems ist gegeben, aber die Beteiligung der Lernenden stellt lediglich eine Simulation des politischen Entscheidungsprozesses dar.	Die Lernenden setzen sich mit einem realen politischen Problem so auseinander, daß ihre Beschäftigung in reales Handeln einmündet (bzw. zumindest einmünden kann).
Diagnose: Defizite auf der Inhalts- und Ergebnisebene	*Diagnose:* Defizite auf der Ergebnisebene	*Diagnose:* keine Defizite

Während in Stufe I sowohl die Erfahrungs- als auch die Ergebnisorientierung fehlt, knüpft Stufe II an ein reales Problem an. Unterschiede ergeben sich innerhalb von Stufe II jedoch noch im Hinblick auf die Frage, wie mittelbar oder unmittelbar an das reale Problem angeknüpft wird. (Beispiel: Betrachtung des Verkehrsproblems und Erörterung der kontroversen Lösungsvorschläge vor Ort durch den Bürgermeister, einen Gemeinderat, etc. oder Analyse eines Zeitungsartikels im Unterricht, der die Kontroverse darstellt, oder vielleicht „nur" Schilderung des Problems durch den Lehrer). Das *Interesse* („Dabeisein") und damit die Verwirklichung des Prinzips der Handlungsorientierung fordert dabei – auch wenn es „nur" um „kognitives Probehandeln" geht – den möglichst unmittelbaren Problemzugang. Stufe II fehlt allerdings noch

---

2 Vgl. das in diesem Band von Joachim Detjen (S. 227ff.) geschilderte Beispiel für die Simulation eines kommunalpolitischen Entscheidungsprozesses.

die Ergebnisorientierung, die erst durch praktisches Handeln erfüllt wird. Die Klassensprecherwahl ist dabei nicht nur Lernsituation, sondern sie hat für die Schüler unmittelbar praktische Bedeutung erstens als Thema (*Inhalt*sebene: „Was geht das *mich* an?"), zweitens als Handlungsfeld (*Verfahren*sebene) und drittens als Resultat der aktiven Gestaltung ihrer sozialen Umwelt (*Ergebnis*ebene).

4. Sinnorientierung als Integration von Handlungsorientierung und Realitätsnähe

Sinnstiftend wirkt hier vor allem ein Prozeß, der einerseits die aktive selbständige Teilnahme der Lernenden ermöglicht und andererseits den Realitätsbezug berücksichtigt. Auch aus der Perspektive einer „Politische(n) Bildung im Interesse des Schülers" ist der Ergebnis-Aspekt des Lebensweltbezugs begründbar. Die Komplexität des Interessenbegriffs ermöglicht es auch, den Blick auf das *Ergebnis* des Lernprozesses zu richten. In der Erneuerung (reform-)pädagogischer Diskussionen wird deshalb die „Lebensdienlichkeit des Lernens" wiederentdeckt und mit dem Begriff des „praktischen Lernens" besonders zu kennzeichnen versucht.[3] Sinnstiftende Wirkung entfaltet dabei das Ergebnis eines Lernprozesses in dem Maße, wie ein unmittelbarer praktischer Zweck erfüllt wird. So ist Sinnerfahrung zum Beispiel im Zusammenhang mit der Behandlung des Themas „Wahlen" intensiver, wenn damit die Klassensprecher- oder Schulsprecherwahl verbunden werden kann, als wenn einem Schüler der 10. Klasse eine Sinnorientierung zugemutet wird, die darin begründet liegt, daß er später einmal mit 18 Jahren selbst an politischen Wahlen teilnehmen kann. *Erstens* kommt der Inhalt aus dem unmittelbaren Lebens- und Erfahrungsbereich der Schüler, *zweitens* sind die Schüler – indem sie selbst wählen – aktiv beteiligt und *drittens* führt die Aktivität zu einem praktischen Ergebnis, indem die Schüler eben *ihren* Klassensprecher wählen (vgl. Scherb 1994, S. 46ff.). Sinnorientierung stellt daher – wie das nachstehende Schema zu veranschaulichen versucht – eine Resultante aus dem Objektbereich (Inhalte, Ergebnisse) und dem Subjektbereich (Prozeß der Beteiligung) dar.

---

3 Vor allem im Zusammenhang der Diskussion über reformpädagogische Konzepte wie dem „Praktischen Lernen" wird das „non scholae sed vitae discimus" wieder eingefordert. Vgl. Akademie 1993, S. 7. Vgl. auch v. Hentig 1992, S. 94.

```
Subjektbereich: Prozeß                              Sinn
der Beteiligung

              Anschauung
              reale Mitgestaltung
              innere Teilnahme

         Anschauung
         Mitgestaltung als
         „kognitives Probehandeln"
         äußere Teilnahme

   Anschauung
   Miterleben
                                          Objektbereich:
                                          Lerninhalte,
                                          Ergebnisse

   erfahrungs-        handlungs-       praktisches
   orientiertes Lernen  orientiertes Lernen  Lernen
```

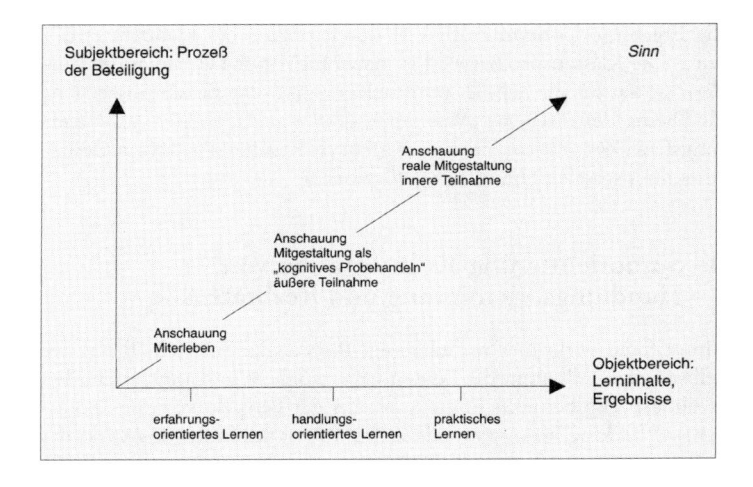

In dem Maße wie also Handeln simulativen Charakter annimmt, stellt die mangelnde Ernsthaftigkeit ein die Bedeutsamkeit für die Lernenden schmälerndes Defizit dar. Das *„So-tun-als-ob"* entfaltet im allgemeinen[4] in schulischen Lernprozessen weniger sinnstiftende Kraft, weil die innere Anteilnahme in hypothetischen und simulativen Problem- und Aufgabenstellungen im allgemeinen geringer ist als in realen Situationen. Handlungsorientierung in realitätsfernen Lernbezügen beschränkt sich deshalb weitgehend nur auf eine *äußere* Beteiligung.

5. Der Erziehungsaspekt *sinn*-vollen politischen Lernens

Die Bedeutung der Realitätsnähe wurde vor allem im Zusammenhang mit den Vorschlägen zur Förderung moralisch-politischer Urteilskompetenz auf der Grundlage der Theorie Kohlbergs hervorgehoben. An der Methode Kohlbergs, Schüler mit moralischen Dilemmasituationen zu konfrontieren, wurde kritisiert, daß *hypothetische* Dilemmata[5] wenig

---

4 Als Ausnahme kann das in das Spiel versunkene Kind hier angeführt werden. Diese Situation ist für schulische Lernprozesse jedoch kaum von Bedeutung.

geeignet sind, wirkliche Prozesse der moralischen Urteilsbildung zu stimulieren. Kohlberg selbst hat deshalb später auf die Unverzichtbarkeit von „Real-Life-Situationen" hingewiesen (vgl. Kohlberg, zit. bei Garz 1980, S. 95). Dieser Realitätsbezug begünstigt gleichzeitig ein ganzheitliches Lernen, in dem auch emotionale und empathische Afferenzen berücksichtigt werden. Der Empathie wird für die Entwicklung moralischer Urteilskompetenz durch neuere Arbeiten zur qualitativen Unterrichtsanalyse mehr Bedeutung beigemessen, als bisher angenommen wurde. Unbestritten war zwar bislang schon die Bedeutung empathischer Elemente vor allem für die einleitende Motivationsphase des Unterrichts. Praktisch-erzieherische Relevanz gewinnt das im Empathieansatz enthaltene Werterziehungskonzept dort in der Benennung von Methoden, die es erlauben, zu den spezifischen Sinnmilieus der Kinder und Jugendlichen Zugang zu finden, um Prozesse der politisch-moralischen Urteilsbildung erst in Gang setzen zu können. Neu hingegen ist die stärkere Betonung des Zusammenhangs zwischen Empathie und Kognition für den Prozeß der Urteilsbildung. Obwohl politisch-moralische Entwicklung bei Kohlberg vorwiegend als Funktion kognitiver Entwicklung gesehen wird, enthält bereits sein – allerdings kognitiv verengter[6] – Empathiebegriff Hinweise darauf, daß ein gewisses Maß an Empathie Voraussetzung ist für das Erreichen zumindest der moral-kognitiven Stufe, auf der ein Perspektivenwechsel und ein Übergang von empathischen zu sympathischen Reaktionen stattfindet. Die qualitative Analyse von Schülerdiskursen bestätigt daher erneut die Auffassung, daß mangelnde Empathie andere als bereits vorhandene Perspektiven blockiert.[7] Der Teil des Lebensweltbezugs, der in der

---

5   In dem bekannten, v.a. von Kohlberg und seinen Mitarbeitern verwendeten „Heinz-Dilemma" ging es z.B. um die Frage, ob ein Mann („Heinz") für seine todkranke Frau die rettende Medizin stehlen darf, wenn er sie nicht bezahlen kann.
6   Daß der Empathiebegriff bei Kohlberg vor allem in der kognitiven Dimension gesehen wird, erscheint in seiner Definition von Empathie als „the awareness of other selves with thoughts and feelings like the self" (Kohlberg 1969, S. 393f.)
7   Vgl. Breit 1991, S. 59ff. Vgl. Schelle 1996, S. 116. Vgl. in diesem Zusammenhang auch Waller 1980, S. 157, der im Anschluß an die Empathietheorie von Hoffmann versucht hat, ein „heuristisches Modell der Aktualgenese prosozialen Verhaltens" zu entwerfen. Waller unternimmt dabei den Versuch, das Verhältnis der affektiven Komponenten in Hoffmanns Theorie zu den motivationalen Komponenten, die letztlich den Handlungsanlaß geben, zu bestimmen.

Betonung des selbständigen Tuns auch empathische Elemente berücksichtigt, wird für politische Bildung vor allem auch darin bedeutsam, daß es über Emotionen eher als über begriffsorientierte abstrakte Denkformen gelingt, einen Zusammenhang zwischen subjektivem Sinn und objektiver Bedeutung herzustellen.[8] Soweit es um die Gewinnung der Schülerperspektive geht (Pädagogisierung), kann der Wertklärungsansatz mit seiner Betonung der eigenständigen Auswahl durchaus als *prozessuales* Muster für *sinn*-volles Lernen angenommen werden. Wenn Prozesse der Urteilsbildung thematisch *nicht* beschränkt werden sollen, ist dies im Sinne der Aufforderung zu interpretieren, die Trennung von schulischer Innenwelt und außerschulischer Lebenswelt aufzuheben.

6. *Sinn*-volles Lernen und politische Bildung

Hier liegt jedoch gleichzeitig der Hinweis auf einen wichtigen Aspekt, der bislang noch vernachlässigt wurde. Es muß schließlich noch die Frage nach dem *eigentlich Politischen* beantwortet werden:

Alleine durch das politische Thema (Wahlen, kommunalpolitische Entscheidungsprozesse etc.) als Gegenstand des Lernens wird dem Politikbezug noch nicht Genüge getan. Das Politische ist dort zunächst nur ein Gegenstand, der dem Schüler äußerlich begegnet. Das politische Thema ist *per se* noch keineswegs eine Angelegenheit des Lernenden. Damit das Politische für Schüler selbst Bedeutung erlangt, sind *zwei* Hürden zu nehmen.

Die erste Hürde war das Gewinnen der Schülerperspektive (Pädagogisierung), sie kann durch *sinn*-volles Lernen überwunden werden. Die zweite Hürde steht zwischen dem *sinn*-vollen Lernen und politischer Bildung. Wenn wir das hier angeführte Beispiel der Klassensprecherwahl als Möglichkeit *sinn*-vollen Lernens heranziehen, dann kann ein einzelner Schüler durchaus *subjektiv sinnvoll handeln*, indem er einen Kandidaten wählt, weil dieser sein Banknachbar und bester Freund ist. Wie kann diese individualistische Sichtweise politisiert werden?

Das oben als prozessuales Muster für *sinn*-volles Lernen akzeptierte Konzept der Wertklärung könnte auch hier weiterhelfen. Mit der Forde-

---

8 Die Forderung, empathische Elemente als produktive Faktoren mehrperspektivischer Urteilsbildung zu berücksichtigen, trägt zugleich der in jüngerer Zeit vielfach konstatierten Geschlechterdifferenz Rechnung, wonach bei Frauen mehr als bei Männern Erkenntnisprozesse über emotionale Elemente gesteuert werden. Vgl. Hoppe 1996, S. 178f.

rung, beim Vorgang des Bewertens eine „Auswahl erst nach sorgfältiger Überlegung der Konsequenzen" (Raths 1976, S. 44) zu treffen, eröffnet es die soziale Perspektive und enthält damit möglicherweise auch eine *sozialethische* Komponente. Denn die Überlegung der Konsequenzen bei der Urteilsbildung verlangt auch die Antwort auf die Frage, wie wirkt mein Urteil und das daraus möglicherweise erwachsende Handeln auf meine Umgebung? Hier eröffnet sich zumindest die Chance, auch die anderen mit einzubeziehen. Realitätsnähe meint deshalb die Berücksichtigung auch der *sozialen* Realität. Sie fordert deshalb dazu auf, nicht bei der individuellen Schülerperspektive stehen zu bleiben. Realitätsnähe heißt, daß weiter gefragt werden muß, ob die individuelle Sichtweise, das individuelle Urteil und die daraus erwachsende Handlungsdisposition aufrechtzuerhalten, zu modifizieren oder gar zu verwerfen sind, wenn sie auf andere abweichende oder gar entgegengesetzte Positionen und Urteile treffen. Handlungsorientierung ist daher *„Lernen in Interaktion"* (Reinhardt 1997, S. 107). Erst hier liegt der Übergang vom *sinn*-vollen Lernen zur politischen Bildung.

Literatur

Akademie für Bildungsreform der Robert-Bosch-Stiftung GmbH (Hrsg.): Praktisches Lernen. Ergebnisse und Empfehlungen. Weinheim / Basel 1993

Gotthard Breit: Fühlen und Denken im politischen Unterricht. In: Siegfried Schiele / Herbert Schneider (Hrsg.): Rationalität und Emotionalität in der politischen Bildung. Stuttgart 1991, S. 58-78

Walter Gagel: Politische Didaktik: Selbstaufgabe oder Neubesinnung? In: Gotthard Breit / Peter Massing (Hrsg.): Grundfragen und Praxisprobleme der politischen Bildung. (Schriftenreihe der Bundeszentrale für politische Bildung, Band 305). Bonn 1992, S. 66-71 (Nachdruck aus Gegenwartskunde 3/1986, S. 289ff.)

Detlef Garz: Zum neuesten Stand von Kohlbergs Ansatz der moralischen Sozialisation. In: Zeitschrift für Pädagogik. 26/1980, S. 93ff.

Tilman Grammes: Handlungsorientierung im Politikunterricht. Schriftenreihe der Niedersächsischen Landeszentrale für politische Bildung. 2. Aufl. – Hannover 1997

Hartmut v. Hentig: Die Schule neu denken. Eine Übung in praktischer Vernunft. München / Wien 1994

Heidrun Hoppe: Subjektorientierte politische Bildung. Begründung einer biographiezentrierten Didaktik der Gesellschaftswissenschaften. Opladen 1996

Heiner Keupp: Aufwachsen in der Postmoderne: Riskanter werdende Chancen für Kinder und Jugendliche. In: DVPB aktuell. 1/1997, S. 9ff.

Lawrence Kohlberg: Stage and Sequence: The Cognitive-Developmental Approach to Socialisation. In: David A. Goslin (Ed.): Handbook of Socialisation Theory and Research. Chicago 1969, S. 347ff.

Wolfram Kurz: Ethische Erziehung als religionspädagogische Aufgabe. Göttingen 1987

Wolfram Kurz: Die sinnorientierte Konzeption religiöser Erziehung. Würzburg 1989

Peter Massing / Georg Weißeno (Hrsg.): Politik als Kern der politischen Bildung. Wege zur Überwindung unpolitischen Politikunterrichts. Opladen 1995

Louis E. Raths / Sidney B. Simon u.a.: Werte und Ziele. Methoden der Sinnfindung im Unterricht. München 1976

Sibylle Reinhardt: Handlungsorientierung. In: Wolfgang Sander (Hrsg.): Handbuch politische Bildung. Schwalbach/Ts. 1997, S. 105ff.

Carla Schelle: Schülergespräch zum Sozialkundeunterricht. In: Politische Bildung. 1/1996, S. 109ff.

Armin Scherb: Die Klassensprecherwahl als problem- und handlungsorientierter Zugang zum Thema „Wahlen" im Superwahljahr 1994. In: Forum Politikunterricht. 2/1994, S. 46ff.

Heinz Schirp: Demokratie und Erziehung in der Schule – „Moral-kognitive Entwicklung" und „Öffnung" von Schule. Zum qualitativen Zusammenhang zweier Innovationsprojekte. In: Bundeszentrale für politische Bildung (Hrsg.): Verantwortung in einer unübersichtlichen Welt. (Schriftenreihe der Bundeszentrale für politische Bildung, Nr. 331). Bonn 1995, S. 262ff.

Manfred Waller: Die Entwicklung prosozialen Verhaltens. In: Jahrbuch für Entwicklungspsychologie 1980. Band 2, S. 127ff.

Lothar Scholz

Handlungsorientierung und Alltagspraxis des politischen Unterrichts

1. Definitionsbeispiele: Handlungsorientierung ist...

Nähert man sich dem Thema Handlungsorientierung von der theoretischen, der fachdidaktischen oder curricularen Seite, so hat man wenig Mühe, über Definitionen und Beschreibungen eine immer konkretere Vorstellung von Begriff und Inhalt zu gewinnen. Folgende Beispiele sind willkürlich aus der umfangreichen Literatur zum handlungsorientierten Lernen ausgewählt:

Beispiel 1:

„Handlungsorientierter Unterricht ist ein ganzheitlicher und schüleraktiver Unterricht, in dem zwischen dem Lehrer und den Schülern vereinbarte Handlungsprodukte die Organisation des Unterrichtsprozesses leiten, so daß Kopf- und Handarbeit der Schüler in ein ausgewogenes Verhältnis zueinander gebracht werden können" (Hilbert L. Meyer 1987, S. 214).

Beispiel 2:

„Handlungsorientierter Unterricht in reformpädagogischer Tradition integriert demnach sieben didaktische Prinzipien:
1. Ganzheitlichkeit
2. Öffnung der Schule
3. Produktorientierung
4. Schüleraktivität
5. Verbindung von Kopf- und Handarbeit
6. Schülerinteressen als Ausgangspunkt
7. Beteiligung der Schüler an Planung, Durchführung und Auswertung des Unterrichts" (Grammes 1997, S. 11f.).

Beispiel 3:

„Schülerinnen und Schüler sollen sich möglichst selbständig mit den Lerngegenständen auseinandersetzen. Dies ist unerläßlich, um ein wesentliches Ziel des Unterrichts erreichen zu können, nämlich zur Fähigkeit der Schülerinnen und Schüler beizutragen, Lernergebnisse im Sinne von Handlungskompetenzen (auch außerhalb der Schule) verantwortungsvoll zu nutzen. Handlungskompetenzen werden erweitert, wenn das Lernen selbst immer wieder in Handlungszusammenhängen geschieht. Handlungsorientierte Unterrichtsformen im Lernbereich Gesellschaftslehre sind unter anderem: Erkundungen; direkte Kontakte zu Betroffenen; Befragungen von Bürgern; Politikern und Experten; Reportagen; Simulationen in Form von Rollen- und Planspielen; Pro- und Kontra-Debatten und Hearings; Präsentation von Unterrichtsergebnissen durch Ausstellungen, Artikel, offene Briefe" (Hessischer Kultusminister: Rahmenplan Gesellschaftslehre 1995, S. 12).

2. Eindrücke: Handlungsorientierung in der Unterrichtsrealität

Ausführungen in der fachdidaktischen Literatur und verbindliche curriculare Ansprüche ergeben *ein Bild*. Oft beherrscht dieses die Diskussionen auf Fachtagungen und Kongressen.

Ein *anderes Bild* ergibt sich, spricht man Lehrerinnen und Lehrer auf (ihren) handlungsorientierten Unterricht an – z.B. in Fortbildungsveranstaltungen oder Fachkonferenzen, an denen alle Lehrer und Lehrerinnen eines Fachbereichs teilnehmen (müssen). Viele winken ab: „Handlungsorientierung?!? Schön und gut – einzelne Projekte, ja ... aber im Unterrichtsalltag ... bei meinen Schülern ... in meiner Schule ..."

Fachdidaktische Definitionen und Postulate auf der einen Seite – unterrichtspraktische Erfahrungen auf der anderen

Im folgenden steht – ausgehend von den eigenen Wahrnehmungen und Erfahrungen – die Unterrichtsrealität im Vordergrund. Aus diesen Einschätzungen sollen Überlegungen und Schlußfolgerungen abgeleitet werden, Handlungsorientierung stärker im Unterrichtsalltag zu verankern.

Meine Erfahrungen als Lehrer, als Lehrerausbilder und -fortbilder bestätigen die pessimistischen Einschätzungen vieler Kolleginnen und Kollegen. Nach meinen Beobachtungen herrscht – bezogen auf handlungsorientierten Unterricht – ein eher betrübliches Bild. An vielen Schulen

- dominiert Frontalunterricht mit frontal gelenkter Unterrichtskommunikation (Lehrer-Schüler-Gespräch);
- lernen Schülerinnen und Schüler nur über den Kopf und hier auch meist nur mit einem Teil (der linken Gehirnhälfte);
- haben lernbiologische Erkenntnisse nur einen geringen Einfluß auf die Gestaltung von Lernprozessen (gehirngerechtes Lernen);
- bestimmen nicht Schülerinteressen die Auswahl, Strukturierung und Gestaltung von Unterrichtsthemen, sondern der nach wie vor zu volle Stoffplan;
- lernen Schüler und Schülerinnen in erster Linie nicht „fürs Leben", sondern für Klassenarbeiten, Klausuren und Leistungskontrollen;
- vergessen sie deshalb recht schnell das an-gelernte und nur im Kurzzeitgedächtnis gespeicherte Wissen;
- werden Arbeitstechniken und Fertigkeiten eher unsystematisch eingeübt und kaum kontinuierlich trainiert;
- sind Schulbuch, Arbeitsblatt und Fotokopien die Medien, mit deren Hilfe sich dieses Wissen angeeignet wird;
- sind schülerzentrierte Kommunikation und Interaktion eher die Ausnahme;
- beruht Unterricht auf der Fiktion vom Lernen im gleichen Tempo;
- ist nach 45 Minuten die Stunde „rum" und der nächste Lehrer mit einem anderem Fach und Thema ist „dran".

„Es ist ein Irrtum zu glauben, die in den pädagogischen Zeitschriften verbreitete didaktische Vielfalt wäre flächendeckend in der BRD-Realität. Nach wie vor herrscht eine didaktische Monokultur:
- *eine* Lehrkraft für 25 bis 30 verschiedene Lernende;
- *ein* Thema für 25 bis 30 unterschiedlich Interessierte;
- *ein* Lernziel für 25 bis 30 verschiedene Gehirne;
- *eine* Methode für 25 bis 30 verschiedene Lerntypen;
- *eine* Zeitvorgabe für Schnelle und Langsame zugleich;
- *ein* Ergebnis für 25 bis 30 ‚Lernwelten' und Wirklichkeiten"
(Miller 1998, S. 29).

3. Wunsch und Wirklichkeit

Bestätigt werden diese Eindrücke und Erfahrungen durch die Ergebnisse der Untersuchungen von Kanders, Rolff und Rössner. Die Wissenschaftler gingen der Frage nach, wie Lehrer und Schüler Unterricht (methodisch) einschätzen und wie sie ihn sich wünschen. Die Studien wurden im Jahre 1995 im Auftrag des Dortmunder Instituts für Schulentwicklungsforschung (IFS) durchgeführt und gelten als die bislang größte Lehrer- und Schülerbefragung.

Aus der Lehreruntersuchung:

„Am eher konventionellen Unterricht hat sich nach Einschätzung der Lehrer bislang wenig geändert: Sehr häufig redet der Lehrer und stellt Fragen, einzelne Schüler antworten, oder die Schüler bearbeiten jeder für sich die gleichen Aufgaben. Daneben wird oft gemeinsam mit der Klasse diskutiert. Fast 40% der Befragten geben aber an, daß in ihrem Unterricht die Schüler niemals oder nur ganz selten selbständig an selbstgewählten Aufgaben arbeiten. Stärkere Eigentätigkeit der Schüler oder auch auf erforschendes Lernen gerichtete Unterrichtsformen liegen also ganz am Ende der Rangfolge. Dagegen sieht der ideale Unterricht für Lehrer ganz anders aus: sie wünschen sich, daß Lehrer und Klasse gemeinsam diskutieren. 63% der Befragten meinen gar, dies sollte sehr oft im Unterricht geschehen. Lehrer befürworten auch die Gruppenarbeit von Schülern, sie wird gewünscht, genau wie ,die selbständige Bearbeitung von selbstgewählten Aufgaben' und eigene Untersuchungen durch die Schüler."

Aus der Schüleruntersuchung:

„Die Realität sieht nach Einschätzung der Schüler allerdings ganz anders aus. Da dominieren offenbar die konventionellen, eher lehrerzentrierten Unterrichtsformen mit viel Stillarbeit. In der Regel, sagen 66% der Schüler, redet der Lehrer im Unterricht selbst. Er stellt Fragen, auf die einzelne Schüler antworten müssen. 38% wünschen sich diesen Unterrichtsstil. Mehr als die Hälfte der Schüler findet, daß sie sehr oft Stillarbeit machen müssen, aber nur 21 Prozent wünschen sich das. Auch der klassische Lehrervortrag ist nach 48 Prozent der Angaben an der Tagesordnung. Nicht mehr als 26 Prozent finden diesen Unterrichtsstil gut. Nur 29 Prozent der Schüler sagen, daß im Unterricht sehr oft diskutiert wird, nicht mehr als 14 Prozent, daß Gruppenarbeit üblich ist, und nur 7 Prozent geben an, daß sie oft eigene Untersuchungen machen dürfen."

Die Autoren ziehen das Resümee:

„Die Befragung zeigt: Schüler wünschen sich einen reformpädagogisch orientierten Unterricht mit viel Diskussion und mehr Gruppenarbeit, einen Unterricht, in dem sie selbständig arbeiten und forschen können. –

Schüler wollen im Unterricht nicht etwa vorgefertigte Bildungshäppchen konsumieren, sondern aktiv mitarbeiten. 74 Prozent der Schülerinnen und Schüler würden gern in der Klasse gemeinsam mit dem Lehrer diskutieren, die Hälfte möchte viel in Gruppen arbeiten, 51 Prozent möchten mehr eigene Untersuchungen durchführen. Die Schüler sehen sich also nicht etwa als Konsumenten, sondern als Koproduzenten."
(Alle Zitate aus: ZEIT-Punkte. 2/96, S. 34ff.)

Zwar stand das Thema „Handlungsorientierung" nicht im Mittelpunkt der Untersuchungen, auch galt das Forschungsinteresse nicht explizit dem Unterricht in den Fächern der politischen Bildung, doch dürften die Aussagen auch zum großen Teil den sozialkundlichen und gesellschaftswissenschaftlichen Unterricht charakterisieren.

Bezogen auf das Thema „Handlungsorientierung" stimmen die Untersuchungsergebnisse allerdings positiv. Wünschen sich doch Lehrer und Schüler gemeinsam, Unterricht handlungsorientierter zu gestalten: mehr Gruppenarbeit, mehr selbständiges Lernen, mehr aktivierende Lernformen. *Die Zeichen für eine diesbezügliche Veränderung von Unterricht stehen also gut.*

Nicht übersehen werden darf aber bei dieser sehr kritischen Betrachtung des Alltags-Unterrichts, daß sich an vielen Schulen auf anderen Feldern als dem engeren Bereich der Unterrichtsgestaltung vieles verändert hat und vieles in Bewegung geraten ist. Lehrer und Lehrerinnen haben sich im Zusammenhang mit der Entwicklung von Schulprogrammen und einer Ausprägung von schulspezifischen Profilen einzeln oder im Team auf den Weg gemacht und Schule weiterentwickelt. Bewegung und Fortschritte sind unübersehbar.

Neben der Einsicht in die Notwendigkeit, Schule zu verändern, haben der immer stärker werdende öffentliche Konkurrenzdruck der Schulen untereinander sowie der staatliche Auftrag (z.B. im Bundesland Hessen) an jede Schule, ein Schulprogramm zu entwerfen, an vielen Orten eine starke innovative Schubkraft ausgelöst. Dies spiegelt sich zunehmend in der medialen Präsentation von Unterrichtsprojekten in der regionalen Presse wider.

Es muß aber auch hier danach gefragt werden, ob und inwieweit sich diese Veränderungsprozesse und deren Ergebnisse in der pädagogischen, insbesondere methodischen Binnenstruktur des Unterrichts niederschlagen, ob sie zu einer qualitativen Veränderung von Unterrichten und Lernen führen, ob zum Beispiel die verbreitete Handlungsarmut von Unterricht (stillsitzen, schreiben, lesen, zuhören, reden) reduziert oder beseitigt worden ist.

„Alle Bemühungen um Schulentwicklung bleiben hohl, wenn sie den Unterricht nicht erreichen; denn: Unterrichtsgestaltung ist immer noch das Zentrum der Lehrer(innen)tätigkeit, auch wenn in den 90er Jahren die Entwicklung der Einzelschule ins Zentrum gerückt ist" (Bastian 1997, S. 6).

4. Kluft zwischen Didaktik und Unterrichtspraxis

Betrachtet man den alltäglichen Unterricht, fernab von Projekten, Prüfungssituationen oder anderen öffentlichkeitswirksamen Profilierungsvorhaben, so muß der Betrachter konstatieren, *daß zwischen Anspruch und Wirklichkeit des handlungsorientierten Unterrichts ein deutlicher Widerspruch herrscht.* Sichtbar wird eine deutliche Diskrepanz zwischen der Bedeutung, die handlungsorientierter Unterricht im Unterrichtsalltag einnimmt, und dem Stellenwert, den er in der fachdidaktischen und curricularen Diskussion hat. Und von vielen Seiten wird auch nicht mehr bestritten, daß sich die Politiklehrer der Fachdidaktik „entfremdet" haben und daß sich die Fachdidaktik ihrerseits vom Lehrerhandeln „entfernt" hat, wie Gerhard Himmelmann die „kürzlich" aufgestellten Thesen zitiert (Himmelmann 1996, S. 82).

Es kann im Interesse derjenigen, für die Didaktiker und Lehrer ihre Arbeitskraft einsetzen – die heranwachsenden jungen Menschen nämlich –, eigentlich nicht angehen, diesen Sachverhalt nur zur Kenntnis zu nehmen oder ihn sich insbesondere von Referendarinnen und Referendaren nach deren ersten unterrichtspraktischen Erfahrungen immer wieder bestätigen zu lassen, ansonsten aber sich mit dieser Kluft zwischen Theorie und Praxis, zwischen Didaktik und Unterricht, die ja nicht neu ist, abzufinden. Zu teuer sind die Ressourcen, die dafür eingesetzt werden, zu wichtig die Konzepte und Überlegungen, die angestellt werden, zu schwerwiegend die Folgen, die sich durch mangelhafte, unzeitgemäße, wissenschaftlich nicht haltbare Praxisformen von Unterricht ergeben.

Brücken müssen also geschlagen werden. Das handlungsorientierte Konzept ist so bedeutsam und evident, daß es aus seiner Rolle als „Feiertagsdidaktik" herausgeführt werden muß und viel stärkeren Eingang in alltägliche Unterrichtsprozesse finden muß. Den Einrichtungen der politischen Bildung und vor allem der Lehrerfortbildung kommt hier eine besondere Aufgabe zu.

5. Exkurs: Vier überzeugende Begründungszusammenhänge für Handlungsorientierung

Ich möchte die aus meiner Sicht wichtigsten Begründungszusammenhänge für Handlungsorientierung skizzieren. Denn eine Voraussetzung für die Akzeptanz dieses Konzepts ist seine Plausibilität, Evidenz und Überzeugungskraft. Wenn diese einsichtig dargelegt und vermittelt wird, wächst die Bereitschaft anderer, an seiner Realisierung mitzuwirken.

Vier wesentliche Begründungszusammenhänge sind für mich am überzeugendsten:
1. Handlungsorientierung als konstitutives didaktisch-methodisches Grundelement von Politikunterricht.
2. Handlungsorientierung als zwingende Konsequenz aus den Erkenntnissen der Lernpsychologie und Gehirnforschung.
3. Handlungsorientierung als eine Antwort auf das veränderte Lernverhalten der Schülerinnen und Schüler (veränderte Kindheit).
4. Handlungsorientierung als ein elementarer Beitrag zur Anbahnung von Schlüsselqualifikationen.

Zu 1:

Mit seinem didaktisch-methodischen Dreischritt „Sehen – Beurteilen – Handeln" hat Wolfgang Hilligen in ebenso einfacher wie überzeugender Weise die Ziele Politischer Bildung und des Sozialkundeunterrichts im besonderen benannt. Politische Bildung muß neben der Fähigkeit zur Wahrnehmung, Beobachtung, Analyse und der Fähigkeit zum begründeten Urteil die Bereitschaft und Fähigkeit zum politischen Handeln anbahnen, denn dies ist ein wesentliches Grundelement demokratischer Gemeinwesen. Demokratie heißt aktive Teilnahme der Bürgerinnen und Bürger, Engagement und Einsatz für ihre Interessen und die anderer. Sollen diese obersten Zielsetzungen nicht bloß Leerformeln bleiben, so muß Schule und Unterricht Erfahrungsräume für das Einüben solcher Fähigkeiten ermöglichen und bewußt auch inszenieren. Tausende von Unterrichtsstunden und das Schulleben insgesamt geben genügend Anlässe dazu. Das bedeutet nicht die Beschränkung von Handlungsformen auf den Bereich der Schule. Im Gegenteil: Schule ist eingebunden in ein gesellschaftliches Umfeld und von daher ist politisches Lernen prinzipiell immer auch auf außerschulische Lern- und Erfahrungsorte und -anlässe gerichtet.

Zu 2:

Anthropologie und Lernpsychologie haben hinreichend den Zusammenhang zwischen Denken und Handeln und die Bedeutung des eigenen Tuns und der Selbsttätigkeit für Lernen dargelegt.

Einsichtig ist begründet worden, „daß nicht die Vermittlung von fertigem, unverbundenem Fachwissen sinnvoll ist, sondern der Aufbau von Denkstrukturen in Verbindung mit Handlungsprozessen: Handeln und Denken, Theorie und Praxis, Schule und Leben, Erfahrung und Methode, Verstand und Sinnlichkeit gehören zusammen" (Gudjons 1993, S. 63). Neuere Begründungszusammenhänge für ganzheitliches Lernen ergeben sich durch die Ergebnisse der Hemisphärenforschung. Aus ihnen wird die Forderung nach „gehirngerechtem Lernen" abgeleitet, das die Funktionen beider Gehirnhälften aktiviert und die lernbiologischen Vorgänge im Gehirn berücksichtigt: „Ganzheitliches, vernetztes Lernen ist gefragt!" (Schachl 1996, S. 27).

Zu 3:

Eine dritte Begründung erhält die Forderung nach Handlungsorientierung aus den veränderten Lebenswelten von Kindern und Jugendlichen. Aufwachsen geschieht heute unter weitgehend anderen Sozialisationsbedingungen als früher, mit der Folge, daß sich die Aneignungsformen von Kultur teilweise gewandelt haben. Die Schlußfolgerung aus diesen Entwicklungen: Den weitgehend durch die Medien vermittelten Erfahrungen aus zweiter Hand, dem Verlust von Primärerfahrungen, sollte in der Schule entgegengewirkt werden durch eine Unterrichtsgestaltung, die Schüler und Schülerinnen herausfordert und aktiviert, zur Eigentätigkeit und Selbständigkeit anregt.

Zu 4:

Sehr deutlich wird in den letzten Jahren seitens der Industrie die Forderung nach sog. Schlüsselqualifikationen erhoben: Bedingt durch den Einsatz Neuer Technologien, die Veränderungen der Arbeitsorganisation und des Arbeitsablaufes, die Internationalisierung und Globalisierung der Produktion und der Märkte, ergeben sich weitreichende Veränderungen der Anforderungen an die Fähigkeiten von Mitarbeitern.

Dies hat zu *neuen Ausbildungskonzepten* geführt, die zum Erwerb von „Schlüsselqualifikationen" führen sollen:

Beispiel: BOSCH-Gruppe, Technisch-Gewerbliche Ausbildung

Förderung von Schlüsselqualifikationen
Im Bereich der Fachkompetenz:
- Aneignen von Fertigkeiten und Kenntnissen des jeweiligen Ausbildungsberufes.
- Fachqualifikationen entfalten.

Im Bereich der Methodenkompetenz:
- Selbständig lernen.
- Selbständig planen – durchführen – kontrollieren.

Im Bereich der Sozialkompetenz:
- In der Gruppe mitarbeiten.
- Die Persönlichkeit entfalten.

Ich möchte aber diese, eigentlich aus dem pädagogischen Bereich stammenden Zielformulierungen nicht auf den ökonomischen Bereich beschränkt wissen: Auch die Bewältigung der in Zukunft auf unsere Schülerinnen und Schüler zukommenden sozialen, politischen und ökologischen Probleme verlangen grundlegende Fähigkeiten, um die Gesellschaft human zu gestalten. Gefordert sind:
- Denken und Lernen in Zusammenhängen (vernetztes Denken);
- die selbständige Bewältigung von Problemen und Konflikten;
- Kreativität, Phantasie, Ideenreichtum;
- Flexibilität und Mobilität;
- die Bereitschaft zur Kommunikation und die Fähigkeit zum Austausch von Informationen und Meinungen;
- sprachliche Kompetenzen zur Definition eigener und fremder Interessen;
- die Bereitschaft zum Engagement;
- Kompromißbereitschaft und Akzeptanz gefundener Lösungen.

Um diese *politisch-sozialen Erziehungsziele* würde ich gerne die „Schlüsselqualifikationen" erweitern.

Methodische und soziale Kompetenzen, die Fähigkeiten zur Teamarbeit, Kommunikation und Kooperation fallen nicht vom Himmel, sondern müssen gelernt und geübt werden. Das gleiche gilt für persönlichkeitsbildende Qualifikationen wie Verantwortungsbewußtsein, Eigeninitiative und Selbstvertrauen. Die Schule, wer denn anders, bietet hierfür ein breites Feld der Erprobung und Bewährung.

6. Gesucht: Ein unterrichtspragmatisches Verständnis von Handlungsorientierung

Handlungsorientierung ist einleuchtend und evident begründet. Im wesentlichen sind es bekannte wissenschaftliche Erkenntnisse (Lernpsychologie und Hemisphärenforschung), die veränderten personalen Lernausgangsbedingungen (veränderte Kindheit), der Wandel der Qualifikationserfordernisse und das didaktische Selbstverständnis Politischer Bildung, die das Fundament für Handlungsorientierung darstellen.

So überzeugend die Begründungen klingen – *wie lassen sich die Vorstellungen von Handlungsorientierung oder Elemente davon unter den überwiegend restriktiven Bedingungen des Alltagsunterrichts realisieren?* Soll Handlungsorientierung nicht begrenzt bleiben auf außergewöhnliche Unterrichtsvorhaben wie Projekttage oder -wochen, modellhafte oder prüfungsrelevante Unterrichtsversuche, so muß gefragt werden, wie Bestandteile des handlungsorientierten Unterrichts im Klassenzimmer, etwa im ein- oder zweistündigen, möglicherweise sogar noch im fachfremd erteilten Unterricht realisiert werden können. *Wie können Zugänge, „Einstiege" gefunden werden?*

Heinz Klippert bietet eine gestufte Definition von Handlungsorientierung an, die durch ihre Differenzierung eine Hilfestellung für die pragmatische Umsetzung handlungsorientierter Ansätze darstellt.

„(1) Prinzipiell soll der handlungsorientierte Unterricht dazu beitragen, daß die Schüler Handlungskompetenz in bezug auf die Bewältigung jetziger und zukünftiger Lebenssituationen erwerben, also lernen, wie man lernt (Methodenlernen), wie man sich als mündiger Wirtschafts- und Staatsbürger im privaten wie im öffentlichen Leben verhält, wie man im sozialen Kontext agiert und interagiert etc.
(2) Gefordert ist ferner, daß der Unterricht möglichst vielfältige Realitätserfahrungen zuläßt, und zwar sowohl im Sinne der unmittelbaren Realitätsbegegnung – Erkundungen, Praktikas, Projektunterricht etc. – als auch im Sinne der exemplarischen Realitätssimulation (Rollenspiele, Planspiele etc.).
(3) Schließlich meint handlungsorientierter Unterricht auch und vor allem, daß die Unterrichtsorganisation ausreichend Raum lassen muß für *aktives, produktives, entdeckendes, kreatives, soziales und kommunikatives Lernen und Arbeiten* der Schüler. Diese Kriterien zur Bestimmung eines handlungs- und erfahrungsorientierten Unterrichts zielen ausnahmslos auf Schülerorientierung und Selbstbestimmung, auf Erfahrungslernen und Kreativität, auf Kommunikation und Interaktion, auf Methodenkompetenz und Soziales Lernen, auf Realitätsbezug und Problemorientierung" (Klippert 1984, S. 28).

Für die Intentionen dieses Beitrages stellen die Aussagen unter (3) geeignete Anknüpfungspunkte dar. Sie verweisen auf Lernformen, die handlungsorientierte Elemente beinhalten und die im Rahmen des alltäglichen Unterrichts realisiert werden können.

Diese handlungsorientierten Lernformen in der „Mikroebene" des Unterrichts (im Unterschied zur „Makroebene" projektbezogener, meist außerschulischer Vorhaben) verfolgen ebenso wie die „größeren" Unterrichtsprojekte das Ziel, Schülerinnen und Schüler zu mehr Selbsttätigkeit, zu mehr Eigenverantwortung, zu mehr Kommunikation und Interaktion zu führen. Im Gegensatz zur passiven, rezeptiven, konsumierenden Stoffaufnahme steht das aktive und kommunikative Lernen. Im Zentrum steht die Förderung von Methodenkompetenz, die sich aus der Beherrschung elementarer Lern- und Arbeitstechniken sowie Gesprächs- und Kooperationsformen aufbaut (vgl. Klippert 1995, S. 36).

Aktiv-kommunikative Lernformen sind Grundelemente und Bedingungen handlungsorientierten Lernens. Sie stellen einen pragmatischen Zugang zu komplexeren Arbeitsformen dar. Deren unterrichtliche Realisierung fällt dann um so leichter, wenn selbständiges Lernen in kleineren und überschaubaren Einheiten eingeübt worden ist.

Ich plädiere dafür, deshalb weniger von „Handlungsorientierung" zu sprechen, sondern von *„Aktivierenden Lernformen" oder „Aktivierenden Medien".* Der Begriff „Handlungsorientierung" baut sehr hohe und anspruchsvolle Hürden auf, die vielen Lehrerinnen und Lehrern den Einstieg in handlungsorientierte Arbeitsweisen erschweren. Die Verwendung der konkreteren Begrifflichkeit eröffnet eher Zugänge, weil die damit intendierten Arbeitsformen kleinschrittiger, überschaubarer und nachvollziehbarer sind und direkter an die Alltagserfahrungen anknüpfen.

7. Publikationsbeispiele

In den letzten Jahren sind einige Publikationen erschienen, die eine Fülle von Ideen und Vorschlägen für aktivierendes Lernen präsentieren. Verweisen möchte ich hier auf die Bücher von Heinz Klippert „Methodentraining" (1994), „Kommunikationstraining" (1995) und „Teamentwicklung im Klassenraum" (1998), auf „Unterrichts-Einstiege" von Johannes Greving und Liane Paradies (1996) sowie auf Günther Gugels „Methoden-Manual" (1997). Dort findet sich eine breite Palette von

Kleinformen methodischen Handelns, die pragmatische, handlungsorientierte Veränderungen von Unterricht unter Alltagsbedingungen ermöglichen und anstreben. Diese Bücher beschreiben die formale und organisatorische Durchführung von Unterrichtsverfahren, Interaktions- und Kommunikationsformen.

Für den Lehrer und die Lehrerin ergibt sich die Notwendigkeit, diese Vorschläge an problemhaltigen Inhalten und Themen zu konkretisieren. Denn Methoden sind ohne Inhalte schwer vorstellbar, unabhängig davon, welcher Seite das Primat zugesprochen wird. In den Heften der Reihe PRAXIS POLITIK, die sich als „Bausteine für einen handlungsorientierten Unterricht" verstehen, wird diese Verbindung zwischen Methode und Inhalt hergestellt.

Die vom Verfasser dieses Beitrages über die Bundeszentrale für politische Bildung in Bonn herausgegebene *„Politik-Kiste"* verbindet ebenfalls Themenbeispiele mit aktivierenden lern- und schülerbezogenen Kommunikationsformen. Dazu dienen *Methodenkarten,* die – in ihrer Art neu – aktivierende Arbeitsformen beschreiben sowie Arbeitsaufträge auf den jeweiligen Arbeitsblättern. Acht handlungsorientierte, schüleraktivierende Mikromethoden (siehe Kasten), für den Einsatz im Alltagsunterricht vorgesehen, machen die Schülerinnen und Schüler mit für den Unterricht eher ungewöhnlichen Arbeitsformen bekannt. Sie beziehen sich auf die Themen auf den Arbeitsblättern und können so direkt themenspezifisch erprobt werden. Damit sollen Schüler die Möglichkeit erhalten, weitgehend selbständig verschiedene Methoden und Kommunikationsformen, z.B. zum Austausch von Gruppenarbeitsergebnissen anzuwenden. Ziel hierbei ist die Anbahnung von Methodenkompetenz.

Die in der Schüler-Arbeitsmappe für die Erschließung, Bearbeitung und Problematisierung der drei Themen vorgeschlagenen Aufgabenstellungen gliedern sich in sechs verschiedene aktivierende Arbeitsformen, die ebenfalls alle im „normalen" Unterricht einzusetzen sind.

Aktivierende Arbeitsmaterialien sollen sich sowohl eignen als Selbstlernmaterialien als auch Anstöße für gruppenbezogene Kommunikationsformen bewirken. „Aktivierend" an den Medien sind die Impulse, die von den Aufgabenstellungen ausgehen – indirekt, indem etwa in Schaubildern, Texten, Statistiken, Bildern etc. vorgegebene Leer-Räume, -Zeilen oder Lücken zum Vervollständigen, Korrigieren, Ausfüllen, Berechnen, Zuordnen herausfordern; direkt, indem etwa Assoziationen, Entscheidungsfragen, Thesen Stellungnahme und Positionsbezug provozieren mit dem Ziel, mit anderen sich darüber auszutauschen und auseinanderzusetzen.

Themen in der „Politik-Kiste"
Arbeitslosigkeit
Gesetzgebung
Europa

Methodenkarten in der „Politik-Kiste"
Fish-Bowl
Gruppen-Puzzle
5-Schritt Lese-Methode
Aus einem Text ein Interview machen
KARIKA-TOUR
Aktiv werden – was man tun kann
Pro- und Kontra-Debatte – Streitgespräch
Mind-Map

Arbeitsformen in der „Politik-Kiste"
- Assoziieren, Interpretieren, Entscheiden.
- Eigene Informationsbeschaffung und Recherche.
- Kreative Textbearbeitung.
- Grafische Darstellung und Umwandlung von Daten.
- Unvollständiges vervollständigen.
- Schülerzentrierter Austausch von Gruppenergebnissen.

8. Ein „attraktives Gesamtgebäude politischer Bildung"

„Die Hauptsäulen politischer Bildung der vergangenen Jahrzehnte, das Buch und das Referat, sollen nicht zum Einsturz gebracht werden, aber sie müssen ergänzt und erweitert werden, damit insgesamt ein tragfähiges und attraktives Gesamtgebäude politischer Bildung entsteht. Sonst drohen die Säulen zu Ruinen mit nur noch musealer Funktion zu werden. So ist das Arsenal der Medien im Bereich politischer Bildung noch immer recht bescheiden." (Schiele 1997, S. 4)

Das Bild vom „attraktiven Gesamtgebäude politischer Bildung" schließt aus, daß traditionelle, frontale Unterrichtsmethoden über Bord geworfen werden sollen. Auch sie haben ihren eigenen didaktischen und methodischen Stellenwert. Auf gar keinen Fall darf mit der deutlichen Ausrichtung auf aktivierende und kommunikative Lernformen eine „Entwertung des Kognitiven" (Gagel 1994, S. 302) einhergehen. „Unterricht ist Nachdenken über Wirklichkeit im Medium des Gesprächs" (Grammes 1997, S. 22). Deshalb müssen „auch im handlungsorientierten Unterricht Lernende ihren Verstand gebrauchen" und „denken" (Gagel 1994, S. 302).

9. Einstiege und Zugänge

Deshalb kann sich selbstverständlich die unterrichtliche Behandlung z.b. der in der „Politik-Kiste" aufgeführten Themen nicht in der Bearbeitung der angebotenen Materialien und Aufträge sowie der Anwendung der unterschiedlichen Methoden erschöpfen. Gründliche problemvertiefende und wissenschaftsorientierte Reflexionen und Erörterungen, weitere Text-, Quellen- oder reale Studien, „Denk-Arbeit" also, sind unerläßlich, will man der inhaltlichen Komplexität und Kontroversität der Themen gerecht werden. Die aktivierenden Arbeitsmaterialien können nur als Einstiege und Zugänge dienen und sind Beispiele für eine phantasievollere Lern-Arbeit. Zur Vertiefung und Erweiterung der Themenfelder liegen sehr nützliche Materialien-Hefte und didaktische Periodika vor, aus denen die Lehrer (besser noch: die Schüler) ihr Unterrichtsmaterial zusammenstellen können (z.B. Informationen zur politischen Bildung, Thema im Unterricht, Politische Bildung, Wochenschau-Hefte, u.a.).

„Noch immer wird vieles mit Mühe erarbeitet, was mit Freude zu vermitteln wäre und der politischen Bildung auch ein freundlicheres Image verschaffen könnte. Auf diesem Feld sind die meisten Ideen noch nicht gehoben" (Schiele 1997, S. 4).

10. Handlungsorientierung vom Unterricht aus denken

In diesem Sinne müssen verstärkte Anstrengungen unternommen werden. Zum einen von Autoren von Unterrichtsmaterialien und Schulbüchern: hier gilt es, methodische Ideen und Anregungen zu entwerfen, die phantasievoll und kreativ sowie medial ansprechend gestaltet sind, handlungsbezogen, aber „alltagstauglich" sind, die zwar nicht die Mühe des Lernens abnehmen, aber doch durch die inhaltliche, methodische und mediale Aufbereitung auch emotional leichtere Zugänge und „Einstiege" bieten. *Ausgangspunkt der Überlegungen und Konzeptentwicklung sollte dabei verstärkt der Unterricht unter Alltagsbedingungen darstellen.* Handlungsorientierung vom Unterricht aus denken und dazu weitere methodische Ideen und Arbeitsvorschläge entwickeln – dies könnte, sollte eine Hauptaufgabe darstellen.

Zum andern: Fachdidaktiker und Lehrer sollten sich verstärkt zusammen„tun" und ihre Vorstellungen, Erfahrungen und Konzepte austauschen. Die eingangs erwähnte Kluft läßt sich nicht verringern, wenn die – auch räumlichen – Distanzen bestehen bleiben, die zwischen Lehre und Unterricht, Fachbuch und Schülerarbeitsblatt, Hochschule und Schule herrschen. Ein geeigneter Ort, an dem dieser Austausch und Begegnungen stattfinden können, sind die Einrichtungen der Lehrerfort- und -Weiterbildung sowie der Bundeszentrale und der Landeszentralen für politische Bildung in den Bundesländern. Dabei muß über Handlungsorientierung auch geredet, diskutiert und gestritten werden – *in erster Linie aber müssen Handlungsorientierung und aktivierende Lernformen praktisch erprobt und damit erfahrbar gemacht werden.*

Dazu eignen sich besonders *Lernwerkstätten*. Sie können die Verbindung zwischen Konzepten der Fachdidaktik und den Gegebenheiten der Unterrichtsrealität deshalb gut herstellen, weil der Ausgangspunkt ihrer Lern- und Arbeitsprozesse die Unterrichtspraxis ist. Sie sollten zu Foren und Werkstätten für „neue" und „alte" Lehr- und Lernformen ausgebaut und weiterentwickelt werden (vgl. Scholz 1992).

Literatur

Johannes Bastian: Pädagogische Schulentwicklung. Von der Unterrichtsreform zur Entwicklung der Einzelschule. In: Pädagogik. 2/97, S. 6-11

Walter Gagel: Geschichte der politischen Bildung in der Bundesrepublik Deutschland 1945–1989. Opladen 1994

Tilman Grammes: Handlungsorientierung im Politikunterricht. (Schriftenreihe der Niedersächsischen Landeszentrale für politische Bildung). 2. Aufl. – Hannover 1997

Johannes Greving / Liane Paradies: Unterrichts-Einstiege. Berlin 1996

Herbert Gudjons: Projektunterricht begründen. Sozialisationstheoretische und lernpsychologische Argumente. In: Johannes Bastian / Herbert Gudjons (Hrsg.): Das Projektbuch II. 2. Aufl. – Hamburg 1993, S. 48-64

Günther Gagel: Methoden-Manual I: „Neues Lernen". Weinheim / Basel 1997

Gerhard Himmelmann: Chancen und Grenzen politischer Beteiligung und „Handlungsorientierung" in der Politischen Bildung. In: Peter Massing (Hrsg.): Das Demokratiemodell der Bundesrepublik Deutschland. Schwalbach/Ts. 1996, S. 81-96

Heinz Klippert: Wirtschaft und Politik erleben. Weinheim 1984

Heinz Klippert: Methodentraining. Weinheim / Basel 1994

Heinz Klippert: Kommunikationstraining. Weinheim / Basel 1995

Heinz Klippert: Teamentwicklung im Klassenraum. Weinheim / Basel 1998

Hilbert Meyer: Unterrichts-Methoden. Band 1. Frankfurt/M. 1987

Reinhold Miller: Stoffvermittlung ist nicht lernen! Oder: worüber ich nicht mehr schweigen mag. In: Pädagogik. 3/98, S. 29

PRAXIS POLITIK, Bausteine für einen handlungsorientierten Unterricht. Hrsg. v. Heinz Klippert, Hans-Joachim Lißmann, Frank Nonnenmacher, Christoph Straub. Frankfurt/M.

Hessischer Kultusminister (Hrsg.): Rahmenplan Lernbereich Gesellschaftslehre, Sekundarstufe I. Wiesbaden 1995

Hans Schachl: Was haben wir im Kopf? Die Grundlagen für gehirngerechtes Lernen. Linz 1996

Siegfried Schiele: Die politische Bildung ist quicklebendig. In: Landeszentrale für politische Bildung (Hrsg.): Praktische politische Bildung. Schwalbach/TS. 1997, S. 1-9

Lothar Scholz: Eine Lernwerkstatt für Politische Bildung. In: PRAXIS SCHULE 5-10. 4/1992, S. 48-51

Lothar Scholz: Grundgesetz für Einsteiger. Hrsg. v. Bundeszentrale für politische Bildung. 4. Aufl. – Bonn 1998

Lothar Scholz: Hessische Verfassung für Einsteiger. Hrsg. v. Hessische Landeszentrale für politische Bildung. Wiesbaden 1997

Lothar Scholz: Politik-Kiste. Hrsg. v. Bundeszentrale für politische Bildung. Bonn 1998

DIE ZEIT (Hrsg.): ZEIT-Punkte. Heft 2/96: Welche Schule brauchen wir? Unterwegs in deutschen Klassenzimmern.

Peter Weinbrenner

Handlungsorientierung im Politikunterricht als methodisches Prinzip

1. Einführung

Das Konstrukt *„Handlungsorientierung"* hat sich in den letzten Jahren „zu einer Art kategorischer Imperativ der Pädagogik" und Didaktik[1] entwickelt. Es ist inzwischen zu einer „Universalformel" gemacht worden, in die alles hineingepackt wird, was in der Didaktik der politischen und ökonomischen Bildung als gut und teuer erachtet wird. Es ist, da stimme ich Sibylle Reinhardt zu, auf der einen Seite ein *„Hoffnungsträger"*, der jedoch „theoretisch unklar und didaktisch unentschieden" geblieben ist, weil zu viel in ihn hineininterpretiert wurde und er deshalb gegenüber anderen didaktischen Prinzipien wie *Schülerorientierung, Selbstorganisiertes Lernen, Projektarbeit* usw. wenig trennscharf ist.[2] Auf der anderen Seite wird der Begriff auch als *„Kampfbegriff"* verwendet, und zwar als Kritik an einem lehrerzentrierten, stofforientierten, eng geführten und dadurch „handlungsarmen" Unterricht, bei dem die Schüler in der Rolle des passiven, rezeptiven Lernens bleiben. Ich möchte zu den vielen theoretisch-begrifflichen Konzepten, die inzwischen in der Literatur gehandelt werden[3], kein neues hinzufügen, sondern einen pragmatischen Versuch zur Diskussion stellen, der sich dezidiert auf die *Methodenebene* des politischen Unterrichts bezieht. Meine These ist, daß das Prinzip „Handlungsorientierung" primär ein *methodisches* Prinzip, also eine Summe von Verfahrensregeln für unter-

---

1 So Wolfgang Fix in seiner Rezension von Günter Pätzold (Hrsg.): Handlungsorientierung in der beruflichen Bildung. Frankfurt 1992. In: Zeitschrift für Berufs- und Wirtschaftschaftspädagogik. Nr. 1/1993, S. 102
2 Vgl. Sibylle Reinhardt: „Handlungsorientierung" als Prinzip im Politikunterricht. Sinn, Begriff, Unterrichtspraxis. In: Politisches Lernen. Nr. 1-2/1995, S. 42-52
3 Vgl. z.B. den Beitrag von Tilman Grammes: Handlungsorientierung im Politikunterricht. (Schriftenreihe der Niedersächsischen Landeszentrale für politische Bildung). Hannover 1995

richtliche Interaktionsprozesse, darstellt und nicht so sehr ein didaktisches Prinzip zur Selektion und Legitimation von Unterrichtsinhalten.

Wenn man Methodenkonzepte, Lehrpläne und Richtlinien, Schulbücher und andere Curriculummaterialien auf die methodische Dimension hin überprüft, so fällt eine große *Beliebigkeit und Zufälligkeit des Methodenarrangements* auf. Das liegt sicher an der Komplexität und Vielfalt der verschiedenen *Methodenebenen,* deren logisch-systematischer Zusammenhang nach meiner Kenntnis bisher nirgends hergestellt und begründet wurde.

Ich möchte daher zunächst einen *vierdimensionalen Methodenrahmen* vorstellen, bei dem ich bewußt von der *„Alltagsebene"* ausgehe und frage, wie die dort beschriebenen Handlungsfähigkeiten und Aktionsformen mit den übrigen Methodenebenen, nämlich der *Unterrichtsebene,* der *Forschungsebene* und der *Erkenntnisebene* verknüpft werden können (vgl. Übersicht 1).

1. Die Alltagsebene
2. Die Unterrichtsebene
3. Die Forschungsebene
4. Die Erkenntnisebene

Ich möchte dann Merkmale eines handlungsorientierten Unterrichts bestimmen und sie in einer *Methodenmatrix* mit den vier Methodendimensionen verknüpfen.[4]

Übersicht 1: Dimensionierung der Methodenebenen

2. Handlungsorientierung – ein neues didaktisch-methodisches Paradigma

Das Prinzip Handlungsorientierung hat seine Wurzeln in der Reformpädagogik und in der Industriesoziologie.

Die reformpädagogische Wurzel liegt in der Arbeitsschulpädagogik (z.B. Georg Kerschensteiner und Hugo Gaudig), nach dem Kriege in der *alternativen Schulbewegung* und in der *Kognitionspsychologie.*

---

4 Ich fasse nachstehend Überlegungen zusammen, die ich ausführlich dargestellt habe in Peter Weinbrenner: Welche Methoden fördern einen handlungsorientierten Unterricht? Vorschläge und Beispiele für die wirtschafts- und sozialwissenschaftlichen Unterrichtsfächer. In: Bundesfachgruppe für ökonomische Bildung. Hrsg. von H.J. Albers: Handlungsorientierung und ökonomische Bildung. Bergisch-Gladbach 1995, S. 117-134

Die industriepolitische Wurzel verweist auf einen „Richtungswechsel in der Organisation industrieller und kaufmännisch-verwaltender Arbeit von tayloristisch ausgelegten Konzepten zu mehr planenden, steuernden und kontrollierenden Arbeitsformen [...], verbunden mit mehr Komplexität, der Notwendigkeit zur Kooperation und einer Abnahme der standardisierten und routinisierten Handlungen."[5]

Wenn man diese beiden Wurzeln aufeinander bezieht, so entsteht eine fast paradoxe Situation. Während in der Vergangenheit reformpädagogische, d.h. ganzheitliche, schüler-, situations- und problemorientierte Konzeptionen *gegen* die Praxisansprüche einer tayloristisch organisierten Wirtschaft durchgesetzt werden mußten bzw. nicht durchgesetzt werden konnten, sieht sich heute die Schule seitens der Industrie dem Vorwurf ausgesetzt, daß die für die neuen Produktionskonzepte und integrierten Arbeitsformen notwendigen Fähigkeiten und *Schlüsselqualifikationen* von dem immer noch dem tayloristischen Lernen verhafteten Schulbetrieb und dem traditionellen Unterricht mit seinen sterilen „Frage-Antwort-Ritualen" nicht vermittelt werden können. Wie sehr die Schule dem tayloristischen Produktionskonzept verhaftet ist, zeigt eine Übersicht, die ich meinem Kollegen Rainer Dollase verdanke (vgl. Übersicht 2).

1. *Selektionsprinzip* – Nur das Starke und Gute kann überleben
2. *Selbstverantwortungsprinzip* – Jeder ist seines Glückes Schmied
3. *Leistungsprinzip* – Jeder nach seiner Leistung
4. *Aktivismusprinzip* – Müßiggang ist aller Laster Anfang
5. *Fortschrittsprinzip* – Du mußt Dich ändern, Du kannst nicht so bleiben wie Du bist
6. *Hierarchisierungsprinzip* – Es gibt wertvolle und weniger wertvolle Menschen
7. *Adultisierungsprinzip* – Lehrjahre sind keine Herrenjahre
8. *Säkularisierungsprinzip* – Es gibt kein Leben nach dem Tode
9. *Egoismusprinzip* – Du bist Dir selbst der Nächste

Übersicht 2: Die Schule als tayloristischer Produktionsbetrieb

---

5 Vgl. Anm. 1, S. 203

Im Gegensatz hierzu scheint nunmehr eine neue historische Situation zu bestehen, in der berufliche und betriebliche Lernnotwendigkeiten mit pädagogischen und persönlichkeitsorientierten Bildungsansprüchen übereinstimmen. Diese – zumindest auf den ersten Blick – frappierende *Strukturidentität berufsbezogener und allgemeiner (politischer) Bildungsinhalte und Methoden* erscheint mir hinreichende Berechtigung, von der Notwendigkeit eines *didaktisch-methodischen Paradigmenwechsels* zu sprechen.

3. Dimensionierung der Methodenebenen als Versuch einer begrifflich-theoretischen Klärung

Die Notwendigkeit einer begrifflichen und theoretischen Klärung der Methodendimensionen zeigt sich beispielsweise anhand eines Methodenrepertoires, das von der Bundeszentrale für politische Bildung seit 1990 zunächst zur Information und Fortbildung von Lehrerinnen und Lehrern der ehemaligen DDR entwickelt wurde und in der Loseblatt-Sammlung „Mit PZ lernen" inzwischen mit großem Erfolg weitergeführt wird.[6] In diesem Ansatz werden insgesamt 32 Methodenelemente vorgestellt (vgl. Übersicht 3, S. 207).

So hilfreich und begrüßenswert eine solche Sammlung von Methoden auch sein mag, so bleibt doch völlig unklar, auf welchem theoretischen Hintergrund bzw. mit welcher didaktischen Theorie diese Methoden entwickelt wurden. Der Zusammenhang von Thema und Methode bleibt weitgehend ungeklärt. Es gibt keine Selektions- und Legitimationskriterien für die Themen und keine Zuordnungsregeln für die Methoden. Andererseits ist es durchaus legitim, von einem *weiten Methodenbegriff* auszugehen und alles als Methode gelten zu lassen, was als *zielgerichtetes und regelgeleitetes Handeln* bezeichnet werden kann. Wir brauchen daher ein vielfältiges und kreatives Methodenrepertoire, aber zugleich auch eine klare Systematik des Methodenhandelns.

Um diesem Mangel abzuhelfen, möchte ich im folgenden versuchen, im Sinne der *„Pragmatik"*, also einer anwendungs-, handlungs- und sachbezogenen Auseinandersetzung mit dem Methodenproblem, eine *vierdimensionale Strukturierung bzw. Hierarchisierung* der verschiedenen Methodenebenen vorzunehmen. Ich orientiere mich hierbei primär an

---

[6] Vgl. Gerrit Hoberg / Bernd Wanner: Mit PZ lernen. Hrsg. von der Bundeszentrale für politische Bildung. Bonn (Januar) 1993 ff.

1. Ziele setzen	17. Medienanalyse
2. Entscheidungen visualisieren	18. Fragebogen entwickeln und einsetzen
3. Assoziatives Lernen	19. Fakten sammeln und bewerten
4. Überschriften finden	
5. Begriffe begreifen	20. Expertenbefragung
6. Prioritäten setzen	21. Interessenkonflikte analysieren
7. Entscheiden und begründen	
	22. Methodenmix: Informieren – strukturieren – erforschen
8. Kernaussagen verwenden	
9. Akzente setzen	
10. Recherche-Training	23. Aktionsphasen analysieren
11. Gedanken auf den Punkt bringen	24. Collage
	25. Fotoreportage
12. Porträt zeichnen	26. Standpunkte vergleichen
13. Meinungen begründen	27. Spurensuche
14. Informationen zuordnen	28. Textanalyse
15. Pro und Kontra	29. Redaktionskonferenz
16. Strukturieren lernen	30. Test

Übersicht 3: Methodenrepertoire der Zeitschrift „PZ"

Methodenkonzepten der Politischen Bildung und verzichte auf eine Differenzierung des Methodenrepertoires zwischen ökonomischer und politischer Bildung, die vermutlich auch wenig trennscharf bleiben würde.[7]

---

7 In den letzten Jahren sind von Didaktikern der ökonomischen Bildung Methodenbeiträge erschienen, die auch für die Politische Bildung relevant sind und eine Fülle von Anregungen für einen „handlungsorientierten" Unterricht enthalten. Vgl. z.B. Franz-Josef Kaiser / Hans Kaminski: Methodik des Ökonomie-Unterrichts. Grundlagen eines handlungsorientierten Lernkonzepts mit Beispielen. Bad Heilbrunn 1994; Bodo Steinmann / Birgit Weber (Hrsg.): Handlungsorientierte Methoden in der Ökonomie. Neusäß 1995; Tilman Grammes (Hrsg.): Fachtagung Politik / Wirtschafts- und Sozialkunde der Hochschultage Berufliche Bildung 1994. Handlungsorientierung – ein didaktisches Prinzip politischer Bildung an den Berufsschulen auf dem Prüfstand. Eine Zwischenbilanz. Neusäß 1995; Josef Aff / Margret Wagner (Hrsg.): Methodische Bausteine der Wirtschaftsdidaktik. Wien 1997

3.1 Die Alltagsebene

Auf dieser Ebene sollen alle Methoden erfaßt werden, die *reales politisches Handeln und Verhalten im Alltag* beschreiben. Gotthard Breit hat beispielhaft versucht, auf dieser *pragmatischen Ebene* folgende politische Handlungsmöglichkeiten zu definieren[8]:
- Sich demokratisch verhalten, d.h. abweichende Meinungen akzeptieren,
- Mehrheitsbeschlüsse anerkennen,
- Grund- und Menschenrechte achten und schützen,
- für Gewaltlosigkeit eintreten,
- sich informieren,
- die eigene Meinung sagen,
- sich organisieren,
- politisch aktiv werden, d.h. an Wahlen teilnehmen,
- sich an Unterschriftensammlungen beteiligen,
- demonstrieren,
- für politische Ämter kandidieren,
- sich unkonventionell verhalten, d.h. Zivilcourage zeigen,
- bürgerlichen Ungehorsam und gewaltlosen Widerstand praktizieren usw.

Ausgehend von dieser Handlungsebene geht es in der zweiten Dimension nunmehr darum, Unterrichtsmethoden bzw. schulische Methoden zu definieren, mit deren Hilfe die auf der ersten Ebene angesprochenen Fähigkeiten und Verhaltensweisen gelernt und eingeübt werden können.

3.2 Die Unterrichtsebene

Der qualitative Unterschied zwischen dieser Ebene und der Alltagsebene besteht darin, daß der unmittelbare Realitätsbezug, also das Handeln im persönlichen Alltagsgeschehen, fehlt. Obwohl z.T. sogar wortgleich, ist dieser Bedeutungsunterschied bei der Benennung spezifischer Unterrichtsmethoden zu beachten. Auf das Handlungskonzept bezogen, sind hier in aller Regel Methoden angesprochen, die sog. *„Probehandeln"* ermöglichen.

---

8 Vgl. Gotthard Breit: Didaktisch-methodische Hinweise zur Unterrichtsplanung. Handlungsorientierung im Politikunterricht. In: Wochenschau Methodik. Nr. 4-5/1992, S. 1-4

Andererseits kann die Schule durch methodische Anleitung auch wieder „*Realerfahrungen*" bzw. Eingriffe in die politische und berufliche Realität ermöglichen und anleiten.

Als *Methoden der Realitätssimulation* nenne ich:
- Fallstudien,
- Rollenspiel,
- Planspiel,
- Debatte (Vorbereitung einer Entscheidung durch Abstimmung, z.B. mit Hilfe der Pro-Kontra-Diskussion),
- Hearing (z.B. als Konferenzspiel, in dem gesellschaftliche Interessengruppen ihre Standpunkte zu einem Problem darlegen),
- Computersimulation, d.h. algorithmisierte Planungs- und Entscheidungsprozesse,
- Dilemma-Methode,
- Szenario-Methode,
- Zukunftswerkstatt.

Andererseits kann auch der Politikunterricht durch außerschulische Aktivitäten Zugänge zur Realität erschließen.

Methoden der Realerfahrung bzw. -begegnung sind z.B. :
- Erkundungen,
- Praktika aller Art (z.B. Betriebs- und Sozialpraktika),
- Exkursionen,
- Museumsbesuche usw.

3.3 Die Forschungsebene

Die didaktischen Prinzipien der *Wissenschaftsorientierung* und *Wissenschaftspropädeutik,* die auch für die Politische Bildung Gültigkeit haben, verweisen auf den engen Zusammenhang zwischen schulischem und wissenschaftlichem Lernen und Handeln. Auf dieser Ebene werden in der Regel die verschiedenen Formen und Verfahren empirischer Sozialforschung genannt. Ausgehend von spezifischen Problemen und daraus resultierenden Erkenntnisinteressen sollen Schülerinnen und Schüler gleichsam in der Rolle des Forschenden Hypothesen aufstellen, Begriffe bilden und operationalisieren, Indikatoren der empirischen Überprüfung entwickeln, qualitative und quantitative Begriffe unterscheiden, klassifizieren, Typen bilden, Variablen identifizieren und über Meßprobleme und Gütekriterien reflektieren.

Gemäß den klassischen Verfahren empirischer Sozialforschung sollen Schülerinnen und Schüler

- Fragebögen entwickeln,
- Interviews vorbereiten, durchführen und auswerten,
- schriftliche Befragungen durchführen,
- Gruppendiskussionen nach wissenschaftlichen Merkmalen organisieren und auswerten,
- soziometrische Verfahren für die Erforschung der Sozialbeziehungen in der Schule bzw. im Klassenraum anwenden,
- Beobachtungen und teilnehmende Beobachtungen nach systematischen Kategorien durchführen,
- Inhaltsanalysen,
- soziale Experimente und evtl. auch
- Sekundäranalysen machen.

Wenn man auf dieser Methodenebene stehenbleibt – und die allermeisten Richtlinien und Lehrpläne beziehen sich bestenfalls auf diese Ebene –, dann unterschlägt man, daß die hier allein dargestellte *empirisch-analytische* Wissenschaftstradition nur *eine* von mehreren möglichen Auseinandersetzungen des Menschen mit der Wirklichkeit umfaßt und daß es daneben noch andere Erkenntnis- und Reflexionsmöglichkeiten gibt. In dem schon jahrhundertealten Streit um den richtigen Zugang des Menschen zu Wirklichkeit und Wahrheit darf der Didaktiker nicht Partei ergreifen für eine einzige Form der Erkenntnisgewinnung und Wissenschaftspraxis. Auch hier gilt analog der *„Beutelsbacher Konsens"* mit seinem *Überwältigungsverbot* und der Warnung vor einseitiger *Indoktrinierung* und *Ideologisierung* von Schülerinnen und Schülern. Insofern ist es unerläßlich, noch eine vierte Methodenebene, nämlich die Ebene der *Wissenschafts- und Erkenntnistheorie* zu berücksichtigen.

3.4 Die Erkenntnisebene

Auf dieser Ebene hat sich die *Theorie der Erkenntnisinteressen* von Jürgen Habermas[9] als ein brauchbares Gliederungsinstrument für die sozialwissenschaftliche Theorienbildung erwiesen. Danach können drei verschiedene Erkenntnisinteressen und Wissenschaftsformen unterschieden werden, nämlich
1) ein *technisches* Erkenntnisinteresse,
2) ein *hermeneutisches* Erkenntnisinteresse und
3) ein *kritisch-emanzipatorisches* Erkenntnisinteresse (vgl. Übersicht 4).

---

9 Zur sozialwissenschaftlichen Theorie der Erkenntnisinteressen vgl. Jürgen Habermas: Erkenntnis und Interesse. 3. Aufl. – Frankfurt/M. 1973

```
        ┌─────────────────────────────┐
        │    Sozialwissenschaften     │
        └──────────────┬──────────────┘
                       ▼
        ┌─────────────────────────────┐
        │     Erkenntnisinteressen    │
        └──────────────┬──────────────┘
```

Technisches Interesse (Erklären)	*Hermeneutisches Interesse* (Verstehen)	*Emanzipatorisches Interesse* (Verändern)
Empirisch-analytische Sozialwissenschaften	Phänomenologisch-hermeneutische Sozialwissenschaften	Kritisch-emanzipatorische Sozialwissenschaften
Wahrheit durch empirische Überprüfung (Falsifikation, Intersubjektivität)	Wahrheit durch Sinn- und Wesenserfassung (Essentialismus, Evidenz)	Wahrheit durch herrschaftsfreien Diskurs (Ideologiekritik, Reflexion)

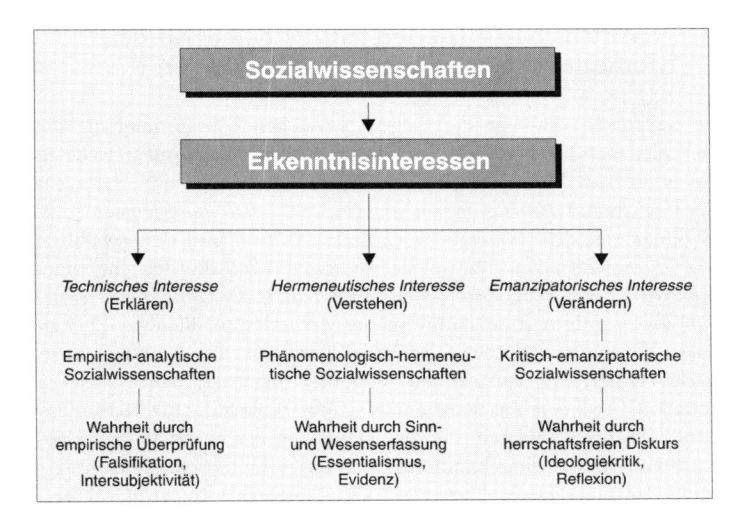

Übersicht 4: Erkenntnisinteressen und Erkenntnismethoden der Sozialwissenschaften

Die Relevanz dieser Methodenebene läßt sich daran erkennen, daß eine Reihe gängiger Fragestellungen und Aufgaben im Politikunterricht implizit diese Methodenebene ansprechen, ohne daß LehrerInnen und SchülerInnen ein Bewußtsein von dieser Methodenebene haben, z.B.:

- Das *technische Erkenntnisinteresse* fragt nach *Funktionszusammenhängen und Ursachen* („Erkläre den Zusammenhang zwischen Arbeitslosigkeit und Armutsentwicklung"; „Was geschieht, wenn sich der Verkehr in den nächsten 20 Jahren verdoppelt?"; „Warum kommen immer mehr Menschen nach Deutschland?" usw.).
- Das *hermeneutische Erkenntnisinteresse* fragt nach *Wesen und Sinn* von Sachverhalten und Ereignissen („Was ist das Wesen der Technik?"; „Warum arbeiten Menschen?"; „Ist es sinnvoll, weitere Staaten in die EU aufzunehmen?" usw.).
- Das *emanzipatorische Erkenntnisinteresse* geht von einem *kritischen* Verständnis der sozialen Wirklichkeit aus und fragt nach den Möglichkeiten einer Verbesserung menschlicher Lebensbedingungen, nach dem Abbau von Herrschaft, Ungerechtigkeit und sozialer Not („Wie kann die Gleichberechtigung der Frau verwirklicht werden?"; „Wie kann man die Entwicklung der Länder in der Dritten Welt fördern?"; „Wie kann man die Macht der Banken eindämmen?" usw.).

4. Nach welchen Kriterien kann eine begründete Methodenentscheidung getroffen werden?

Es stellt sich nunmehr die Frage, in welchem Zusammenhang die verschiedenen Methodenebenen und Methoden stehen und an welchen Kriterien man Methodenentscheidungen festmachen kann. Hier gilt der sog. *„Implikationszusammenhang von Ziel, Inhalt und Methode"*, d.h. es hängt von den *didaktischen Grundintentionen* und der gewählten *didaktischen Perspektive* ab, welche Methode im Politikunterricht eingesetzt wird. Folgt man beispielsweise dem *Prinzip der Handlungsorientierung* als Grundintention, dann sind die Methoden auf allen vier Ebenen daraufhin zu prüfen, inwieweit sie den Prinzipien eines *handlungsorientierten* Unterrichts entsprechen. Um hier nicht der Beliebigkeit zu verfallen, möchte ich nachstehend eine *Matrix* als Hilfe für Methodenentscheidungen anbieten, die die wichtigsten der in der Literatur genannten Kriterien eines handlungsorientierten Unterrichts aufnimmt[10] und sie mit den dargestellten vier Methodenebenen kreuzt (vgl. Übersicht 5).

Eine solche *methodenkritische Reflexion* könnte es ermöglichen, auch Methodenentscheidungen theoretisch zu begründen und Konzepte für eine *Methodenprogression* zu entwickeln.[11]

---

10 Die meisten Kriterien finden sich bei Herbert Gudjons: Handlungsorientiert lehren und lernen. Projektunterricht und Schüleraktivität. Bad Heilbrunn 1989 und Heinz Klippert: Handlungsorientierter Politikunterricht. Anregungen für ein verändertes Lehr- / Lernverständnis. In: Bundeszentrale für politische Bildung (Hrsg.): Methoden der politischen Bildung – Handlungsorientierung. Bonn 1991, S. 9-30

11 Im Zusammenhang mit dem vorliegenden Beitrag ist darauf hinzuweisen, daß an anderer Stelle dargelegt wurde, wie fächerübergreifendes, ganzheitliches und selbstgesteuertes Lernen in der politischen Bildung realisiert werden kann. Insofern Selbsttätigkeit, Kommunikation und Kooperation als Grundelemente eines handlungsorientierten Methodenkonzepts anerkannt werden, verlangt dies seitens der Politischen Bildung eine Erweiterung des Methodenrepertoires. Solche Methodenkonzepte, die zu einer Erweiterung beitragen, werden am Beispiel der Moderationsmethode, am Verfahren des Mind-Mapping und der Pinwand-Technik sowie an der Methode der „Zukunftswerkstatt" und der Szenario-Technik dargestellt. Vgl. Peter Weinbrenner: Selbstgesteuertes Lernen: Moderation, Zukunftswerkstatt, Szenario-Technik. In: Wolfgang Sander (Hrsg.): Handbuch politische Bildung. Schwalbach/Ts. 1997, S. 485-498

Merkmale eines handlungsorientierten Lernkonzeptes / Methodenebenen	12. Kritische Reflexion	11. Projektförmiges Arbeiten	10. Ganzheitliches Lernen	9. Selbständige Arbeitsorganisation	8. Vielfältige Entscheidungsmöglichkeiten	7. Gesellschaftliche und berufliche Praxisrelevanz	6. Kooperative Arbeitsformen	5. Konkrete Produktorientierung	4. Hoher Transfer auf Lebenssituationen	3. Primäre Lernerfahrung	2. Ausgeprägte Problemorientierung	1. Hohe Kommunikationsdichte
1. Die Alltagsebene 1.1 Ziele setzen 1.2 Entscheidungen visualisieren 1.3 Überschriften finden 1.4 Prioritäten setzen												
2. Die Unterrichtsebene 2.1 Fallstudie 2.2 Rollenspiel 2.3 Planspiel 2.4 Erkundung 2.5 Szenariomethode												
3. Die Forschungsebene 3.1 Fragebogen 3.2 Interview 3.3 Beobachtung 3.4 Inhaltsanalyse												
4. Die Erkenntnisebene 4.1 Technisches Erkenntnisinteresse 4.2 Hermeneutisches Erkenntnisinteresse 4.3 Emanzipatorisches Erkenntnisinteresse												

Übersicht 5: Die Methodenmatrix als Instrument zur Methodenwahlentscheidung für einen handlungsorientierten Politikunterricht.

Georg Weißeno

Welche Bedeutung haben Ziele und Inhalte im handlungsorientierten Unterricht?

1. Vorbemerkungen

Handlungsorientierter Unterricht ist ein aktuelles Zauberwort der Praxis. In Richtlinien, in Schulbüchern, in der Lehrerfortbildung wird der Begriff wie selbstverständlich benutzt. Dabei wird er eher als eine Art Sammelname für eine Vielzahl methodischer Praktiken verwendet und mit Konzepten von Freiarbeit, offenem und erfahrungsorientiertem Unterricht in Verbindung gebracht. Zwar sind viele derzeit propagierten Methoden nicht neu, doch geht es allen im Kern um Aktivität, Kooperation, Selbständigkeit, Selbstverantwortung, Beteiligung an Lehr- und Lernprozessen, viele Sinne umfassendes Lernen, Spaß am Lernen. Die auch von der Kultusbürokratie geförderte *Erziehungsphilosophie* versteht sich als Antwort auf den Wandel in der Selbstwahrnehmung der Schülerinnen und Schüler, die geprägt sei von einer starken Gegenwartsbezogenheit, einer empfindsamen Selbstbezogenheit, einem verstärkten Rückzug auf innere Erlebnisse u.a.m. Mit den Methoden soll die Erfahrung und Entfaltung der persönlichen Potentiale der Lernenden gefördert werden, so daß sie ein Wir-Gefühl, eine entspannte Atmosphäre, Freude und Lust am Lernen ermöglichen. Außerdem bieten die Methoden den Schülerinnen und Schülern verstärkt Partizipations- und Gestaltungsspielräume, was insbesondere den Zielen des politischen Unterrichts entgegenkomme.

Dieses *Programm* ist weitgehend *aus der Praxis heraus* entstanden und kommt als Impuls der Basis in die theoretischen Debatten hinein. Die Fachdidaktik hat sich bisher wenig mit dieser Thematik beschäftigt; eine umfassende theoretische Klärung steht aus. Da handlungsorientierter Unterricht mehr im Ausprobieren denn als Anwendung theoretischer Vorgaben besteht, ist die Vermittlung zwischen dem professionellen und dem wissenschaftlichen Wissen (Weißeno 1993) erst in Ansätzen erfolgt. Das politikdidaktische *Theoriedefizit* steht bisher einer Fülle von *professionellen Deutungen* gegenüber. In den Begründungen für die zahlreichen „Methodenbaukästen", „Politikkisten", Bausteine etc. wird erziehungswissenschaftliches Wissen lediglich selektiert und in Form einer produktiven Auseinandersetzung aufgegriffen (Dewe u.a. 1992, S. 74ff.). Eine gegenseitige Befruchtung von Fachdidaktik und Praxis ist bisher kaum sichtbar, weil eine breite, konzise fachdidaktische Begriffsklärung noch aussteht und durch den vorliegenden Band sicher befördert wird. Mein Beitrag unterscheidet ein weites allgemeinpädagogisches und ein engeres fachdidaktisches Verständnis von handlungsorientiertem Unterricht; er versucht die (fach-)methodischen und (fach-)didaktischen Anteile der Programmatik auf der Basis eines politischen Handlungsbegriffs zu klären. Dabei werden die Ziele und Inhalte politischen Handelns zu den methodischen Entscheidungen in Beziehung gesetzt. Das fachdidaktisch aufgeladene Verständnis ermöglicht die Unterscheidung von zielneutralen Arbeitstechniken und handlungsorientierten Methoden in Reinform.

2. Politisches Handeln und handlungsorientierter Unterricht

Die Diagnosen von Sibylle Reinhardt, daß „die theoretische Unklarheit des Prinzips Handlungsorientierung" (Reinhardt 1997, S. 112) weiter besteht, und von Tilman Grammes, daß „der Handlungsbegriff […] von vielen DidaktikerInnen in einem empathisch-naiven Sinne verwandt" wird (Grammes 1977, S. 11), haben zunächst mehr präskriptiven Charakter. Die Befunde sind aber Indiz dafür, daß eine fachdidaktische Verständigung über die Dimensionen politischen Handelns als Voraussetzung für die Klärung des Begriffes Handlungsorientierung dringend erforderlich ist. Denn zur Klärung der fachdidaktischen und methodischen Dimensionen von Handlungsorientierung muß man sich zunächst einmal des Ziel- und Inhaltshorizontes vergewissern, von dem aus erst eine *theoretische Verortung* vorgenommen werden kann. Handlungsorientierte Methoden sind nicht zielneutral, die praktische Anwendung muß in der politischen Bildung auch im Kontext politischen Handelns reflektiert werden.

Die unterschiedlichen soziologischen Interaktionsansätze wollen den subjektiven Sinn, den die Akteure ihren Handlungen beimessen, entschlüsseln. Sie haben indessen in der Politikwissenschaft kaum Wirkung gezeigt. Aus politologischer Sicht ist das Rationalitätsmodell fruchtbarer, das nicht nur an der Situation, sondern an den Akteuren ansetzt. *Entscheidungsträger*, individuelle oder kollektive Akteure bewerten die Konsequenzen von Handlungsalternativen und bringen sie in eine Ordnung (Ziel-Mittel-Relation). Dabei kann der Staat z.B. ebenso Handlungsakteur sein wie korporative Akteure oder soziale Bewegungen, die über genauso identifizierbare Zielsetzungen verfügen wie Individuen. Verhalten läuft gerade in organisierten Gesellschaften häufig in Routinen, festen Entscheidungsregeln und institutionalisierten Erwartungshaltungen ab. Insofern sind die *Motivationen politischer Akteure*, die Erklärung des institutionellen Wandels, die Prozesse der Entscheidungsfindung und die Entscheidungssysteme besonders fruchtbar für die Erklärung *politischen Handelns*. Auch gewollte Nicht-Entscheidungen stellen politisches Handeln dar.

Wenn sich aber aus einer Gesellschaft ein *besonderer Bereich* (polity) aussondern läßt, dann kennzeichnen diesen Bereich auch besondere Verhaltensweisen mit besonderen Zielen und Mitteln. „Politisches Handeln ist sodann mehr indirekt bestimmt, nämlich als ein Handeln, das von diesem besonderen Bereich ausgeht oder auf diesen Bereich bezogen ist" (Rohe 1994, S. 80). Bei polity steht nicht ein individuelles Verhalten im Vordergrund, sondern ein Satz von Rollen, Ämtern und Institutionen, die dieses Verhalten regulieren. Politics richtet das Augenmerk auf das Wie des Handelns und policy hebt auf die Zwecke, Ziele oder Resultate eines Handelns ab. Untersucht werden deshalb weniger Situationen als vielmehr Fälle, die entschieden oder nicht entschieden werden müssen. Politisches Handeln ist ferner dadurch gekennzeichnet, daß es die Zustimmungsbereitschaft zu einem Handlungsprogramm umsetzt oder noch künstlich besorgt. Hierzu ist Macht erforderlich und im demokratischen Prozeß werden Alternativen sichtbar.

Ronald Hitzler unterscheidet drei Dimensionen politischen Handelns: „1. Das Handeln von Akteuren, die als Politiker definiert bzw. definierbar sind, kurz: Politikerhandeln. 2. Das Handeln in Zusammenhängen, Arealen und Arenen, die als politische definiert bzw. definierbar sind, kurz: Handeln in politischen Kontexten. 3. Das Handeln, das sich aufgrund besonderer struktureller Merkmale als politisches von anderen Formen sozialen Handelns abgrenzen läßt. Kurz: politisches Handeln, oder weil es eben auch in sogenannten vor- bzw. außerpolitischen Räumen und unter Nicht-Politikern relevant ist: protopolitisches Handeln" (Hitzler 1997, S. 123). Das Politikerhandeln und das Handeln in politischen Kontexten, das auch soziale Dimensionen einschließt, sind der *Kern politischen Handelns,* auf den sich ein politischer Unterricht beziehen muß und der ein wichtiges fachdidaktisches Kriterium darstellt.

Das *Problem* für die fachdidaktischen Überlegungen besteht nun darin, daß die Schülerinnen und Schüler im Unterricht nur selten in diesem Sinne politisch handeln können. Politisches Handeln dürfte kaum aus dem Unterricht heraus erwachsen, wie z.b. eine Aktion zum Umweltschutz, eine Schülerdemonstration, ein Schülerstreik. Für den Lehrenden gilt hier das Überwältigungsverbot (Beutelsbacher Konsens). Deshalb müssen die Lehrerinnen und Lehrer grundsätzlich von einer „Differenz von schulischem und realem Lernen" ausgehen (Weißeno 1996, S. 40). Reales politisches Handeln bedarf eines eigenen Kontextes, der in der Schule nur bedingt herstellbar ist. Insofern sind Erkundungen, Straßeninterviews, Expertenbefragungen, Partizipation im Unterricht zunächst einmal kein reales Handeln, wie Heinz Klippert meint (Klippert 1988, S. 13), sondern pädagogische Annäherungen an und *Probehandeln* in politischer Realität. Ziel des Unterrichts ist deshalb vordringlich der Austausch von Wissen bzw. die Informationsvermittlung. Weder ein sogenanntes reales noch ein simulierendes Handeln sind allein wichtig für die schulischen Lernprozesse, sondern zugleich die Reflexion und Berücksichtigung unterschiedlicher Wissensstände. Der Sinngehalt eines Gegenstandes oder einer Handlung wird erst durch die Reflexion darüber, was man getan hat oder tun wird oder tun sollte, erschlossen. Differenz heißt aber nicht wechselseitige Abschottung von politischer Praxis und Unterricht, sondern eine Beachtung der für die jeweiligen Bereiche geltenden Aufgaben und Funktionsmuster.

Trotz der Differenz von politischem und unterrichtlichem Handeln muß die Fachdidaktik an dem Leitbild eines „Aktivbürgers" (Hermann Giesecke), eines „Normalbürgers" (Wilhelm Hennis) oder eines demokratischen Bürgers festhalten. Die Bürgerleitbilder bilden eine *normative Perspektive* des Faches, die indessen nicht dadurch überhöht werden darf, daß sie über politisches Handeln im Unterricht konkret werden muß. Wenn ein realistisches Ziel die Interventionsfähigkeit von Bürgerinnen und Bürgern (Ackermann 1998, S. 18ff.) ist, müssen im Unterricht eine Vielzahl von Orientierungen gedacht und vorbereitend gelernt werden können. Späteres oder aktuelles politisches Handeln zu orientieren, ist nicht allein durch die Orientierung im Handeln zu erreichen. Ein reflektierender Zuschauer des politischen Bereichs („interessierter Zeitungsleser") kann auch durch einen Unterricht geformt werden, der sich konsequent an Verfahren zum politischen Denken und an politischen Kategorien (Breit 1998, S. 123ff.) orientiert. Damit soll nicht die Reflexion gegen die handlungsorientierten Methoden ausgespielt werden, wohl aber vor den appellativ-normativen Überhöhungen der Handlungsorientierung gewarnt werden. Selbständiges Denken, sich Informieren und sich Beteiligen sind vielmehr wichtige Zieldimensionen, die mit den Arbeitstechniken, Methoden und Medien in Einklang stehen müssen und darauf verweisen, daß die Orientierung des politischen Handelns nicht allein durch noch so raffinierte Methodenarrangements erreicht werden kann. Handlungsorientierte Methoden sichern noch keine politischen Inhalte, und das Ziel der „Bürgerkompetenz" richtet sich auf „Partizipationsfähigkeit" und „Partizipationsbereitschaft" sowie das „Interesse an der Mehrung nicht nur privater, sondern auch öffentlicher Güter" (Münkler 1997, S. 155).

3. Handlungsorientierte Arbeitstechniken

In den Veröffentlichungen zum Politikunterricht werden eine fast schon nicht mehr überschaubare Anzahl an aktivierenden *Arbeitstechniken* vorgestellt bzw. adaptiert. Orientiert an lernpsychologischen Argumentationen, nach denen Denkstrukturen überwiegend handelnd aufgebaut werden, sowie motivationspsychologischen, nach denen durch gelungene Handlungserfahrungen die Identifikation mit dem Thema steigt, und aneignungstheoretischen, für die die Tätigkeit des Menschen die Substanz seines Bewußtseins ist, werden die Programmatik der Handlungsorientierung und zahlreiche methodische Aspekte begründet. Handlungsorientierter Unterricht „nimmt vom Lernen im Gleichschritt Abstand zugunsten von Individualisierung und Differenzierung von Lernprozessen. Vor allem aber schafft er Raum für sinnlich-unmittelbares Tätigsein, in vielfältiger, vor allem den Körper einbeziehender Weise und verbindet [...] Kopf- und Handarbeit" (Gudjons 1992, S. 59). Diese praktisch gewordene appellative Erziehungsphilosophie löst in allen Fachdidaktiken und Fächern eine Vielzahl von Formen inhaltlicher, methodischer und organisatorischer Öffnung des Unterrichts aus und führt zu veränderten Lernbegriffen. Die Klasse mit Werkstattcharakter, wenig Frontalphasen, kreativen Methoden, mit dokumentierten Arbeitsergebnissen an den Wänden, Wochenplänen, neuartigen Arbeitsmitteln wird zum modernen Leitbild.

Im Sinne dieses *weiten Begriffs von handlungsorientiertem Politikunterricht* ist in den letzten Jahren eine Vielzahl von methodischen Angeboten an die Schülerinnen und Schüler, im Unterricht aktiv zu werden, entwickelt worden. Sie ergänzen das traditionelle Methodenrepertoire des Politikunterrichts. So gibt es heute für Unterrichtssequenzen entworfene assoziative Einstiege, Methoden kreativen Schreibens in Schreibwerkstätten (Laudatio halten, Kommentare schreiben, Plädoyer halten, Flugblatt schreiben, Lieder texten, Anträge formulieren, politischer Wochenbericht), Methoden kreativen Zeichnens (Glückwunschkarte, Slogan oder Plakate entwerfen, Mind-Mapping), Karikaturen-Rallyes, szenische Darstellungen (Standbilder, gespielte Interviews, nachempfundene Geschichten), Puzzles mit Fachbegriffen, Lücken füllen (Wörter aus Texten einsetzen, Lückenschaubild), Rätsel (Begriffs-, Schwedenrätsel), „Bienenkorb", „Blitzlicht", Drehbuch schreiben, Fotoromane entwerfen, Kurzreferate halten, Lieder dichten, Phantasiereisen, Quiz u.a.m.

Auffällig ist die Übereinstimmung zwischen der Programmatik der *allgemeinpädagogischen Begründung* von Handlungsorientierung und den adaptierten Methoden. Gleichwohl sind einige relativierende Bemerkungen aus fachdidaktischer Perspektive angebracht. Ein Puzzle mit Fachbegriffen bewirkt noch nicht das Verständnis derselben; assoziative Einstiege können lediglich das politische oder meist unpolitische Alltagswissen reproduzieren; ob ein Lückentext für die Lernenden aktivierend oder vielmehr gängelnd ist, läßt sich nur im konkreten Unterricht beobachten; ob der Entwurf eines Slogans lediglich alltägliche Muster der Werbung reproduziert oder kreativ eine politische Botschaft im Sinne eines gelernten Inhalts formuliert, läßt sich gleichfalls erst am konkreten Beispiel erörtern; ob eine Karikaturenrallye bei politisch interessierten Schülerinnen und Schülern die politische Urteilsbildung anstößt oder die vorhandene Abneigung gegenüber den Politikern verfestigt, entscheiden die Lernenden in der konkreten Situation selbst.

Letztlich sind die genannten Methoden meist eher „Inszenierungstechniken" (Meyer 1987, S. 119), da sie primär *kein fachdidaktisches Ziel* verfolgen. Es sind Arbeitstechniken bzw. Aufgaben, aber noch keine politisch problemhaltigen Situationen oder Fälle, die politisches Handeln in der Gesellschaft zum Gegenstand haben. Viele Arbeitstechniken beziehen sich auf die Interaktion und Kommunikation in der Klasse (z.B. „Blitzlicht", „Bienenkorb"), die meisten aber unterstützen die individuellen, kognitiven Lernprozesse durch Visualisierung, Anordnung, Verfremdung etc. Insofern sind die bisher vorgestellten Arbeitstechniken als *äußere Lernhilfen* für die Schülerinnen und Schüler gedacht. Die Aktivierung der Lernenden besteht i.w. in der Herstellung, Veränderung, Vervollständigung eines Produktes (Puzzle, Lückentext, Mind-Mapping, politischer Wochenbericht) etc. Hierzu ein Beispiel:

Ein Lückentext wird als vermittelnde Instanz zwischen den Lernenden und einigen aufzufindenden Begriffen aus den Artikeln des Grundgesetzes (Scholz 1997) verstanden und dient somit der Form, der Struktur und Ausstattung einer Lernsituation. Inwieweit diese Aufgabe bzw. Arbeitstechnik nun aktivierender als das Lesen eines Schulbuchtextes ist, hängt von der konkreten Situation und vom Lernertyp ab. Die Aktivierung zielt im übrigen nur auf die Arbeitshaltung des Lernenden, nicht auf das politische Handeln, denn Kopf- und Handarbeit sind zwangsläufig integriert und dem Lernenden ist kein Spielraum auf der Lern- und Handlungsebene gegeben. Eine Vermittlung der Aktivität mit dem Ziel und dem Inhalt politischen Handelns wird damit noch nicht erreicht.

Im Sinne Wolfgang Hilligens wäre ein Puzzle ein Beispiel für eine Unterrichtsmethode, die „nach den Schritten, Formen, Phasen der (kommunikativen) Bearbeitung von Inhalten" (Hilligen 1985, S. 120) fragt. Ich schlage vor, hierfür den Begriff Arbeitstechnik zu verwenden. Wenn aber eine *Methode zugleich gegenstandskonstitutiv* im Sinne eines doppelten Methodenbegriffs ist, dann bedeutet sie „Reflexion des Verhältnisses von Gegenstand und Erkenntnis, von Begriff und Zusammenschluß", die „didaktische Frage nach dem Bedeutsam-Allgemeinen und den Inhalten/Themen, durch die es repräsentiert ist" (a.a.O.). Lückentexte, Puzzles etc. sind Verfahren bzw. Arbeitstechniken, mit denen man herausfindet, was man weiß oder noch nicht weiß. Das Suchen nach Begriffen im Grundgesetz oder ihr Einsetzen in Lücken ist noch nicht gegenstandskonstitutiv, orientiert noch nicht inhaltlich konkretes politisches Handeln und schafft erst die Voraussetzungen für ein vertieftes politisches Urteilen. Im Sinne einer politikdidaktischen Zielsetzung sind die Arbeitstechniken zunächst ohne bedeutsamen fachdidaktischen Kern.

Arbeitstechniken als Teil eines weiten Verständnisses von Handlungsorientierung verfolgen sicherlich allgemeinpädagogische Zielsetzungen für die Persönlichkeitsentwicklung der Kinder und Jugendlichen und für die Vermittlung von Kulturtechniken. Sie sind indessen kaum fachdidaktisch aufgeladen und können deshalb allenfalls in Ansätzen das Gerüst eines wie auch immer zu definierenden fachdidaktischen Prinzips von Handlungsorientierung darstellen. Das angestrebte Ziel eines demokratischen Bürgers ist durch Standbilder, assoziative Einstiege, Fotoromane etc. noch nicht substantiell erreichbar. Denn Methode „verspricht nicht nur, das Ziel erreichbar zu machen, sie will auch sicherstellen, daß die Zielerreichung kein glücklicher Zufall bleibt, sondern zum erwartbaren Resultat der investierten Anstrengung wird" (Terhart 1989, S. 33). Das erwartbare Resultat pädagogischer Bemühungen kann, muß aber nicht identisch sein mit einem fachdidaktisch wünschbaren Resultat. Damit sollen Fachdidaktik und allgemeine Pädagogik nicht gegeneinander ausgespielt werden, sondern auf Ergänzungs- und Differenzierungsmöglichkeiten hingewiesen werden. Für unsere Fragestellung ist aber festzuhalten, daß die Ausdehnung des Begriffs Handlungsorientierung auf diverse Arbeitstechniken allein noch nicht den Bezug zum politischen Handeln herstellen kann. Auf handlungsorientierte Methoden, die die Kompetenzen einer wie auch immer inhaltlich beschriebenen Bürgerrolle besonders fördern und deshalb gegenstandskonstitutiv sind, soll im folgenden eingegangen werden. Analytisch-klassifikatorisch beschreiben die Möglichkeiten einen Politikunterricht, der in einem engeren Sinne handlungsorientiert ist.

4. Handlungsorientierte Methoden im Politikunterricht

Wenn die Methoden keine zielneutralen Arbeitstechniken sein sollen, sondern mit fachspezifischen Bildungszielen harmonieren und mit bestimmten Qualitäten des politischen Handelns in Verbindung gebracht werden können, kommt ihnen konstitutive Wirkung zu. Der Wert von Methoden läßt sich deshalb nicht pauschal, sondern nur differentiell, d.h. im Blick auf die anzustrebende Qualität politischer Lern- und Bildungsprozesse angeben. Fachdidaktische Argumentationen dürfen nicht vornehmlich die Funktion der Motivationsbeschaffung sowie der Hilfestellung im Rahmen praktischer Problembewältigung einnehmen. Ein weiter Methodenbegriff, so wie er in der Praxis politischer Bildung üblich zu sein scheint, versorgt die Lehrenden mit allgemeinen Handlungsregeln und umfaßt deshalb auch die Arbeitstechniken. *Ein enger fachdidaktischer Begriff* handlungsorientierten Unterrichts kann eher als ein Beitrag zu einem theorieorientierten Diskurs dienen und sich einer an Theorieproblemen orientierten Prüfung unterziehen. Auch mit einem engen fachdidaktischen Methodenverständnis kann dem Methodenmonismus in der Praxis begegnet und eine einfache Wissens- und Fähigkeitsvermittlung überwunden werden.

Die Absicht, schulisches Lernen für politische Erfahrungsfelder und -möglichkeiten zu öffnen, ist eine allgemein anerkannte fachdidaktische Forderung. Seit den 70er Jahren haben die Methodiken zur politischen Bildung *zentrale Formen* beschrieben: Plan- und Rollenspiel, Talkshow, Pro-Contra-Debatte, Expertenbefragung, Projekt, Fall- und Sozialstudie, Videofilm, Computersimulation, Erkundung, Parlamentsbesuche, Zukunftswerkstatt etc. Diese Methoden im engeren Sinne schließen bereits in der Anlage wichtige Dimensionen politischen Handelns mit ein, da die Schülerinnen und Schüler sich aktiv und gezielt mit Problemen der politischen Realität auseinandersetzen. Die Methoden ermöglichen zudem mehr als die rein intellektuelle Aneignung von Sach- und Fachwissen, indem sie die *politikrelevante Methodenkompetenz der Lernenden* dadurch fördern, daß sie gleichsam als demokratische Bürgerinnen und Bürger probehandeln können. Die Methoden im engeren Sinne bilden den *Kern* handlungsorientierten Politikunterrichts. Denn die Auseinandersetzung mit politischer Realität wird durch die eingeschlagenen Lernwege, die keine vorab von den Lehrenden entschiedenen inhaltlichen Dimensionen hervorbringen, gefördert. Die offene Begegnung der Lernenden mit den Inhalten von Politik schafft durch die eigenständige Behandlung eine Vielzahl von Erkenntnismöglichkeiten, die im traditionellen Lehrgang oder durch die stark gliedernden Arbeitstechniken nicht möglich sind. Das Wesen des Politischen kann beispielsweise in einer Pro-Contra-Debatte sehr gut, in einem Kreuzworträtsel indessen kaum deutlich werden.

Zwar ist auch mit handlungsorientierten Methoden die *politische Wirklichkeit* nicht direkt im Unterricht abbildbar, aber entscheidende Annäherungen können so erfolgen. Bei aller Differenz zum Handeln von Politikerinnen und Politikern ermöglichen sie die Interessenartikulation (Beutelsbacher Konsens) auf verschiedenen Ebenen: eigene und fremde Interessen werden simuliert oder sogar authentisch eingebracht. In einem Planspiel z.B. sind sie mit konkreten Handlungsperspektiven verknüpft und steigern dadurch den unmittelbaren Gebrauchswert politischen Lernens. Möglicherweise führt der Lustgewinn in der Simulation auch zu mehr sinnlicher Rationalität. Durch die Methoden wird nicht nur an den Inhalten, sondern zugleich an den Beziehungen zu den Lehrenden und den Mitschülern gearbeitet. Politikerinnen und Politiker mögen die handlungsorientierten Methoden aus ihrer professionellen Sicht heraus als Spielerei kritisieren, da Politik insofern ganz anders ist, als sie mit tatsächlichen Entscheidungssituationen zu tun hat. Reales politisches Handeln ist kein Spaß, sondern folgt eigenen Gesetzmäßigkeiten (Weißeno 1996). Das Abrufen von unterschiedlichen Wissensbeständen, z.B. über die Gesetzeslage, den Einfluß der Verbände, ist in der Politik Bedingung für das Handeln und die Entscheidungen.

In der Schule können die Schülerinnen und Schüler durch die handlungsorientierten Methoden deshalb lediglich ansatzweise erfahren, über welche Vorkenntnisse ein Politiker verfügen muß, über welche Handlungskompetenz er verfügen sollte, welche Einflüsse auf die Entscheidung einwirken, welche Bedeutung Ziele oder Ideologien haben etc. Trotzdem sind sie für politisches Lernen unverzichtbar, da sie die *Anschaulichkeit von Politik* durch ganzheitliche Erfahrungen erhöhen. Realistische Vorstellungen und Einschätzungen können sich über die Methoden entwickeln, wenn sie die Lehrenden mit Inhalten und Zielen verknüpfen. Erst durch eine politikgerechte Anordnung bzw. Einrichtung der Handlungsrollen wird dies möglich. Wenn beispielsweise in einer Simulation ein Gemeinderat über den Bau eines Spielplatzes, eines Supermarktes, über einen sicheren Schulweg etc. beraten soll, ist es entgegen den Praxisvorschlägen in den Schulbüchern notwendig, die Interessen aller (!) beteiligten Akteure einzubringen: die Interessen der Betroffenen, der politischen Parteien, der Geschäftsleute, aller zu beteiligenden Ämter der Stadtverwaltung, der Bürgerinitiativen etc. Die Darstellung eines Problems aus der Betroffenenperspektive, die in Schulbüchern üblich ist, kann nur zu einer moralisierenden Betrachtungsweise von Politik und damit zur Politikverdrossenheit führen. Erst das Urteil über kollektive Entscheidungen befördert die politische Urteilsbildung (Massing/Weißeno 1997).

Die handlungsorientierten Methoden im engeren Sinne sind gegenstandskonstitutiv und ziehen deshalb gewissermaßen Regeln ein, die dem Eindruck von Beliebigkeit entgegenwirken. Sie stellen „die optimalen Bedingungen für die Begegnung von Lernenden und Sache her. Die Entscheidung für die Unterrichtsmethoden ist abhängig davon, inwieweit sie einen Weg eröffnen, die Lernenden an den Gegenstand heranzuführen, und inwieweit sie helfen, die allgemeinen Ziele des Politikunterrichts sowie die spezifischen Ziele der jeweiligen Unterrichtseinheit zu erreichen" (Massing 1998, S. 8). Erst die Beachtung der *Interdependenz* von Methoden- und Inhaltsentscheidungen ermöglicht es, das Handeln politischer Akteure angemessen zu reformulieren.

Somit produziert die Vernachlässigung der Ziel- und Inhaltsdimensionen bei der Methodenentscheidung trotz gegenteiliger appellativer Beteuerung eher einen unpolitischen Politikunterricht. Dieser Gefahr kann indessen durch eine fachdidaktische Reflexion, die den Stellenwert von Arbeitstechniken und Methoden für eine konkrete Stunde klärt, begegnet werden. Ein weites und ein enges Verständnis von Handlungsorientierung sind deshalb zunächst einmal gleichermaßen hilfreich und fruchtbar, wenn ihre jeweiligen Grenzen und Möglichkeiten in den Blick genommen und im Unterricht aufgearbeitet werden. Motivationstricks, Methodenkniffe und handlungsorientierte Methoden gehören in einen zeitgemäßen Politikunterricht. Die vielen neuen Arbeitstechniken sind gut in die Reinformen handlungsorientierten Politikunterrichts integrierbar und werden dann von den Schülerinnen und Schülern nicht mehr als Spielerei, die sie bei der Stange halten soll, empfunden. Die aktuelle Diskussion über die handlungsorientierten Methoden sollte sich weg von der Erweiterung des Methodenrepertoires der Lehrenden und hin zu einem grundlegend neuen Verständnis von politischem Handeln und Lernen bewegen.

Literatur

Paul Ackermann: Die Bürgerrolle in der Demokratie als Bezugsrahmen für die politische Bildung. In: Gotthard Breit / Siegfried Schiele (Hrsg.): Handlungsorientierung im Politikunterricht. Schwalbach/Ts. 1998, S. 13-34

Gotthard Breit: Handlungsorientierung im Politikunterricht. In: Gotthard Breit / Siegfried Schiele (Hrsg.): Handlungsorientierung im Politikunterricht. Schwalbach/Ts. 1998, S. 101-127

Bernd Dewe / Wilfried Ferchhoff / Frank-Olaf Radtke: Das Professionswissen von Pädagogen. In: dies. (Hrsg.): Erziehen als Profession. Zur Logik professionellen Handelns in pädagogischen Feldern. Opladen 1992, S. 70-91

Tilman Grammes: Handlungsorientierung im Politikunterricht. Schriftenreihe der Niedersächsischen Landeszentrale für politische Bildung. 2. Aufl. – Hannover 1997

Herbert Gudjons: Handlungsorientiert lehren und lernen. 3. Aufl. – Bad Heilbrunn 1992

Wolfgang Hilligen: Zur Didaktik des politischen Unterrichts. 4. Aufl. – Opladen 1985

Ronald Hitzler: Politisches Wissen und politisches Handeln. Einige phänomenologische Bemerkungen zur Begriffsklärung. In: Siegfried Lamnek (Hrsg.): Soziologie und Politische Bildung. Opladen 1997, S. 115-132

Heinz Klippert: Handlungsorientierter Politikunterricht. In: Bundeszentrale für politische Bildung (Hrsg.): Methoden in der politischen Bildung – Handlungsorientierung. Bonn 1991, S. 9-30

Peter Massing: Handlungsorientierter Politikunterricht. Schwalbach/Ts. 1998

Peter Massing / Georg Weißeno (Hrsg.): Politische Urteilsbildung. Zentrale Aufgabe für den Politikunterricht. Schwalbach/Ts. 1997 (zugleich als Band 344 in der Schriftenreihe der Bundeszentrale für politische Bildung erschienen)

Hilbert Meyer: Unterrichtsmethoden. Band 1. Frankfurt/M. 1987

Herfried Münkler: Der kompetente Bürger. In: Ansgar Klein / Rainer Schmalz-Bruns (Hrsg.): Politische Beteiligung und Bürgerengagement in Deutschland. Bonn 1977, S. 153-172

Sibylle Reinhardt: Handlungsorientierung. In: Wolfgang Sander (Hrsg.): Handbuch politische Bildung. Schwalbach/Ts. 1997, S. 105-114

Karl Rohe: Politik. Begriffe und Wirklichkeiten. 2. Aufl. – Stuttgart 1994

Lothar Scholz: Grundgesetz für Einsteiger. Bonn 1997

Ewald Terhart: Lehr-Lern-Methoden. Weinheim / München 1989

Georg Weißeno: Forschungsfelder und Methoden einer empirisch arbeitenden Politikdidaktik. In: Wolfgang Sander (Hrsg.): Konzepte der Politikdidaktik. Aktueller Stand, neue Ansätze und Perspektiven. Hannover 1993, S. 239-256

Georg Weißeno: Lernen in der Politik und im Politikunterricht – ein Vergleich von Realerfahrungen in einem Schülerstreik und in schulischen Vermittlungsprozessen. In: Politische Bildung. 1/1996, S. 30-41

D. Beispiele aus der Praxis

Zur Veranschaulichung und zur Überprüfung der fachdidaktischen Beiträge werden einige Berichte über handlungsorientierte Vorgehensweisen aus der schulischen und außerschulischen (Bildungs-)Praxis veröffentlicht. Auf eine einleitende Kommentierung der jeweiligen Beiträge wird bewußt verzichtet.

Leserinnen und Leser werden sich ein Urteil bilden. Zur Prüfung können folgende Leitfragen dienlich sein:
- Haben die Lernenden selbständig gearbeitet?
- Haben die Jugendlichen Spaß gehabt?
- Haben die Lehrerin und der Lehrer ihre dominierende Rolle aufgegeben? Konnten die Jugendlichen selbständig agieren?
- Hat die selbständige Arbeit die Jugendlichen ein Stück weit an „Politik" herangeführt?
- Ist das Interesse der Jugendlichen für Politik gewachsen?
- Kann der Inhalt einer fachlichen Überprüfung standhalten?
- Ist „Politik" in zulässiger/unzulässiger Weise reduziert bzw. verändert worden?
- Sind die Heranwachsenden auf die Bürgerrolle in der Demokratie vorbereitet worden?

Die Antworten auf diese Fragen werden unterschiedlich ausfallen; dies macht eine Urteilsbildung nicht einfach. Kann ein Vorhaben abgelehnt werden, in dem die Jugendlichen selbständig, engagiert und mit Freude gearbeitet haben, in dem aber „Politik" simplifiziert wurde? Ist es nicht wichtig, Engagement zu wecken? Ist die Beteiligung der Jugendlichen nicht wichtiger als fachliche „Dignität"? Wir sind ja nicht im Oberseminar! Kann über der Handlungsorientierung der Inhalt „Politik" vernachlässigt werden? Bewirkt nicht ein fachlich anspruchsvoller Unterricht zwangsläufig Politikverdrossenheit?

Die Anworten auf diese Fragen müssen Leserinnen und Leser selber suchen. Dabei ist es nicht so wichtig, abschließende Antworten für sich zu finden. Es ist schon viel erreicht, wenn die Berichte und die obenstehenden Leitfragen zum didaktischen Nachdenken anregen.

Die Herausgeber

Joachim Detjen

Handlungsorientierung – Praktische Anwendungen im Politikunterricht

Schule als Staat – Schüler „machen" Politik – Aktive Rathauserkundung

1. Einleitung

Handlungsorientierung beschäftigt seit einigen Jahren diejenigen, die sich um die Gestaltung des schulischen Unterrichts Gedanken machen. Zweifellos geht von der Handlungsorientierung eine erhebliche Faszination aus, andererseits kann die Konjunktur dieses pädagogischen Konzepts aber auch ein Zeichen dafür sein, daß es sich um einen Modebegriff handelt, dessen Zeit irgendwann ablaufen wird.

Handlungsorientierung wird in unterschiedlich anspruchsvollen Kontexten diskutiert. Der verbreitetste, wenn auch vermutlich kognitiv bescheidenste Kontext dürfte das Alltagshandeln der Lehrer[1] sein. Handlungsorientierung wird hier betrachtet als Möglichkeit, Abwechslung in den Unterricht hineinzubringen und Lernmotivation zu erzeugen. Es interessiert weniger die Frage, ob die gewählte handlungsorientierte Methode dem Gegenstand adäquat ist, so daß von einem konstitutiven Verhältnis von Methode und Inhalt gesprochen werden kann, als vielmehr die Absicht, die Schüler auf irgendeine Weise zu aktivieren und ihnen Gelegenheit zur Selbsttätigkeit zu geben. Handlungsorientierung gilt als Erweiterung des Methodenrepertoires zur Bewältigung der Einzelstunde. Sie bezieht sich folglich auf die Mikrostruktur des Unterrichts.

Der zweite Kontext ist der allgemeinpädagogische Diskurs. Hier wird präskriptiv über eine pädagogisch verantwortbare Praxis von handlungsorientiertem Unterricht nachgedacht. Von einem solchen Unterricht wird in diesem Kontext erst gesprochen, wenn eine Reihe anspruchsvol-

---

1 Um Raum zu sparen, werden im gesamten Text die generischen Maskulina in der normalen, nichtexklusiven Bedeutung verwendet.

ler Bedingungen erfüllt ist. So muß der Unterricht ganzheitlich und schüleraktiv sein. Ein zwischen dem Lehrer und den Schülern vereinbartes Handlungsprodukt muß die Gestaltung des Unterrichts bestimmen. Die Schüler müssen an Planung, Durchführung und Auswertung des Unterrichts beteiligt sein. Eine Öffnung der Schule zur realen (Außen-)Welt muß stattfinden, und Kopf- und Handarbeit müssen in einem ausgewogenen Verhältnis zueinander stehen (Jank/Meyer 1991, S. 355ff.). Handlungsorientierung in diesem Kontext bezieht sich auf die Unterrichtseinheit, mithin auf die Makrostruktur des Unterrichts.

Schließlich gibt es einen fachdidaktischen Diskurs zur Handlungsorientierung, der sich mit den pädagogischen Anforderungen insofern nicht begnügt, als er die handlungsorientierten Momente explizit auf den Sachgegenstand sowie auf Aufgaben und Ziele des Politikunterrichts bezogen wissen möchte. Die Handlungen im Unterricht müssen eine Analogie zu den Handlungen in der politischen Welt aufweisen bzw. Kenntnisse, Fähigkeiten und Einstellungen vermitteln, die dem Politikunterricht aufgegeben sind. Denn nur diese Handlungen lösen fachspezifische Denkprozesse aus und vermeiden einen Aktionismus, dem Inhalte gleichgültig sind (Massing 1998, S. 6 ff.).

Im folgenden sollen drei Vorhaben in durchaus werbender Absicht vorgestellt werden. Gleichwohl soll jede Schönrederei dadurch vermieden werden, daß die Vorhaben auch einer kritischen Evaluation unterzogen werden. Gemeinsam ist den Vorhaben, daß sie nicht lediglich Produkte konzeptionellen Denkens am Schreibtisch sind, sondern in der Praxis bereits erprobt wurden.[2] Ihnen soll vorab das Merkmal Handlungsorientierung zugeschrieben werden, da in ihnen agiert und interagiert wurde.

Die Vorstellung geschieht jeweils in zwei Schritten. Zunächst wird das Vorhaben in drei Aspekten beschrieben: Am Anfang steht dabei eine umrißhafte Skizze des Ablaufes, gefolgt von einer Darlegung der Intentionen sowie einem Aufriß der erforderlichen Planungsarbeit. Danach wird eine Bewertung des Vorhabens unter zwei Gesichtspunkten versucht: Inwiefern entspricht das Vorhaben den Maßgaben pädagogischer und politikdidaktischer Handlungsorientierung? Was haben die Schüler gelernt und wie effektiv haben sie vermutlich gelernt?

Den Schluß bilden einige Überlegungen zur Übertragbarkeit der vorgestellten handlungsorientierten Unterrichtsvorhaben auf andere Schulen.

---

2 Die drei Vorhaben werden ausführlich dargestellt in Detjen 1994, 1995 und 1997.

2. Schule als Staat

2.1 Beschreibung

Ablauf

Unter dem Titel „Schule als Staat" verbirgt sich ein einwöchiges Projekt, das an einem großen norddeutschen Gymnasium, der Halepaghen-Schule in Buxtehude, im Jahre 1994 durchgeführt wurde. Das Projekt bezog ausnahmslos alle Klassen und Kurse sowie die gesamte Lehrerschaft ein.

Jeder Schulangehörige fand sich ungeachtet seiner sonstigen Stellung als mit gleichen Rechten und Pflichten ausgestatteter Staatsbürger wieder. Jeder Bürger war verpflichtet, einer wirtschaftlichen Tätigkeit nachzugehen und so für seinen Lebensunterhalt zu sorgen. Insgesamt war jeder mit allen anderen in einem simulierten Staatsgebilde verbunden und dessen Regeln unterworfen.

Der Schulstaat mit dem Namen Freistaat Nehgapelah – einer Umkehrung des Schulnamens – war mit allen Attributen der Staatlichkeit versehen. Das Staatsgebiet, identisch mit dem Schulgelände, umfaßte 0,06 Quadratkilometer. Das Staatsvolk bestand aus 1.100 Angehörigen (1.000 Schüler, 100 Lehrer). Eine Staatsregierung repräsentierte die Einheit des Gemeinwesens und sorgte für das Gemeinwohl. Eine plebiszitär legitimierte Verfassung bildete die rechtliche Grundordnung des Staates. Sie wurde ergänzt durch ein per Dekret des Staatspräsidenten in Kraft getretenes „Vorläufiges Gesetzbuch", das einige Rechtsregeln enthielt und darüber hinaus pauschal die Gültigkeit der bundesrepublikanischen Gesetze in den Materien erklärte, die vom Parlament des Schulstaates noch nicht normiert waren.

Bild 1: Der Staatspräsident erklärt den Freistaat Nehgapelah für gegründet

An die Symbolik war ebenfalls gedacht worden: Es gab eine Staatsflagge wie auch eine Staatshymne. Eine eigene Währung ermöglichte wirtschaftliche Aktivitäten und den Austausch von Produkten und Dienstleistungen. Ausweispapiere für die Staatsbürger und Visaformulare für „Ausländer" (Eltern, Klassen benachbarter Schulen), die als „Touristen" in den Staat einreisen wollten, unterstrichen die Staatsqualität des Gemeinwesens.

Das politische System des Schulstaates bestand institutionell aus einer Regierung (ein Staatspräsident, vier Minister und vier zugeordnete Staatssekretäre mit den Geschäftsbereichen Wirtschaft, Arbeit, Kultur und Öffentlicher

Bild 2: Mit seiner Staatsflagge bekundet Nehgapelah seine Verbundenheit mit Buxtehude, Niedersachsen, Deutschland und Europa

Dienst), einem Parlament (29 Abgeordnete, von denen 15 aus allgemeinen, gleichen, geheimen und freien Wahlen hervorgegangen waren und 14 nach berufsständischen Kriterien ausgewählt worden waren) und einem Verfassungsgericht (Kollegium von drei Richtern). In der nachgeordneten Verwaltung waren Steuerbeamten, Zoll- und Grenzbeamten, Außenhandelsbeamten, Polizisten und Müllwerker beschäftigt. Insgesamt umfaßte der öffentliche Sektor knapp 80 Personen, also etwa 7% der Bevölkerung.

Bild 3: Aufmerksame Paßkontrolle an der Grenzstation

Das Wirtschaftssystem war im Prinzip nach den Regeln einer Sozialen Marktwirtschaft organisiert, es enthielt aber auch kräftige dirigistische Elemente. So galt die Freiheit der Berufswahl nur eingeschränkt: Die Gründung eines Unternehmens wurde von der (vom Staat vorgenommenen) Einschätzung des vermutlichen Bedarfs der beabsichtigten Produktion abhängig gemacht. Darüber hinaus normierte die Verfassung eine Arbeitspflicht für jeden Bürger. Dem entsprach die Vorschrift, sich intensiv um einen Arbeitsplatz zu bemühen. Wer den mehrfachen vergeblichen Versuch der Arbeitsplatzsuche schriftlich nachweisen konnte, erhielt eine geringe staatliche finanzielle Unterstützung, verbunden mit „Zwangsarbeit" für gemeinnützige Zwecke.

Um Steuerehrlichkeit zu gewährleisten, war (wie im richtigen Leben) ein kompliziertes System von Erklärungen, Genehmigungen und Nachweisen ausgedacht worden, das den Unternehmen einen hohen bürokratischen Aufwand abforderte. Wirtschaftliche Beziehungen mit dem „Ausland", konkret: Importe von Rohstoffen für die inländische Produktion, waren nur lizensierten Importunternehmen gestattet. Sie allein waren berechtigt, beim Außenhandelsamt die nötigen Devisen (DM) zu kaufen. Umgekehrt mußten sich alle Touristen bei der Einreise den Zwangsumtausch eines festen Betrages ihrer Devisen in die Staatswährung zu einem relativ ungünstigen Kurs gefallen lassen.

Bild 4: Im Außenhandelsamt: Importeure besorgen sich Devisen

Generell galt das Gebot, alle Geschäfte nur in der Staatswährung vorzunehmen. Dahinter stand der Gleichheitsgedanke. Denn jeder Bürger besaß am Staatsgründungstag das gleiche Startkapital. Das war dadurch bewerkstelligt worden, daß alle Schulangehörigen einen Projektbeitrag in Höhe von 20,– DM eingezahlt hatten, von dem 15,– DM in der Staatswährung ausbezahlt wurden. Die restlichen 5,– DM behielt der Staat ein, um in der

Anfangsphase die Bediensteten des öffentlichen Sektors alimentieren und die Kultur (Theater, Musik) subventionieren zu können.

Die Verfassung des Schulstaates war als Organisationsstatut angelegt, d.h., sie regelte Kreation und Zusammenwirken der Staatsorgane. Sie begründete ein präsidentiell strukturiertes, stark parteiendemokratisch geprägtes Regierungssystem mit einer berufsständischen Komponente. Einige Auszüge können die Akzente der Verfassung verdeutlichen:

Das Volk
- Alle Schüler und Lehrer der Halepaghen-Schule sind Bürger. Jeder Bürger ist zur Arbeit verpflichtet.
- Das Volk wählt vor Staatseröffnung einen Präsidenten und Parlamentarier.

Der Präsident
- Präsident wird, wer spätestens im zweiten Wahlgang die absolute Mehrheit der Stimmen erhält.
- Er ernennt diejenigen Kandidaten zu Ministern, die auf der Wahlliste seiner Partei zur Parlamentswahl entsprechend aufgeführt sind.
- Er ist zur Anwesenheit bei Parlamentssitzungen verpflichtet.
- Er hat bei Parlamentsbeschlüssen ein Vetorecht. Sein Veto kann aber mit 3/4-Mehrheit im Parlament überstimmt werden.

Die Minister
- Es gibt Minister für Wirtschaft, für Arbeit, für Kultur und für den Öffentlichen Dienst.
- Die Minister wohnen den Parlamentssitzungen bei, haben aber kein Stimmrecht.
- Sie bringen im Parlament Gesetzesvorschläge ein, die in ihr Ressort fallen.

Das Parlament
- Das Parlament besteht aus 29 Abgeordneten, von denen 14 Vertreter der Wirtschaftsbranchen, 15 Vertreter aus den Parteien sind.
- Es erhält vom Präsidenten einen Bericht über die Lage der Nation zu Beginn einer jeden Sitzung.
- Gesetzesvorschläge werden diskutiert, wenn wenigstens 5 Parlamentarier den Antrag unterschreiben. Es folgt eine Abstimmung, bei der über Einführung oder Änderung des Gesetzes entschieden wird.
- Gesetzesvorschläge vom Volk können nur eingebracht werden, wenn mindestens 100 Bürger den Vorschlag unterzeichnen.
- Eine Verfassungsänderung ist nur möglich bei einer 4/5-Mehrheit im Parlament und der Zustimmung des Präsidenten.

Die in der Verfassung erwähnten Parteien entfachten in der Vorlaufphase einen bunten Wahlkampf mit phantasiereichen programmatischen Vorstellungen. Viele der ausschließlich von Schülergruppen (meistens Freundeskreise) gegründeten Parteien trugen sprechende Namen. So gab es HAMWASPASS, KOLLAPS (Kooperative Linke Liste Aller Projektwochenschüler), DOG (Demokratie ohne Grenzen), FUN (Freistaatliche Union Nehgapelahs), LSD (Legion süchtiger Demokraten). Andere Parteien hatten ihre Namen dem realen Parteienspektrum entlehnt. Hierfür stehen Gruppierungen wie die SDPN (Sozialistisch-Demokratische Partei Nehgapelahs), die LDU (Liberal-Demokratische Union) und die bewußt provozierend auftretende FNAP (Freie Nehgapelahische Arbeiter-Partei).

Dem unbefangenen Besucher des Schulstaates wäre beim Betreten des Staatsgebietes sofort die umtriebige Geschäftigkeit aufgefallen. Er hätte dies vermutlich als unstrukturiertes Chaos interpretiert. Nur bei genauem Hinsehen und mehrfachem Nachfragen hätte er vier voneinander unterschiedene Aktionsbereiche wahrnehmen können, nämlich das politische Entscheidungszentrum mit Regierung und Parlament, die staatliche Administration mit ihren diversen Kompetenzen, die stark subventionierte und infolgedessen blühende Kultur mit einer Fülle ansprechender Aufführungen und schließlich die Wirtschaftsgesellschaft mit ihren vielfältigen Aktivitäten.

Der direkt gewählte Staatspräsident war die dominierende politische Figur. Er und seine Regierung standen während ihrer gesamten Amtszeit unter einer enormen Arbeitsbelastung. Dabei wurden ihnen aber weniger schöpferische Entscheidungen abverlangt als vielmehr angemessene Reaktionen auf unvorhergesehene Krisen und sinnvolle Korrekturen von Verwaltungsregelungen. Insgesamt zeichnete sich die Regierungsarbeit durch ein hohes Maß an Professionalität aus.

Die Parlamentarier, der Parlamentspräsident eingeschlossen, fanden demgegenüber zu keinem angemessenen Verständnis ihrer Rollen. Auf den täglich stattfindenden Parlamentssitzungen war dies deutlich zu spüren. Der Logik eines präsidentiellen Regierungssystems hätte es nämlich entsprochen, wenn sie sich als kontrollierendes und korrigierendes Gegenüber der Regierung empfunden hätten. Ihr politisches Verhalten war aber gekennzeichnet von dem Bemühen, parlamentarische Mitregierung zu sein. Denn sie suchten ständig den Konsens mit der Regierung, und sie waren sich ungeachtet unterschiedlicher Parteizugehörigkeit darin einig, dem von der Regierung eingeschlagenen Weg zu folgen.

Das Herzstück des Schulstaates bildete nicht das politische, sondern das wirtschaftliche Leben. 160 Unternehmungen warben um die Gunst der Konsumenten, die es aufgrund der gesetzlich festgelegten Mindestfreizeit reichlich gab.

Zur Dienstleistungsbranche zählten jeweils mehrere Importunternehmen, Partnervermittlungen, Kurierdienste, Werbeagenturen, Fotostudios, Banken, Anwalts- und Wirtschaftsberatungskanzleien sowie Institute für Meinungsforschung und Lebensberatung. Besonders reichhaltig war das Angebot auf dem gastronomischen Sektor. Im Bereich von Sport und Kultur wetteiferten mehrere Musikkapellen, Tanzschulen, Spielkasinos, Theater sowie eine Profi-Basketball-Liga um die Aufmerksamkeit des Publikums. Das Handwerk war ebenfalls reichhaltig vertreten und erzielte hohe Umsätze. Die Betriebe, von der Buchbinderei über die Sattlerei, die Fahrradreparaturwerkstatt, die Friseurgeschäfte bis hin zum Textildruckunternehmen, konnten die Nachfrage kaum befriedigen. In der Medienbranche konkurrierten vier Zeitungen, drei Fernsehsender und ein Radiosender miteinander. Schließlich gehörten zum Wirtschaftssektor Handel mehrere Kioske, Kosmetik-, Schmuck- und Second-Hand-Läden.

Intentionen

Das Projekt „Schule als Staat" wurde von folgenden Leitideen getragen:
1. Lehrer- und Schülerrollen sind aufgehoben. Alle sind gleichberechtigte und -verpflichtete Bürger.
2. Alle Aktivitäten sind funktional aufeinander bezogen. Entscheidungen des politischen Systems wirken sich sofort auf die Wirtschaftsgesellschaft aus. Ereignisse in dieser Gesellschaft bewirken Reaktionen bei den politischen Entscheidungsträgern.
3. Schüler (und Lehrer) müssen wirtschaftlich tätig werden. Sie übernehmen Rollen als Arbeitgeber und Arbeitnehmer und üben daraus sich ergebende Verhaltensmuster.
4. Schüler erleben unmittelbar, wie Staat und Wirtschaft funktionieren.
5. Generell: Schüler bestimmen das Geschehen weitgehend selbst und tragen folglich die Verantwortung für Gelingen oder Mißlingen einer simulierten staatlichen und wirtschaftlichen Ordnung.

Insgesamt läßt sich das Projekt „Schule als Staat" als ein politik- und wirtschaftssimulierendes Großgruppenspiel mit Ernstcharakter bezeichnen: Es ahmt staatlich-politische sowie makro- und mikroökonomische Zusammenhänge nach. Es integriert und aktiviert eine ganze Schulgemeinschaft. Und es veranlaßt die Produktion realer Güter wie auch das Angebot echter Dienstleistungen auf der Basis einer (durch Konvertibilität gedeckten) künstlichen Währung.

Planungsarbeit

Eine Schule, die sich auf das Projekt „Schule als Staat" einläßt, darf den Vorbereitungsaufwand hierfür auf keinen Fall unterschätzen. Der Planungsvorlauf sollte mindestens ein Jahr betragen. Ohne eine von großem Engagement getragene Projektvorbereitungsgruppe lassen sich die vielfältigen organisatorischen und konzeptionellen Überlegungen nicht bewältigen. Mehrere Lehrkräfte, nach Möglichkeit Politiklehrer, sowie sieben bis zehn Schüler aus unteren und höheren Klassen sollten einer solchen Gruppe angehören, die sich gegebenenfalls als Arbeitsgemeinschaft konstituieren kann. Klausurtagungen an Wochenenden erweisen sich für die Arbeit als besonders fruchtbar.

Die Projektvorbereitungsgruppe muß im wesentlichen sechs Planungsaufgaben erfüllen:
1. Planung des Vorlaufes.
2. Konzeption der Grundzüge des politischen und wirtschaftlichen Systems.
3. Erarbeiten eines Verfassungsvorschlages.
4. Regelung der Finanzierung der Projektkosten.
5. Absprachen mit der Schulleitung über Organisatorisches (Räume, Zeiten, Aufsicht).
6. Einbringen des Projektantrages in die Gesamtkonferenz.

Eine realitätsgerechte Planung des Vorlaufes ist von ganz entscheidender Bedeutung für das Gelingen des Projektes. Als Anhalt kann die folgende Aufstellung dienen, die auch einen Einblick bietet in die Komplexität der zu beachtenden Punkte.

12 Wochen vor Start: Information der Schulgemeinschaft über das Projekt. Preisausschreiben bezüglich der Symbole des Staates. Plebiszit über den Verfassungsvorschlag.
9 Wochen vor Start: Einsendeschluß und Auswertung der eingegangenen Vorschläge zur Staatssymbolik.
7 Wochen vor Start: Aufruf zur Gründung von Parteien und zur Anmeldung von Unternehmen.
5 Wochen vor Start: Wahlkampf um die Besetzung der politischen Ämter. Ausschreibung von Arbeitsplätzen durch die Unternehmen sowie von Beamten- / Richterstellen (noch durch die Vorbereitungsgruppe). Einsammeln des Projektbeitrages durch die Klassenlehrer.
4 Wochen vor Start: Wahl. Eventuell Stichwahl. Bildung einer Regierung. Übernahme der Geschäfte durch die Regierung.

2 Wochen vor Start: Auswertung der Arbeitsplatzbewerbungen durch die Unternehmen und die Regierung. Abschließen von Arbeitsverträgen bzw. Einstellungen in den Öffentlichen Dienst.
1 Woche vor Start: Festlegung der Räume durch die Schulleitung. Rohstoff- und Materialbestellungen der Unternehmen bei den dafür zuständigen Importunternehmen für den ersten Projekttag.
1 Tag vor Start: Ausgabe der Ausweisformulare und des Geldbetrages in der Staatswährung durch die Klassenlehrer.
Erster Projekttag: Feierliche Staatseröffnung. Beginn des wirtschaftlichen, kulturellen und politischen Lebens: Arbeit in den Unternehmen. Kulturelle Veranstaltungen. Konstituierende Parlamentssitzung.

2.2 Bewertung

Handlungsorientierung

Legt man an die Simulation „Schule als Staat" pädagogische Maßstäbe an, so erfüllt sie ohne Zweifel die meisten Erfordernisse des Prinzips Handlungsorientierung. Vor allem der Grundsatz der Selbsttätigkeit durchzieht wie ein roter Faden den Ablauf dieses Projektes. Die Schüler setzen sich je eigene Ziele ökonomischer, kultureller und auch politischer Art, kalkulieren den erforderlichen Mitteleinsatz, erproben die Praktikabilität ihrer Strategien und revidieren gegebenenfalls ihre Vorstellungen. Auftauchende Probleme lösen sie generell selbständig. Vielfältige Realitätserfahrungen, wenn auch im Rahmen einer Simulation, werden genauso ermöglicht wie intensive soziale Interaktionen. Produktives Tun und kommunikatives Handeln sind Bestandteile der wirtschaftlichen Tätigkeit. Das Kriterium der Ganzheitlichkeit wird dadurch erfüllt, daß die Teilnehmer je nach Situation kognitiv, emotional und pragmatisch handeln.

Auch die Frage, ob das Projekt das politikdidaktische Verständnis von Handlungsorientierung erfüllt, ist, jedenfalls im Prinzip, positiv zu beantworten. Denn die praktizierten Handlungen in der Simulation weisen eine Ähnlichkeit mit wirtschaftlichen und politischen Handlungen der realen Welt auf. Insofern ist nicht ausgeschlossen, daß die Schüler lernen, wie man sich als Wirtschafts- und Staatsbürger verhält, wie man im sozialen Kontext agiert und wie man am politischen Geschehen partizipiert. Allerdings sollte hierbei nicht außer acht gelassen werden, daß die Schüler sehr unterschiedliche Rollen einnehmen mit der Konsequenz, daß zwar einige intensive Erfahrungen mit dem

Politischen machen, andere dafür lediglich Aktivitäten im Bereich von Ökonomie und Freizeit zeigen.

Lerneffekte

Jede unterrichtliche Methode sieht sich der kritischen Frage ausgesetzt, ob sie, gemessen an Zeitökonomie und Aufwand, effektives Lernen ermöglicht. Sie ist zusätzlich noch daran zu prüfen, ob alle Mitglieder einer Lerngruppe gleiche Lernchancen haben. Bei Simulationen ist schließlich außerdem zu fragen, ob die Realität in angemessener Weise reduziert und akzentuiert wird.

Auch wenn das Projekt „Schule als Staat" eine ganze Woche in Anspruch nimmt und somit dem Lehrgangsunterricht sehr viele Stunden entzieht, ist doch zu berücksichtigen, daß es eine Repräsentation komplexer und der sinnlichen Anschauung üblicherweise nicht zugänglicher Zusammenhänge in überschaubarer Weise erlaubt. In zeitlich geraffter Form werden wirtschaftliche und politische Situationen modellhaft wiedergegeben. Die Simulation ermöglicht Erfahrungen, die die Schüler in der realen Welt nicht machen können. Hinzu kommt die den Simulationen eigentümliche Gelegenheit zum spielerischen Probehandeln. Ohne Risiko können Alternativen erdacht und ausprobiert werden. Qualifikationen wie Planungsfähigkeit, Entscheidungsfähigkeit, Kommunikationsfähigkeit und Problemlösungsfähigkeit sind, jedenfalls der Möglichkeit nach, Effekte einer durchgeführten Simulation. Diese didaktischen Chancen müssen dem hohen Zeitaufwand gegengerechnet werden.

Die in den eben dargelegten Überlegungen anklingende positive Einschätzung relativiert sich aber, wenn die Frage nach den gleichen Lernchancen gestellt wird. In hohem Maße lernen die Mitglieder der Vorbereitungsgruppe sowie die Angehörigen der Regierung. Ihre Planungs- und Problemlösungsfähigkeit wird nicht unerheblich gefördert. Den auf Angebot und Nachfrage reagierenden, den Produktionsprozeß organisierenden und die Wirtschaftlichkeit kalkulierenden Unternehmern wird man bescheinigen können, daß sie im ökonomischen Denken geschult werden.

Nur eingeschränkt wird man jedoch bei vielen Arbeitnehmern davon sprechen können, daß sie etwas lernen, was mit Politik oder Wirtschaft zu tun hat. Gemeint sind hiermit jene Projektteilnehmer, die bloße „Tätigkeiten", d.h. kognitiv einfach strukturierte Arbeitsvorgänge in routinemäßiger Wiederholung, ausführen. Didaktisch legitimierbar ist dieser Teil des Projektes im Grunde nur durch den Anspruch der

Simulation, Wirklichkeit so genau wie möglich abzubilden. In der gesellschaftlichen Wirklichkeit gibt es nun sehr viele Arbeitsplätze der beschriebenen Art, die folglich in einem simulierten Gemeinwesen nicht fehlen dürfen.

Damit ist das grundsätzliche Problem angeschnitten, welche Freiheiten der Reduktion und Akzentuierung eine Simulation sich nehmen darf. Das Projekt „Schule als Staat" ahmte, wenn auch modifiziert, eine Soziale Marktwirtschaft nach. Die Staatsverfassung hingegen wies deutliche Unterschiede zur parlamentarischen Demokratie der Bundesrepublik Deutschland auf. Natürlich hat das den Vorteil, daß neue Erfahrungen mit ungewohnten Regelungsmechanismen gemacht werden können. Andererseits gilt zu bedenken, daß eine von der herkömmlichen Erfahrung stark abweichende simulierte Welt die Rezeption erschweren und die Akzeptanz mindern kann. Berücksichtigt man, daß auch Siebtklässler die Chance haben müssen, das politische System verstehend nachzuvollziehen, verbieten sich eigentlich Verfassungsexperimente.

Ein schulisches Projekt, das auf fest strukturierte Lerngruppen verzichtet und auf die Selbständigkeit der Schüler setzt, muß sich die Frage gefallen lassen, ob es von den Teilnehmern überhaupt als Lerngelegenheit gesehen wird, oder ob nicht vielmehr vordergründige Aktionsfreude und Spiel und Spaß dominieren. Denn die eingeräumten Freiheiten eröffnen dem einzelnen die Möglichkeit, eine seinen Neigungen entsprechende und somit gegebenenfalls (geistige) Anstrengungen vermeidende Tätigkeit auszuüben. Eine eindeutige Antwort hierauf zu finden dürfte sehr schwer sein.

Eine anonyme Befragung von gut 80 Teilnehmern unterschiedlicher Jahrgangsstufen einige Tage nach Beendigung der Projektwoche über ihre Einschätzung des Lerneffektes ergab ein Bild, das keinen Anlaß zu euphorischer Begeisterung bietet, aber auch nicht die Empfehlung nahelegt, von einer solchen Simulation grundsätzlich Abstand zu nehmen.

Die Antworten lassen sich drei Gruppen zuordnen. Zur ersten Gruppe gehören Einschätzungen, die auf einen kognitiven Zuwachs bei den Beteiligten schließen lassen. Insbesondere jüngere Schüler gaben zu Protokoll, Erfahrungen im Umgang mit Geld und mit den Anforderungen des Arbeitslebens gemacht zu haben. Recht selten hingegen fanden sich Antworten, die einen Lerngewinn in politischen Dingen bekundeten. Die zweite Gruppe enthält positive Äußerungen bezüglich affektiv-emotionaler Aspekte. Sehr häufig wird unumwunden zugegeben, daß die Projektwoche einfach Spaß gemacht habe. Oft wird auch angegeben, daß man Mitschüler und Lehrer besser kennengelernt habe. Den Antworten der dritten Gruppe ist gemeinsam, daß dem Projekt kein Lerngewinn beigemessen wird. Es wird dann offen eingeräumt, daß man über viel Freizeit verfügt und sich dem Nichtstun hingegeben habe. Initiatoren der Simulation „Schule als Staat" müssen folglich damit rechnen, daß Schüler die Gelegenheit zur Passivität nutzen. Sie können nicht einfach davon ausgehen, daß alle den Sinn der Simulation im Lernen sehen.

3. Schüler „machen" Politik

3.1 Beschreibung

Vorgeschichte

„Schüler ‚machen' Politik" bezeichnet ein sich über zwei Monate erstreckendes Unterrichtsvorhaben, das im Winter 1994 mit einer zehnten Klasse der Halepaghen-Schule durchgeführt wurde. Das Vorhaben knüpfte an ein sogenanntes Bürgergutachten an, das unter dem Titel „Zusammenleben von Ausländern und Deutschen in Buxtehude" im Sommer 1994 der Stadt vorgelegt worden war. Dieses Gutachten thematisierte ein Anfang der neunziger Jahre drängendes lokales Problem. Es unterbreitete eine Reihe von Vorschlägen zur Verbesserung der Situation und forderte den Rat der Stadt zum Handeln auf.

Das Bürgergutachten war die Antwort auf Gewalttätigkeiten in der Stadt, die mit der starken Zahl zugewiesener Asylbewerber im Zusammenhang standen. Der Rat der Stadt wollte das Problem des Zusammenlebens der einheimischen Bevölkerung mit den Zugewanderten nicht lediglich mit Verwaltungsmaßnahmen bewältigen, sondern es zur Sache der gesamten Bürgerschaft machen. Von der bürgerschaftlichen Beteiligung an der politischen Problemlösung erhoffte sich die Stadt darüber hinaus eine generelle Verbesserung des Verhältnisses von politischen Repräsentanten und Bevölkerung.

Mit Hilfe eines Teams von Sozialwissenschaftlern war man das Problem in einem dreistufigen Verfahren angegangen. Dialogische Interviews und eine Straßenumfrage dienten der Erforschung der Sichtweisen des „Mannes auf der Straße" zum Ausländerproblem. Mehrere Moderatorenrunden mit Fachleuten und politisch Engagierten erörterten Bewertungen und Zielvorstellungen für die Zukunft. Eine Planungszelle mit 25 Personen erarbeitete schließlich in einer dreitägigen Klausur das Bürgergutachten. Die Stadt hatte sich verpflichtet, die unterbreiteten Vorschläge zu übernehmen bzw. im Falle der Ablehnung von Empfehlungen dies öffentlich zu begründen.

Das Bürgergutachten enthielt an die 30 Handlungsempfehlungen, darunter nicht wenige, die erhebliche Kosten für die Stadt verursacht hätten. Die wichtigsten Vorschläge waren:
- Mitgliedschaft der Stadt in der (neu gegründeten) Deutsch-Ausländischen Gemeinschaft.
- Schaffung einer multikulturellen Begegnungsstätte.
- Finanzielle Unterstützung eines zu gründenden Ausländerbeirates.
- Einrichtung der Planstelle eines Streetworkers.
- Einrichtung einer zusätzlichen Planstelle beim Ausländerbeauftragten.
- Gründung einer Zweigstelle der Ausländerbehörde in Buxtehude.
- Benennung von Vertrauenslehrern für ausländische Schüler.
- Überlassung eines Raumes für muslimischen Religionsunterricht.
- Resolution des Rates der Stadt gegen rassistische Tendenzen.
- Änderung des Rechts: Schaffung eines Einwanderungsgesetzes, Ermöglichung der doppelten Staatsbürgerschaft, Erleichterung von Einbürgerungen, Einführung des kommunalen Wahlrechts für Ausländer.

Ablauf

Weil der Rat der Stadt Buxtehude sich sehr viel Zeit mit der Beratung des Gutachtens nahm, ergab sich eine besondere didaktische Chance, die sich wie folgt umreißen läßt: Schüler eignen sich den Problemhaushalt sowie den Vorschlagskatalog des Bürgergutachtens an und spielen den kommunalen Entscheidungsprozeß politikbegleitend durch. Sie schlüpfen in die Rolle von Kommunalpolitikern und führen als „Schüler-Stadtrat" eine Entscheidung über die Forderungen des Bürgergutachtens herbei. Die Pointe des Ganzen bestand darin, daß diese Entscheidung zeitlich vor der des echten Rates lag, daß die Entscheidung im Ratssaal der Stadt stattfand und daß der echte Bürgermeister die Sitzung leitete.

Der Ablauf des gesamten Vorhabens folgte dem Artikulationsschema von „Sehen, Beurteilen und Handeln". Dabei fanden die beiden ersten Phasen im Klassenzimmer statt. Erst das „Handeln" spielte sich im Rathaus ab. Abgeschlossen wurde das Vorhaben mit einem Vergleich der simulierten mit der echten Ratssitzung.

Die Lektüre und die Besprechung von Artikeln der örtlichen Presse zur Übergabe des Bürgergutachtens an die Stadt leiteten die Phase des „Sehens" ein. Auf diese Weise sollten Aufmerksamkeit und Problembewußtsein erzeugt werden. Die eigentliche Problembegegnung fand statt in Form einer gemeinsamen Lektüre des Bürgergutachtens und einem anschließenden Unterrichtsgespräch über die Brauchbarkeit der vorgeschlagenen Maßnahmen. Es folgte dann eine Analyse der Forderungen nach folgenden Gesichtspunkten: Wer ist Adressat? Welche Forderungen verursachen einmalige Kosten? Bei welchen Forderungen sind Folgekosten zu erwarten? Die Schüler entdeckten, daß manche Forderungen nicht in den Kompetenzbereich der Stadt fielen. Vor allem aber spürten sie großen Klärungsbedarf bei den zu erwartenden Kosten. Sie merkten darüber hinaus, daß bei vielen Forderungen detaillierte Angaben fehlten und folglich nicht beantwortbar waren.

Die Phase des „Beurteilens" setzte ein mit einem Unterrichtsgespräch, das der Erörterung der politischen Folgen diente, die bei Erfüllung bzw. Nichterfüllung der Forderungen zu erwarten seien. Im Mittelpunkt dieser Phase standen aber Expertenbefragungen und Expertenvorträge.

Als erster referierte der Leiter der wissenschaftlichen Beratergruppe über die Hintergründe und das Zustandekommen des Bürgergutachtens. Er wies auf die Bedeutsamkeit des im Gutachten sich ausdrückenden Bürger-Dialogs zwischen Deutschen und Ausländern hin und appellierte an die Schüler, die Forderungen als authentischen Ausdruck von Notlagen und Abhilfemöglichkeiten ernst zu nehmen.

Danach trug der Leiter der städtischen Kämmereiabteilung die finanzielle Situation der Stadt Buxtehude vor. Er informierte über Einnahmen und Ausgaben, den Umfang von Verwaltungs- und Vermögenshaushalt sowie über die Höhe der Verschuldung und des Schuldendienstes. Die Schüler erhielten Auskunft über die sie interessierende Frage, welche jährlichen Kosten für Planstellen des mittleren und gehobenen Dienstes zu veranschlagen sind und mit welchen Beträgen Anmietung und Unterhaltung von Räumlichkeiten zu Buche schlagen.

Die Vorsitzende der Deutsch-Ausländischen Gemeinschaft erhielt Gelegenheit, die Ziele ihres Vereins darzulegen und auf diese Weise das Verständnis für die Anliegen der Ausländer zu fördern. Da sie Mitglied der Planungszelle gewesen war, konnte sie auf Nachfrage die Forderungen des Gutachtens erläutern und präzisieren.

Schließlich trat der Bürgermeister der Stadt Buxtehude auf. Er informierte über die niedersächsische Kommunalverfassung und äußerte sich, wenn auch recht allgemein, über seine Einschätzung des Gutachtens. Die Schüler fragten ihn insbesondere nach Verfahrensregelungen einer Ratssitzung.

Die Phase des „Handelns" bestand aus einer intensiven, mehrere Wochen dauernden Vorbereitung und der eigentlichen, einen ganzen Vormittag in Anspruch nehmenden Durchführung.

Zur Vorbereitung gehörte die mit der Klasse getroffene grundsätzliche Einigung, sich als „Schüler-Stadtrat" zu konstituieren und über das Bürgergutachten zu entscheiden. Als nächstes stand die Gründung von Fraktionen auf der Agenda. Orientiert an den Freundeskreisen in der Klasse, bildeten sich drei Gruppierungen heraus,

Bild 5: Beratung bei der Bürgerlichsten Partei Buxtehudes (BPB)

von denen glücklicherweise keine so stark war, daß sie im Rat eine absolute Mehrheit gebildet hätte. Das kompromißhafte Aufeinanderzugehen in der Ratssitzung war somit strukturell gewährleistet. In der Namensgebung bewiesen die Schüler Sinn für Originalität. Die stärkste Gruppierung war die PdK (Partei der Konservativen, zwölf Schüler), gefolgt von der AFP (Ausländerfreundliche Partei, acht Schüler) und der BPB (Bürgerlichste Partei Buxtehudes, sieben Schüler). Der Zusammenhalt in den Parteien wie auch das Fragen und Agieren in den angenommenen Rollen verstärkten sich im Verlaufe des Vorhabens zunehmend. Denn es gab nicht nur jeweils einen Fraktionsvorsitzenden, sondern auch jeweils Spezialisten für die einzelnen Forderungen.

Bild 6: Fraktionssitzung der Partei der Konservativen (PdK)

Die intensivste und anstrengendste Vorbereitungsarbeit bestand in der Erstellung von Beschlußvorlagen für die Ratssitzung. In der Kommunalpolitik obliegt diese Arbeit üblicherweise den Ratsausschüssen (mit ihren festen Mehrheiten) unter Assistenz der fachkundigen Verwaltung. Hierauf konnten die Schüler nicht zurückgreifen. Folglich bekam jede Fraktion den Auftrag, jeweils zwei Beschlußvorlagen zu erstellen. Nach zum Teil erregten internen Diskussionen kamen diese dann auch zustande. Insgesamt standen somit sechs abstimmungsfähige Vorlagen zur Verfügung und wurden an alle Beteiligten verteilt.

Die letzte Stunde vor der Ratssitzung diente der fraktionsinternen Willensbildung über das Abstimmungsverhalten sowie der Kontaktaufnahme und Absprache mit den anderen Fraktionen.

Höhepunkt des gesamten Vorhabens war zweifellos die Ratssitzung. Der Bürgermeister gestaltete die Simulation so echt wie nur möglich. So schickte er den „Ratsherren" form- und fristgerecht die Einladung zur „Ratssitzung Nr. 1". „Im Benehmen mit der Frau Stadtdirektorin" hatte er die folgende Tagesordnung aufgestellt:

Bild 7: Rede und ...

1. Eröffnung der Sitzung, Feststellung der ordnungsgemäßen Einladung und der Beschlußfähigkeit
2. Pflichtenbelehrung und Verpflichtung der Ratsmitglieder
3. Durchführung einer Fragestunde
4. Generelle Aussprache über das Bürgergutachten „Zusammenleben mit Ausländern in Buxtehude"
5. Mitgliedschaft der Stadt Buxtehude in der Deutsch-Ausländischen Gemeinschaft
6. Multikulturelle Begegnungsstätte
7. Ausländerbeirat
8. Zusätzliche Planstelle beim Ausländerbeauftragten
9. Raum für muslimischen Religionsunterricht
10. Resolution des Rates der Stadt Buxtehude zum Ausländerproblem
11. Anregungen, Auskünfte, Mitteilungen

Wie es die niedersächsische Gemeindeordnung vorschreibt, leitete der Bürgermeister die Ratssitzung. Ihm zur Seite saß, wie in der Wirklichkeit auch, die Verwaltung in Gestalt der Leiterin des federführenden Amtes für Soziales und Jugend. Sie wies die „Politiker" je nach Notwendigkeit auf gesetzliche Bestimmungen sowie auf Probleme der Umsetzung hin. Der Ratsvorsitzende sprach die Mitglieder des Rates wie Erwachsene an und sorgte so für eine sachlich-ernste Atmosphäre. Die Schüler gewannen nach anfänglicher Befangenheit bald ihre Selbstsicherheit zurück und trugen in Rede und Gegenrede dazu bei, daß, wie der Bürgermeister abschließend kommentierte, durchaus realistische Beschlüsse gefaßt wurden.

Bild 8: ... Gegenrede im Rat

Geraume Zeit nach der „Schüler-Stadtratssitzung" befaßte sich der Rat der Stadt Buxtehude mit dem Bürgergutachten. Aufgrund der zeitlichen Distanz sowie des Sachverhaltes, daß auswärtige Schüler nur unter Schwierigkeiten spätabends ihren Heimatort erreichen können, war nur ein Teil der Klasse der Anregung gefolgt, die Ratssitzung zu beobachten, um dann Vergleiche anstellen zu können.

Intentionen

Unter didaktischen Gesichtspunkten erwies sich das Bürgergutachten als ein besonderer Glücksfall. Es befaßte sich mit einer politischen Herausforderung, die die in den Lehrplänen der meisten Bundesländer vorgeschriebenen Themen „Kommunalpolitik" und „Zusammenleben mit Ausländern/Fremden" auf fast ideale Weise kombinierte. Es äußerte sich zu einer realen problemhaltigen Situation, die aktuell und noch nicht vom Rat der Stadt entschieden war. Es schloß lokale und zugleich internationale Aspekte ein. Es tangierte die Schüler in ihrer

Bild 9: Abstimmung im Rat

Gegenwart (als von Gewalttätigkeiten zumindest moralisch berührte Mitmenschen) wie in ihrer Zukunft (als Staatsbürger und Steuerzahler).
Das Gutachten enthielt auch alle drei Dimensionen der Politik: Policy-orientiert waren die Forderungen selbst. Polity-orientiert waren die Hinweise auf Änderung der rechtlichen Rahmenbedingungen für Ausländer. Der Politics-Aspekt war implizit enthalten in dem nach Übergabe des Gutachtens erfolgenden Prozeß der Meinungsbildung und Beschlußfassung im Rat. Das Bürgergutachten hatte folglich die Qualität eines kategoriales Lernen ermöglichenden Mediums.

Schließlich bot das Bürgergutachten die Gelegenheit, sich mit einer nicht fingierten problembehafteten, entscheidungsbedürftigen und verallgemeinerbaren Situation und deren Lösung auseinanderzusetzen. Eine solche Auseinandersetzung firmiert in der Politikdidaktik als Fallstudie.

Das Vorhaben „Schüler ‚machen' Politik" läßt sich als die begleitende – nicht nachvollziehende – Simulation eines politischen Entscheidungsprozesses und zugleich als Fallstudie eines kommunalpolitischen Problems bezeichnen.

Im einzelnen wurde das Vorhaben von den folgenden Leitideen getragen:

1. Schüler versetzen sich in eine reale politische Problemsituation hinein und erarbeiten in der Rolle kommunaler Entscheidungsträger begründete Lösungen, vertreten diese „ratsöffentlich" und stimmen über Alternativvorschläge ab.
2. Generell: Schüler kommunizieren und argumentieren, planen und organisieren, kooperieren und entscheiden.

Planungsarbeit

Eine Entscheidungssimulation nach dem Muster von „Schüler ‚machen' Politik" nimmt sehr viel Zeit in Anspruch. Sie läßt sich in zumutbarer Dauer am ehesten durchführen, wenn der Politiklehrer in der Klasse noch ein zweites Fach unterrichtet und das Projekt als Blockunterricht veranstaltet. Auf diese Weise lassen sich Doppelstunden einrichten, die für Expertengespräche in der Regel erforderlich sind. Entsprechendes gilt für die im engeren Sinne handlungsorientierten Phasen der Fraktionenbildung und der fraktionsinternen Beratung und Entscheidungsformulierung.

Der organisatorische Vorbereitungsaufwand ist erheblich. Das beginnt bei der Kontaktaufnahme und Terminabsprache mit den Experten, setzt sich fort mit der Information der Schulleitung über die Einladung schulfremder Personen und endet unter Umständen beim Stundenplaner mit der Bitte um Anpassung, d.h. Verlegung der Politikstunde nach den zeitlichen Möglichkeiten des Gastes. Noch mehr Aufwand verursacht die Sitzung im Rathaus. Ihr Zustandekommen hängt ganz entscheidend von der Kooperationsbereitschaft und dem Zeitbudget des Stadtoberhauptes ab. Auch hier ist eine Genehmigung der Schulleitung erforderlich und eine Modifizierung des Stundenplanes unvermeidlich.

In der Vorbereitungsphase sollten die Schüler auf jeden Fall mit der Geschäftsordnung eines Ratsgremiums bekannt gemacht werden. Der Deutschlehrer sollte in fächerübergreifender Zusammenarbeit mit den Schülern das freie Reden geübt haben. Schließlich empfiehlt es sich, „einfache" kommunalpolitische Fälle auszuwählen. Für Schüler stellt die Aneignung des Hintergrundwissens selbst solcher Fälle eine enorme Herausforderung dar.

3.2 Bewertung

Handlungsorientierung

Dem pädagogischen Selbstverständnis von Handlungsorientierung wird die Entscheidungssimulation „Schüler ‚machen' Politik" in mehrfacher Hinsicht gerecht. Insbesondere kommen die Prinzipien der Schüleraktivität und der Öffnung der Schule nach außen zur Realität zum Tragen. Wenn man die im „Rat" gefaßten Beschlüsse als vereinbartes Handlungsprodukt ansieht, dann wird noch ein weiteres Kriterium der Handlungsorientierung, nämlich die Produktorientierung, erfüllt.

Sofern allerdings Ganzheitlichkeit als fester Bestandteil der Handlungsorientierung gilt und darunter die Pestalozzi-Maxime „Lernen mit Kopf, Herz und Hand" verstanden wird, ist die Simulation nur mit erheblicher Zurückhaltung als handlungsorientiert zu bezeichnen. Denn die Dominanz des Kognitiven (Kopf) ist zu offenkundig. Die schriftliche Formulierung von Beschlußvorlagen dürfte kaum als Handarbeit zu interpretieren sein. Zweifel sind auch angebracht, ob die Simulation ein Lernen mit dem Herzen zuläßt, sofern darunter das Erlebnis von Emotionalität verstanden wird. Allenfalls die fremde Atmosphäre eines Ratssaales könnte Schüler irgendwie gefühlsmäßig berühren.

Das Kriterium „Beteiligung der Schüler an Planung, Durchführung und Auswertung des Unterrichts von Anfang an" ist von zentraler Bedeutung im handlungsorientierten Unterricht. Ein Thema allerdings, bei dem Schüler kaum über Sachkunde verfügen und das die Hinzuziehung von Experten erfordert, läßt insbesondere eine Beteiligung von Schülern an der Planung kaum zu. Alle pädagogische Erfahrung besagt zudem, daß das Kriterium nur erfüllt werden kann, wenn Schüler schon hieran gewöhnt sind. Davon abgesehen bleibt das generelle Bedenken, daß die Beteiligung an der Planung äußerst viel Zeit beansprucht. Diese Vorbehalte gelten nicht für die Durchführungsphase der Simulation, in der die Schüler völlig selbstänig agieren.

Die Frage, ob die Simulation dem politikdidaktischen Verständnis von Handlungsorientierung gerecht wird, ist dagegen ohne Einschränkung positiv zu beantworten. Denn ihr Gegenstand ist ein eminent politisches Thema (Zusammenleben von Ausländern und Deutschen) sowie ein politischer Entscheidungsprozeß. Kommunikatives Handeln kennzeichnet die Politik. Kommunikatives Handeln bildet auch den Mittelpunkt der Simulation.

Lerneffekte

Acht Wochen intensiver Beschäftigung mit einem kommunalpolitischen (Detail-)Problem werfen die Frage auf, ob sich dieser Aufwand „gelohnt" hat. Die Lehrpläne sehen üblicherweise für den Themenbereich Kommunalpolitik deutlich weniger Stunden vor, so daß sich eine so ausführliche Beschäftigung hiermit rechtfertigen muß.

Die Klasse erhielt einige Tage nach der „Ratssitzung" die Aufgabe, sich schriftlich zu dem Projekt zu äußern. Die erste Frage lautete: „Was hast du über Politik gelernt?" Eine zweite Frage wollte wissen, was an der Sitzung im Ratssaal besonders interessant oder lehrreich oder gut gelungen war.

Durchgängiger Tenor zu Frage 1 war die Erkenntnis, daß „Politik nicht so einfach ist, wie ich dachte." „Politik kann ganz schön schwierig und umfangreich sein", lautete eine repräsentative Antwort. Beeindruckt waren viele Schüler von der intensiven Vorbereitungsarbeit, die das politische Geschäft kennzeichnet. Sie selbst hatten die Erfahrung gemacht, wieviel Anstrengung es kostet, vielfältige Informationen aufzunehmen, zu verarbeiten und dabei noch die Gesetzeslage zu berücksichtigen. Nicht wenige Schüler äußerten, daß sie jetzt eine bessere Meinung über die Politik und die Politiker hätten.

Die meisten Lerneffekte wurden nach Auskunft der Schüler auf der Politics-Ebene erzielt. Hierzu gehört die Erkenntnis, daß Politik von Bündnissen und Absprachen lebt, daß kleinere Parteien zu Koalitionen mit größeren gezwungen sind und daß Politik etwas für Personen ist, „die gut argumentieren können und es schaffen, viele Leute auf ihre Seite zu bringen."

Aber auch im Bereich der Polity wurde ein Erkenntniszuwachs zu Protokoll gegeben. Die Schüler waren beeindruckt davon, daß vieles gar nicht so getan werden kann, wie es die Politiker wollen, da sie sich an die Gesetze halten müssen. Sie staunten über die Vorschriften, die den Ablauf einer Ratssitzung und die Abstimmung steuerten.

Policy-Aspekte fehlten in den Antworten völlig, obwohl Inhalte im Mittelpunkt des Vorhabens standen. Eine Erklärung für diese Auffälligkeit kann darin liegen, daß die Sachthemen die Aufmerksamkeit der Schüler über Wochen in Anspruch genommen hatten und folglich keinen Mitteilungswert mehr hatten. Die politics-dominierte Ratssitzung mag demgegenüber als – einmaliges – Erlebnis besonders stark empfunden worden sein.

Zu Frage 2 äußerten viele Schüler, daß sie die Atmosphäre des Ratssaales und die „Behandlung wie richtig erwachsene Ratsmitglieder" als besonders wohltuend empfunden hatten. Ausnahmslos Zustimmung fand die Realitätsnähe der Sitzung. Ebenfalls positiv gewertet wurde der Sachverhalt, daß manche Ideen während der Sitzung aufgrund der Interventionen des Bürgermeisters und der Sozialamtsleiterin neu überdacht werden mußten und auf diese Weise Situationen eintraten, die Flexibilität erforderten. Schließlich wurde als weiterer Höhepunkt erwähnt, daß fast alle Schüler eine freie Rede gehalten hatten oder zumindest zu Worte gekommen waren: „Das freie Reden war für mich ebenfalls ein Nervenkitzel: Aufstehen, alle hören gespannt zu, und man wird beobachtet."

Über diese subjektiven Einschätzungen hinaus kann die Frage gestellt werden, ob die Schüler Fähigkeiten ausgebildet haben, die dem Politikunterricht als Aufgabe gestellt sind. Mit einer gewissen Berechtigung läßt sich feststellen, daß die politische Handlungskompetenz der Schüler dadurch gefördert wurde, daß sie einen Einblick in die Komplexität eines ausgesuchten politischen Sachverhaltes erhielten und sich, kommunizierend und kooperierend, in rationaler Entscheidungsfindung üben konnten. Wenn bei den Schülern die Einsicht haften bleibt, daß Politik entgegen dem Alltagsverständnis eine anspruchsvolle geistige Tätigkeit darstellt und professioneller Handhabung bedarf, ist viel für die Akzeptanz des Repräsentationsprinzips getan, das die Grundlage des demokratischen Verfassungsstaates bildet. Unter diesem Gesichtspunkt ist die viel Zeit beanspruchende Konzentration des Politikunterrichts auf ein Thema didaktisch gerechtfertigt.

4. Aktive Rathauserkundung

4.1 Beschreibung

Ablauf

Mit der „Aktiven Rathauserkundung" ist ein Vorhaben gemeint, das mit einer zehnten Gymnasialklasse im Zusammenwirken mit der Verwaltung der Stadt Buxtehude im Rathaus durchgeführt wurde. Das Attribut „aktiv" bezieht sich auf den Umstand, daß die Schüler einen besonderen Auftrag zu erfüllen hatten, nämlich die – eigenständige – Bearbeitung eines Vorganges, der für den Aufgabenbereich des dem einzelnen Schüler jeweils zugewiesenen Amtes typisch ist.

Auslöser der Erkundung war die Arbeit mit dem eingeführten Lehrbuch zum Thema „Politik in der Gemeinde". Die Schüler stießen auf ein Schaubild, das die Gliederung einer Stadtverwaltung zeigte. Es erwies sich, daß die Lernenden die Bezeichnungen der meisten Ämter und Abteilungen – angefangen bei der Kämmerei über die Liegenschaftsabteilung und das Ordnungsamt bis hin zum Hochbau- und Tiefbauamt – nicht nur nicht kannten, sondern auch mit den Namen keine inhaltlichen Vorstellungen verbinden konnten.

Diese Situation wurde zum Anlaß genommen, eine Erkundung des örtlichen Rathauses vorzunehmen. Zunächst wurden im Lehrgangsunterricht die wichtigsten Grundlagen der Kommunalpolitik erarbeitet. Die Vermittlung der wichtigsten Organe – Bürgermeister, Gemeindedirektor, Rat, Verwaltungsausschuß und Ratsausschüsse – war die Voraussetzung dafür, daß die späteren Erkundungsergebnisse sinnvoll eingeordnet werden konnten.

Im Unterrichtsgespräch wurden dann mögliche Fragen an die Verwaltung gesammelt. Dem Lehrer oblag es, die Fragen zu vervollständigen und zu systematisieren. Auffällig, aber nachvollziehbar war es, daß die Schüler Interesse auch für den Berufsalltag und die Berufsqualifikation der Verwaltungsmitarbeiter bekundeten. Diese Vorbereitungsphase endete mit der Fertigstellung eines schriftlichen Fragenkatalogs. Der Fragenkatalog enthielt folgende Punkte:

- Erkundige dich nach der Größe der Abteilung!
  - Wieviele Mitarbeiter hat die Abteilung?
  - Welche beruflichen Qualifikationen haben die Mitarbeiter?
  - Welchen Wert (Geld, Sachen) betreut oder verwaltet die Abteilung?
- Frage nach den Aufgaben der Abteilung!
  - Wofür ist die Abteilung zuständig?
  - Welche Gesetze und Vorschriften muß sie beachten?
  - Wie wirkt sich ihr Handeln auf die Bürger aus?
- Frage, wie die Gemeindeverwaltung aufgebaut ist, und ermittle, in welchen Beziehungen die Abteilung mit der übrigen Gemeindeverwaltung sowie mit Einrichtungen außerhalb der Gemeinde steht. Vervollständige hierzu das Gliederungsschema der Kommunalverwaltung und trage die Ergebnisse dort graphisch ein.
- Informiere dich über die Rolle der Abteilung für die Politik des Gemeinderates.
  - Auf welchen Gebieten kann die Abteilung die Politik des Rates vorbereiten?
  - Wie stark beeinflussen ihre Empfehlungen die Kommunalpolitiker?

Die eigentliche, einen ganzen Vormittag (fünf Schulstunden) dauernde Erkundung verlief in drei Phasen. In der ersten halben Stunde befand sich die Klasse geschlossen in einem Raum. Ein Vertreter der Stadt stellte die Aufgaben der Kommunalverwaltung, das Haushaltsvolumen, die Mitarbeiterzahl und aktuelle Probleme der Stadt vor.

Danach verteilten sich die Schüler allein oder zu zweit für die nächsten drei Zeitstunden auf folgende Abteilungen bzw. Einrichtungen: Hauptabteilung – Personalabteilung – Kämmereiabteilung – Stadtkasse – Steuerabteilung – Liegenschaftsabteilung – Rechtsamt – Sicherheits- und Ordnungsabteilung – Schulabteilung – Kulturabteilung – Sportabteilung – Volkshochschule – Bauverwaltungsabteilung – Abteilung für Wohngeld und Wohnungsbauförderung – Abteilung für Wohnhilfen – Verwaltungsabteilung für Stadtplanung – Verwaltungsabteilung für Bauordnung und Hochbau – Verwaltungsabteilung für Tiefbau – Stadtwerke – Sozialstation. Die Stadt hatte damit fast alle Abteilungen geöffnet. Lediglich die aus Datenschutzgründen sensiblen Abteilungen für Soziales und Jugendhilfe sowie rein technische Abteilungen waren ausgespart worden.

Bild 10: „Wofür ist die Abteilung zuständig?" Gespannte Aufmerksamkeit beim Interview

In diesem zentralen Abschnitt der Erkundung hatten die Schüler nicht nur den Fragenkatalog abzuarbeiten, sondern vor allem den ihnen zugedachten Vorgang zu bearbeiten. Die Verwaltung hatte sich sehr viel Mühe gegeben, interessante Aufgaben zu formulieren. Einige Beispiele können dies illustrieren:

- „Stelle eine neue Arbeitskraft als Verkehrsüberwacherin ein und erläutere die Schritte, die dabei notwendig sind. Das anliegende Material wird dir dabei helfen." (Personalabteilung)
- „Erarbeite mit den folgenden Materialien, um welche Kündigung es sich bei dem vorliegenden Fall handelt und warum dem Arbeitnehmer gekündigt werden soll." (Personalabteilung)
- „Nachdem in diesem Haushaltsjahr die Stadt Buxtehude bereits Kredite für Investitionen in Höhe von fünf Millionen DM aufgenommen hat, benötigt sie einen weiteren Kredit zur Finanzierung laufender Investitionen in Höhe von einer Million DM. Das Darlehen soll zum 15.12.1996 aufgenommen werden. Es wurden von verschiedenen Kreditinstituten Angebote bei halbjährlicher Fälligkeit der Zinsen und der Tilgung eingeholt. Die Konditionen gelten

bis zum 06.12.1996, 08:45 Uhr. (An dieser Stelle folgt eine Übersicht über die Kreditangebote). Aufgaben: 1. Darf die Stadt Buxtehude einen Kredit aufnehmen? Wenn ja, notiere die notwendigen Vorschriften. 2. Wer entscheidet über die Kreditaufnahme und wer bzw. welche Organe/Ausschüsse sind bei der Entscheidung zu beteiligen? 3. Vergleiche die angebotenen Kredite, indem du zum Ende der jeweiligen Laufzeiten die Gesamtsumme des Schuldendienstes (Zinsen und Tilgung) ermittelst. 4. Formuliere einen entsprechenden Beschlußvorschlag, zu welchen Konditionen das Darlehen aufgenommen werden soll." (Kämmereiabteilung)
- „Herr Hubert Haushof hat im Dezember 1995 in der Eigentumsallee 1 in Buxtehude eine Villa gekauft. Die Steuerabteilung der Stadt Buxtehude hat Herrn Haushof zur Zahlung von Grundsteuern, Straßenreinigungs- und Müllabfuhrgebühren für das Jahr 1996 in Höhe von 3.000,– DM veranlagt, zahlbar in vierteljährlichen Raten. Herr Haushof ist empört über die Höhe der Veranlagung, beschwert sich in der Steuerabteilung über diesen ‚unverschämten' Heranziehungsbescheid und sagt diesen ‚faulen' Beamten erst einmal richtig seine Meinung. In seinem letzten Satz sagt er unmißverständlich: ‚Diese unverschämte Forderung werde ich jedenfalls nicht bezahlen.' Wie kommt die Stadt Buxtehude nun zu ihrem Geld?" (Stadtkasse)

In der dritten Phase kamen alle Schüler wieder zusammen, um in der letzten halben Stunde mit einigen Verwaltungsangehörigen offen gebliebene Fragen zu besprechen.

Die Klasse erhielt einige Tage Zeit, um die gewonnenen Eindrücke zu ordnen und die Zusammenfassung der Erkundung im Rahmen des Klassenunterrichts vorzubereiten. Diese Auswertungsphase sollte verhindern, daß es bei fragmentarischen Einblicken in den Gegenstandsbereich blieb. Die Aufgabe für die Schüler lautete, ihre Abteilung mündlich in etwa fünf Minuten vorzustellen. Den jeweiligen Vortrag ergänzten die „Vertreter" der anderen Abteilungen durch Hinweise auf Querverbindungen mit ihrer Untergliederung.

Im Anschluß an diese Auswertungsstunde arbeiteten die Schüler in Anlehnung an den Fragenkatalog einen schriftlichen Bericht über ihr Erkundungsfeld aus. Die Berichte bildeten die Grundlage für den Abschluß des Vorhabens, die schulöffentlich präsentierte Dokumentation des erkundeten Rathauses. Die optische Gestaltung der Ausstellung nahm die Klasse im Kunstunterricht vor. Unter dem originellen Titel „677 Köpfe Beschäftigte der Stadt Buxtehude arbeiten für 34.934 Köpfe Bevölkerung. Wie denn? Etwa auf ihren Aktenbergen liegend?

Oder anders? Überzeugen Sie sich selbst!" wurde die Ausstellung der Schulöffentlichkeit 14 Tage lang präsentiert.

Intentionen

Folgende Leitideen tragen das Vorhaben der Aktiven Rathauserkundung:
1. Schüler führen Beobachtungsaufgaben ohne Beisein des Lehrers aus.
2. Schüler bearbeiten selbständig einen kommunalen Verwaltungsvorgang und erkennen dabei die Rechtsbindung allen staatlichen Handelns.
3. Schüler werten die erkundeten Fakten aus und gestalten eine Ausstellung über die Ergebnisse der Erkundung.

Planungsarbeit

Die Vorbereitung der Erkundung sowie die Auswertung verlaufen im Klassenrahmen und brauchen nicht eigens dargelegt zu werden. Der entscheidendste und sensibelste Teil der Planung liegt in der Kontaktaufnahme und der Verhandlung mit der Gemeindeverwaltung. Zunächst ist das Einverständnis des Leitenden Verwaltungsbeamten (Bürgermeister bzw. Gemeindedirektor) einzuholen. Danach sind die Details zu besprechen. Gesprächspartner dürfte im Regelfall der Leiter des Hauptamtes sein.

Man darf in den Gesprächen nicht vergessen, daß eine Erkundung eine erhebliche Belastung für die Verwaltung darstellt. Denn die Verwaltungsspitze muß Ämter und Abteilungen über das Vorhaben informieren, Vorbereitungsmaßnahmen anweisen und deren Durchführung kontrollieren. Dann erfordert die Unterbringung der Schüler in nicht dafür vorgesehenen Amtsräumen gegebenenfalls die Bereitstellung weiteren Mobiliars. Weiterhin müssen die mit der Betreuung der Schüler beauftragten Mitarbeiter sich inhaltlich vorbereiten. Schließlich müssen diese Mitarbeiter während der Erkundung den Schülern Rede und Antwort stehen, was sie von ihrer eigentlichen Tätigkeit abhält.

Zwei Punkte sind in den Vorbereitungsgesprächen unbedingt zu klären:
- Für welche Zeit steht die Verwaltung zur Verfügung, und wie läßt sich diese Zeit sinnvoll strukturieren?
- In welchen Ämtern bzw. Abteilungen dürfen die Schüler ihre Fragen stellen, und wieviele Schüler können an jeder Station untergebracht werden?

Unerläßlich ist es, die Verwaltung über die Erkundungsaufträge zu informieren. Diese Information ist nicht nur Ausdruck der Höflichkeit, sondern auch funktional notwendig. Denn sie ermöglicht den Verwaltungsangehörigen, sich auf die Fragen vorzubereiten, die auf sie zukommen werden.

Die Verwaltung ist dankbar, wenn die auf sie zukommende Mehrarbeit auf ein Minimum reduziert werden kann. Daher empfiehlt es sich, ein Schreiben – die Bitte der Klasse an die Verwaltung um Unterstützung – zu formulieren, das alle Sachinformationen (Zeit, betroffene Abteilungen, Erkundungsaufträge) zur Rathauserkundung enthält und geeignet ist, verwaltungsintern als Anweisung an die Mitarbeiter zu fungieren. Gegebenenfalls kann in einem Anhang oder in einem gesonderten Schreiben auf die Bearbeitung des Vorganges hingewiesen werden. Denn dessen Aufbereitung verursacht nicht nur die meiste Arbeit, sondern erfordert zugleich didaktischen Sachverstand, der bei Verwaltungsangestellten nicht einfach vorausgesetzt werden kann. Das folgende Schreiben kann als Anhalt dienen.

Bild 11: Ein Vorgang wird bearbeitet – ganz ohne Hilfe geht es nicht

Sehr geehrte Damen und Herren,
der für die Schüler schwierigste, aber zugleich wohl interessanteste Teil der Rathauserkundung dürfte die angekündigte Bearbeitung eines Vorganges sein. Bitte, bedenken Sie bei der Suche nach einem – anonymisierten – Vorgang aus Ihrem Geschäftsbereich die folgenden pädagogischen Grundsätze:
- *Verständnishorizont:* Der Vorgang muß auch für sechzehnjährige Laien nachvollziehbar sein.
- *Bearbeitungsfähigkeit:* Die zur Erfassung und Bearbeitung notwendigen Gesetze, Rechtsverordnungen, Verwaltungsvorschriften und Dienstanweisungen müssen bereitgestellt werden. Damit die Schüler nicht endlos suchen, sollten die einschlägigen Abschnitte (oder Paragraphen) markiert sein.
- *Unterstützung:* Die Schüler sollen zwar nach Möglichkeit selbständig eine schriftliche Antwort auf den Vorgang finden, sie müssen aber auch die Chance haben, nachfragen zu dürfen.

Für die Bearbeitung des Vorganges sind etwa eineinhalb Stunden geplant. Greifen Sie also bei auftauchenden Schwierigkeiten nicht zu schnell ein. Das selbständige Überwinden von Hindernissen ist ein wichtiges Lernziel.
Mit freundlichen Grüßen

4.2 Bewertung

Handlungsorientierung

Die Erkundung zählt seit jeher zu den handlungsorientierten Methoden, so daß die entsprechende Qualifizierung der Aktiven Rathauserkundung nicht schwerfällt. Aber auch hier gilt, daß nicht alle Merkmale des pädagogischen Verständnisses von Handlungsorientierung erfüllt sind.

Schüleraktivierung, Öffnung der Schule zur Realität hin („originale Begegnung" mit der Verwaltung), Produktorientierung (Vorgangsbearbeitung) sowie Beteiligung der Schüler an Durchführung und Auswertung des Projekts sind bei der Rathauserkundung zweifellos gegeben. Zurückhaltender muß aber die Einschätzung bei den Kriterien „Schülerinteressen als Ausgangspunkt", „Ganzheitlichkeit" sowie „Beteiligung an der Planung" ausfallen. Insbesondere das die Ganzheitlichkeit bestimmende „Lernen mit Kopf, Herz und Hand" findet nicht statt, es sei denn, man wertet den Aufbau der Ausstellung und die dabei vielleicht empfundene Freude als Lernen mit Hand und Herz. Die Erkundung selbst ist eindeutig kognitiv (Lernen mit dem Kopf) ausgerichtet.

Ebenfalls nicht einfach zu bestimmen ist die Handlungsorientierung nach politikdidaktischen Maßstäben. Denn die Verwaltung fällt keine politischen Entscheidungen, sondern exekutiert diese. Das bedeutet, daß eine einfache Parallelisierung von Politikprozeß und handlungsorientiertem Unterrichtsprozeß im Falle der Verwaltung nicht möglich ist. Als Bestandteil des „statisch-regelhaften" Institutionensystems ist sie dennoch der Handlungsorientierung zugänglich. Die den Schülern zugemutete Vorgangsbearbeitung drückt die Parallele zur Wirklichkeit aus und rechtfertigt politikdidaktisch die Erkundung. Im Ansatz wird dadurch Institutionenpraxis, d.h. Orientierungs- und Handlungswissen, gefördert. Die übrigen Teile der Erkundung sind didaktisch eher als Institutionenkunde zu qualifizieren, die das Funktionswissen zum Ziel hat (Grammes 1997, S. 28).

Lerneffekte

Unmittelbar nach der Rathauserkundung wurden die Schüler aufgefordert, zu drei Fragen schriftlich Stellung zu beziehen: 1. Was beurteilst du an der Rathauserkundung positiv, was negativ? 2. Was hast du bei der Erkundung gelernt? 3. Vergleiche Vorzüge und Nachteile von Erkundung und Klassenunterricht!

Bei Frage 1 wurden vor allem zwei Dinge positiv bewertet. Zum einen die Gelegenheit zu einem unmittelbaren Einblick in die bislang fremde Welt einer Stadtverwaltung. Zum anderen die durchweg gute Vorbereitung und Betreuung durch die Mitarbeiter der Verwaltung. Beklagt wurde dagegen durchweg die zu knappe Zeit. Aus der Sicht nicht weniger Schüler benötigte eine effektive Rathauserkundung einen ganzen Schultag (sechs Stunden).

Die vielen Antworten zu Frage 2 lassen sich zu drei Gruppen zusammenfassen. Das erste Antwortbündel nimmt Bezug zur Verwaltungstätigkeit selbst. Die Schüler gaben zu Protokoll, daß man die Arbeit der Stadtbediensteten kennengelernt habe und jetzt etwas über die Ausbildung und den Berufsalltag wisse. Die zweite Gruppe von Antworten konzentriert sich auf einen Verfassungsgrundsatz, nämlich die Gesetzmäßigkeit der Verwaltung gemäß Artikel 20 Absatz 3 GG. Die Schüler staunten über die vielen anzuwendenden Rechtsnormen, wie Gesetze, Satzungen, Erlasse und Verwaltungsvorschriften. Der dritte Antwortkomplex enthält Einsichten in das Aufgabenspektrum einer Kommune. Die Schüler bekundeten, vorher nicht gewußt zu haben, was alles eine Stadt zu besorgen habe und wie kompliziert das Verwaltungssystem sei.

Der in Aufgabe 3 erbetene Vergleich fiel eindeutig zugunsten der Erkundung aus. Dem Lehrgangsunterricht hielten manche zwar zugute, daß er die Dinge systematisch aufbereitet und Informationen zeitökonomisch vermittelt, die große Mehrheit sah die Vorzüge aber bei der Erkundung. Sie bringe „mehr Spaß", wodurch man lernwilliger sei. Das bewirke, daß man das Gelernte anders als beim „Theorieunterricht" nicht nach kurzer Zeit wieder vergesse. Hervorzuheben sei, daß man selbst aktiv sein müsse.

Nicht wenige Befragte schlugen vor, häufiger solche Projekte durchzuführen. In wünschenswerter Deutlichkeit schrieb ein Schüler: „Der Klassenunterricht ist wenig abwechslungsreich, deshalb würden zwei bis vier solcher Erkundungen im Jahr von Vorteil für das Klima in der Klasse sein! So ein Projekt ist immer interessanter als trister Unterricht nach dem Lehrbuch!"

5. Abschließende Bemerkungen

Die drei vorgestellten Unterrichtsvorhaben haben den Praxistest bereits bestanden. Damit soll nicht mehr gesagt sein, als daß sie jeweils einmal an einer Schule durchgeführt wurden und dabei insofern gelangen, als die Schüler die Vorhaben bereitwillig mittrugen und sich auf Lernprozesse einließen.

Offen ist die Frage, ob die Vorhaben an jeder Schule durchführbar sind. Dafür spricht, daß sie hinsichtlich der äußeren Bedingungen (Schulgebäude und Schulräume, Rathaus in zumutbarer Entfernung) nicht allzu voraussetzungsreich sind. Zu beachten ist allerdings, daß insbesondere „Schüler ‚machen' Politik" und die Aktive Rathauserkundung stark kognitiv ausgerichtet sind. Sie setzen damit Schüler voraus, die bereit sind, die Anstrengungen produktiven kognitiven Lernens auf sich zu nehmen und die eingeräumte Selbständigkeit effektiv zu nutzen.

Das größte Hindernis für die Durchführung handlungsorientierter Vorhaben dürfte in den gegenwärtigen „Verhältnissen" liegen. Erstens ist die unterrichtliche Belastung der Lehrkräfte vor allem an den weiterführenden Schulen so groß, daß es erheblichen pädagogischen Engagements bedarf, um die im Vergleich zum Lehrgangsunterricht um ein Vielfaches arbeitsintensivere Vorbereitungsarbeit auf sich zu nehmen. Zweitens setzt die durch den 45- oder 90-Minuten-Takt geprägte Schule der Anwendung handlungsorientierter Methoden zähen, weil strukturell bedingten Widerstand entgegen.

Wer sich zum handlungsorientierten Unterricht entschließt, benötigt selbst die Kompetenzen und Qualifikationen, die mit Hilfe dieses Unterrichts bei den Schülern entwickelt werden sollen, nämlich Kreativität, Zielstrebigkeit, Organisationsfähigkeit, Koordinationsfähigkeit, Kooperationsfähigkeit, Ausdauer und Frustrationstoleranz.

Literatur

Joachim Detjen: Schule als Staat. Didaktische Chancen einer projektorientierten Simulation von Politik und Wirtschaft. In: Gegenwartskunde. 3/1994, S. 359-369

Joachim Detjen: Politik machen! – Schüler beraten und entscheiden ein kommunalpolitisches Problem. In: Gegenwartskunde. 2/1995, S. 217-228

Joachim Detjen: Das Rathaus. Ein anregender außerschulischer Lernort für den Politikunterricht. In: Praxis Schule 5-10. 3/1997, S. 42-46

Tilman Grammes: Handlungsorientierung im Politikunterricht. (Schriftenreihe der Niedersächsischen Landeszentrale für politische Bildung). 2. Aufl. – Hannover 1997

Werner Jank / Hilbert Meyer: Didaktische Modelle. Frankfurt/M. 1991

Peter Massing: Handlungsorientierter Politikunterricht. Ausgewählte Methoden. Schwalbach/Ts. 1998

Adrienne Körner

Unterrichtseinheit: Wahlen in der Bundesrepublik Deutschland

1. Vorbetrachtung

Während eines Tagespraktikums (Sommersemester 1997) im Fach Sozialkunde an einem Magdeburger Gymnasium hatte ich die Aufgabe, in einer 10. Klasse Unterricht zum Thema „Wahlen in der Bundesrepublik Deutschland" abzuhalten. Für diese Unterrichtseinheit sind laut Rahmenrichtlinien acht Stunden vorgesehen. Aufgrund verschiedener Umstände standen mir aber nur drei Unterrichtsstunden zur Verfügung. Großer Spielraum für die Bearbeitung des Themas war damit nicht gegeben.

Weiterhin mußte bei der Planung berücksichtigt werden, daß die SchülerInnen in diesem Fach nur eine Stunde pro Woche Unterricht hatten. Alle SchülerInnen zeigten eine nicht gerade positive Einstellung zum Fach; ein gewisses Interesse für Politik war aber dennoch vorhanden. Das Thema „Wahlen" allerdings löste bei den SchülerInnen keine „Jubelschreie" aus. Mit Motivationsschwierigkeiten war von vornherein zu rechnen.

Unter diesen Bedingungen fielen mir die Wahl des Unterrichtsinhaltes und die Methodenwahl nicht leicht. Ich nahm mir vor, in der Einheit das selbständige, produktive Lernen zu fördern. Lehrervorträge und Lehrer-Schüler-Gespräch sollten nicht – wie sonst üblich – in allen Stunden dominieren. In dieser Klasse waren die SchülerInnen an selbständiges Arbeiten gewöhnt und der Leistungsstand befand sich auf einer mittleren Ebene. In meiner Unterrichtseinheit wollte ich erreichen, daß die SchülerInnen selbst aktiv den Unterricht gestalteten. Dabei sollten sie die Grundlagen des Wahlsystems in der Bundesrepublik (Verhältnis- und Mehrheitswahl) kennenlernen und die Bedeutung der Wahlen für ihr eigenes Leben erkennen. Vor allem aber sollten sie für sich herausfinden, worauf beim bevorstehenden Landtagswahlkampf (April 1998 in Sachsen-Anhalt) und beim Bundestagswahlkampf 1998 zu achten war.

2. Die erste Stunde

Die ersten beiden Stunden dienten der Einführung in das Thema „Wahlen" und der Vermittlung von Grundwissen. Diese Stunden waren in Form von Lehrervorträgen, Lehrer-Schüler-Gesprächen und Einzelarbeit konzipiert. Diese Unterrichtsmethoden trugen nicht gerade zur Steigerung der SchülerInnenmotivation bei.

Zu Beginn sollte erst einmal der Begriff „Wahl" näher betrachtet werden. Die SchülerInnen hatten die Aufgabe, einen Definitionsversuch zu wagen. Nach einer kurzen Überlegungszeit wurden Vorschläge gemacht und darüber diskutiert. Am Ende hatte ich eine kurze Definition an die Tafel geschrieben – *„Die Wahl ist die Bestellung von Volksvertretern."*

Danach folgte eine Verständigung darüber, für welche Verfassungsorgane Volksvertreter gewählt werden. Die Vorschläge der SchülerInnen wurden aufgenommen, richtig gestellt und an der Tafel festgehalten.

Nach der Vermittlung von Grundkenntnissen in Form eines Lehrer-Schüler-Gesprächs wurde ein Fallbeispiel eingeführt. „Onkel Klaus" – eine fiktive Person, die sich die Klasse aber dank meiner Zeichnung gut vorstellen konnte – hatte keine Lust mehr, wählen zu gehen. Seiner Meinung nach machten Wahlen keinen Sinn. Anhand dieses Beispiels, das jeder Schüler und jede Schülerin als Arbeitsblatt vor sich liegen hatte, sollte die Klasse über die Ansicht von „Onkel Klaus" diskutieren. Damit war die Basis für eine Urteilsbildung geschaffen. Zusätzlich bekamen die SchülerInnen ein weiteres Arbeitsblatt. Auf diesem standen drei Fragen zur Bedeutung von Wahlen und eine jeweilige Antwort dazu. Die Klasse wurde in drei Gruppen eingeteilt; jede Gruppe hatte eine Frage und die dazugehörige Antwort erhalten. Die SchülerInnen sollten sich in ihrer Gruppe mit den ihnen zugeteilten Aufgaben auseinandersetzen. Die Aufgaben sahen so aus: Zunächst sollten sie sich die Antwort zu ihrer Frage durchlesen. Danach sollten sie in der Antwort wichtige Argumente unterstreichen. Schließlich sollten sie in der Gruppe selbst nach einer Antwort auf die Frage nach dem Sinn von Wahlen suchen. Nach einer kurzen Bearbeitungszeit trug jede Gruppe ihr Ergebnis vor; die Mitschüler machten sich Notizen und stellten dazu Fragen. In den letzen fünf Minuten der Stunde sollten die SchülerInnen die Beiträge ordnen und die Pro- und Contra-Argumente gegenüberstellen.

Beim nachträglichen Überdenken wirkt die Stunde „überladen", doch der Schein trügt. Dank des Beispiels („Onkel Klaus") und der dazu gestellten Frage *„Welchen Sinn macht wählen?"* sowie der Gruppenarbeit lockerte sich der Unterrichtsverlauf. Aus dem Lehrer-Schüler-Gespräch wurde ein Schüler-Schüler-Gespräch; die Jugendlichen erhielten Gelegenheit, eigene Meinungen zum Thema untereinander zu diskutieren. Vor allem die rege Beteiligung in der Gruppenarbeit machte deutlich, daß die SchülerInnen doch ein bißchen an Politik interessiert waren. (Als ich ein Jahr später die Schule wieder besuchte, erinnerten sich einige SchülerInnen spontan an „Onkel Klaus".)

3. Die zweite Stunde

Leider konnte ich auch für die zweite Stunde kaum so planen, daß die SchülerInnen den Unterricht selbst in die Hand nehmen konnten. Es fehlten noch bestimmte Kenntnisse, um den Unterricht für SchülerInnenaktivitäten zu „öffnen". So stand auch in dieser Stunde die Stoffvermittlung mittels Lehrervortrag und Lehrer-Schüler-Gespräch im Vordergrund. Trotz der „Informationsflut", die auch im Unterrichtsverlauf zu spüren war, sollten sich die SchülerInnen aktiv am Unterrichtsgeschehen beteiligen.

Als Einstieg führte ich eine kleine Wiederholung durch, die gleichzeitig der Festigung diente. Die Stunde selbst war in drei Erarbeitungsphasen eingeteilt. Zunächst sollten die Jugendlichen herausfinden, wie in der Bundesrepublik gewählt wird. Jedem Schüler bzw. jeder Schülerin stand dafür eine Ausgabe des Grundgesetzes zur Verfügung. Ein Schüler las den Artikel 38 GG laut vor. Danach arbeitete die Klasse die fünf Prinzipien heraus.

Grundlagen des Wahlsystems

Die Wahlen in der Bundesrepublik sind:

- *allgemein:* alle Staatsbürger ab 18 Jahre können wählen und gewählt werden;
- *unmittelbar:* die Wähler wählen direkt einen Abgeordneten oder mehrere über eine Liste;
- *frei:* auf die Wähler darf keinerlei Druck ausgeübt werden, ihre Stimme für einen bestimmten Kandidaten oder für eine bestimmte Partei abzugeben; die Bürger sind frei, nicht zu wählen; es gibt keine Wahlpflicht;
- *gleich:* jede Stimme zählt gleich viel;
- *geheim:* es bleibt geheim, wie der Wähler abstimmt; Wahlkabine, Stimmzettel im Umschlag und Wahlurne dienen diesem Zweck.

Die fünf Grundsätze schrieb ich an die Tafel; dabei erläuterte ich noch einmal jeden Begriff. Die SchülerInnen hatten die Aufgabe, sich zu diesen Prinzipien Notizen zu machen. Anschließend wurde das aktive und passive Wahlrecht erklärt. Dafür hatte ich ein Arbeitsblatt vorbereitet, worauf ein Schaubild zum aktiven und passiven Wahlrecht zu sehen war. Anhand dieser Abbildung sollten die SchülerInnen die Unterschiede erkennen.

In der zweiten Erarbeitungsphase sollte die Klasse die Unterschiede des Mehrheits- und Verhältniswahlrechts herausarbeiten und die Vor- und Nachteile in Form einer Tabelle auflisten. Auch hierfür hatte ich ein Arbeitsblatt vorbereitet. Nach kurzer Still-/Einzelarbeit sprachen wir über die Wahlsysteme; eine kurze Begriffserklärung wurde an die Tafel geschrieben.

Wahlsysteme

Verhältniswahl	*Mehrheitswahl*
Jede Partei erhält so viele Mandate, wie dies ihrem prozentualen Anteil entspricht.	Der Kandidat erhält das Mandat, der in einem Wahlkreis die meisten Stimmen erzielt hat.

Mittels einer Tabelle wurden die Vor- und Nachteile an der Tafel noch einmal herausgestellt.

	Mehrheitswahl	**Verhältniswahl**
Vorteile	Im Parlament herrschen klare Mehrheitsverhältnisse. Bei der Regierungsbildung gibt es keine Probleme.	Ist gerechter, weil alle Wählerstimmen berücksichtigt werden. Das gewählte Parlament spiegelt die Meinung der Wähler getreu wider.
Nachteile	Es fallen zu viele Stimmen „unter den Tisch". Neue Parteien haben keine Chance.	Parteienvielzahl macht es schwer, Mehrheiten zu finden. Die Bildung einer Regierung fällt schwer.

In der dritten Erarbeitungsphase versuchten die SchülerInnen, mit Hilfe eines Textes und verschiedener Abbildungen die unterschiedliche Bedeutung der Erst- und Zweitstimme bei der Landtags- und Bundestagswahl herauszufinden. Aufgrund der Stoffülle konnte auf „Überhangmandate" nur kurz eingegangen werden. Dieser Begriff wurde recht oberflächlich behandelt, da die Stunde sich dem Ende zuneigte.

Wenn man sich rückblickend den Ablauf der Stunde noch einmal vor Augen führt, stellt man fest, daß die SchülerInnen eine Unmenge an Fakten verarbeiten mußten. Für die Stoffülle hätte man mindestens zwei Stunden gebraucht. Andererseits konnte ich nichts weglassen, da sonst Kenntnisse für die Arbeit in der dritten Stunde fehlten.

Von den ersten beiden Stunden waren die SchülerInnen wenig angetan. Ich habe es meiner Planung zuzuschreiben, daß die Mitarbeit der SchülerInnen nicht sehr rosig aussah und ihr Interesse am Thema abnahm. Daher muß ich mir nachträglich die Frage stellen: Habe ich die SchülerInnen nicht überfordert und mit zuviel neuem Wissen konfrontiert? Zur Rechtfertigung meines Vorgehens kann ich anführen, daß zunächst einmal bestimmte Grundlagen gelegt werden mußten. Erst bei einem bestimmten Wissensstand konnte eine andere, „schülerfreundliche" Unterrichtsmethode gewählt werden.

4. Die handlungsorientierte Unterrichtsstunde

Die letzte Stunde zum Thema „Wahlen in der Bundesrepublik Deutschland" wollte ich ganz anders planen als die ersten beiden Stunden. Diese Stunde sollten die SchülerInnen im großen und ganzen selbst gestalten. Das Thema lautete „Wahlkampf". Da in 45 Minuten bei weitem nicht alle Aspekte eines Wahlkampfes angesprochen werden konnten, hatten die Klasse und ich uns zwei Aktivitäten ausgesucht: Wahlplakat und Wahlrede. Die SchülerInnen sollten selbständig Wahlplakate und Wahlreden entwerfen. Damit die Jugendlichen aktiv werden konnten, mußte ich noch viel vorbereiten.

Zu Beginn der Stunde zeigte ich Plakate verschiedener Parteien aus dem Zeitraum von 1949 bis 1990. Die SchülerInnen sollten herausfinden, worauf bei den Wahlplakaten besonderer Wert gelegt wurde. Damit waren wir auch schon mittendrin im Unterrichtsgeschehen. Nach einer kurzen Auswertung wurde die Klasse in drei Gruppen eingeteilt.

Mit dem Hinweis auf die kommenden Landtagswahlen in Sachsen-Anhalt und die Bundestagswahlen im kommenden Jahr stellte ich der Klasse drei Personen vor, die sich zur Wahl stellen wollten und intensive

Maßnahmen für mehr Lehrstellen versprachen. Jede Gruppe hatte von mir ein Blatt Papier mit der Abbildung einer Person bekommen. Aufgrund des Aussehens, das ich jeder Person mit meinen Zeichnungen gegeben hatte, gewannen die SchülerInnen einen bestimmten, jeweils recht unterschiedlichen Eindruck. In den nächsten 15 Minuten hatte jede Gruppe die Aufgabe, ihrer Person einen Namen zu geben und für ihn/sie einen Wahlslogan, ein Wahlplakat und eine Wahlrede zu entwerfen. Im Anschluß daran sollte aus jeder Gruppe ein Schüler bzw. eine Schülerin vor die Klasse treten und stellvertretend für ihre Person eine Wahlrede halten. Als Hinweis für den Wahlslogan und die Wahlrede hatte ich nochmals auf die Lehrstellenproblematik hingewiesen. Der Klassenraum wurde so aufgeteilt, daß jede Gruppe sich um einen Tisch versammelte und über ihre Plakatentwürfe, Wahlreden und Slogans diskutierte. Die Aufgabe sagte den SchülerInnen sehr zu; alle beteiligten sich intensiv an der Ausarbeitung. Die Jugendlichen nahmen jedoch eine Veränderung vor, die von mir nicht vorhergesehen worden war und deren Folgen ich während der Stunde nicht übersah. Alle drei Gruppen ordneten ihre Person einer Partei zu. Jeweils eine Schülergruppe erklärten ihre Person zum CDU- bzw. SPD-Kandidaten; die dritte Gruppe erfand für ihre Person eine neue Partei. Dieser Schritt rückte die ganze Aktion in ein neues Licht; die Jugendlichen veränderten grundlegend die eingangs gestellte Aufgabe. Nun mußten sie ihre Aufgaben so gestalten, daß sie nicht nur zu dem Kandidaten, sondern auch zu dessen Partei paßten. Damit waren sie aber überfordert. Über Parteien und Parteiprogramme hatten wir uns vorher überhaupt nicht verständigt. Vielleicht wäre es besser gewesen, vorweg auch über das Parteiensystem in der Bundesrepublik zu sprechen, doch fehlte dazu in den ersten beiden Stunden einfach die Zeit.

Nach Beendigung der Gruppenarbeit war es soweit; die Schüler stellten ihre Arbeitsergebnisse in der Klasse vor. Ein Schüler oder eine Schülerin aus jeder Gruppe heftete das Wahlplakat mit dem Slogan an eine Pinnwand, ein anderer schrieb den Namen des Kandidaten an die Tafel und ein dritter hielt die Wahlrede. Die SchülerInnen gaben sich sehr große Mühe. Man könnte sagen, daß es schon recht professionell zuging. Alle waren mit Feuereifer bei der Sache und wir alle haben auch viel dabei gelacht. Nachdem die Gruppen ihre Personen „repräsentiert" hatten, trat ich als Lehrerin kurz in den Vordergrund, um für den Rest der Stunde eine kleine Wahl vorzubereiten. Dafür hatte ich einfache Stimmzettel, zwei Wahlkabinen und eine Wahlurne vorbereitet. Auf dem Stimmzettel stand nur „Kandidat A/B/C". An der Tafel standen die Namen der Kandidaten. Jeder bekam einen Buchstaben zugeteilt. Die

Aufgabe der SchülerInnen bestand darin, sich für einen Kandidaten zu entscheiden. Sie sollten darauf achten, welche Wahlrede und welcher Wahlslogan ihrer Meinung nach am überzeugendsten war. Jeder Schüler und jede Schülerin durfte nur ein Kreuz auf dem Stimmzettel machen und diesen dann in die Wahlurne werfen. Aus der Klasse wurden zwei Schüler und zwei Schülerinnen ausgewählt, die die Auswertung der Wahl durchführten. Zwei Schüler zählten die Stimmen aus, eine Schülerin führte eine Strichliste an der Tafel und schrieb das Ergebnis an. Die vierte Person wertete dieses Wahlergebnis insgesamt noch einmal aus. Zum Schluß trat ich als Lehrerin wieder in den Vordergrund und ließ die SchülerInnen zusammenfassen, was sie bei einem Wahlkampf sofort anspricht und worauf sie bei Kandidaten besonderen Wert legen.

Wahlkampf

Kandidat A	Kandidat B	Kandidat C
Ursula Mopp	Herbert Saubermann	Dieter Goldesel

Die Wahl: Stimmenauszählung

9 Stimmen	5 Stimmen	4 Stimmen

Siegerin der Wahl

Mit dieser Stunde erhielten die SchülerInnen die Möglichkeit, eine Wahl in einfacher, spielerischer Form durchzuführen und ihr Wissen aus den ersten beiden Stunden anzuwenden. Bei der Stundenplanung hatte ich die Befürchtung, daß die SchülerInnen jeder Gruppe ihrer Person ihre Stimme geben würden. Diese Sorge erwies sich jedoch als unbegründet. Ich hätte aber den SchülerInnen mehr Zeit zur Bearbeitung ihrer Wahlaufgaben einräumen und die Wahl weglassen sollen; das Durchspielen einer Wahl kann man in einer zusätzlichen Stunde durchführen. Auch blieb kaum Zeit für eine Reflexionsphase. In ihr hätte den Jugendlichen bewußt werden können, daß sie ihre Stimme entsprechend ihren Interessen abgegeben hatten. Aussehen und Name des Kandidaten waren für ihre Wahlentscheidung nicht ausschlaggebend. Ein Bezug zu Mehrheits- und Verhältniswahlrecht wurde ebenfalls nicht hergestellt. Diesen Nachteilen steht ein großer Vorteil gegenüber. Diese Unterrichtsstunde bereitete den SchülerInnen sehr viel Spaß und die 45 Minuten vergingen wie im Flug. Die Lernenden erlebten einen ganz anderen Sozialkundeunterricht als sonst. Die Beteiligung der

SchülerInnen am Unterrichtsgeschehen war sehr groß. Es war einfach nicht zu übersehen, daß den SchülerInnen so Politikunterricht viel Freude bereitete. Die Jugendlichen stellten in der Stunde eindrucksvoll unter Beweis, daß sie selbständig politische Aufgaben bearbeiten können. Auch waren sie in der Lage, vorhandenes Wissen für die Klärung bestimmter Fragen zu aktivieren.

5. Fazit

Die ersten beiden Stunden waren für die SchülerInnen Alltagsunterricht. Stoffvermittlung waren sie gewohnt und es kann kaum erstaunen, daß sie nicht gerade begeistert reagierten. Lehrervortrag, Lehrer-Schüler-Gespräch und Einzelarbeit – damit werden die Jugendlichen in der Schule ständig konfrontiert; so kommt es, daß der (Politik-)Unterricht mit der Zeit als langweilig empfunden wird. Ab und zu brauchen die Lernenden ein bißchen Abwechslung. Diesem Bedürfnis versuchte ich mit der handlungsorientierten Abschlußstunde zu entsprechen. Jedoch besteht im Sozialkundeunterricht die Gefahr, daß die SchülerInnen beim produktiven Handeln „Politik" verfälschen. So geschah es auch in der dritten Stunde. Die Wahlreden und -slogans paßten gut zu den von mir gezeichneten Personen, aber nicht zu den von den SchülerInnen angenommenen Parteien.

Den SchülerInnen hat die Stunde großen Spaß gemacht und sie arbeiteten sehr eifrig und fleißig. Dies spricht für den handlungsorientierten Unterricht, auch wenn vielleicht die „Politik" etwas zu kurz kam. In dieser Unterrichtsstunde war nicht nur Kopfarbeit, sondern auch Handarbeit gefragt. Das bedeutete für die SchülerInnen in gewisser Weise eine Herausforderung; sie sahen sich genötigt, ihre Fähigkeit zum selbständigen und produktiven Gestalten unter Beweis zu stellen. Auch wenn die SchülerInnen der 10. Klasse mit diesem Unterricht vermutlich eher unterfordert waren, übernahmen sie gerne die gemeinsam vereinbarten Aufgaben.

Bei allen inhaltlichen Bedenken möchte ich zusammenfassend behaupten, daß die handlungsorientierte Unterrichtsstunde mehr bewirkt hat als die Wissensvermittlung, die ich in den ersten beiden Stunden praktiziert habe. Nach einem Jahr kam ich erneut zu einem Praktikum an die Schule. Schon in den ersten Tagen riefen mir in der Pause einige SchülerInnen die Namen ihrer Wahlkandidaten aus der Gruppenarbeit zu. Die Stunde muß also Eindruck hinterlassen haben. Diese Stunde hat – vielleicht – bei einigen Jugendlichen das Interesse an Politik und die Bereitschaft zur politischen Beteiligung geweckt, die ersten beiden Stunden sicherlich nicht.

Sibylle Reinhardt

„Handlungsorientierung" als Prinzip im Politikunterricht[1]

1. Einleitung

Seit einigen Jahren gibt es in der Didaktik und Fachdidaktik einen neuen Hoffnungsträger – die Handlungsorientierung. Sie soll helfen, aus totem Unterricht eine lebendige, sinnvolle Veranstaltung zu machen; sie soll das Motivationsproblem lösen helfen; sie soll entfremdetes Lernen in die Sache der Subjekte verwandeln.

Das Gegenbild, von dem sich Handlungsorientierung abgrenzt, sieht nach Klippert (1991, S. 9) so aus: „Der konventionelle Politikunterricht ist [...] handlungsarm." Es dominieren „lehrerzentrierte Verfahrensweisen, enge Führungsstile und rezeptives Lernen auf Schülerseite". Mit Recht wird hiergegen eingewandt, daß politische Handlungsfähigkeit der Schüler so nicht gefördert werden könne.

Eine konkrete Vorstellung von handlungsorientiertem Unterricht gibt ein Schaubild von Klippert (1991, S. 13).

Reales Handeln	**Simulatives Handeln**	**Produktives Handeln**
Erkundungen, Praktika	Rollenspiele	Tabelle, Schaubild, Tafelbild
Expertenbefragungen	Planspiele	Flugblatt, Plakate, Wandzeitung
Straßeninterviews	Entscheidungsspiele	Reportage, Hörspiel, Diareihe, Video
Projektinitiativen	Konferenzspiele	Referat, Wochen- bzw. Monatsberichte
Fall-/Sozialstudien	Pro-und-Kontra-Debatte	
Schulsprecherwahl	Hearing	Ausstellung, Fotodokumentation
Schülerzeitung	Tribunal	Rätsel, Quiz, Lernspiele
Partizipation im Unterricht	Zukunftswerkstatt	Unfertige Arbeitsblätter fertigstellen
Methodentraining mit Schülern		

Abb. 1: Handlungsorientierter Politikunterricht

---

1 Überarbeitete Fassung eines Aufsatzes, der zuerst in: Politisches Lernen. 1-2/1995, S. 42-52 erschienen ist und abgedruckt wurde in: Politikunterrichten. 1/1995, S. 3-13

An diesem Schaubild fällt z.B. auf: Rechts oben steht: „Ein Schaubild erstellen" – das kann aber eine isoliert angefertigte Hausaufgabe sein. Rechts Mitte steht: „Referat" – das kann ein Schüler-Monolog sein, der alle anderen langweilt. Warum steht da nicht auch „Klausur"? Warum steht da nicht auch „Abschreiben eines Textes von der Tafel"? Und schließlich: Es fehlt das zentrale Element jeden Unterrichts und jeder menschlichen Verständigung – das Gespräch. Hier wird schon deutlich, daß dem Konzept theoretische Stringenz fehlt.

2. Begriffskritik und Begriffsvorschlag

Die Unklarheit drückt sich darin aus, daß der Ort des Lernens nicht klar bezeichnet ist, und auch darin, daß die Anschlußstelle zu Zielvorstellungen für Lernen offen bleibt.

Zum Lernort: Findet das Lernen
- im Individuum, in der Person statt und/oder
- in der Interaktion von Personen in einer gesellschaftlichen Institution, z.B. Unterricht, und/oder
- im Austausch von Personen/Gruppen mit der äußeren Welt?

Als positive Definition von „Lernen in Interaktion" – wie wohl der richtigere Ausdruck für Handlungsorientierung lauten müßte – kann die folgende Kombination von jeweils in sich komplexen Elementen gelten:

1. Die Tätigkeit der Lernenden umfaßt mehrere Dimensionen des Handelns der Person (kognitiv, emotional, pragmatisch, sozial, moralisch, politisch; methodisch, kognitive Strukturen aufbauend; erinnernd, vergewissernd, planend; sich nähernd, sich entfernend u.a.m.) und ist insofern ganzheitlich.
2. Die Lernenden sind auf mehreren Ebenen der Realität tätig (Person – Gruppe/Institution – Gesellschaft) und sind insofern wirklichkeitsnah.
3. Die Lernenden bestimmen den Inhalt und Prozeß des Lernens mit (Themenwahl, Verfahren, Unterrichtsablauf, Produktion); insofern ist der Lernprozeß demokratisch.

Die Kombination aller komplexen Elemente ist unwahrscheinlich und für sinnvolle Lernprozesse auch nicht immer notwendig. Der Begriff in dieser Fassung hat den Status eines „Idealtypus" (vgl. Max Weber 1904).

3. Unterrichtsplanung für „Politik"

Die Planung für den Politik-Unterricht wird also die Fragen beantworten müssen, wie die Person des Lernenden sich betätigen kann, ob und wie weitere Realitätsebenen als die des Lernenden wichtig werden und wie die Lernenden über den Lernprozeß und seine Inhalte mitentscheiden können.

Aus normativen Gründen (Demokratie-Lernen) ist unbestreitbar, daß die Interaktion der Lernenden im Gespräch (Diskurs als regulative Idee von Demokratie – vgl. Habermas 1983) unabdingbar als Ziel und Weg ist. Die Geringschätzung des Unterrichtsgesprächs durch Autoren wie Hilbert Meyer (1987) oder Klippert (1988) teile ich überhaupt nicht (vgl. auch Reinhardt 1992). Die Ausweitung der Tätigkeit auf die politische Aktion – mit dem Ziel, die politische Lösung oder Bearbeitung eines drängenden Problems zu beeinflussen – ist u.a. geknüpft an die Voraussetzung, daß nicht Gruppendruck die einzelnen vereinnahmt und eine bestimmte Spielart von Indoktrination erzeugt. Die Mitwirkung der Lernenden kann – in den Grenzen der Institution – über Verfahren befördert werden.

Der Fachbezug bedeutet, daß nicht nur soziales Lernen gewollt sein kann: das Lernen muß politische Inhalte betreffen, also Inhalte, deren abstrakteste Regelungen im politischen System erfolgen. Die sozialwissenschaftlich angeleitete Realanalyse kann eine Grundlage für rationale Bewertungen und für verantwortbares Handeln ergeben.

Handlungsorientierung bedeutet also nicht, daß lediglich an spontane Erfahrungen und Bedürfnisse angeknüpft wird oder daß bloßes Tun ohne didaktische Zielreflexion abläuft. Der Lehrer bleibt bei diesem Prinzip letztlich verantwortlich für die didaktischen Entscheidungen im engeren Sinne (Qualifikationen, Lernziele, Fachlichkeit, Progression), denn er ist der kompetenteste Teilnehmer (fachlich, didaktisch, erzieherisch, schulrechtlich). Der Lehrer ist als Berater auch Weichensteller, als Beurteiler von Leistungen auch distanzierter Beobachter, als Arrangeur von Unterricht auch Vorentscheider, als Pädagoge auch Schützer vor Grenzüberschreitungen, als Experte für Sache und Prozesse auch Antreiber.

4. Ein konkretes Beispiel: Gesetzgebungsverfahren

Die Beispiele in der Literatur für handlungsorientierten Unterricht sind sehr disparat: sie reichen von banaler Aufgabenorientierung (vgl. Dorn 1988) über küchengebundenes Tun (Pizza-Backen laut „Politik 2",

S. 161) – übrigens sehr wohl mit der Zielsetzung weitergehender Auswertungsprozesse, die aber m.E. in Gefahr sind, Versprechungen zu bleiben – bis hin zu umfangreichen Projekten (vgl. die Beispiele bei Gudjons 1989), die aber u.U. dazu führen, daß möglicherweise die Handlungsorientierung als Feiertagsmethode in die Projektwochen verbannt bleibt.

Als Gegenstand zur Demonstration der Möglichkeit von Handlungsorientierung in einem anspruchsvollen Sinne und für ganz normalen Unterricht haben wir (das sind Georg Reichel und ich) den wohl sperrigsten Gegenstand unseres Faches gewählt, nämlich eine Institution. Das Gesetzgebungsverfahren ist unbestreitbar bedeutsam und ebenso unbestreitbar kaum geeignet, Betroffenheit bei den Lernenden auszulösen.

Das Negative war klar: Institutionenkunde als bloße Information über das Funktionieren von politischen Institutionen ist noch keine politische Bildung, auch wenn sie sich politisch auswirkt. Ein quasi durch den Nürnberger Trichter hineingestopftes Wissen ist totes Lexikonwissen; diese Art der Vermittlung erzieht zu Passivität und Ergebenheit. Bildung liegt erst dann vor, wenn Wissen an bestehende Erfahrungen anknüpft und gleichzeitig neue Erfahrung ist. Politisch (demokratisch) wird Bildung dann, wenn die Erfahrung geeignet ist, demokratische Tugenden (etwa Aktivität und Selbstbewußtsein) zu stärken und zu fördern.

Die Ausgangsfrage war also: Wie können wir den Gegenstand „Gesetzgebungsverfahren" zur Sache der Lernenden werden lassen? Wie können wir den Prozeß im Unterricht interaktiv werden lassen und möglicherweise zu einer Auseinandersetzung mit der Außenwelt? Die schulnahe Bedingung sollte sein, daß der Gegenstand durch die Fachkonferenz festgelegt ist. Damit wäre dieser Punkt der Aushandlung von Lehrer und Schüler entzogen. In diesem Rahmen ist aber die Formulierung einer zu lösenden Aufgabe möglich. Wir sagten: Die Aufgabe für die Lerngruppe lautet: „Wir wollen ein Gesetz!" Von hier an ist die Entscheidung der Lernenden frei. Die Phasen sehen dann so aus:

a) Phasen des Unterrichts

Vorspann: Lehrer benennt Gegenstand (Gesetzgebungsverfahren) und Aufgabe („Wir wollen ein Gesetz") und Phasen des Unterrichts.

I) Wunsch-Phase: In einem Wunschzettel-Verfahren wird das konkrete Vorhaben bestimmt (alle sitzen im Kreis, alle füllen Zettel aus mit eigenen Wünschen und legen sie in die Mitte – die Zettel werden gruppiert –, über die geordneten Themenblöcke wird abgestimmt).

II) **Planungs-Phase:** Im Plenum wird überlegt und gesammelt, welche Fragen zu beantworten sind, welche Aufgaben zu erfüllen sind, damit das gemeinsame Vorhaben befördert werden kann. Denkbar sind Fragen wie:
- Welche Kenntnisse brauchen wir? Wo können wir sie finden? (Informationssuche)
- Wie denken andere Menschen über unsere Idee? (Umfrage)
- Wer könnte Verbündeter sein? (Suche nach Unterstützung)
- An wen können wir uns wenden als politisch Entscheidenden? (Aktionen)

Zur Planung gehört auch die Verabredung des Verfahrens, das bei der Fülle an zu lösenden Aufgaben wohl die arbeitsteilige Gruppenarbeit sein wird.

III) **Arbeitsphase:** Die verabredeten Aufgaben werden in arbeitsteiliger Gruppenarbeit bearbeitet. Diese Kooperation bedeutet hier, daß alle Lernenden voneinander abhängig sind; denn das gemeinsame Vorhaben bedarf der Ergebnisse aller Gruppen, die füreinander produktiv sind.

IV) **(Eventuell): Aktions-Phase:** Bei entsprechenden Ergebnissen aus der Arbeits-Phase ist es möglich, daß die Klasse versucht, auf die Außenrealität Einfluß zu nehmen, um ihre Vorstellungen zu befördern. Denkbar wären z.B. Stellungnahmen in Schule und Öffentlichkeit, Forderungen an Parteien.

b) Die Durchführung des Unterrichts

Der Unterricht ist von S. Reinhardt und der Klasse 10b am Gymnasium Wuppertal-Vohwinkel im Herbst 1992 durchgeführt worden. Nach der Vorstellung der Aufgabe („Wir wollen ein Gesetz!") und der Phasen des Unterrichts (an der Tafel) wurden in einem Wunschzettel-Verfahren von allen Schülern teils mehrere Wünsche für Gesetzesänderungen benannt. Die Klasse gruppierte sie und stellte eine klare Mehrheit für „Strafen für Rechtsradikalismus, Umweltzerstörung, Todesstrafe" fest. Dieser Mehrheitswunsch bedurfte der Konkretisierung und Zuspitzung (= Lehrerimpuls). Ein Schüler nannte den Fall des Angolaners Amadeu Antonio Kiowa, der vor längerer Zeit in Eberswalde zu Tode gekommen war; die Täter waren vor einiger Zeit zu geringen Strafen verurteilt worden. Von diesem Punkt an lautete die – provisorische – Zielstellung der Klasse „Höhere Strafen für Rechtsradikalismus".

Die Forderung nach der Todesstrafe, die in der Wunschgruppe mit aufgeführt war, ergab eine kontroverse Diskussion, die mit einer mehrheitlichen Ablehnung dieser Forderung endete. Die strafrechtliche Seite des Falles Amadeu Antonio Kiowa wurde mit Hilfe des Strafgesetzbuches geklärt (= Lehrerimpuls).

Die Arbeitsphase fand in der Unterrichtszeit und außerhalb der Schule statt. Die Schüler organisierten (mit Beratung durch die Lehrerin) ihre Arbeit selbständig: Die Zeitungsgruppe besuchte an zwei Nachmittagen Archive, die Paragraphengruppe besprach sich mit einem pensionierten Richter, die Gesetzgebungsgruppe vertiefte sich in das ausgeteilte Material zum Gesetzgebungsverfahren und klärte Unklarheiten auch durch Befragung von Eltern, die Briefgruppe formulierte in der Unterrichtszeit und an einem Nachmittag die Entwürfe, die Umfrage wurde von der Gruppe im Unterricht geplant und an einem Samstag in Wuppertal-Elberfeld durchgeführt. Alle Gruppen planten die Präsentation ihrer Ergebnisse für den Unterricht selbständig.

Die Berichte der Gruppen erfolgten im Plenum, während andere Gruppen z.T. noch weiterarbeiteten. Dabei stellte sich als Grundfrage, die während fast aller Gruppenberichte „mitlief", die Frage: Was wollen wir? Die Schüler und Schülerinnen waren während ihrer Aktivitäten auch auf andere Meinungen als die eigenen gestoßen: Der befragte Jurist war gegen eine Strafverschärfung, mehrere befragte Passanten hatten ebenfalls Argumente dagegen geäußert. Zwei Gründe waren dabei genannt worden: die vorhandenen Gesetze reichten aus, und gegen Rechtsextremismus müßte anders, z.B. durch Erziehung, vorgebeugt werden.

Der Bericht der Zeitungsgruppe machte eine weitere juristische Klärung nötig: Die Strafmaße im Eberswalder Prozeß waren teilweise nur durch Heranziehung des Jugendgerichtsgesetzes zu erklären (=Lehrerimpuls nach Schülerfragen).

Die Frage, ob wir irgendwie nach außen handeln, bedeutete wiederum die Frage, was wir wollen. Wo stehen wir in unserer Auseinandersetzung für oder gegen eine Strafverschärfung? In einer ersten Abstimmung sprach sich nur knapp die Hälfte der Klasse dafür aus, nach einer zweiten Diskussionsrunde sprachen sich sehr viele Schülerinnen für die Verschärfung des Paragraphen 226, Abs. 1 StGb aus und viele Schülerinnen für eine Änderung des JGG mit dem Ziel, daß Heranwachsende wie Erwachsene zu behandeln seien.

Die neuen Entwürfe der Briefgruppe wurden im Plenum redigiert, von der Lehrerin technisch hergestellt, von Schülern und Schülerinnen unterschrieben (alle unterschrieben den StGb-Brief, fast alle den JGG-Brief) und an ausgewählte Adressaten (Parteien, Bundesregierung, Bundesrat, Wuppertaler MdB, Ministerpräsident von NRW, Bundeskanzler) verschickt.

Ab Dezember gingen die Antworten ein. Die Schülerinnen reagierten darauf mit zwei Kriterien, und zwar der Frage, ob der Briefschreiber sie ernst nimmt (also ob er argumentiert und nicht etwa Werbematerial schickt), und ob er (wenn er denn argumentiert) bedenkenswerte Einwände oder Unterstützungen formuliert. (Eine mit Daten versehene, stichwortartige Schilderung findet sich unten. Denn natürlich ist der Unterricht nicht so geradlinig und glatt verlaufen, wie es hier erscheint.)

c) Didaktische Auswertung

Die Schüler und Schülerinnen sprachen von dem Unterricht immer als Reihe zu „Rechtsradikalismus", niemals zu „Gesetzgebung" oder gar zu „Gesetzgebungsverfahren". Darin kommt zum Ausdruck, daß Lernende (wie wohl fast jeder normale Bürger auch) sich der Politik über zu lösende Probleme bzw. über Prozesse der Auseinandersetzung (als Fälle, Konflikte) nähern und nicht über die Institutionen zur Bearbeitung oder als Rahmen für den Konfliktaustrag. Das didaktische Prinzip „Institutionen in Aktion" bedeutet dann, daß formale Regelungsverfahren im Unterricht den Rahmen abgeben sollten und nicht den Inhalt der Bearbeitung.

Im Tun der Schüler und Schülerinnen zeigte sich großes Engagement, zielstrebiges selbständiges Arbeiten auch außerhalb der Schule, intensive verantwortliche Reflexionsprozesse, methodische Fähigkeiten z.T. vorzüglicher Art (Informationen suchen, Umfrage planen und durchführen, juristische Texte lesen und verstehen), hohe Transparenz des Unterrichts, guter Kenntniserwerb.

Der umfassende Begriff von „Lernen in Interaktion" wurde gefüllt. Alle drei Realitätsebenen (Individuum, Gruppe, Außenwelt) waren Lernorte; viele unterschiedliche Dimensionen des Handelns (kognitiv, emotional, pragmatisch etc.) wurden aktiviert. Die inhaltlichen Entscheidungen wurden durch die Schüler gefällt; die Lehrerin gab Impulse für Sachklärungen und Verfahrensentscheidungen. Auch die Lehrerin hat den Unterricht als „Erlebnis" erlebt und die Schüler und Schülerinnen als gleichberechtigte Teilnehmer des Lernprozesses.

Den Schülern und Schülerinnen wird in dieser Art Unterricht sehr viel abverlangt (vgl. das Gesagte). Dasselbe gilt für den Lehrer: der Unterricht ist noch weniger planbar als sonst; das erhöht die Wahrscheinlichkeit für Fehler, da häufig blitzschnell reagiert werden muß.

Der Umfang betrug 13 Unterrichtsstunden von Ende September bis Anfang Dezember. (Unterrichtsausfall entstand durch Herbstferien und Feiertage; Störungen kamen aus anderen Fächern; Einschübe erfolgten aus aktuellen Anlässen und für das kommende Betriebspraktikum.) Andere Fächer verkleinerten zweimal die Lerngruppe (Exkursion, Fremdsprachen-Klausur), was unseren Lernprozeß etwas chaotisierte. Die pädagogischen Hoffnungen wurden erfüllt. Der Zugang ist sicher empfehlenswert, wenn die Analyse der Bedingungen die Hoffnung auf konstruktives und kooperatives Arbeiten begründet.

5. Übersicht über den Verlauf[2] und Kommentar einer Stunde

29.09.: Vorstellung der Aufgabe und der Unterrichtsphasen durch die Lehrerin

I) Wunsch-Phase:
Im Ergebnis ergaben sich die folgenden Sammelthemen (in Klammern die Zahlen bei der Abstimmung):
1. Strafen für Rechtsradikalismus, Umweltzerstörung, Todesstrafe (17)
2. Abrüstung (3)
3. Keine KKW, alternative Energie (1)
4. Hilfe für Randgruppen (3)
5. Abschaffung der Wehrpflicht (3)
6. Gleichberechtigung (0)
30.09.: Konkretisierung des Mehrheitswunsches: Der Fall des Angolaners Amadeu Antonio Kiowa in Eberswalde wurde genannt und führte zur Zielsetzung: Höhere Strafen für Rechtsradikalismus. – Die Todesstrafe wurde diskutiert (Pro/Contra + Bewertung der gen. Argumente + Abstimmung: 14 von 22 gegen die Todesstrafe).

06.10.: Informationen/Klärungen: Todesstrafe laut GG abgeschafft. Unterschied Mord – Totschlag (StGb). Straftatbestand bei der Tat gegen den Angolaner (StGb, § 226).

07.10.: **II) Planungsphase:**
Ziel: Geplante Körperverletzung höher bestrafen.
Wege: Briefe schreiben, Umfrage machen, Kenntnisse erwerben (der Fall Amadeu Antonio Kiowa, Gesetzgebungsverfahren, Formulierung eines Paragraphen). Verfahren: Bildung von fünf Gruppen.

---

2 Mit Daten von Herbst 1992

13./14./27.10.: **III) Arbeitsphase:**
Die arbeitsteilige Gruppenarbeit fand im Unterricht und außerhalb statt. (Am 13.10. war nur die halbe Klasse wegen einer Klausur anwesend. Am 14.10. gaben alle Gruppen kurze Berichte.)

28.10., 03./04.11.: Gruppen-Berichte und Besprechungen. (Für 2 Stunden existieren Videos, so daß eine detaillierte Darstellung möglich wäre. Am 04.11. fehlten 6 Lernende wegen einer Erdkunde-Exkursion. Am 03.11. wurde auch die Organisation des Betriebspraktikums besprochen.)

(10.11.: Exkurs aus aktuellem Anlaß: Die Demonstration gegen Ausländerhaß in Berlin am 08.11. und die Vorfälle dabei.)

11.11.: Klärung des Urteils in Eberswalde. Die Strafe liegt z.T. unter dem Strafrahmen des § 226, Abs. 1 StGb – wieso? Antwort: Heranwachsende (JGG).

Noch 11.11.: **IV) Aktionsphase:**
Bewertung: Wo stehen wir? Was wollen wir? Diskussion für/gegen Strafverschärfung. Abstimmung: Nur knappe Hälfte dafür.

17.11.: Zusammenfassung des Ganges der Diskussion und der Abstimmung durch die Lehrerin. Neue Diskussion und Abstimmung durch die Schüler: Viele sind für Verschärfung des § 226, Abs. 1; recht viele für Änderung des JGG mit dem Ziel, daß Heranwachsende wie Erwachsene behandelt werden. Verfahren: Die Brief-Gruppe schreibt 2 Texte für die Endredaktion im Unterricht, danach unterschreiben diejenigen, die das wollen. Es folgte ein Nachklapp zum 04.11.: Wiederholung des Gesetzgebungsverfahrens durch alle. Die Schüler zeigen sehr gute Kenntnisse.

(18.11.: Feiertag; 24.11.: Einschub = Besprechung des Brandanschlages in Mölln, der drei Türkinnen das Leben kostete; 25.11.: Anschauen und Besprechen eines Teils der Unterrichtsvideos.)

01./02.12.: Redaktion der Briefe im Plenum, Verabredung der Adressaten, Unterschriften, Postversand.

Ab 07.12.: Eingang von Antworten

Die Stunde, in der die Gruppe über ihre Umfrage berichtete (28.10.1992), habe ich auf Video aufgenommen (ein Schüler stand hinter der Kamera); das Transkript ist nicht ganz vollständig, weil die technische Qualität – wie bei solchen unprofessionellen Videos üblich – mäßig ist (der Ton hebt auch kleine Nebengeräusche hervor; das Mikrofon an der Kamera erfaßt nahe sitzende Redner gut, hinten sitzende aber diffus; die Kamera verfolgt nicht immer das Gespräch). Trotzdem taugt das Video zu Ausbildungszwecken (hierfür hatte die Lerngruppe ihr Einverständnis gegeben), dabei stelle ich u.a. die Frage, welche unbefriedigenden bzw. riskanten Punkte bei einem so stark durch die Lernenden gesteuerten Unterricht zu erwarten sind. Dazu gehören die Art der Präsentation, eingestreute Affekte ohne Bezug zum Thema und die Aufgabe der Kognitivierung.

Die Umfrage-Gruppe, die mit größtem Engagement gearbeitet hatte und beachtliche verbale Fähigkeiten aufwies, hatte ihre Präsentation nicht sorgfältig geplant. Ein Mitglied las die Frageformulierungen vor und gab die Zahlen dazu an – damit wäre der Gruppenbericht beendet gewesen (und hätte niemanden erreicht). Die Ergebnisse auf der später nachgereichten Wandzeitung waren (insgesamt 62 Befragte):

1. Halten Sie die Ausschreitungen der letzten Monate gegenüber Ausländern für berechtigt?
Ja: 9 – Nein: 36 – Vielleicht: 17.
2. Halten Sie Gewalt für eine vertretbare Antwort auf das Asylproblem?
Ja: 4 – Nein: 44 – Vielleicht: 14.
3. (Schilderung des Falles Amadeu) Halten Sie die Strafen, zu denen die Täter verurteilt wurden, für ausreichend?
Ja: 11 – Nein: 46 – Vielleicht: 5.
4. Neuer Paragraph (unter dem Titel: geplante Körperverletzung mit Todesfolge)?
Ja: 26 – Nein: 21 – Vielleicht: 15.
5. Haben Polizei und Justiz genug getan?
Ja: 6 – Nein: 42 – Vielleicht: 14.

Die lakonische Art der Darstellung hätte den Bericht ruinieren können. An dieser Stelle – als die Gruppe nämlich aufhörte – habe ich sie gebeten, daß sie uns anderen von ihrer Unternehmung doch erzählen möchten, und zwar ganz anschaulich. Daraufhin entstand ein lebhaftes Bild der Befragung, das auch andere Mitglieder der Klasse zu Nachfragen veranlaßte. Dieser lebhafte Nachvollzug des Befragens führte dann dazu, daß diese Gruppe die Stunde im ersten Teil und weitgehend auch im zweiten Teil dominierte.

Ein Mitglied der Gruppe äußerte an verschiedenen Stellen angebliche Tatsachen, die – so war meine Vermutung – eher seiner Abneigung gegen staatliche Gewalt und Vorurteilen gegen Ostdeutsche als zuverlässiger Berichterstattung entstammten. So variierte er das Thema, daß die Polizei ihre Pflicht verletze (mit Hinweis auf angebliche konkrete Fälle), und unterstellte der Bevölkerung Ostdeutschlands (mit Hinweis auf eine angebliche Umfrage), sie wolle zur Hälfte Ausländer raushaben. Diese Punkte habe ich in Nebenbemerkungen als nicht zu behandelnde erklärt, weil uns das konkrete Material fehle. Solche „Exkurse" von Schülern werfen i.a. das Problem auf, wie sie beiseite geschoben werden können, ohne daß diese Neutralisierung die Person verletzt oder als politisch einseitig erscheinen läßt. Der Unterricht kann i.d.R. auf solche zusätzlichen Themen nicht eingehen, weil dann kein klares Thema und kein roter Faden zustande kommen könnten. (Hieran zeigt sich im übrigen, daß offener Unterricht i.S. geringerer Lenkung durch den Lehrer am leichtesten in den Fächern zu verfolgen wäre, deren Gegenstand nicht mit dem Alltagsleben und der Person der Lernenden so stark verknüpft ist wie das Fach Politik, das jederzeit eine riesige Fülle an Assoziationen und Emotionen anstoßen kann.)

In der sog. Planung der Stunde hatte ich mir die Frage gestellt, wie der Gruppenbericht in eine kognitive Verarbeitung überführt werden könnte. Mein grobes Ziel war es gewesen, an diesem Beispiel (das ich ja noch nicht kannte) auf Probleme empirischer Sozialforschung einzugehen. Drei Punkte hielt ich vorher für möglich: Es könnte sich die Frage der Repräsentativität dieser Befragung anbieten (Handelt es sich um eine Stichprobe?), der Fragebogen selbst könnte als Instrument interessant sein (Was bewirken die Formulierungen der Fragen?), und schließlich könnte das Befragen ein lohnendes Thema sein (Situation des Interviews – evtl. Rollenspiel). Während der Schilderungen der Gruppenmitglieder habe ich dann das Thema der Repräsentativität gewählt und in einem Unterrichtsgespräch verfolgen lassen.

Da den Lernenden bei diesem umfassenden Konzept von „Lernen in Interaktion" viel Initiative, Selbständigkeit, Flexibilität und Konstruktivität abverlangt wird, die das Lernen in unterschiedlichen Orten und in einem weniger als üblich durch den Lehrer strukturierten Unterricht voraussetzt, müssen diese Fähigkeiten zu einem beachtlichen Ausmaß auch schon vorhanden sein. Die kritische Frage ist, ob nicht die Schüler und Schülerinnen von diesem Unterricht am ehesten profitieren, die diese Voraussetzungen schon mitbringen. Die Freiheit im Lernprozeß würde dann die bevorzugen, die diese Freiheit am konstruktivsten nutzen können. An dieser Stelle der Überlegung bieten sich dann – für andere Lerngruppen bzw. andere Situationen – kleine Elemente der Handlungsorientierung an, die in das klare Gebäude eines Lehrgangs eingefügt werden können, so daß über die Verfahren allmählich die Methode erworben werden könnte.

Anmerkung

Die hier geschilderten Überlegungen und Erfahrungen entstanden im Rahmen der Nachqualifizierung Brandenburger Lehrer und Lehrerinnen zu Fachlehrern für Politische Bildung 1991–1994. Das Land Nordrhein-Westfalen hatte in dem dreijährigen Studiengang die fachdidaktische Ausbildung übernommen; sie wurde in insgesamt neun einwöchigen Studienwochen durchgeführt. Zur NRW-Gruppe für den Stützpunkt Cottbus gehörten u.a. Georg Reichel und Sibylle Reinhardt.

Literatur

Michael Dorn: Entdeckendes Lernen: Methodenlernen und Aufgabenlösen. In: Walter Gagel/Dieter Menne (Hrsg.): Politikunterricht. Handbuch zu den Richtlinien NRW. Düsseldorf 1988, S. 155-164

Herbert Gudjons: Handlungsorientiert lehren und lernen. Projektunterricht und Schüleraktivität. Bad Heilbrunn 1989

Jürgen Habermas: Moralbewußtsein und kommunikatives Handeln. Frankfurt 1983

Heinz Klippert: Durch Erfahrung lernen. Ein Prinzip (auch) für die politische Bildung. In: Will Cremer (Hrsg.): Erfahrungsorientierte Methoden der politischen Bildung. (Schriftenreihe der Bundeszentrale für politische Bildung, Bd. 258). Bonn 1988, S. 75-93

Heinz Klippert: Handlungsorientierter Politikunterricht. Anregungen für ein verändertes Lehr-/Lernverständnis. In: Will Cremer (Hrsg.): Methoden der politischen Bildung – Handlungsorientierung. (Schriftenreihe der Bundeszentrale für politische Bildung, Bd. 304). Bonn 1991, S. 9-30

Hilbert Meyer: Unterrichtsmethoden II – Praxisband. Frankfurt 1987 (Lektion 15: Plädoyer für eine handlungsorientierte Unterrichtsgestaltung. S. 396-428). [Gekürzter Wiederabdruck in Gotthard Breit/Peter Massing (Hrsg.): Grundfragen und Praxisprobleme der politischen Bildung. Ein Studienbuch. Bonn 1992, S. 500-516]

Politik 2. Ein Arbeitsbuch für den Politikunterricht. (Bearbeitet von Franz Josef Floren, Birgitte Binke-Orth, Doris Frintrop, Gerhard Orth, Jörg Sensenschmidt, Helmut Trost). Paderborn 1989

Sibylle Reinhardt: Schule und Unterricht als Bedingungen von Demokratie-Lernen: Formen politischer Streitkultur als Bildungsaufgabe. In: Politische Bildung. 2/1992, S. 33-46

Max Weber: Die „Objektivität" sozialwissenschaftlicher Erkenntnisfindung. In: ders: Soziologie – Weltgeschichtliche Analysen – Politik. Stuttgart 1956, S. 186-262 (zuerst 1904)

Max Weber: Wirtschaft und Gesellschaft. Grundriß der verstehenden Soziologie. 1. Halbband, Paragraph 1. Köln / Berlin 1964 (zuerst 1921)

Georg Weißeno

Chancen und Risiken handlungsorientierter Methoden im Unterricht – Bericht über eine Talkshow

1. Vorbemerkungen

In der Diskussion um handlungsorientierte Methoden werden in letzter Zeit immer häufiger deutliche Grenzmarkierungen zwischen dem Widerspruch von unprofessionell eingesetzten „Spielchen" sowie gezielt und mit identifizierbarem Anspruch eingesetzten Methoden gefordert. Der prinzipiell positiv zu bewertenden Öffnung von Schule steht oftmals eine verwässernde, oberflächliche Praxis gegenüber. Letztlich sind auch die handlungsorientierten Methoden kein Zaubermittel zur Lösung von Politikverdrossenheit, Desinteresse und sozialem Fehlverhalten. Andererseits eröffnen sie eine Vielzahl von neuen Lernchancen und fördern die Fruchtbarkeit und Effektivität von Unterricht. Spielen und Lernen sind kein Gegensatz, erfordern aber einen hohen Grad an reflektierender Professionalität im Umgang mit den Dilemmata des Unterrichtens, denn „die Schülerinnen und Schüler erwarten ein affektiv-distanziertes Unterrichten und zugleich die Herstellung eines authentischen, expressiven Bezugs" (Weißeno 1997, S. 30). Die Ausbalancierung dieser widersprüchlichen Anforderungen ist in besonderem Maße beim Einsatz handlungsorientierter Methoden notwendig.

Wer handlungsorientierte Methoden des Politikunterrichts in ihrer Reinform einsetzt und darunter keine Arbeitstechniken versteht (Weißeno 1998), sollte Kenntnisse von den Besonderheiten des Ablaufs haben und muß dies reflexionsgeleitet vor dem Hintergrund theoretischer Überlegungen tun. Auf diesen Umstand macht die Lernerdidaktik der Abiturientin Christine H. aufmerksam, die im Rückblick auf ihre Erfahrungen mit handlungsorientierten Methoden folgende Gedanken formuliert hat:

Christine: Die handlungsorientierten Methoden haben das Ganze zwar veranschaulicht, waren aber eigentlich nur für den, der auch politisches Hintergrundwissen schon hatte, aus der Zeitung. Dem hat das noch mehr geholfen, weil er dazu auch etwas sagen konnte, oder halt als Talkmaster, da braucht man das politische Wissen nicht unbedingt, höchstens vielleicht, um auch auf die Kritikpunkte einzugehen, die dann anfielen.

I.: Haben Sie dadurch leichter gelernt?

Christine: Das war auf jeden Fall interessanter – nun auch die Mitschüler in der Rolle zu sehen als Politiker.

I.: Wann klappte das nicht oder wo sehen Sie die Grenzen solcher Methoden?

Christine: Wenn vom Schüler verlangt wird, über etwas zu reden, wovon er überhaupt keine Ahnung hat. Dann kann das Ganze ja nicht funktionieren, solange immer nur einer dabei ist, der was weiß.

I.: Haben Sie ein Beispiel?

Christine: Ja gut. Also, als wir ein Ehepaar nachspielen sollten, hat das nicht so ganz funktioniert, weil man einfach den Abstand nicht hatte zu dem Schüler und dann gleichzeitig in die Rolle zu schlüpfen einer Ehefrau oder eines Ehemannes. Das wurde dann im Grunde sehr albern und wir konnten hinterher dann auch nicht mehr so viel da rausholen aus dem Ganzen.

I.: Sollte jeder Schüler eine Rolle übernehmen müssen?

Christine: Wenn man's freiwillig sich aussuchen kann, dann ist es auf jeden Fall effektiver, weil der Schüler sich dann auch mehr einbringen wird, weil er es ja von sich aus tut.

I.: Warum haben Sie manche Rollen nicht übernehmen wollen?

Christine: Vor der ganzen Klasse schämt man sich auch ein bißchen. Und damals, als wir das angefangen haben, da waren wir auch noch nicht so miteinander bekannt. Also, diese Talk-Runden – im nachhinein – haben auch viel besser geklappt als dieses Handlungsspiel. Vielleicht, weil wir es erst später gemacht haben, und wir uns untereinander besser kannten, wo man dann auch nicht mehr Scham hatte. Es war einfach auch eine lockere Atmosphäre dann.

Christine macht darauf aufmerksam, daß handlungsorientierte Methoden nur dann politische Sachverhalte *„veranschaulichen"* und das Lernen erleichtern können, wenn ein gewisses *„politisches Hintergrundwissen"* bei den Spielenden vorhanden ist. Erst von einem gemeinsamen Wissensstand aus macht der Einsatz dieser Methoden Sinn, da ansonsten *„vom Schüler verlangt wird, über etwas zu reden, wovon er überhaupt keine Ahnung hat"*. Darüber hinaus müssen auch hinreichende Vorstellungen von der Rolle aufgrund der altersabhängigen Lebenserfahrung vorhanden sein, wenn die gespielte Situation nicht nur *„albern"* sein, sondern genügend Inhalte für die anschließende Auswertung *(„viel da rausholen")* hergeben soll. Die Bereitschaft zur Rollenübernahme hängt schließlich vom Grad der Intimität in der Klasse *(„miteinander bekannt")* und davon ab, ob *„Schamgefühle"* gegenseitig akzeptiert werden.

Die Schülerinnen und Schüler beurteilen eine Methode als Methode eben nicht allein danach, ob sie abwechslungsreich, spannend und aktivierend ist. Diese Gesichtspunkte treten bei Lernenden zurück hinter die Frage nach dem Ertrag für den Unterricht. Erst wenn eine Methode erkennbar mit den Zielen, Inhalten und Medien in Einklang steht (Breit 1998), sind Schülerinnen und Schüler bereit, sich selbst zu offenbaren. Gerade weil in den Spielen bzw. Simulationen der Sach- und der Beziehungsaspekt eng miteinander verwoben sind, kann man sie nicht zur Mitarbeit zwingen *(„freiwillig")*. Die Lehrenden dürfen nicht zu nah an die Lernenden herangehen, sondern es muß legitim sein, sich selbst zu schützen. Es gibt in jeder Klasse viele Schülerinnen und Schüler, die kommunikativ nicht stark sind und deshalb bei Spielen/Simulationen große Hemmungen haben *(„Scham")*. Nicht zuletzt deshalb sind auch den Reinformen handlungsorientierten Unterrichts bei der Aktivierung der Schülerinnen und Schüler Grenzen gesetzt.

Das folgende Beispiel einer durchgeführten Unterrichtsreihe mit einer Talkshow knüpft an diese eher unsystematischen Vorbemerkungen zu den Chancen und Risiken an und möchte dabei die praktischen Erfahrungen und Beobachtungen in der Durchführung einbeziehen.

2. Unterrichtsbedingungen

Die vorzustellende Reihe ist in einer 10. Klasse eines Gymnasiums gehalten worden. Die Schülerinnen und Schüler hatten mehrheitlich ein eher geringes Interesse an Politik; einige äußerten sogar offen ihre Politik- und Parteienverdrossenheit. Entsprechend der allgemeinen Stimmungslage in der Bevölkerung verstand man den Renten- und

Steuerstreit Ende 1997 nicht mehr. Insofern war die Bereitschaft, sich gerade mit diesem aktuellen Thema zu beschäftigen, zunächst eher gering. Andererseits hatte die Klasse sich in den vorangegangenen Schuljahren nur mit Themen sozialen Lernens beschäftigen müssen, so daß einige den Wunsch formulierten, endlich einmal auf Politik einzugehen. Institutionenwissen bzw. Grundwissen war demnach eher zufällig vorhanden. Mit der Methode der Talkshow waren die Schülerinnen und Schüler vertraut. Alles in allem konnte man diese Klasse deshalb intuitiv als normal in ihrem Interesse an der Thematik und am Fach beschreiben.

3. Reihenplanung

Arbeitsschritte	Gegenstände
Problemwahrnehmung	Aktuelle Zeitungsberichte Wochenbericht
Problemdefinition	Institutionenkundliche Schaubilder Sachklärungen/Definitionen
Analyse des Konflikts aus unterschiedlichen Akteursperspektiven	Selbstdarstellungen der politischen Akteure aus dem Internet
Durchführung der Talkshows	Rollenkarten
Urteilsbildung über die Thematik und die Methode/Verallgemeinerung	Aufzeichnungen über die Argumente der Spielerinnen und Spieler/Politikzyklus

Die Durchführung der Reihe benötigt 12 Unterrichtsstunden. Sie greift eine (damals) aktuelle Kontoverse auf und analysiert sie begleitend im Unterricht. Institutionenkundliches Wissen soll an einem Konflikt verdeutlicht, mit Hilfe aktivierender Arbeitstechniken erarbeitet und über die handlungsorientierte Methode der Talkshow vertieft werden. Exemplarisch können dabei „an Hand politischer Entscheidungsprozesse [...] Strukturen und Funktionen politischer Institutionen erschlossen, die Frage nach dem Sinn sowie nach ihrem Interessen- und Herrschaftsgehalt sowie die Verknüpfungen, Vernetzungen und Abhängigkeiten der Institutionen von den prozessualen und inhaltlichen Dimensionen des Politischen analysiert werden" (Massing 1997, S. 294f). Auf den damaligen Konflikt bezogen, bedeutet dies, daß die Schülerinnen und Schüler zunächst die Probleme einer Steuer- und Rentenreform über die Zeitungsberichte zwischen dem 6. und 15. Dezember 1997 wahrnehmen sollten. Sie hatten die (Haus-)Aufgabe, die Tageszeitungen zu lesen und die Thematik über die Nachrichten in den Medien zu verfolgen. Ende 1997 geht es nach dem Scheitern einer großen Steuerreform nur noch darum, eine drohende Erhöhung des Beitragssatzes für die Renten auf 21% zu verhindern, die sogenannten 620-Mark-Jobs in die Rentenversicherung einzubinden, die Mehrwertsteuer zu erhöhen, das Haushaltsdefizit nach einer aktualisierten Steuerschätzung zu begrenzen.

Die Parteien haben unterschiedliche Reformvorstellungen: die CDU möchte ihr seit dem Frühjahr bekanntes Konzept zur Senkung der Steuersätze und gleichzeitig die Senkung des Rentenniveaus von 70 auf 64% durchsetzen; die SPD orientiert sich am Modell der ökologischen Steuerreform und möchte versicherungsfremde Leistungen aus der Rentenversicherung herausnehmen; die FDP möchte die Steuerquote generell senken und die Rentenkassen umstrukturieren. Der Entscheidungsdruck auf Parlament und Regierung ist hoch. Die Konfliktlinien laufen zusätzlich noch quer durch die Parteien und sind deshalb nur schwer nachzuvollziehen. Andererseits ist der politische Prozeß noch offen und man ist aufgrund der unterschiedlichen Machtverhältnisse von Regierungs- und Oppositionsparteien in Bundestag und Bundesrat auf einen Kompromiß angewiesen.

Die Problemwahrnehmung und -definition muß deshalb im Unterricht durch eine Reihe von Sachklärungen präzisiert werden. Erläuterungen zum System und zum Funktionieren des Rentensystems, zur Verteilung des Steueraufkommens, zum Verhältnis von Bundestag und Bundesrat, zu den ideologischen Orientierungen und Strategien der Parteien, zur Verflechtung von Parteien und Verbänden sollen den Schülerinnen und Schülern das tiefere Verständnis der Zeitungsberichte ermöglichen und das für die Talkshow nötige Hintergrundwissen liefern. Insofern dienen die ersten beiden Arbeitsschritte zunächst nur dazu, Ausmaß, Ursachen und Folgen des politischen Problems gemeinsam zu erarbeiten und zu analysieren. Im Sinne von Problemorientierung ist aber noch eine Betrachtung der Lösungskonzepte und Maßnahmen erforderlich (Breit 1997a, S. 70). Deshalb erhalten die Schülerinnen und Schüler im dritten Arbeitsschritt die Aufgabe, sich im Internet Informationen über die Vorschläge wichtiger Akteure zu beschaffen.

In arbeitsteiliger Gruppenarbeit sollen sich die Schülerinnen und Schüler mit dem Lösungsvorschlag eines Akteurs (CDU, SPD, FDP, DGB, BDA) auseinandersetzen, ihn auf der Grundlage des Erarbeiteten beurteilen lernen und für die Auseinandersetzung in der Talkshow aufbereiten. Die Selbstdarstellungen der Akteure im Internet sind meist Redetexte, Interviews, Verbandsbeschlüsse, Positionsbeschreibungen. Der permanente Wechsel der Perspektiven während der Reihe: 1.) Gesamtschau der politischen Auseinandersetzung, 2.) Rekonstruktion einer Lösungsmöglichkeit, 3.) Auseinandersetzung mit anderen Lösungsvorschlägen soll die politische Urteilsbildung der Lernenden fördern. „Um zu einem ausgewogenen Urteil zu gelangen, ist es notwendig, sich zusätzlich in die Lage der handelnden Politiker hineinzudenken und deren Sichtweise zu übernehmen. Institutionen schließlich werden aus einer Systemperspektive gesehen. Die Schüler untersuchen deren Legitimität und deren Effizienz für die Stabilität und Funktionsfähigkeit des politischen Systems" (Breit 1997b, S. 133).

Der Auswertung der Talkshow kommt deshalb besondere Bedeutung zu. Indem die Beobachtungsgruppen unter den Zuschauern die vorgetragenen Argumente der Spielerinnen und Spieler sammeln und in ihrer strategisch-taktischen Relevanz für den Spielverlauf beurteilen, wird der Perspektivenwechsel zur Innensicht aller Akteure möglich. „Sowohl das Modell des Politikzyklus als auch das Modell der Dimensionen des Politischen eignen sich für eine systematische Auswertung. Nicht nur die Wiederholung der Diskussionsschwerpunkte wird damit ermöglicht, auch die abstrahierende Kennzeichnung der offenen Probleme, der politischen Handlungsspielräume und der Kritik an Entscheidungsprozessen kann damit gefördert werden" (Kuhn 1995, S. 201). Das Wissen von Politikerinnen und Politikern, das Alltagswissen von Lernenden sowie wissenschaftliches Wissen werden somit im Unterricht verhandelt und in Beziehung gesetzt.

Die Diskussion über die Wirkung der Methode auf die Beurteilung der politischen Sachverhalte fördert die notwendige Distanzierung zum Geschehen und zugleich die Auseinandersetzung mit der Bewältigung von Politik durch die Inszenierungen einzelner Rollenspielerinnen und -spieler. Eine solche metakommunikative Auseinandersetzung mit der Talkshow ist immer notwendig, da die Methode zwangsläufig den Eindruck der Beliebigkeit von Meinungen und Inhalten entstehen läßt. „Es besteht nicht die Notwendigkeit, wie im Rollenspiel, auf den anderen einzugehen, sich in ihn hineinzuversetzen, sich zu bemühen, eine gemeinsame Problem- oder Konfliktlösung zu finden, und anders als im Planspiel existiert keine Entscheidungssituation und damit auch kein Zwang zu kommunizieren, Zugeständnisse zu machen, Kompromisse zu suchen. Im Gegenteil, der Schwerpunkt einer Talkshow liegt auf der Selbstdarstellung der Teilnehmerinnen und Teilnehmer vor einem imaginären Publikum, und je pointierter und vielleicht auch überzogener sie ihre Position und sich selbst darstellen, um so größer erscheint die Chance, sich gut zu verkaufen" (Massing 1998, S. 42). Insofern dient die Talkshow aus fachdidaktischer Perspektive lediglich dazu, die unterschiedlichen Positionen, so wie sie in den Zeitungsmeldungen und Darstellungen der Akteure zum Ausdruck kommen, prägnant und zugespitzt darzustellen. Über die Emotionalisierung von Spielenden und Publikum soll das Interesse geweckt und die vorhandene Distanz zum Thema verringert werden.

4. Durchführung

Mein Bericht über die Durchführung wird sich auf die Beobachtungen und Erfahrungen im Zusammenhang mit der Talkshow beschränken. Aufgrund der intensiven gemeinsamen Einarbeitung in die fachlichen Zusammenhänge wird das bekannte (Killer-)Argument, nicht genügend Hintergrundwissen gehabt zu haben, entkräftet. Das Gefühl der Sicherheit und fachlichen Kompetenz scheint mir notwendig zu sein, bevor man in eine Talkshow geht, die neben Fachkompetenz vor allem Talente als Schauspieler verlangt. Erst eine hinreichende fachliche Vorbereitung stärkt bei den Schülerinnen und Schülern nach meiner Erfahrung das Selbstbewußtsein und fördert das Sich-Einlassen auf die neuen Erfahrungen in der konkreten Simulation. Ist so die Neugier und die Lernbereitschaft geweckt, wird man als Lehrender meist mit der Forderung konfrontiert, die Talkshow mehrmals durchzuführen. Tatsächlich nehmen sie zum gleichen Thema immer einen anderen Verlauf. Bedingt durch die Spontaneität und Persönlichkeiten der Spielenden, werden dann unterschiedliche Argumentationsmuster sichtbar. In den von mir durchgeführten Talkshows dominierte zunächst die Position der CDU und daraufhin die des DGB. Mangelnde Darstellungsqualitäten werden für alle sichtbar und können von allen inhaltlich kompensiert und aufgefangen werden. Die Auswertung kann an diesen Abläufen anknüpfen und zur Relativierung einzelner Positionen beitragen.

Die Vielfalt der Deutungsmuster wird auf diese Weise in den Unterricht hineingeholt und erleichtert in der Auswertung den Zugang zur Komplexität des Politischen. Einfache oder monokausale Argumentationen sind durch mehrere Simulationsverläufe aufgelöst und der Gesamtzusammenhang kann sachangemessen beurteilt werden. Gerade die Vielfalt möglicher Lösungen ist erforderlich, um im Auswertungsgespräch die politischen Optionen für eine Steuer- und Rentenreform deutlich werden zu lassen. Zu den inhaltlichen kommen auch taktische Erwägungen. Gerade wenn man Politik nicht allein von ihren Ergebnissen her rezipieren will, sondern die jeweiligen Gestaltungs-, Veränderungs- und Einflußmöglichkeiten im politischen Prozeß (Politikzyklus) einschätzen und beurteilen lernen will, ist eine mehrfache Durchführung fördernd. Die Methode der Talkshow erhöht die Anschaulichkeit von Politik und befördert m.E. das Verstehen des Handelns in Institutionen. Eine wesentliche Chance der Talkshow liegt darin, daß sie an den Akteursperspektiven ansetzt und die Schülerinnen und Schüler aus ihrer Rezipienten- bzw. Adressatenrolle herausholt. Wege zur aktiven oder rezeptiv begleitenden Teilnahme am politischen Geschehen ergeben sich durch den Unterricht, der am Beispiel der Steuer- und Rentenreform Einblicke in das politische Tagesgeschäft ermöglicht und auf die Rolle als demokratischer Bürger bzw. Bürgerin vorbereitet hat. Durch die Methode werden keine überhöhten Erwartungen an die Politik durch die normative Kritik der Zustände produziert, sondern zum Nachvollzug von Entscheidungsprozessen und zur Einsicht in institutionelle Rahmenbedingungen angeregt. Die Lebendigkeit von Politik spiegelt sich in der Lebendigkeit der Talkshows wider.

Daß aktives politisches Lernen auch Spaß machen kann, hat mir die Durchführung der Talkshow gezeigt. Risiken ergeben sich daraus, daß fast alle Schülerinnen und Schüler einer Klasse eine aktive Rolle übernehmen müssen. Aber nur sehr wenige sind erfahrungsgemäß auch sehr gute Schauspieler, die überdies dazu neigen, die anderen aufgrund ihrer Fähigkeiten zu dominieren. Die weniger begabten Mitspielerinnen und Mitspieler haben, bedingt durch den Zwang, sich darstellen zu müssen, meist ein unangenehmes Gefühl. Die programmatische Forderung, alle Schülerinnen und Schüler zu aktivieren, berücksichtigt nicht, daß die meisten keine Schauspieler sind und diese Begabung auch durch noch so häufiges Üben nicht nachträglich erwerben können. Insofern ist die Entwicklung einer klassenzimmerspezifischen Kultur der gegenseitigen Anerkennung individueller Fähigkeiten eine Voraussetzung. Nicht in allen Klassen ist diese Intimität gegeben. Eine Ethik handlungsorientierten Unterrichts erfordert deshalb ein abschließendes metakommunikatives Unterrichtsgespräch über den Ablauf der Talkshow.

Wenn Christine von „Scham" spricht, wenn viele Schülerinnen und Schüler aus Versagensängsten heraus das Mitspielen verweigern, so muß dies respektiert und nicht als mangelnde Qualifikation angesehen werden. Im übrigen müssen alle Spieler im Anschluß an die Simulation als erste die Gelegenheit zur Situationsdeutung erhalten, indem sie sich zu ihren Gefühlen äußern. Die Lehrenden sollten über ein hohes Maß an Einfühlungsvermögen verfügen und von den Schülerinnen und Schülern akzeptiert sein. Dies gilt auch für das Auswertungsgespräch, da hier eine sachliche Kritik immer zugleich eine persönliche ist. Wenn mehrere Spielrunden durchgeführt werden, verteilt sich der Spieleindruck auf mehrere Spieler und reduziert so die „Podestierung" einzelner.

Die am schwersten zu besetzende Rolle ist erfahrungsgemäß die des Moderators bzw. der Moderatorin. Er/sie muß im Gegensatz zu den Akteuren alle Positionen kennen und versuchen, sie gegeneinander auszuspielen. Für die Schülerinnen und Schüler ist es nach meiner Erfahrung sehr schwer, hier den Überblick zu behalten und die Talkshow gezielt zu steuern. Ohnehin führt die Eigendynamik der Simulation die Spielerinnen und Spieler in nicht vorab planbare Situationen. Zwar kann der Lehrende die Rolle übernehmen, doch schraubt er damit die Erwartungen an das Gelingen eher höher. Mir scheint es sinnvoller zu sein, die Erwartungen an die Talkshow von vornherein nicht an den professionellen Fernsehshows zu orientieren, sondern das daran gemessene partielle Scheitern als normal zu betrachten. Lerneffekte müssen den Unterricht tragen, so daß man auf diese Weise auch die Erwartungen der Schülerinnen und Schüler an sich selbst reduzieren kann.

Die anderen Rollen sind nur scheinbar leichter. Denn auch hier bedarf es einer gründlichen Einarbeitung und zugleich schauspielerischer Fähigkeiten. Die Risiken der Durchführung entstehen durch folgende Dilemmata: Es sitzen nicht nur gute Schauspieler in der Runde, sondern auch unbegabte und zurückhaltendere; fachlich gut vorbereitete Schülerinnen und Schüler versuchen, argumentativ und ohne rhetorisches Geschick auf die Mitspieler einzugehen; Rhetoriker übertönen mit vielen Worten die Inhalte. Ist der Lehrende gewohnt, die Gelenkstellen des Unterrichts mit der Spitze einer Klasse zu meistern, so wird ihm das mit einer Talkshow nicht so einfach gelingen. Die Ergebnisse sind erst einmal disparat und von unterschiedlicher Qualität, so daß die Auswertung dies nachbereiten muß. Zwar helfen hierbei die Beobachter, die die Argumentationen der einzelnen Akteure festhalten, doch läßt sich auch dieses Ergebnis nicht vorab planen. Die Besonderheiten des Ablaufs der handlungsorientierten Methode Talkshow erfordern vom Lehrenden ein hohes Maß an Professionalität und die Fähigkeit, den Schülerinnen und Schülern zuzuhören und ihre Themen wahrzunehmen.

Literatur

Gotthard Breit: Problemorientierung. In: Wolfgang Sander (Hrsg.): Handbuch politische Bildung. Schwalbach/Ts. 1997a, S. 63-79
Gotthard Breit: Fragen zur politischen Urteilsbildung. In: Peter Massing/Georg Weißeno (Hrsg.): Politische Urteilsbildung. Zentrale Aufgabe für den Politikunterricht. Schwalbach/Ts. 1997b, S. 132-155 (zugleich erschienen in der Schriftenreihe der Bundeszentrale für politische Bildung)
Gotthard Breit: Handlungsorientierung im Politikunterricht. In: Gotthard Breit/Siegfried Schiele (Hrsg.): Handlungsorientierung im Politikunterricht. Schwalbach/Ts. 1998 (vgl. S. 101-127 in diesem Band)
Hans-Werner Kuhn: Politischer oder unpolitischer Unterricht? Rekonstruktion einer Talkshow im Politikunterricht. In: Peter Massing/Georg Weißeno (Hrsg.): Politik als Kern politischer Bildung. Wege zur Überwindung unpolitischen Politikunterrichts. Opladen 1995, S. 161-203
Peter Massing: Institutionenkundliches Lernen. In: Wolfgang Sander (Hrsg.): Handbuch politische Bildung. Schwalbach/Ts. 1997, S. 287-300
Peter Massing: Handlungsorientierter Politikunterricht. Schwalbach/Ts. 1998
Georg Weißeno: Dilemmata des Unterrichtens – Handlungsprobleme von Politiklehrerinnen und Politiklehrern. In: Kursiv – Journal für politische Bildung. 4/1997, S. 26-31
Georg Weißeno: Welche Bedeutung haben Ziele und Inhalte im handlungsorientierten Unterricht? In: Gotthard Breit/Siegfried Schiele (Hrsg.): Handlungsorientierung im Politikunterricht. Schwalbach/Ts. 1998 (vgl. S. 214-226 in diesem Band)

Hanna Kiper

Der Klassenrat – Partizipationschance für Schülerinnen und Schüler oder Ordnungsinstrument der Schule?

1. Einleitung

Der Schule in der modernen Gesellschaft kommt eine doppelte Funktion zu. Sie ist einerseits eine Institution der Selektion, Legitimation und sozialen Integration und sozialisiert die Jugendlichen in eine Ordnung ein. Sie bietet einen eigenen Typus der „Vergemeinschaftung" durch soziale Organisation. Die allgemeine Pflichtschule sichert – durch die Vermittlung einer allgemeinen Bildung – eine Vorbereitung aller Kinder und Jugendlichen auf die verantwortliche Teilhabe an der modernen Gesellschaft. Sie trägt – durch die Bildung der zukünftigen Bürgerinnen und Bürger – zur Reproduktion der demokratischen Öffentlichkeit bei (vgl. Fauser 1993, S. 143). Die Schule ist daher durch einen *Doppelcharakter* bestimmt. Sie sozialisiert – manchmal rigide – in eine Ordnung ein. Gleichzeitig soll sie Jugendliche dazu befähigen, demokratisch zu denken und zu handeln, ihre Mitwirkung am Schulleben und im Gemeinwesen fördern und ihnen ermöglichen, sich demokratisch zu beteiligen.

Partizipation von Mädchen und Jungen kann schon in der Schule angebahnt werden. Konzepte dafür (Einrichtung von Schulversammlungen, Klassenversammlungen, eines Schülerparlamentes bzw. eines Schülergerichts) wurden schon zu Beginn dieses Jahrhunderts diskutiert (vgl. Kiper 1997). In der Folge der Schülerbewegung Ende der sechziger Jahre kam die SMV als Instrument der Interessenvertretung der Schülerinnen und Schüler kritisch in den Blick. Kritisiert wurde sie, wenn sie zum Übungsfeld für formal-demokratisches Verhalten, für Anpassung und Selbstdisziplinierung verkam (vgl. Wellendorf 1974). Im Laufe der siebziger Jahre wurde in einer Reihe von Schulgesetzen ein Mitbestimmungsmodell festgeschrieben, das die Zusammenarbeit von Eltern, Lehrern und Schülern in verschiedenen Gremien regelte.

„Die Schülervertretung ist – im weitesten Sinne – als Einüben von Mündigkeit und (Selbst-) Verantwortung zu verstehen. Ihre Aufgabe ist eine doppelte: sie soll die Interessen und Rechte der Schüler wahrnehmen und sich damit an der Gestaltung des Schullebens beteiligen; darüber hinaus soll sie die fachlichen, kulturellen, sportlichen, politischen und sozialen Interessen der Schüler fördern. Mitwirkungsorgane der Schülervertretung sind Klassen- bzw. Jahrgangsstufensprecher, die Schülerversammlung und der Schülerrat" (Mauthe/Pfeiffer 1996, S. 227).

Neben den Beteiligungsformen einzelner Schülerinnen und Schüler (als Klassen- und Jahrgangssprecherinnen und -sprecher, Schülervertreterinnen und -vertreter, Mitglieder in Klassen-, Fach- und Schulkonferenzen) ist die Schule als Lebens- und Erfahrungsraum für *alle* Kinder von Bedeutung. Hartmut von Hentig entwickelte eine Konzeption von der Schule als „polis":

„Nur wenn wir im kleinen, überschaubaren Gemeinwesen dessen Grundgesetze erlebt und verstanden haben – das Gesetz der res publica, das des logon didonai, das der Demokratie, das der Pflicht zur Gemeinverständlichkeit in öffentlichen Angelegenheiten, also der Aufklärung, das des Vertrauens, der Verläßlichkeit, der Vernünftigkeit unter den Bürgern und nicht zuletzt das der Freundlichkeit und Solidarität unter den Menschen überhaupt –, werden wir sie in der großen polis wahrnehmen und zuversichtlich befolgen" (von Hentig 1993, S. 181).

Begreift man die Schulklasse als institutionellen Ort zwischen dem Individuum und der Schule als „polis" (von Hentig 1993), dann sind in ihr Prozesse der Einsozialisation in eine Ordnung als demokratische Lernprozesse anzulegen.
Die Gestaltung von Selbst- und Mitbestimmungsmöglichkeiten in der Schulklasse, die Wahrnehmung eigener Rechte, die Besprechung von Konflikten, die Befähigung zur Übernahme von Verantwortung und zum politischen Engagement ist die Basis für Demokratie-Lernen in der Schule. Im *Klassenrat* können Fragen, Probleme und Konflikte in der Schulklasse und zwischen Lehrkräften und Schülerinnen und Schülern thematisiert und bearbeitet werden. Weil der Klassenrat an der Nahtstelle zwischen Unterricht und Schule angesiedelt ist, können in ihm soziale und erste politische Handlungserfahrungen angebahnt werden.

2. Was ist ein Klassenrat? Auffassungen in verschiedenen pädagogischen Konzeptionen

Der Klassenrat ist eine wöchentlich zu einem bestimmten Zeitpunkt stattfindende Versammlung der Schülerinnen und Schüler einer Schulklasse unter Beteiligung ihrer Klassenlehrerin oder ihres Klassenlehrers. In dieser Klassenversammlung werden anliegende Probleme und Konflikte der Jugendlichen miteinander, aber auch mit der Lehrkraft zum Thema gemacht. Im Klassenrat kann über die Gestaltung der Arbeit, über Sozial- und Arbeitsformen, über Freizeitaktivitäten, über Konflikte und Streitereien gesprochen, aber auch Hilfe erbeten werden.

Der Klassenrat ist ein Indikator für die Gesprächs- und Lernkultur einer Klasse; in ihm kann politisches und soziales Lernen eröffnet werden. Die Ordnung einer Schulklasse, wie sie hergestellt und praktiziert wird, zeigt sich in der Art des Sprechens und des Umgangs der Schülerinnen und Schüler miteinander und mit ihren Lehrkräften, im Helfen bzw. Verweigern von Hilfe, in der Gestaltung der Spiele, der Arbeit, der Freizeitaktivitäten, in den Sozial- und Arbeitsformen und im Austragen von Konflikten und Streitereien.

In verschiedenen pädagogischen Konzeptionen sind Überlegungen zur Durchführung von Klassenversammlungen vorgestellt worden:

Der Volksschullehrer *Fritz Gansberg* (1871–1950) forderte schon 1911 geistige Freiheit und Selbständigkeit für Lehrer und Schüler in der Erziehungsschule. Er begriff die Schulklasse als Arbeitsgemeinschaft, in der der Wille des Lehrers und die Gesamtneigungen der Jugend als gleichberechtigte Faktoren über den Arbeitsplan und die Arbeitsmethode zu entscheiden hätten (vgl. Gansberg 1911, S. 3).

„Der Unterricht muß einen Ausgleich der beiderseitigen Ansichten, der Überzeugungen des Lehrers und der Wünsche der Jugend, herbeiführen. Nur dann kann sich ein gemeinsames Gedankenleben und eine gemeinsame Art zu leben und zu handeln herausbilden. [...] Soziale Wirkungen können nur aus der ‚beseelten Gesellschaft' einer wirklichen Arbeitsgemeinschaft hervorgehen. [...] In einem Unterricht aber, der keine Gewaltmittel kennt und der sich in im besten Sinne parlamentarischen Formen abspielt, treten die wahren Interessen der Jugend – ihr selbst unbewußt – so deutlich zutage, daß wir keinen sichereren Weg zur Ausgestaltung des Arbeitsplans der Schule haben, als diesen" (Gansberg 1911, S. 235f.).

Gansberg fordert von den Lehrkräften eine neue Perspektive. Sie sollen ihre Klasse „als Mitarbeiterin am gemeinsamen Werk" verstehen und den eigenen Willen und den der Schulklasse als „gleichberechtigt" ansehen. Sie sollten unermüdlich für „volle Bewegungsfreiheit dieser aus dem Lehrer und seiner Klasse bestehenden Arbeits- und Lebensgemeinschaft" wirken und darauf zielen, eine „einheitliche Willensrichtung in der Klasse herzustellen" (Gansberg 1911, S. 282). Gansberg entfaltet Überlegungen für die Umgestaltung der Schulklasse in eine demokratische Ordnung.

Die Klassenversammlung in der Freinet-Pädagogik dient der Bestandsaufnahme der Situation in der Schulklasse und der Suche nach Lösungen für vorhandene Probleme, der Festlegung von Regeln für die Zusammenarbeit, der Präsentation von Arbeitsergebnissen und der Besprechung weiterer Arbeitsvorhaben. *Célestin Freinet* (1896–1966) begriff die Klassenversammlung als Chance für eine gemeinsame Gewissenserforschung, als Ort der Selbstkritik, Organ zur Förderung des Gemeinschaftsempfindens und zum Lernen persönlicher Unterordnung unter akzeptierte Ordnungsregeln. Sie ermögliche, die eigene Meinung offen zu äußern. Durch die Besprechung von Kritik werde zur Klärung der Situation in der Klasse beigetragen. Sie ermutige zu einer Haltung persönlicher Verantwortung für „das Leben unserer Klasse" (Freinet 1979, S. 78).

Freinet berichtete darüber, wie er in seiner Dorfschule Klassenversammlungen praktizierte. Sie fanden jeweils am Ende der Woche statt. Ein „Vorsitzender" (Diskussionsleiter) und sein „Sekretär" (Protokollant) übernahmen die Leitung. Der „Schriftführer" las den Rechenschaftsbericht der letzten Klassenversammlung vor, anschließend wurden Fragen der Finanzen und die Tagesordnung besprochen. Wichtige Materialbasis der Klassenversammlung war die *Wandzeitung*. Diese war unterteilt in drei Spalten: „Wir üben Kritik – Wir beglückwünschen – Wir fordern!" (Freinet 1979, S. 76). Die Wandzeitung wurde zu einem gemeinsamen Tagebuch, in das die Schülerinnen und Schüler im Laufe einer Schulwoche ihre Kritik, Wünsche und Einsprüche, ihre Sicht auf Fehler und Irrtümer namentlich eintrugen. Sie wurde auf der Klassenversammlung vom „Schriftführer" vorgelesen. Die jeweiligen Konflikte wurden sofort diskutiert und es wurde nach Lösungen gesucht. Abstimmungen über bestimmte Lösungsvorschläge wurden (durch einfaches Handheben) durchgeführt. Nach der Besprechung der Wandzeitung konnten weitere Probleme vorgetragen werden.

Thomas Gordon entwickelte in seiner „Lehrer-Schüler-Konferenz" ein Konzept für die Lösung von Konflikten in der Schule. Er geht davon aus, daß bisher Beziehungen zwischen Erwachsenen und Jugendlichen von Ungleichheit bestimmt waren. Es sei aber anzustreben, Beziehungen auf der Basis von Transparenz, gegenseitiger Anerkennung und Anteilnahme, nötiger Distanz, offener und echter Kommunikation und gegenseitiger Befriedigung der Bedürfnisse beruhen zu lassen (vgl. Gordon 1977, S. 17; 35). Er versucht, Lehrerinnen und Lehrern mit der „Lehrer-Schüler-Konferenz" eine neue Methode der Konfliktbearbeitung anzubieten.

Gordons Methode der „Konfliktbewältigung ohne Niederlage" ist im Gegensatz zu den traditionellen Konfliktbewältigungsversuchen nach dem Konzept von „Sieg und Niederlage" – von gegenseitigem Respekt, Kommunikation in beide Richtungen und Suchen nach einer Lösung, die für beide Seiten annehmbar ist, bestimmt. Gordon schlägt vor, Konflikte dialogisch zu lösen. Das Gespräch müsse in sechs Schritten geführt werden:
1. Definition des Problems
2. Sammlung möglicher Lösungen
3. Wertung der Lösungsvorschläge
4. Entscheidung für die beste Lösung
5. Richtlinien für die Realisierung der Entscheidung
6. Bewertung der Effektivität der Lösung (Gordon 1977, S. 197ff.)
Bei dieser Methode seien Schülerinnen und Schüler und ihre Lehrkräfte auf den Austausch ihrer Ansichten, auf die Darlegung ihrer Werte und auf Interaktion angewiesen.

Auch die Individualpsychologen *Rudolf Dreikurs, Bernice Grundwald und Floy Peeper* wollten demokratische Methoden ins Klassenzimmer Einzug nehmen lassen. Sie begreifen Gruppengespräche, Klassenversammlungen und den Klassenrat als Beitrag zur Herstellung einer demokratischen Ordnung, die sowohl von „Freiheit" als auch von „Grenzen" bestimmt sei, und stellen folgende Leitlinien für die Gestaltung von Demokratie in der Schulklasse auf: Achtung der Würde des anderen und Selbstachtung, Kombination von Festigkeit und Freundlichkeit im Führungsstil, Teilung von Verantwortung und Einüben in demokratische Methoden (Dreikurs u.a. 1994, S. 65ff.). Die Schülerinnen und Schüler seien am Erziehungs- und Lernprozeß zu beteiligen und in Planung, Organisation und Ausführung von Aktivitäten einzubeziehen, wobei man Verantwortung zu teilen und Entscheidungen gemeinsam zu treffen hätte. Bei ihrer Ausführung solle zusammengearbeitet werden.

Diesen vier Konzeptionen ist eine genaue Festlegung der *Ordnung der Klassenversammlung* eingeschrieben. Zeitpunkt und Dauer sind festgelegt. Es gibt definierte Rollen (Leiterin oder Leiter des Klassenrates; Vorleser/in der Beschlüsse der letzten Woche oder der Wandzeitung; Schriftführerin oder Schriftführer, die/der die gefaßten Beschlüsse notiert). Durch genau bestimmte Verfahren für das Einbringen von Problemen und Konflikten, durch differenzierte Gesprächsregeln und durch die Bearbeitung eines Konfliktes nach einem Konfliktlösungsmodell erfolgt die Problemlösung in festgelegter Form.

Von Schülerinnen und Schülern wird das öffentliche Thematisieren von Problemen aus der Schülersubkultur, Selbstbeherrschung beim Einbringen und Bearbeiten von Konflikten, Fähigkeit zum Verbalisieren von Problemen, Einüben in einen rationalen Diskurs, Einhalten von Regeln und Beachtung gefundener Lösungsvorschläge erwartet. Durch ein regelmäßiges Praktizieren des Klassenrates wird ein entsprechendes Verhalten eingeübt.

3. Regeln für das Praktizieren der Klassenrates

Damit Klassenversammlungen nicht zu Foren werden, wo Jugendliche an schwächeren Schülerinnen und Schülern oder Außenseitern der Schulklasse Probleme festmachen und diese zu Sündenböcken abstempeln, damit Klassenversammlungen nicht zu Orten werden, wo Probleme gar nicht zur Sprache kommen oder zu „Show-Veranstaltungen" verkommen, sind einige Bedingungen zu beachten:
– Die *Teilnahme* am Klassenrat sollte *freiwillig sein.* (So sollte die Möglichkeit existieren, sich außerhalb des Gesprächskreises mit einer Freiarbeit zu beschäftigen. Wer aber am Klassenrat nicht teilnimmt, kann auch keine Positionen, Sichtweisen, Lösungsvorschläge einbringen.)
– Die Gespräche im Klassenrat müssen *vertraulich* sein. *Intime, persönliche Probleme* sind in der Regel kein Thema für den Klassenrat.
– Die am Konflikt beteiligten Jugendlichen sollten die Möglichkeit haben, eine Thematisierung im Klassenrat abzulehnen und sich statt dessen eine angemessene Lösung auszudenken.
– Sinnvoll erscheint es, vor der Besprechung von Problemen *„positive Runden"* durchzuführen, um sich über Erfolge des Zusammenlebens und -arbeitens in der Schulklasse zu vergewissern. Die Jugendlichen lernen, sich gegenseitig wahrzunehmen, einander ihre Wertschätzung zu zeigen, sich gegenseitig zu ermutigen und ihre Beziehungen zu pflegen.
– Eine grundsätzliche Bedeutung kommt *dem Anhören aller an einem Konflikt beteiligten Jugendlichen* zu. Dabei wird das Problem meistens aus der Perspektive der an einem Konflikt beteiligten Jugendlichen beleuchtet. Dabei wird gefragt, inwiefern (mindestens) ein anderer Jugendlicher oder eine andere Jugendliche sich in die Situation eines

der jeweils am Konflikt Beteiligten hineinversetzen kann. Da immer eine Schülerin oder ein Schüler aufgefordert wird, die Perspektive jeweils eines der in den Konflikt involvierten Jugendlichen zu übernehmen und den *emotionalen und sachlichen Gehalt des Konfliktes* aus dessen Perspektive darzustellen, werden *verschiedene Sichtweisen auf ein Problem* erkennbar.

- Sehr wichtig ist ein angemessenes *Herausarbeiten des Problemgehaltes des jeweiligen Konfliktes*, wobei den Jugendlichen das gemeinsame Interesse an einer Lösung sichtbar gemacht werden sollte, z.B. unter Hinweis darauf, wie demnächst solche Probleme vermieden oder gelöst werden könnten. Dabei wird genau erörtert:
  • Wie ist die Sicht auf das Problem aus verschiedenen Perspektiven?
  • Worin besteht das Problem?
  • Wer hat es?
  • Wer kennt ebenfalls ein solches oder ein ähnlich gelagertes Problem?
  • Worum geht es, wenn es erörtert wird?
  • Was ist die Zielsetzung bei der Klärung?
- Im Prozeß des Problemlösens sollten keine persönlichen „Verurteilungen" vorgenommen oder rigide Strafen verhängt, sondern die Schülerinnen und Schüler sollten ermutigt werden, *kreative Problemlösungen* zu entfalten.
- Wichtig ist, daß die am Konflikt beteiligten Jugendlichen die Konfliktlösung angemessen finden. Sie können ermutigt werden, eine – manchmal unangenehme – Lösung zunächst auf Zeit (eine Woche) auszuprobieren. Die gefundenen Problemlösungen sollten als Beschluß (im Klassenratsbuch) notiert und auf der nächsten Klassenversammlung überprüft und bekräftigt oder verworfen werden. (Meist wird bei der nächsten Sitzung gefragt, ob eine Konfliktlösung geklappt hat und ob sie weiter ausprobiert werden soll.)

4. Was lernen Jugendliche im Klassenrat?

- Jugendliche lernen, wie eine *Ordnung* funktionieren kann. Sie entwickeln sinnvolle Regeln des Zusammenlebens in einem gemeinsamen Prozeß. Die Beachtung der Regeln des Zusammenlebens und ein freundlicher Umgang miteinander werden gewürdigt. Sie lernen Kommunikationstechniken und Problemlösestrategien.
- Jugendliche erfahren, daß Probleme und *Konflikte* zum Zusammenleben gehören, daß sie benannt und diskutiert und daß Lösungen,

mit denen möglichst viele einverstanden sind, gefunden werden können. Sie gewinnen eine konstruktive Einstellung gegenüber Konflikten und erfahren, welche Anteile sie evtl. an einem Konflikt haben. Sie erlernen exemplarisch ein *Konfliktlösungsmodell,* welches sie in anderen Situationen – evtl. modifiziert – anwenden können. Sie erfahren Konflikte als Chance für Veränderung und Wachstum.

- Schülerinnen und Schülern lernen, *neue Sichtweisen auf ein Problem* zu erschließen, die ihnen helfen, dieses anders zu „rahmen". Ihnen werden *neue und andere Verhaltensmöglichkeiten* angeboten, die es ihnen ermöglichen, mit Verhaltensweisen zu experimentieren, dysfunktionale Verhaltensweisen zu überwinden und förderliche Einstellungen und hilfreiche Strategien zu entfalten.
- Jugendliche erfahren, wie sie *sich vor unliebsamen Übergriffen, Gewalt, Konflikten schützen* und wie sie gegebenenfalls für sie *gefährliche Situationen vermeiden* können.
- Aggressive Jugendliche erfahren, daß sie anderen Schmerz bereiten. Sie werden mit den *Auswirkungen ihres Verhaltens* konfrontiert. Sie können sich nicht mehr – auf der Hinterbühne bzw. in der schulischen Subkultur – als Helden darstellen; stattdessen erfahren sie, daß sich *die öffentliche Meinung,* artikuliert im Klassenrat, gegen sie stellt. Ein Regelbruch wird deutlich und öffentlich sanktioniert, das Gelten der Regel bekräftigt. Oft werden ihnen *„Wiedergutmachungen"* (Rückgabe, Schadensausgleich, Reparatur von beschädigtem Eigentum, öffentliche Entschuldigungen, Übernahme von Dienstleistungen und Arbeiten) abverlangt. Es werden Maßnahmen getroffen, die dazu dienen, einen erneuten Regelbruch zu verhindern. Geschädigte oder Opfer werden mit ihrem Leiden wahrgenommen; sie bleiben nicht rechtlos, sondern erhalten Entschädigung bzw. Wiedergutmachung. Ihre Ehre wird wiederhergestellt.
- Die Schülerinnen und Schüler lernen, ihre Gefühle zu spüren, ihre Wirkungen auf andere kennenzulernen, Gefühle von anderen zu ahnen, nachzufragen und einen (zeitweiligen) *Perspektivenwechsel* zu praktizieren.
- Die Jugendlichen werden zu einer *multiperspektivischen Problemsicht* befähigt und in soziales Verstehen eingeführt, aber auch zur Entfaltung soziologischer Phantasie inspiriert.
- Jugendliche setzen sich mit *Normen und Werten* auseinander.
- Sie machen die Erfahrung, ihre eigenen Angelegenheiten durchaus *schnell und effizient klären* zu können. Sie erfahren aber auch, daß manche Konflikte nicht unbedingt durch eine einmalige Erörterung

zu lösen sind. Manchmal müssen sie neu diskutiert und bearbeitet werden.
- Die Leitung des Klassenrates kann allmählich und im Wechsel auf einzelne Jugendliche übertragen, ihr Entscheidungsspielraum kann – in einem langsamen Prozeß – ausgeweitet werden. Der Klassenrat kann – nach einer Phase der Einübung – *eigenständig* von ihnen durchgeführt werden.
- Die *Lehrerrolle* verändert sich dabei entscheidend: gefordert sind Kommunikations-, Moderations- und Mediationsfähigkeiten, Hilfestellungen bei der Artikulation, Bearbeitung und Lösung von Konflikten durch die Jugendlichen selbst.
- Jugendliche erfahren Erwachsene aber auch als Personen, die Verantwortung übernehmen, die „hingucken" und die bereit sind, mit ihnen gemeinsam an Konfliktlösungen und Klärungen zu arbeiten. Sie werden als Personen erfahren, die Konflikte aushalten.

Exkurs: Der Klassenrat – ein Instrument zur Förderung der Perspektiven von Mädchen?

Meines Erachtens ist der Klassenrat daneben auch ein Instrument, das potentiell dafür geeignet ist, die *Machtbalance im Geschlechterverhältnis* zugunsten der Mädchen zu verschieben, und zwar aus folgenden Gründen:
- Die Mädchen müssen Kränkungen, Diskriminierungen und Gewalt nicht mehr „schlucken", sondern sie können Übergriffe der Jungen (z.B. Ausschluß von Spielen, Abwertungen, Beschimpfungen, sexuelle Belästigungen, Störungen, Ärgern, Schlägereien, Nichtakzeptanz von Spielregeln) benennen und durch feedback bzw. Mitteilungen über die Wirkungen entsprechenden Verhaltens die Jungen dazu veranlassen, sich mit diesem auseinanderzusetzen. Jungen und Mädchen werden für unangemessenes Verhalten zur Rede gestellt. Die frühe Einübung in eine Täter-Opfer-Konfiguration wird so vermieden.
- Die verbale Auseinandersetzung über Probleme und Konflikte und die Suche nach akzeptablen Konfliktlösungen wird befördert. Konfliktlösungen auf der Grundlage von Dominanz (durch Abwertungen, Beschimpfungen, Spott und Gewalt) werden ebenso wenig akzeptiert wie Formen des Abbruchs von Beziehungen, des Liebesentzugs, der Rivalität, des Rückzugs, des Schmollens, des Beleidigtseins oder der Isolation einzelner.

- Mädchen wie Jungen dürfen ihre Niederlagen, Ängste und Schwächen, aber auch ihre Wut und Aggression einbringen und zum Thema machen. Sie erfahren so, daß sie das Recht auf diese Gefühle haben und viele Gefühle teilen.
- Mädchen und Jungen erfahren sich als mit gleichen Rechten ausgestattet. Ihre Beiträge sind potentiell gleichwertig. Es wird an der Überwindung der Geschlechterhierarchie (einseitiger Wertschätzung der Jungen, ihrer Beiträge, ihrer Art der Konfliktaustragung, ihrer Kumpelhaftigkeit, Kameradschaftlichkeit, Offenheit, Selbstbewußtheit) auch dadurch gewirkt, daß weibliche Fähigkeiten (Empathie, Perspektivenwechsel, Ignorieren von Provokationen, Vermeiden von Konflikten) eingebracht und als positiv erfahren werden können.
- Die Ignoranz der Erwachsenen gegenüber der Gewalt, die Mädchen in der Schule (und in Kindergärten bzw. in Tageseinrichtungen) erfahren, wird überwunden. Mädchen und Jungen machen die Erfahrungen, daß ihr Verhalten wahrgenommen wird, daß sie Rückmeldungen erhalten und daß Grenzsetzungen bzw. Sanktionen bei unangemessenem Verhalten erfolgen.

Der Klassenrat kann durch „Mädchen- und Jungenkonferenzen", in denen in geschlechtshomogenen Gruppen Probleme erörtert werden, ergänzt werden.

5. Der Klassenrat – Ordnungsinstrument oder Partizipationschance?

Der Klassenrat ist sicherlich eine neue Art, eine Ordnung in der Schulklasse gemeinsam zu entwickeln. Die Tatsache, daß Regeln als veränderlich erfahrbar werden und daß sie abgeändert werden können, daß Handlungsweisen hinterfragt, begründet, diskutiert werden, macht die Ordnung als demokratische und gestaltbare erfahrbar.

Die erzieherischen Auffassungen der Lehrkraft beeinflussen stark die Partizipationschancen der Jugendlichen. Entscheidend ist die demokratische Atmosphäre, der „Geist" im Klassenzimmer. Es ist durchaus möglich, daß Jugendliche freiwillig Meinungen äußern, Entscheidungen fällen, Beschlüsse fassen, die auf die Meinung der Lehrkraft abgestimmt sind. Sie unterwerfen sich dann – scheinbar freiwillig – der erahnten, erspürten oder bekannten Meinung der Lehrkraft. Gerade wenn Lehrkräfte mit Intoleranz, Ausgrenzung, Abwertung, moralischem Druck, Überredung, offener oder versteckter Drohung, einseitigen Informationen, gezielter Ausnutzung intellektueller oder gruppendynamischer Überlegenheit, Lächerlichmachen der Ansichten anderer auftreten, behindern sie eine freie Meinungsäußerung. Gegen eine erwachsene Lehrkraft, gegen den Gebrauch ihrer Macht, helfen keine noch so ausgefeilten Regeln und Absprachen.

Partizipation ist nur möglich, wenn die Lehrkraft diese explizit zu ihrem Konzept macht, sie mit stützt und trägt. Ihre erzieherische Einstellung muß gezielt Selbst- und Mitbestimmung ermöglichen (vgl. Kamp 1995, S. 70ff.). Zugleich muß sie ihren Teil an Verantwortung übernehmen. So ist sie z.b. dafür verantwortlich, daß die öffentliche Meinung artikuliert und Konfliktlösungsverfahren gewählt werden. Sie darf jedoch den Inhalt der öffentlichen Meinung und Wege und Lösungsmodalitäten für Konflikte nicht einseitig vorgeben. Zugleich muß sie sich, wenn die Regelverletzungen durch die Klasse aufgegriffen und sanktioniert werden, manchmal gezielt hinter die Opfer, aber auch hinter mögliche „Täter" stellen und verhindern, daß Diskussionen im Klassenrat in Prozesse der Bagatellisierung von Leid oder in Prozesse der einseitigen Verurteilung, Stigmatisierung und Ausgrenzung abgleiten. Die Lehrkraft muß darauf achten, daß der Klassenrat nicht von (einzelnen) stärkeren Jugendlichen einseitig dominiert und schwächere Schülerinnen und Schüler von ihnen beherrscht oder terrorisiert werden.

Im Klassenrat können alle Jugendlichen in die Beteiligung an Entscheidungen und in ihre Verantwortung eingeübt werden. Dabei merken die Jugendlichen auch, daß Selbst- und Mitbestimmung nicht einfach, sondern schwierig, da mit Selbststeuerung, Verantwortungsübernahme und Selbstkontrolle verbunden sind.

Der Klassenrat hat aber auch Grenzen. Oftmals werden Probleme und Konflikte im nachhinein erörtert, nämlich dann, wenn eine Einflußnahme auf oder eine Änderung von Entscheidungen nicht mehr möglich ist. Er bewirkt dann, daß die Jugendlichen ihre Klagen, Widersprüche, Proteste zwar artikulieren können, daß ihnen vielleicht sogar zugestimmt wird, ohne daß weitere Konsequenzen gezogen würden.

Der Klassenrat kann daher beides sein, Ordnungsinstrument und Partizipationschance. Seiner Atmosphäre kann man am besten durch teilnehmende Beobachtung auf die Spur kommen.

6. Schlußüberlegungen

Im Klassenrat können nur diejenigen Konflikte sinnvoll geklärt werden, die mit der Schulklasse zusammenhängen. Sobald es sich um Konflikte im Gesamtsystem der Schule handelt, können die Probleme zwar angesprochen, der Weg der Lösung aber muß ein anderer sein. Hier setzen Möglichkeiten ein, Formen der Interessenartikulation und Interessenvertretung zu entfalten.
1. Schülerinnen und Schüler könnten fordern, an der *Erarbeitung eines Schulprogramms* (vgl. Müller 1996), an der *Aushandlung einer Schulordnung* beteiligt zu werden. Sie könnten ausprobieren, eine Schüleröffentlichkeit (Schulzeitung, Schulfunk, Schulfernsehen) herzustellen und sich an der *Gestaltung des Schullebens* (Kabarett, Theater, Puppenspiel) zu beteiligen.
2. Konfliktmediations- und Konfliktlöseverfahren können auf der Ebene der Schule entfaltet werden, z.B. Modelle *der Konfliktvermittlung durch Schülerinnen und Schüler* (vgl. Lienert 1997) oder durch einen *Konfliktausschuß*, der von (zehn) Schülerinnen und Schülern und zwei Lehrkräften (Mann und Frau) gebildet wird (vgl. Held 1997).
3. Darüber hinaus sind *Beteiligungsverfahren* für die Einbindung von Jugendlichen zur Gestaltung von Schulhöfen, Schulwegen und Stadtteilen, Vorbereitung und Durchführung außerschulischer Veranstaltungen, von Podiumsgesprächen und -diskussionen unter Beteiligung von Politikerinnen und Politikern als Beiträge zum Praktizieren von Demokratie im schulischen Alltag denkbar.

Literatur

Dieter Baacke/Bodo Brücher: Mitbestimmen in der Schule. Grundlagen und Perspektiven der Partizipation. Weinheim / Basel 1982
Ulrich Beck: Von der Vergänglichkeit der Industriegesellschaft. In: ders. (Hrsg.): Politik in der Risikogesellschaft. Frankfurt/M. 1991, S. 33-66
Ulrich Beck: Jenseits von Stand und Klasse? In: Ulrich Beck/Elisabeth Beck-Gernsheim (Hrsg.): Riskante Freiheiten. Frankfurt/M. 1994, S. 43-60
Ulrich Beck: Demokratisierung der Familie. In: ders. (Hrsg.): Kinder der Freiheit. Frankfurt/M. 1997, S. 195-216
Wolfgang Beutel: Kinder und Politik. Demokratisches Lernen und Handeln in der Grundschule. In: Die Grundschulzeitschrift. 100/1996, S. 10-13
Wolfgang Beutel/Peter Fauser: Die Schule: politikfern – und dennoch politisch? Ein Werkstattbericht aus dem Förderprogramm Demokratisch Handeln. In: dies.

(Hrsg.): Politisch bewegt? Schule, Jugend und Gewalt in der Demokratie. Seelze 1995, S. 9-35

Renate Blank: „Ich habe andere Sorgen als Politik". Qualitative Studie „Jugend '97". In: Arthur Fischer/Richard Münchmeier (Hrsg.): Jugend '97. Opladen 1997, S. 33-77

Rudolf Dreikurs/Bernice B. Grunwald/Floy C. Peeper: Lehrer und Schüler lösen Disziplinprobleme. Herausgegeben von Hans Josef Tymister. Weinheim / Basel (1987) 1994, S. 15-169 (1. amerikanische Ausg. 1982)

Peter Fauser: Schule und Demokratie. In: Kristian Kunert (Hrsg.): Schule im Kreuzfeuer. Auftrag – Aufgaben – Perspektiven. Baltmannsweiler 1993, S. 129-149

Arthur Fischer: Engagement und Politik. In: Arthur Fischer/Richard Münchmeier (Hrsg.): Jugend '97. Opladen 1997, S. 303-341

Arthur Fischer/Richard Münchmeier: Zusammenfassung der zentralen Ergebnisse der 12. Shell Jugendstudie. In: dies. (Hrsg.): Jugend '97. Opladen 1997, S. 11-23

Célestin Freinet: Die moderne französische Schule. Übersetzt und besorgt von Hans Jörg. Paderborn 1979 (2., verbesserte Aufl.)

Annerose Friedrich/Irmhild Kleinert: Der Klassenrat. Eine Einrichtung der sozialen und demokratischen Grundbildung. In: Grundschule. 4/1994, S. 26-27

Ada Fuest: Der „Klassenrat" im Kontext schulischer Lehr-Lernprozesse. In: Beiträge zur Individualpsychologie 13. Individualpsychologische Beratung. Herausgegeben von Hans Josef Tymister. München 1990, S. 48-68

Fritz Gansberg: Demokratische Pädagogik. Ein Weckruf zur Selbstbetätigung im Unterricht. Leipzig 1911

Anthony Giddens: Jenseits von Links und Rechts. Frankfurt/M. 1997 (1. engl. Ausg. 1994)

Martina Gille/Winfried Krüger/Johann de Rijke/Helmut Willems: Politische Orientierungen, Werthaltungen und die Partizipation Jugendlicher: Veränderungen und Trends in den 90er Jahren. In: Christian Palentien/Klaus Hurrelmann (Hrsg.): Jugend und Politik. Neuwied 1997, S. 148-177

Thomas Gordon: Lehrer-Schüler-Konferenz. Wie man Konflikte in der Schule löst. Hamburg 1977 (1. amerikanische Aufl. New York 1974)

Peter Held: Die Kummerlöser. Erfahrungen mit einem Konfliktausschuß. In: Pädagogik. 10/1997, S. 16-21

Peter Henkenborg: Politische Bildung durch Demokratie-Lernen im Schulalltag. In: Wolfgang Sander (Hrsg.): Handbuch politische Bildung. Schwalbach/Ts. 1997, S. 241-257

Hartmut von Hentig: Die Schule neu denken. München, Wien 1993

Hartmut von Hentig: Bildung. Darmstadt 1997 (1. Aufl. München 1996)

Johannes-Martin Kamp: Kinderrepubliken. Geschichte, Praxis und Theorie radikaler Selbstregierung in Kinder- und Jugendheimen. Opladen 1995

Hanna Kiper: Der Klassenrat – Ein Instrument der Selbst- und Mitbestimmung der Schülerinnen und Schüler. In: Grundschulunterricht. 12/1996, S. 18-21

Hanna Kiper: Selbst- und Mitbestimmung in der Schule. Das Beispiel Klassenrat (mit zwei Beiträgen von Thekla-Sofie Pozar und Hauke Piper). Baltmannsweiler 1997

Haimo Liebich: Neue Kinderpolitik. Versuch einer Maximal-Perspektive auch über 2000 hinaus. In: Dorothee Pass-Weingartz/Jutta Sundermann (Hrsg.): „Manchmal wissen wir mehr als der Senator". Kinderparlamente in Deutschland. Bonn 1992, S. 48-52

Christoph Lienert: Schüler lösen Konflikte ohne Lehrer. Ein Modell aus den USA. In: Pädagogik. 10/1997, S. 12-15

Anne Mauthe/Hermann Pfeiffer: Schülerinnen und Schüler gestalten mit – Entwicklungslinien schulischer Partizipation und Vorstellung eines Modellversuchs. In: Hans-Günther Rolff u.a. (Hrsg.): Jahrbuch der Schulentwicklung. Daten, Beispiele und Perspektiven. Bd. 9. Weinheim / München 1996, S. 221-259

Sabine Müller: Beteiligung von Schülerinnen und Schülern an innerschulischen Entwicklungsprozessen. Das Fallbeispiel der Hauptschule S. In: Claus G. Buhren/Hans-Günther Rolff (Hrsg.): Fallstudien zur Schulentwicklung. Weinheim / München 1996, S. 177-205

Richard Münchmeier: Die Lebenslage junger Menschen. In: Arthur Fischer/Richard Münchmeier (Hrsg.): Jugend '97. Opladen 1997, S. 277-301

Wolfgang Sander: Politische Bildung als fächerübergreifende Aufgabe der Schule. In: ders. (Hrsg.): Handbuch politische Bildung. Schwalbach/Ts. 1997, S. 230-240

Helmut Schreier: Demokratieerziehung. Herstellung von Öffentlichkeit im Schulraum. In: Die Grundschulzeitschrift. 100/1996, S. 50-53

Franz Wellendorf: Mitbestimmung. In: Christoph Wulf (Hrsg.): Wörterbuch der Erziehung. München / Zürich 1980

Wolfgang Berger

Wenn die Jugend ihren Gemeinderat wählt

Jugendgemeinderäte als Modell politischer Partizipation

„Wo aber Gefahr ist,
wächst das Rettende auch"

Hölderlin

1. Politikverdrossene Jugend?

Betrachtet man die Publikationen über politische Einstellungen und politische Verhaltensweisen junger Menschen in Deutschland, so drängt sich ab und zu die Frage auf, inwieweit die jüngere Generation als Träger politischer Werte noch die gesellschaftlich gestellten Erwartungen erfüllt. Beklagt wird ihr angeblich geringes Interesse an politischen Themen, ihre angeblich mangelnde Bereitschaft zu politischer Partizipation sowie eine größere Distanz zu den traditionellen politischen Institutionen. Es wird eine stetige Zunahme der Unzufriedenheit mit den politischen Entscheidungsträgern festgestellt, die auch das Vertrauen „in das gesamte politische System untergräbt", wodurch „langfristig eine Gefährdung der bisher stabilen Komponenten der politischen Unterstützung" eintreten könne (Silbereisen u.a 1996, S. 97). Aus Längsschnittstudien wird zwar nur eine gemächliche Veränderung der Trends bei Jugendlichen deutlich. Im Verhältnis der Jugendlichen zur Politik lassen sich aber beträchtliche Veränderungen feststellen: „Am ausgeprägtesten ist dabei der Rückgang im Vertrauen in Politiker, politische Parteien und politische Institutionen gewesen" (Hoffmann-Lange 1998, S. 178f.). Die Kluft zwischen der unmittelbaren persönlichen Betroffenheit in den eigenen Lebensverhältnissen und dem Nichtverstehen parlamentarischer Entscheidungsprozesse scheint größer zu werden. Immer weniger Bürgerinnen und Bürger, nicht nur junge Menschen, beteiligen sich aktiv an der Gestaltung von Demokratie in Parteien, Kirchen, Verbänden und anderen Organisationen.

Die Ergebnisse verschiedener Jugendstudien der letzten Jahre legen nahe, daß es heute weniger eine allgemeine Politikverdrossenheit ist, die

die politische Situation von Jugendlichen beschreibt, als vielmehr eine *Parteien- und Politikerverdrossenheit*. Bei der Suche nach den Ursachen für diese Entwicklung wird häufig auf das Verhalten der Parteien und auf zahlreiche politische Skandale verwiesen, die zu einer Aushöhlung des Vertrauens in die Politik beizutragen geeignet waren, z.B. die großzügigen Regelungen der Parteienfinanzierungen, hohe Politikereinkommen, Verfilzung zwischen Politik und Wirtschaft sowie Amtsmißbrauch. Die Folge sei eine immer weiter voranschreitende Entfremdung aller Bevölkerungsgruppen, insbesondere aber der Jugendlichen. Dabei zeigt die neue Shell-Studie „Jugend '97", daß weniger von der „Politikverdrossenheit der Jugendlichen" als vielmehr von einer „Jugendverdrossenheit der Politik" zu sprechen wäre.

Auswege aus diesem Dilemma liegen in der intensiveren politischen Beteiligung der jugendlichen Bevölkerung. Darin sind sich die Fachleute anscheinend einig. Demnach liegt die Lösung wohl in der Schnittmenge von einem festzustellenden Partizipationsdefizit (v. Arnim 1998), dem trotz allem noch vorhandenen Elan junger Menschen zur politischen Einmischung und unterschiedlichen, erprobten Partizipationsmodellen (Palentien/Hurrelmann 1988). Ziel einer demokratischen Gesellschaft muß es demnach sein, Jugendliche an allen wesentlichen Entscheidungen, die ihre Lebenswelt direkt betreffen, zu beteiligen. Erleben sie in Familie und Schule, aber auch in Nachbarschaft und Gemeinde, daß ihre Stimme zählt und ihre Meinung gehört wird, dann entwickelt sich hierüber eine Beteiligungskultur, die für eine demokratisch verfaßte Gesellschaft als Grundvoraussetzung bezeichnet werden kann.

Sollen Jugendliche für die politische Kultur gewonnen werden, dann müssen die Regeln für die politische Teilnahme der jungen Generation neu überdacht werden. Es stellt sich die Frage nach neuen aktiven und passiven Mitwirkungsmöglichkeiten. Denn daß Jugendliche früher als mit 18 Jahren die Politik einschätzen und beurteilen können, darüber gibt es keinen Zweifel. In den vergangenen Jahren wurden zahlreiche Modelle der Einflußnahme junger Menschen diskutiert und erprobt. Sie lassen sich in drei Bereiche zusammenfassen (Palentien/Hurrelmann 1998, S. 22):
- Modelle direkter Einflußnahme,
- Modelle konsultativer Einflußnahme,
- Modelle advokativer Einflußnahme.

Zu den Modellen direkter Einflußnahme werden die Forderungen zur Senkung des Wahlalters oder die Einführung des Familienwahlrechts gezählt. Die advokative Einflußnahme zielt dagegen nicht auf die direkte Beteiligung von Kindern und Jugendlichen an Entscheidungsprozessen. Vielmehr steht in ihrem Mittelpunkt die Idee, z.B. durch Jugendbeauftragte darauf achten zu lassen, daß die Interessen von Kindern und Jugendlichen bei den sie betreffenden Entscheidungen gewahrt werden. Zu den Modellen konsultativer Einflußnahme zählen unter anderem Jugendforen, Jugendbeiräte, Jugendparlamente und Jugendgemeinderäte. Sie sind in der Regel auf kommunaler Ebene angesiedelt, gewährleisten damit eine Überschaubarkeit der politischen Aktivitäten und haben einen Bezug zur Lebenswelt von Kindern und Jugendlichen.

2. Jugendgemeinderäte in Baden-Württemberg

Vor über 20 Jahren wurde in Schiltigheim – einem Vorort von Straßburg – das erste Jugendparlament als kommunale Kinder- und Jugendvertretung gegründet. Dieses ungewöhnliche Experiment der Beteiligung Jugendlicher am kommunalen Geschehen erregte große Aufmerksamkeit und fand im Laufe der Zeit immer mehr Nachahmer. In Frankreich existieren heute über 800 Jugendparlamente. Auch in der Schweiz und in Österreich sind seit geraumer Zeit Jugendgemeinderäte im Amt, und auch in Polen gibt es erste gewählte Jugendvertretungen dieser Art. In Deutschland bestehen in Baden-Württemberg, Rheinland-Pfalz, Schleswig-Holstein und in Sachsen Jugendgemeinderäte. Allerdings sind in keinem anderen Bundesland die Jugendgemeinderäte so verbreitet wie in Baden-Württemberg. Derzeit gibt es in 68 Städten und Gemeinden diese Gremien. Davon wurden zwei Drittel in den letzten drei Jahren gegründet.

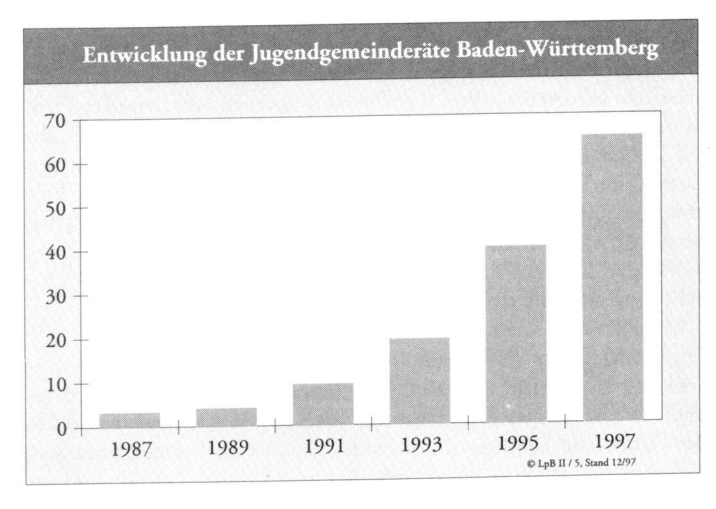

Entwicklung der Jugendgemeinderäte Baden-Württemberg

© LpB II / 5, Stand 12/97

Ob und wie die Jugendlichen unter 18 Jahren an der Kommunalpolitik teilnehmen können, hängt stark von den jeweiligen Gemeinderäten und den Bürgermeistern ab. Bisher sehen weder Gemeindeordnungen noch Landesverfassungen Jugendgemeinderäte vor, wenngleich im Landtag von Baden-Württemberg derzeit die Beratungen über die Aufnahme der Jugendgemeinderäte in die Gemeindeordnung anstehen.

In den baden-württembergischen Jugendgemeinderäten sind die Einflußmöglichkeiten, die Zahl der Räte und die Wahlperioden sehr unterschiedlich. Die Bandbreite sollen die Partizipationsmodelle aus Weingarten, Filderstadt und Ulm verdeutlichen.

2.1 Der Jugendgemeinderat Weingarten

Im Internationalen Jahr der Jugend 1985 wurde in Weingarten der erste Jugendgemeinderat (JGR) in der Bundesrepublik Deutschland ins Leben gerufen. Damit sollte die Fragestunde für Schüler und Jugendliche, die es seit 1979 in Weingarten gab, gefestigt werden. Nach fast einjähriger Vorbereitung und unter Mitwirkung der Schulen wurde am 27. Februar 1985 die Idee des damaligen Oberbürgermeisters Gerich verwirklicht: Der erste Jugendgemeinderat wurde gewählt. Die Wahl verläuft (seit der Änderung im Herbst 1994) folgendermaßen: Die Schulen erhalten zur Vorbereitung der Wahlen von der Stadtverwaltung Unterlagen, zusätzlich wird im Gemeinschaftskundeunterricht der Klassen 8 aller Schulen in Weingarten vor der Wahl das Thema Jugendgemeinderat behandelt und die Schüler werden zur Wahl aufgerufen. Vor der versammelten Jahrgangsstufe 8 halten die Kandidaten eine kurze Wahlrede; direkt im Anschluß daran werden die Schulvertreter für den Jugendgemeinderat gewählt. Der Jugendgemeinderat hat in der Vergangenheit die Wahlberechtigten ausgedehnt. Derzeit sind an der Sonderschule die Klassen 7 bis 9, sowie Schüler aus Weingarten am Bildungszentrum St. Konrad in Ravensburg wahlberechtigt. Seit Herbst 1993 wird auch das Körperbehindertenzentrum Oberschwaben mit einbezogen. Gewählt wird nach dem Grundsatz der Mehrheitswahl, das heißt von jeder Schule ziehen die Bewerber entsprechend der Sitzanzahl in der Reihenfolge der höchsten Stimmen in den JGR ein. Die Anzahl der Sitze pro Schule im JGR wird proportional zur Gesamtschülerzahl jeder Schule verteilt. Insgesamt hat das Gremium 33 Mitglieder.

Nach jeder Wahl findet ein Einführungsseminar für die Jugendgemeinderäte statt. Die Amtszeit der Jungparlamentarier beträgt drei

Jahre. Danach scheidet ein Mitglied automatisch aus. Jährlich finden im Rahmen des rollierenden Systems Ergänzungswahlen statt: wegen Ablauf ihrer Amtszeit und dem Ausscheiden aus dem JGR muß ein Drittel der Mitglieder des Gremiums neu hinzugewählt werden.

Da an den Schulen während der regulären Unterrichtszeit gewählt wird, ist die Wahlbeteiligung ungewöhnlich hoch. Sie liegt deutlich über 90%.

Jedes Jahr finden 4 bis 6 JGR-Sitzungen statt, bei denen der Oberbürgermeister auf Wunsch der Jugendlichen den Vorsitz führt, außerdem sind bei jeder Sitzung die Fraktionsvorsitzenden anwesend, die die Beschlüsse und Vorschläge der Jungparlamentarier aufnehmen und im Gemeinderat weiterberaten. Die Tagesordnungspunkte werden sowohl von der Stadtverwaltung wie auch von den Jugendgemeinderäten festgelegt. Der Jugendgemeinderat wählt je einen Delegierten und einen Stellvertreter in folgende kommunalen Ausschüsse und Beiräte:
- Umweltbeirat,
- Jugendhausausschuß,
- Verkehrsbeirat,
- Partnerschaftsbeirat,
- Schülerfestkommission,
- Stadtverband für Leibesübungen.

Auf Antrag des JGR wurde das Radwegenetz ausgebaut, die Verpackungen an den Schulen auf umweltfreundliche Materialien umgestellt und einige Spendenaktionen für wohltätige Zwecke durchgeführt. Außerdem wurden Reisen in die Partnerstadt, zum Jugendseminar nach London oder zum Jugendempfang des damaligen Bundespräsidenten Richard von Weizsäcker durchgeführt, der 1987 den Ehrenvorsitz des JGR Weingarten übernahm.

2.2 Der Jugendgemeinderat Filderstadt

Der Jugendgemeinderat (JGR) Filderstadt wurde im Jahre 1987 gegründet. Im Unterschied zum Modell in Weingarten wird diese Jugendvertretung von den Wahlberechtigten direkt in Urwahl gewählt. Die Initiative, einen Jugendgemeinderat einzurichten, kam aus dem Gemeinderat und der Verwaltung. Bezeichnend für dieses Modell ist, daß man den Jugendlichen kein fertiges Gremium mit Satzung, Geschäftsordnung und dergleichen vorgab. Vielmehr erhielten die Jungparlamentarier die Chance, sich selbst eine Struktur zu geben.

Geschäftsordnung des Jugendgemeinderats in Filderstadt

§ 1
Zusammensetzung des Jugendgemeinderats

1. Der Jugendgemeinderat besteht aus 20 ehrenamtlichen Jugendlichen (Jugendgemeinderäte).
2. Der Oberbürgermeister ist Vorsitzender des Jugendgemeinderats. Er hat kein Stimmrecht im Jugendgemeinderat.
3. Der Jugendgemeinderat wählt einen Sprecher, der dem Gremium als Primus inter pares vorsteht. Der Sprecher erhält zu seiner Unterstützung zwei zusätzlich zu wählende Stellvertreter.

§ 2
Ausschüsse

1. Der Jugendgemeinderat bildet für seine Arbeit Ausschüsse. Folgende Ausschüsse sind zu bilden:
   - Ausschuß für Verkehr,
   - Ausschuß für Umwelt,
   - Ausschuß für Jugend und Soziales.

   Empfohlen wird eine Zusammensetzung von 5 Mitgliedern pro Ausschuß.

   Jeder Ausschuß wählt einen Vorsitzenden, der gleichzeitig die Funktion eines Sprechers und Organisators erhält.

   Die Ausschüsse werden organisatorisch von der Stadtverwaltung unterstützt. Ihre Arbeit organisieren und leiten sie selbst.
2. Nach Bedarf können weitere Ausschüsse gebildet werden.
3. Die Mitglieder der Ausschüsse werden durch den Jugendgemeinderat durch Handzeichen gewählt.

§ 3
Referenten für jugendliche Minderheiten

1. Durch das Prinzip der freien geheimen Wahl ist nicht gewährleistet, daß bestimmte Gruppen von Jugendlichen eine Vertretung im Jugendgemeinderat finden. Deshalb sind für diese nicht im Jugendgemeinderat vertretenen Minderheiten Referenten aus der Mitte des Jugendgemeinderates zu wählen. Es handelt sich um folgende Gruppen:
   - Ausländer,
   - Behinderte,
   - Sonderschüler.
2. Der Jugendgemeinderat kann bei Bedarf einen weiteren Referenten wählen.

§ 4
Amtsführung

1. Die Jugendgemeinderäte sind verpflichtet, an den Sitzungen des Jugendgemeinderates teilzunehmen. Bei Verhinderung ist der Vorsitzende bzw. die Geschäftsstelle unter Angabe des Grundes rechtzeitig vor der Sitzung zu verständigen.
2. Die Jugendgemeinderäte sind verpflichtet, zu den Sitzungen des Jugendgemeinderates rechtzeitig zu erscheinen und ihnen bis zum Schluß beizuwohnen. Will ein Mitglied die Sitzung vor ihrer Beendigung verlassen, hat er sich beim Vorsitzenden abzumelden.
3. Die Sitzungen sind in der Regel um 21.00 Uhr zu schließen.

§ 5
Anzahl der Sitzungen

Sitzungen sind nach Bedarf, mindestens jedoch vier Mal pro Jahr einzuberufen. Wenn ein Viertel der Mitglieder des Jugendgemeinderates es wünscht, so ist zum nächstmöglichen Zeitpunkt eine Sitzung einzuberufen.

§ 6
Geschäftsverlauf

1. Anträge zur Tagesordnung werden grundsätzlich aus den Reihen der Mitglieder des Jugendgemeinderates gestellt. Die Verwaltung kann bei Bedarf oder aktuellem Anlaß einzelne Punkte zur Beratung auf die Tagesordnung setzen.
2. Die Ausschüsse haben dem Jugendgemeinderat regelmäßig Bericht zu erstatten. Der Bericht hat zu Beginn einer Sitzung zu erfolgen.

§ 7
Redeordnung

Der Vorsitzende eröffnet die Beratung nach dem Vortrag. Er stellt Wortmeldungen fest und erteilt das Wort grundsätzlich in der Reihenfolge der Meldungen. Bei gleichzeitiger Wortmeldung bestimmt er die Reihenfolge nach der von ihm zu führenden Rednerliste. Ein Teilnehmer an der Verhandlung darf das Wort erst ergreifen, wenn es ihm von dem Vorsitzenden erteilt ist.

§ 8
Verfahren mit dem Gemeinderat

1. Beschlüsse des Jugendgemeinderates, für dessen Behandlung der Gemeinderat zuständig ist, werden diesem durch den Oberbürgermeister als Antrag zur Abstimmung vorgelegt.

2. Die Beschlüsse des Jugendgemeinderates nach Ziff. 1 werden dem Gemeinderat durch ein Mitglied des Jugendgemeinderates erläutert. (§ 12 Abs. 2 Nr. 2.13 Hauptsatzung der Stadt Filderstadt.)

§ 9
Wahl des Jugendgemeinderates
1. Die Wahl zum Jugendgemeinderat findet alle zwei Jahre statt.
2. Das aktive und passive Wahlrecht besitzen alle Jugendlichen vom vollendeten 14. Lebensjahr bis zum Eintritt der Volljährigkeit. Weitere Voraussetzung ist, daß der Jugendliche zum Zeitpunkt der Wahl seit mindestens 6 Monaten in Filderstadt gemeldet ist.
3. Zu wählen sind 20 Jugendgemeinderäte im Wege der Mehrheitswahl.
4. Grundsätzlich finden für die Wahl des Jugendgemeinderates, soweit anwendbar, die einschlägigen Vorschriften des Kommunalrechts Anwendung.

§ 10
Abstimmung
1. Für allgemeine Anträge reicht eine einfache Mehrheit aus.
2. Bei Anträgen zur Änderung der Geschäftsordnung ist eine 2/3-Mehrheit der Mitglieder des Jugendgemeinderates erforderlich.

§ 11
Studienfahrt
Der Jugendgemeinderat führt zu Beginn der Legislaturperiode, spätestens jedoch nach der ersten Sitzung, eine Studienfahrt durch.

§ 12
Der Oberbürgermeister unterstützt den Jugendgemeinderat nach bestem Wissen und Gewissen.

Der Jugendgemeinderat wurde im Oktober 1987 zum ersten Mal gewählt. Alle Filderstädter Jugendlichen vom vollendeten vierzehnten bis zum noch nicht vollendeten achtzehnten Lebensjahr besitzen das aktive und passive Wahlrecht. Die Wahl ist nationalitätenunabhängig. Gewählt werden 20 Jugendgemeinderäte, die Amtszeit beträgt 2 Jahre. Die Wahlen verlaufen ähnlich wie die für den Gemeinderat, mit dem Unterschied, daß es beim JGR nur eine Liste gibt. Auf dieser Liste kann sich jeder Wahlberechtigte selbst aufstellen. Bei diesem Partizipationsmodell gibt es keine Listen/Fraktionen, auch die Jugendorganisationen der Parteien spielen keine Rolle.

Jedes Wahlsystem hat seine Vor- und Nachteile. Bei der Urwahl ist beispielsweise festzustellen, daß die Wahlbeteiligung in der Regel nicht allzu hoch ist (Filderstadt: 1987: 25%, 1989: 23%, 1991: 27%, 1993: 42%, 1995: 33,6%, 1997: 43,1%). Auch ist nicht von vornherein sichergestellt, daß die verschiedenen Gruppen (z.b. alle Schularten, ausländische Jugendliche) in dem Gremium vertreten sind. Andererseits bietet die Urwahl die am weitestgehende demokratische Legitimation.

Vor jeder Wahl ruft der Oberbürgermeister in einem Brief alle Wahlberechtigten zur Kandidatur auf. Interessierte Jugendliche müssen innerhalb einer bestimmten Frist ihre Bewerbung zur JGR-Wahl abgeben. An allen öffentlichen Stellen, wie auch im Gemeindeblatt, werden die Paßbilder der Kandidaten mit ihren Wahlsprüchen veröffentlicht. Es besteht die Möglichkeit, an den Schulen zu wählen: In jeder Schule wird ein Sonderwahlbezirk eingerichtet. Die Schüler können an einem Tag in der Woche vor dem eigentlichen Wahlsonntag an ihrer Schule wählen. Daneben gibt es, ähnlich wie bei der regulären Kommunalwahl, in jedem Stadtteil ein Wahllokal, das am Wahltag zwischen 11 und 15 Uhr geöffnet ist. Die Auswertungen der letzten Wahlen haben gezeigt, daß die Wahlbeteiligung an allen Schultypen gleich hoch ist.

Zu Beginn jedes Kalenderjahres wird ein Wochenendseminar zur Planung der Aktionen, die im Laufe des Jahres stattfinden sollen, durchgeführt. Außerdem finden jährlich 4 bis 6 offizielle Sitzungen statt, bei denen der Oberbürgermeister – auf Wunsch der Jugendlichen – den Vorsitz führt. In den Sitzungen haben die Jugendgemeinderäte die Möglichkeit, Anträge zu stellen und damit ihre Wünsche und Standpunkte in die Kommunalpolitik einzubringen. Neben diesen Sitzungen, bei denen auch Experten aus der Verwaltung zu verschiedenen Themen anwesend sind, gibt es noch eine Reihe weiterer Treffen des JGR, bei denen Veranstaltungen organisiert, Anträge besprochen und aktuelle Themen diskutiert werden. Mit den beschlossenen Anträgen geschieht je nach Zuständigkeit folgendes:
- Ein Teil der Anträge wird durch den Oberbürgermeister in den Gemeinderat eingebracht und dort nochmals beraten.
- Ein anderer Teil wird direkt von der Verwaltung realisiert.
- Ein weiterer Teil wird vom JGR selbst umgesetzt und durch den JGR-Etat finanziert (z.B. Veranstaltungen).

Es bestehen verschiedene Ausschüsse, wie zum Beispiel für Jugend und Soziales, Umwelt und Verkehr. Zudem gibt es einen Sprecher und zwei Stellvertreter, einen Sprecher für jugendliche Minderheiten und Ausschußsprecher. Dem JGR wird Anhörungs- sowie Rederecht und ein indirektes Antragsrecht (über den Oberbürgermeister) garantiert. Diese Rechte wurden vom Gemeinderat in einem Grundsatzpapier festgehalten.

Die Themen des JGR kommen allesamt aus den eigenen Reihen und beschäftigen sich mit allen Fragen, die in den Kompetenzbereich der Kommune fallen. Bei Podiumsveranstaltungen wurden aber auch schon überregionale Themen wie Tiertransporte, Balkankonflikt und Entwicklungshilfe behandelt.

Es ergaben sich in den letzten Jahren einige Schwerpunktthemen beim JGR Filderstadt wie Radwegeplanung, Umweltschutz, Öffentlicher Personennahverkehr (ÖPNV) und die Freizeitgestaltung in der Gemeinde. Zu diesen Themen wurden fast schon unzählbar viele Anträge gestellt. Einige dieser Anträge scheiterten an der technischen Durchführbarkeit oder einfach an Geldmitteln, die in der momentan sehr angespannten Haushaltslage nur sehr spärlich zur Verfügung stehen. Neben diesen Mißerfolgen, die zur politischen Arbeit eines jeden Gremiums gehören, gibt es viele Veränderungen und Initiativen, die vom JGR ausgegangen sind.

Auf Antrag des JGR wurde in einem Stadtteil eine Fußgängerzone eingerichtet, das Radwegenetz deutlich verbessert, eine „Wald- und Bachputzete" (eine Reinigung der gesamten Gemarkung von Abfällen) mit über 300 Freiwilligen wieder eingeführt. Zudem führte der JGR viele verschiedene Veranstaltungen wie zum Beispiel Konzerte, Kinonacht, Kabarett, Vorträge durch. Häufig sind Mitglieder des Jugendgemeinderats zu Info-Veranstaltungen in anderen Gemeinden eingeladen. Schließlich geht die Gründung des Dachverbandes der Jugendgemeinderäte in Baden-Württemberg auf die Initiative von Filderstädter Jugendlichen zurück.

2.3 Das Kinder- und Jugendparlament Ulm

Um die Gesamtkonzeption „kinderfreundliche Stadt Ulm" zu komplettieren, fand am 15. Mai 1993 die erste Sitzung des Ulmer Kinder- und Jugendparlaments (KiJuPa) statt. Im KiJuPa kann jede Schule durch einen Delegierten und seinen Stellvertreter vertreten werden. Die Beteiligung der Schulen ist freiwillig; 43 von 45 Schulen sind zur Zeit vertreten. Dieses Modell garantiert, daß Sonderschüler und Gymnasiasten gemeinsam in einem Parlament sitzen. Die 43 Delegierten und ihre Stellvertreter treffen sich mindestens zweimal jährlich unter Vorsitz des dreiköpfigen Sprecherrates und in Anwesenheit des Oberbürgermeisters im großen Saal des Rathauses. Zur Vorbereitung dieser Sitzungen

– an denen über 80 Kinder und Jugendliche im Alter von 9 – 17 Jahren teilnehmen – finden Klausurtagungen zur Gestaltung des geplanten Schwerpunktthemas einer Sitzung statt. Bisherige Schwerpunktthemen waren u.a. „Was würde ich tun, wenn ich Bürgermeister wäre?" oder „Das Zusammenleben von alt und jung in Ulm". Obwohl der Oberbürgermeister nicht mehr den Vorsitz führt, hat er sich dazu bereit erklärt, beschlossene Anträge in den Gemeinderat einzubringen.

Im Gegensatz zu den vorgenannten zwei Modellen gibt es in Ulm kein festes Wahlsystem. Es ist den Schulen überlassen, auf welche Weise sie ihre Delegierten bestimmen, die für drei Jahre dem Gremium angehören. Seit der Satzung vom Oktober 1994 werden die Delegierten an den Schulen gewählt. Vorher kam es auch vor, daß der Schulvertreter und sein Stellvertreter vom Lehrerkollegium oder vom Rektor bestimmt wurden. Bei Schulwechsel, Wechsel des Hauptwohnsitzes und in sonstigen Fällen des Ausscheidens rücken die jeweiligen Ersatzleute nach. Aufgrund der geringen Anzahl von Sitzungen und der Größe des Parlaments ist es nötig, Spielnachmittage, Grillfeste oder ähnliches durchzuführen, um gegenseitiges Kennenlernen zu ermöglichen und damit auch Hemmschwellen bei den Sitzungen abzubauen.

Zwar ist das KiJuPa Ulm der Statistik zufolge ein kleines Abbild des Europaparlamens mit Vertretern aus vielen Ländern. Gleichwohl sind die ausländischen Delegierten mit 16,8% im Vergleich zu ihrem Anteil an allen Ulmer Schülern mit ca. 25% unterrepräsentiert. Ausländische Kinder besetzen eher die Stellvertreterposition (34%). Erfreulich ist die Entwicklung hinsichtlich des Mädchenanteils im Parlament. Anfangs waren die Mädchen noch die typischen „Stellvertreterinnen", heute gibt es unter den Delegierten gleich viele Mädchen wie Jungen. Von Beginn an gab es Bestrebungen, das Parlament effizienter zu gestalten: Dazu wurde eine Geschäftsordnung entwickelt, Sprecher gewählt und das Gremium auf immerhin noch vierzig Mitglieder verringert. Das Ziel, einen Jugendgemeinderat einzurichten, ist vorläufig an zwei Gemeinderatsfraktionen gescheitert. Ausgerechnet eines der jüngsten Gemeinderatsmitglieder erwirkte beim Oberbürgermeister ein Redeverbot eines Sprechers des Kinder- und Jugendparlamentes. Deren Reaktion: „Das Kinder- und Jugendparlament wird es weiterhin als eine seiner Hauptaufgaben sehen, [...] Teile des Gemeinderats davon zu überzeugen, daß die Umwandlung des Parlaments in einen Jugendgemeinderat kein Nachteil für Gemeinderäte [...], sondern im Gegenteil einen gewaltigen Schritt vorwärts darstellt. Vorwärts, das heißt hin zum fairen Miteinander Ulmer Bürgerinnen und Bürger!" (Kinder- u. Jugendparlament der Stadt Ulm, S. 14).

Immerhin wurden auf Antrag des KiJuPa die Ulmer Schulhöfe geöffnet, im gesamten Stadtgebiet Basketballkörbe aufgestellt, ein Malwettbewerb ausgeschrieben sowie die Diskussion um „Alte und Junge" angeregt.

3. Die Wahlen

Jugendgemeinderäte sind eine der Möglichkeiten zur kommunalpolitischen Beteiligung junger Menschen. Als Stärke dieses Modells hat sich in der Vergangenheit seine Flexibilität erwiesen, so daß auf örtliche Gegebenheiten besondere Rücksicht genommen werden kann. Dies kommt insbesondere bei der Größe der Kommunen und der Anzahl der jungen Räte, bei der Häufigkeit der Sitzungen der Jugendgemeinderäte und bei den Wahlmodi zum Tragen. Vergleicht man die Daten in der aktuellen Zusammenstellung (März 1998) der Landeszentrale für politische Bildung (s. Anhang), so zeigt sich die Anpassungsfähigkeit dieses Beteiligungsmodells. Betrachtet man allein den Wahlmodus, wird die Vielzahl der Möglichkeiten deutlich. Es lassen sich drei Grundtypen unterscheiden:

3.1 Delegierte Jugendgemeinderäte

Hierbei werden vorhandene Organisationsstrukturen der Jugendlichen vor Ort genutzt. Aus den Reihen der Schülermitverwaltungen, der Vereine, der kirchlichen und anderen Gruppierungen werden in der zuvor vom Gemeinderat oder der Verwaltung festgelegten Anzahl Jugendliche in den Jugendgemeinderat entsandt.

Zwar fließt so das unmittelbare Gruppeninteresse in den Jugendgemeinderat ein, jedoch sind Doppelbelastungen und hohe Fluktuation eine häufige Randerscheinung, weshalb dieses Modell nur bei wenigen der insgesamt 72 Jugendgemeinderäte in Baden-Württemberg vorkommt.

3.2 Jugendgemeinderäte mit ausgeprägtem Schulbezug

Bei diesem Modell finden die Wahlen zum Jugendgemeinderat ausschließlich an Schulen statt. In einigen Gemeinden haben nur bestimmte Klassenstufen das aktive und passive Wahlrecht. Die Amtsperiode beträgt zumeist drei Jahre. Nach dem ersten Wahlgang erfolgen durch die jüngste Klassenstufe jährlich Neuwahlen und die jeweils älteste Klassenstufe scheidet automatisch aus dem Jugendgemeinderat aus. Die Wahlbeteiligung liegt bei diesem Typ zwischen 64% und 95%. Die zum Teil überraschend hohe Wahlbeteiligung wird erreicht, weil die Wahl häufig als Schulveranstaltung organisiert und zumeist im Klassenverband gewählt wird. Auch auswärtige Schülerinnen und Schüler sind zur Wahl zugelassen.

Im engeren Sinne handelt es sich bei diesem Modell nicht um ein allgemeines Wahlrecht. Es ist jedoch kostengünstig, da keine Wahlverzeichnisse aufgestellt und Wahlunterlagen verschickt werden müssen. Für Gemeinden, in denen nicht alle Schultypen vertreten sind, ist diese Form allerdings nahezu unbrauchbar. In jüngster Zeit gibt es Versuche, diesen Typ mit dem Modell Jugendgemeinderäte durch Urwahl zu koppeln.

3.3 Jugendgemeinderäte durch Urwahl

Bei dem überwiegenden Teil der Jugendgemeinderäte in Baden-Württemberg wird die Urwahl durchgeführt. Orientiert am baden-württembergischen Kommunalwahlrecht, haben alle Jugendlichen einer bestimmten Altersspanne das aktive und passive Wahlrecht. Die untere Altersgrenze liegt in der Regel bei 14, die obere bei 18 Jahren. Auch Jugendliche aus Nicht-EU-Staaten sind zumeist wahlberechtigt. Gewählt wird ausschließlich nach dem Persönlichkeitswahlrecht. Die Amtszeit beträgt in der Regel 2 Jahre mit der Möglichkeit der einmaligen Wiederwahl.

Diese Anlehnung an den Wahlmodus der Gemeinderäte hat sich in der jüngsten Vergangenheit durchgesetzt. Von den 17 im Jahre 1995 gegründeten Jugendgemeinderäten wurden 12 in Urwahl ermittelt. Davon lag in fünf Fällen die Wahlbeteiligung bei über 40%. 1997 wurden 10 Neugründungen in Urwahl ermittelt, wovon sechs eine Wahlbeteiligung von über 40% erzielten.

3.4 Wahlbeteiligung

Bei den „Delegierten Jugendgemeinderäten" wird entweder nicht gewählt oder die einzelnen Stimmergebnisse liegen nicht vor. Auch bei Jugendgemeinderäten mit ausgeprägtem Schulbezug sind nicht generell die prozentualen Wahlbeteiligungen vorhanden. Durch die Übersicht wird deutlich, daß die Wahlbeteiligungen sehr unterschiedlich sind. Die Bandbreite reicht von 9% bis 95%. Hierbei ist zu berücksichtigen, daß Jugendgemeinderäte noch kein weitverbreitetes und bekanntes Beteiligungsmodell sind und in einigen Fällen die Unterstützung fehlt. Aus einer 1996 durchgeführten Umfrage unter Jugendgemeinderäten wird die Bedeutung des Schulunterrichts für die Grundinformationen über politische Beteiligungsmodelle deutlich. Danach erhielten Jugendgemeinderäte ihre Erstinformationen über dieses Modell zu 43,2% von Lehrerinnen und Lehrern, zu 24,7% durch Freunde und zu 22,1% durch den Jugendgemeinderat selbst (Metzger 1996, S. 95). Die Möglichkeiten der Kommunen, für dieses Beteiligungsmodell zu werben, sind beschränkt. Aus den Erfahrungen der Landeszentrale für politische Bildung kann festgehalten werden, daß Jugendgemeinderäte verstärkt dort wahrgenommen werden, wo Kommunen den Handlungsspielraum für Jugendliche bereitstellen und junge Menschen Erfolge in ihrer kommunalpolitischen Arbeit nachweisen können. Daß Jugendgemeinderäte nicht nur für kleinere und mittlere Gemeinden, sondern auch für Großstädte praktikabel sind, zeigen die Beispiele aus Stuttgart, Heilbronn und Reutlingen. In Reutlingen wurde im Januar 1997 der erste Jugendgemeinderat gewählt (Stadt Reutlingen 1997). Von den 103 Kandidaten wurden 30 Jugendliche in *Urwahl* gewählt. Die Wahlbeteiligung betrug 61,57%. Platz eins, zwei und drei gingen an drei junge Frauen. Mit 19 Jugendgemeinderätinnen und 11 Jungen nimmt Reutlingen den Spitzenplatz bei der weiblichen Beteiligung ein. Aber auch sonst haben die Jugendgemeinderäte keine „Quotenregelung" nötig: 1996 betrug das Verhältnis von Mädchen zu Jungen 42,3% zu 57,7%, im März 1998 43,3 zu 56,7%. Die Jugendgemeinderäte sind eben keine jungendominierte Veranstaltung, wie Kritiker behaupten (s. Hermann 1996, Landesjugendring 1997 sowie Sturzenhecker 1998). Gleichwohl bleibt festzuhalten, daß Jugendgemeinderäte eher aus dem Gymnasium kommen und daß Auszubildende in der Regel unterrepräsentiert sind.

Jugendgemeinderat Reutlingen Zusammensetzung nach Schularten				
Schulen	Anzahl Wahlberechtigte	Wahlberechtigte in %	Gewählte Vertreter absolut	in %
Hauptschulen	679	15,30	1	3,33
Realschulen	947	21,34	6	20,00
Gymnasien	1.414	31,87	19	63,33
Berufsbildende Schulen	739	19,07	2	6,67
Sonstige Schulen	299	6,74	2	6,67
Andere Wahlberechtigte	359	5,68	–	–

4. Der Dachverband der Jugendgemeinderäte Baden-Württemberg

4.1 Entscheidungs- und Mitwirkungskompetenzen

Jugendgemeinderäte sind von den etablierten Räten und vor allem von den Bürgermeistern abhängig, so heißt es. Vor diesem Hintergrund waren sich beispielsweise Jugendräte aus Baden-Württemberg schnell einig, daß ein Dachverband gegründet werden sollte. Mit Hilfe der Landeszentrale für politische Bildung fanden mehrere Treffen statt, auf denen neben dem Erfahrungsaustausch auch eine Satzung des Dachverbandes und dessen Aufgaben beschlossen wurden. Schließlich wurde eine Empfehlung zur Änderung der Gemeindeordnung in Baden-Württemberg dem Innenminister überreicht.

> **Empfehlung zur Änderung der Gemeindeordnung**
>
> 1. Alle Jugendlichen einer Gemeinde, die das aktive und passive Wahlrecht noch nicht besitzen, können sich zum Jugendgemeinderat aufstellen lassen und wählen.
> 2. Der Jugendgemeinderat hat bei jugendpolitischen Themen ein Antrags- und Rederecht, der etablierte Gemeinderat muß sich dann mit den Anträgen des Jugendgemeinderates befassen.
> 3. Dem Jugendgemeinderat wird ein Etat zur Verfügung gestellt.

Die Lobbyarbeit der Jugendlichen zeigte in den folgenden Jahre erste Früchte: Als ein Fazit der 1993 und 1995 durchgeführten Jugendkonferenzen des Landes heißt es in der jugendpolitischen Konzeption der Landesregierung: „Nach Auffassung der Landesregierung ist es aus staats- und gesellschaftspolitischen Gründen wünschenswert, Jugendliche stärker in das kommunalpolitische Geschehen einzubeziehen. Die Einführung von Jugendgemeinderäten ist hierfür eine geeignete Möglichkeit. [...] Ob darüber hinaus eine zwingende Beteiligungsregelung in der Gemeindeordnung notwendig ist, wird das Innenministerium im Zusammenhang mit der nächsten Novellierung des Kommunalrechts prüfen" (Jugendpolitische Konzeption der Landesregierung, S. 67). Nachdem 1996 die SPD-Landtagsfraktion einen Gesetzentwurf einbrachte, hat 1998 die von CDU/FDP geführte Landesregierung einen Gesetzentwurf eingebracht, der in der Gemeindeordnung einen § 41a vorsieht:

§ 41 a
Jugendgemeinderat

1. Die Gemeinde *kann* (Hervorhebung v. Verf.) einen Jugendgemeinderat einrichten.

2. Durch die Geschäftsordnung kann die Beteiligung von Jugendgemeinderäten an den Sitzungen des Gemeinderats in Jugendangelegenheiten geregelt werden; insbesondere *können* (Hervorhebung v. Verf.) ein Vorschlagsrecht und ein Anhörungsrecht vorgesehen werden.

Als Begründung wird hinzugefügt: „Zur Aufwertung der Jugendarbeit und der beratenden Mitwirkung von Jugendlichen in der kommunalen Selbstverwaltung werden Jugendgemeinderäte in die Gemeindeordnung aufgenommen. Im einzelnen wird insbesondere die Möglichkeit geregelt, Jugendgemeinderäte an den Sitzungen des Gemeinderats in Jugendangelegenheiten zu beteiligen, wobei die Einzelheiten in der Geschäftsordnung zu regeln sind; als besondere Mitwirkungsmöglichkeiten wird auf ein Vorschlagsrecht und ein Anhörungsrecht des Jugendgemeinderats ausdrücklich hingewiesen" (Landtagsdrucksache LT-DRS, 12/376).

Damit haben die Jugendlichen einen wichtigen Meilenstein in ihrer Arbeit erreicht, wenngleich sie eine höhere Verbindlichkeit ihrer Rechte erwartet hätten.

4.2 Erfahrungsaustausch

Das Rad nicht noch einmal erfinden müssen, lernen von anderen Jugendgemeinderäten und neue Projekte gemeinsam vorantreiben, dazu dienen die seit 1994 zweimal jährlich stattfindenden Dachverbandstreffen der Jugendgemeinderäte. Schwerpunkte waren bisher „Jugendhäuser", „Jugendforen", der „öffentliche Personennahverkehr" und „Moderations- und Rhetorikbeispiele". Für die Jugendgemeinderäte mindestens ebenso interessant war das *erste europäische Treffen der Jugendgemeinderäte in Deutschland*, das vom Landtag in Zusammenarbeit mit der Landeszentrale für politische Bildung 1996 durchgeführt wurde (vgl. Welz/Berger 1997). 150 kommunalpolitisch engagierte Jugendliche aus Frankreich, der Schweiz, Österreich und den Bundesländern Sachsen und Schleswig-Holstein trafen sich vom 24. bis 29. September 1996 zum Erfahrungsaustausch mit ihren baden-württembergischen Kolleginnen und Kollegen im Landtag. Den Höhepunkt bildete die Veranstaltung mit der parteipolitischen Prominenz. Für die Jugendlichen aus Baden-Württemberg ging es in erster Linie um die Anerkennung ihrer Arbeit bei den Erwachsenen, bei Politikerinnen und Politikern sowie um die Aufnahme der Jugendgemeinderäte in die Gemeindeordung. Das Ergebnis war für die Jugend zufriedenstellend: Wenn auch mit unterschiedlicher Intensität, begegnete man den jugendlichen Politikern mit Wohlwollen und von allen Fraktionen kam der Hinweis, daß die Aufnahme der Jugendgemeinderäte in die Gemeindeordnung dem Innenausschuß zur Beratung vorliege und Stellungnahmen von beteiligten Einrichtungen eingeholt würden. Auch erste internationale Früchte des Erfahrungsaustauschs konnten bereits geerntet werden: Von ihren Schweizer Kollegen wurden die Sprecher des Dachverbandes zu einer Tagung nach Genf eingeladen, und ein Arbeitsbericht im schweizerischen Organ der Jugendgemeinderäte wurde veröffentlicht.

4.3 Erfahrungsaustausch der Betreuer von Jugendgemeinderäten

Seit 1993, dem Gründungsjahr des Dachverbandes der Jugendgemeinderäte in Baden-Württemberg, gibt es einen Erfahrungsaustausch der Gemeindevertreter. Die in ihrer Verwaltung für Jugendgemeinderäte Zuständigen treffen sich jährlich auf der von der Landeszentrale für politische Bildung organisierten Veranstaltung. Anläßlich des europäischen Treffens der Jugendgemeinderäte nutzten viele Gemeindevertreter die Gelegenheit, den Erfahrungsaustausch mit den ausländischen Betreuern zu suchen. Die Themen waren länderübergreifend dieselben: Die Zusammenarbeit der Jugendlichen mit den Gemeinderäten. Wie sieht die Betreuung im Detail aus und wie hoch ist der Zeitaufwand? Und wie können Jugendliche für diese Arbeit motiviert werden? Übereinstimmend stellten die Anwesenden fest, daß jeder Jugendgemeinderat betreut werden muß. Häufig sei es notwendig, neben der verwaltungstechnischen Begleitung auch sozialpädagogische Kenntnisse und Fähigkeiten einzusetzen.

Der Austausch auf internationaler Ebene ist für die Verwaltungsmitarbeiterinnen und -mitarbeiter so wichtig wie für die Jugendlichen, erklärten die beiden Moderatoren Ulrike Matthes aus Filderstadt und Jürgen Stübler aus Weingarten.

4.4 Jugendgemeinderäte sammeln für das Kinderzentrum Brezovica (Kroatien)

Wie auch das folgende Beispiel zeigt, werden durch den Dachverband Jugendgemeinderäte zunehmend überregional aktiv.
 Brezovica ist kein Kinderheim. Brezovica ist ein Zentrum für kriegsverletzte Kinder. Und die Statistik der Kinder im Rehabilitationszentrum Brezovica erzählt von Angst und Leid: 36 Kinder haben ihre Eltern verloren, 12 sind gelähmt, fünf Kinder haben Schwierigkeiten mit der Psychomotorik, sechs Kinder sind vollkommen blind, bei drei Kindern mußten ein oder beide Beine amputiert werden. Viele Kinder haben mehrere Erkrankungen oder Störungen gleichzeitig. „Und manche Kinder sind körperlich vollkommen gesund", sagt Jelena Brajsa, die Caritasdirektorin von Zagreb und Heimleiterin, „aber ihre Seele ist zerrissen. Bei 38 Kindern hat der Krieg solche Traumata hinterlassen, daß sie völlig unfähig sind, woanders als unter ständiger Aufsicht zu leben. Für 120 Kinder ist Brezovica gedacht, ursprünglich waren sogar nur 90 Plätze geplant. Jetzt kommen leider Gottes die Minenkinder, die Kinder, die beim Spielen auf eine Mine getreten sind – und das wird uns noch lange betreffen!" Brezovica ist mittlerweile ein weltweites Modell für die Ausgestaltung solcher Zentren geworden. Brezovica ist auch ein Modell der Versöhnung: Denn Kroaten, Muslime und auch Serben leben hier zusammen – oder lernen es, wieder zusammenzuleben. Frau Brajsa: „Wir müssen an den Frieden glauben, und der beginnt in den Herzen der Kinder." Jetzt, da das Kinderzentrum drei Jahre in Betrieb ist, stellen sich auch Erfolge ein. Mehr als 50 Kinder konnten rehabilitiert nach Haus entlassen werden. Ein Problem aber bleibt die Finanzierung des Modells. Kroatien zahlt zwar – ähnlich dem Pflegesatz in Deutschland – einen Betrag pro Monat und Kind. Das Geld aber reicht nicht aus, um das Kinderzentrum insgesamt zu finanzieren. Das Haus bleibt weiter auf Spenden angewiesen.
 Die Aktion des Süddeutschen Rundfunks wurde in diesem Jahr von den Jugendgemeinderäten unterstützt. In 29 Städten und Gemeinden wurden ab dem 6.12.1997 (Nikolaustag!) unterschiedliche Aktionen der Jugendgemeinderäte gestartet. In einigen Gemeinden wurden Infostände aufgebaut und Selbstgebackenes zugunsten des Kinderdorfes Brezovica verkauft. Ausgefallenere Ideen verwirklichten Jugendliche in Vaihingen/Enz: Gegen eine Spende von 50 DM erledigten sie die Kehrwoche. In Reutlingen wurde am Samstag eine Kinderbetreuung für die vom Weihnachtseinkauf gestreßten Eltern angeboten, und in Weil am Rhein und Graben-Neudorf fanden Benefiz-Konzerte für das

Kinderzentrum statt. Die Wirtin der Festhalle in Graben-Neudorf hat zudem den gesamten Erlös dieses Tages der Aktion zur Verfügung gestellt. Sie kommt selbst aus der Nähe von Brezovica.

Organisiert von der Landeszentrale für politische Bildung, waren 30 Delegierte der baden-württembergischen Jugendgemeinderäte in den Pfingstferien 1998 in Brezovica. Sie haben den Betrag der gespendeten Gelder von über 26.000 DM überbracht und dem Kinderdorf für mehrere Tage tatkräftig unter die Arme gegriffen.

5. Erfahrungen aus der Zusammenarbeit mit Jugendgemeinderäten

Seit 1991 bestehen intensive Kontakte der Landeszentrale für politische Bildung zu den Jugendgemeinderäten in Baden-Württemberg. Es war zunächst der Wunsch der Sprecher des JGR Filderstadt, einen Erfahrungsaustausch der damals in 8 Städten und Gemeinden existierenden Jugendgemeinderäte in Baden-Württemberg zu organisieren. Gemeinsam wurde daraus die Idee eines Dachverbandes der Jugendgemeinderäte entwickelt, dessen Aufgaben beschrieben und in einer Satzung festgelegt. Ein Organisationsapparat wurde von vornherein vermieden, der ehrenamtliche Schwerpunkt der Jugendgemeinderäte unterstrichen. Seit 1993 – dem Gründungsjahr des Dachverbandes – wird die Arbeit von den vier Sprecherinnen und Sprechern einer geschäftsführenden Gemeinde (bislang Filderstadt, Ulm und Offenburg) und dem Referat Außerschulische Jugendbildung der Landeszentrale für politische Bildung bewältigt. Nicht zu vergessen sind die Jugendlichen der mittlerweile über 70 Jugendgemeinderäte, die sich vor Ort für die kommunalpolitischen Interessen junger Menschen einsetzen. Jährlich werden zwei Dachverbandstreffen und eine Reihe von Aus- und Fortbildungsveranstaltungen durchgeführt, der regionale und internationale Erfahrungsaustausch organisiert und die Anregungen zur Änderung der Gemeindeordnung vorangetrieben. Insgesamt ist ein positives Fazit über den Einsatz, die Arbeit und die Resonanz der Jugendgemeinderäte auf regionaler Ebene zu ziehen.

Mit Nachdruck setzten sich der Dachverband und die Landeszentrale für politische Bildung daher für eine Aufnahme der Jugendgemeinderäte in die Gemeindeordnung ein. Den Aktivisten würde dadurch der Rücken gestärkt, und viele Erwachsene und Jugendliche würden über die Möglichkeit erfahren, daß jugendliche Einflußnahme in der Kommune nicht nur erwartet, sondern jugendliches Engagement erwünscht wird. Das setzt voraus, daß Jugendliche ernst genommen werden, also nicht nur Pflichten, sondern auch Rechte erhalten. Zudem braucht der Jugendgemeinderat eine (sozialpädagogische) Begleitung. Nicht nur bei Wahlen, auch bei den laufenden Sitzungen und dem Informations- und Entscheidungsangebot aus den Kommunen brauchen die Jugendlichen Unterstützung. Eine Kontaktperson innerhalb der Verwaltung ist deshalb unabdingbar. Die Unterstützung muß inhaltlicher und pädagogischer Art sein und kann vom ersten Kennenlernseminar der anderen jungen Räte bis zu geplanten Aktionen und zur Vorbereitung der nächsten JGR-Wahl reichen. Von den Verwaltungen sollte dafür mindestens 10 bis 30% einer Arbeitskraft eingeplant werden. Dies entspricht einem Erfahrungssatz einzelner Kommunen. Pädagogisch qualifizierte Mitarbeiter sind dabei von großem Vorteil.

Die Arbeit der Landeszentrale mit Jugendgemeinderäten beschränkt sich im wesentlichen auf die Koordination und Durchführung überregionaler Veranstaltungen. Daneben sind wir eine Serviceeinrichtung, beantworten Anfragen zum Jugendgemeinderat, zu seinem Dachverband und leisten vor Ort Informationshilfen.

Am Schluß sollen die Meinungen zweier Stadtoberhäupter und eines Jugendgemeinderates stehen. Auf die Frage: *„Sind Sie der Meinung, daß sich der Jugendgemeinderat bewährt hat?"*, antwortete Bürgermeister *Gerd Gerber* aus Weingarten:

„Der Jugendgemeinderat hat sich als Instituition bewährt, da er eine Mitbestimmung von Jugendlichen in kommunalpolitischen Fragen ermöglicht, weit über sonstige Beteiligungsformen hinaus. Durch ihn können verstärkt Sichtweisen und Meinungen von Jugendlichen in Interessensabwägungen mit einfließen, vor allem bei Themen mit kinder- und jugendspezifischem Bezug. Der Vorsitz des Oberbürgermeisters und die Präsenz von Fraktionsvertretern in diesem Gremium ‚verzahnt' den Jugendgemeinderat mit anderen Organen."

Und der Oberbürgermeister *Ivo Gönner* aus Ulm antwortete auf dieselbe Frage:

„Ja, er hat sich bewährt, und ohne die Existenz dieses jungen Gremiums wären einige positive Veränderungen in der Stadt nicht passiert, z.B. die Öffnung und Umgestaltung der Schulhöfe, Aktivitäten zum Thema jung und alt. Allerdings befindet sich das junge Gremium sowohl von der Konzeption, als auch von der Zusammensetzung her in ständiger Bewegung. Von ganz starren Erwachsenen-Ritualen nachgeahmten Zusammenkünften halte ich in diesem Bereich wenig."

Viele Jugendgemeinderäte könnten sich noch bessere Beziehungen zu ihren etablierten Kolleginnen und Kollegen vorstellen. Dies kommt in einem Ausspruch einer Jugendgemeinderätin auf dem internationalen Dachverbandstreffen zum Ausdruck: *„Erwachsene sollen Jugendlichen helfen und sich auch von ihnen helfen lassen. Denn Erwachsene wissen auch nicht alles."*

Literatur

Hans Herbert von Arnim: Pro oder contra Bürgerdemokratie? Politische Parteien, Interessenverbände und die Verfassungswirklichkeit der Bundesrepublik Deutschland. In: Hartmut Wasser (Hrsg.): Gemeinsinn und Bürgerpartizipation: Wunsch oder Wirklichkeit? (Weingartner Hochschulschriften Nr. 27). Weingarten 1998, S. 30-44

Wolfgang Berger: Jugendgemeinderäte – vom Objekt zum Subjekt in der Kommunalpolitik. In: Landeszentrale für politische Bildung (Hrsg.): Praktische politische Bildung. Schwalbach/Ts. 1997, S. 207-216

Michael C. Hermann: Jugendgemeinderäte in Baden-Württemberg. Eine interdisziplinäre Evaluation. Pfaffenweiler 1996

Ursula Hoffmann-Lange (Hrsg.): Jugend und Demokratie in Deutschland. Opladen 1995

Ursula Hoffmann-Lange: Jugend zwischen politischer Teilnahmebereitschaft und Politikverdrossenheit. In: Christian Palentien/Klaus Hurrelmann (Hrsg.): Jugend und Politik. Ein Handbuch für Forschung, Lehre und Praxis. Berlin 1998, S. 178-205

Ministerium für Kultus und Sport Baden-Württemberg: Jugendpolitische Konzeption der Landesregierung. o.J.

Kinder- u. Jugendparlament der Stadt Ulm (Hrsg): KIJUPA INFO Nr. 2/1997

Landesjugendring Baden-Württemberg (Hrsg): Leitfaden Partizipation. Stuttgart 1997

Renate Metzger: Politische Partizipation von Mädchen und jungen Frauen in den Jugendgemeinderäten Baden-Württemberg. Unveröffentlichte Diplomarbeit an der FH Esslingen 1997

Christian Palentien/Klaus Hurrelmann (Hrsg.): Jugend und Politik. Ein Handbuch für Forschung, Lehre und Praxis. Berlin 1998

Rainer K. Silbereisen/Laszlo A. Vaskovics/Jürgen Zinnecker: Jungsein in Deutschland. Jugendliche und junge Erwachsene 1991 und 1996. Opladen 1996

Stadt Reutlingen (Hrsg.): Dokumentation zur Jugendgemeinderatswahl vom 20. bis 25. Januar 1997 in Reutlingen. Reutlingen 1997

Benedikt Sturzenhecker: Qualitätsfragen an Jugendpartizipation. In: deutsche jugend. 5/1998, S. 210-218

Thomas Vollmer: Spaß oder Verdruß? Wunsch und Wirklichkeit politischer Partizipation von Jugendlichen. Diplomarbeit an der kath. FH Freiburg 1997

Hans Georg Welz/Wolfgang Berger: Brücken schlagen. Dokumentation. Jugendgemeinderäte in Europa 26.-29.9.96. Landtag von Baden-Württemberg. Stuttgart 1997

Jugendgemeinderäte (JGR) in Baden-Württemberg

Gemeinde / Stadt	EW i. Tsd.	seit	Anzahl JGR	Jahre Amtszeit	Wahl- alter	Wahlbe- teiligung	Wahl- system	Etat in DM	Mädchen/ Jungen
Weingarten	23.5	1985	32	3	8. Kl.	95%	3	5 000	16:16
Filderstadt	41.7	1987	20	2	14-17	43.1%	1	9 000	10:10
Tuttlingen	34.6	1987	27	1	14-17	-	-	18:9	
Bisingen	8.8	1989	22	3	8. Kl.-20	45%	0	-	9:13
Friedrichshafen	56.1	1990	30	2	14-20	37%	1	5 000	17:13
Gengenbach	11.0	1990	18	3	7.-9. Kl.	95%	3	2 500	8:10
Gernsbach	14.8	1990	20	2	5. Kl.-20	92%	4	2 000	10:10
Offenburg	55.0	1990	24	3	7.-13. Kl.	95%	2	10 000	10:14
Künzelsau	13.4	1992	12	2	15-17	30%	1	-	6:6
Leimen	26.0	1992	13	2	14-21	26%	0	5 000	7:6
Waldenburg	3.1	1992	10	2	14-19	46.1%	1	-	6:4
Hardheim	7.8	1993	18	3	14-18	20%	1	-	9:9
Kirchheim /Teck	38.0	1993	12	3	14-17	22%	1	1 000	8:4
Radolfzell	28.0	1993	15	2	14-18	27.9%	1	500	3:12
Ulm	114.0	1993	40	2	9-17	-	4	-	16:24
Weil am Rhein	27.4	1993	21	2	14-17	13%	1	4 000	4:17
Eppingen	18.9	1994	19	2	14-17	26%	1	10 000	9:10
Geislingen/Steige	28.1	1994	24	3	11-18	75%		3 000	6:18
Rechberghausen	5.3	1994	19	-			5	-	5:9
Schwäbisch Gmünd	63.8	1994	28	2	7.-11. Kl.	95%		10 000	13:15
Waiblingen	50.2	1994	17	2	14-17	20%	1	10 000	6:11
Winnenden	26.6	1994	16	2	14-18	12%	1	2 000	5:11
Zell am Harmersbach	7.7	1994	12	2	13-18	25%		2 000	4:8
Bad Liebenzell	9.0	1995	18	2	14-18	57%	0	3 000	7:11
Emmendingen	24.5	1995	20	2	14-18	67%		5 000	10:10
Gerlingen	18.1	1995	18	2	14-18	36%	1	4 000	5:13
Göppingen	56.8	1995	20	2	13-19	26%		5 000	4:16
Königsbronn	7.7	1995	10	2	14-18	52%		2 000	0:10
Laichingen	9.9	1995	21	1	12-20	-	0	500	10:11
Lauda-Königshofen	15.4	1995	12	2	14-19	22.3%	1	3 000	3:9
Rheinfelden	30.1	1995	21	2	14-20	25%		1 000	8:13
Rheinstetten	20.1	1995	21	2	14-18	46.3%	1	11 000	10:11
Schramberg	19.7	1995	20	2	7.Kl.-20	32.8%	0	3 500	10:10
Stockach	16.4	1995	10	2	14-18	24%	1	10 000	2:8
Stuttgart	562.0	1995	5 Bezirke	2	14-18	9-21%		25 000	24:37
Vaihingen/Enz	26.4	1995	20	2	13-17	22%		4 500	11:9
Waldbronn	12.4	1995	15	2	12-18	23.5%	1	1 000	7:10
Bietigheim Bissingen	40.2	1996	17	2	14-18	15%	1	3 000	7:10
Brigachtal		1996	9	2	14-18	20%			5:4
Graben-Neudorf	10.9	1996	12	2	13-17	47%	1	3 000	5:7
Heidenheim	52.6	1996	21	2	14-Schulaustritt		6	5 000	9:12
Kehl	33.4	1996	24	2	8.-11. Kl.	80%	1	4 500	12:12
Markgröningen	13.8	1996	13	2	13-17	41.0%		10 000	5:8
Möglingen	10.4	1996	12	2	14-18	25%		-	7:5
Mühlacker	25.5	1996	20	2	14-18	67.7%	2	-	10:10
Nürtingen	39.0	1996	10	2	13-18	-	6	5 000	1:9
Salach	7.6	1996	11	2	14-18	25%	1	3 500	4:7
Tettnang	16.7	1996	15	2	14-20	20.4%		5000	6:9

Jugendgemeinderäte (JGR) in Baden-Württemberg

Gemeinde / Stadt	EW i. Tsd.	seit	Anzahl JGR	Jahre Amtszeit	Wahl-alter	Wahlbe-teiligung	Wahl-system	Etat in DM	Mädchen/Jungen
Wolfach	6.1	1996	17	2	12-17	75%	0	2 000	5:12
Asperg	12.0	1997	12	2	13-17	41%	1	5 000	5:7
Bruchsal	41.0	1997	20	2	13-17	41.5%	1		7:13
Denzlingen	12.3	1997	13	2	14-18	63.8%	0	-	5:8
Donzdorf	11.4	1997	11	2	13-20	32.1%	1	4000	10:1
Eislingen	18.3	1997	15	2	12-18	52.0%	1		6:9
Esslingen	90.3	1997	20	2	14-18	15.0%	1	20 000	14:6
Ettlingen	38.5	1997	20	2	14-17	41.9%	1	20 000	6:14
Hechingen	19	1997	21	2	14-20	26.8%		3 000	10:11
Karlsbad	16	1997	15	2	13-18	32.4%		3 000	6:9
Oberstenfeld	7.9	1997	10	2	14-17	51.3%		-	3:7
Oftersheim	10.5	1997	10	2	14-20	30%		-	7:3
Reutlingen	107.6	1997	30	2	14-18	64.3%	1	30 000	19:11
Spaichingen	12	1997	12	2	14-18	35%	1	00:00	5:7
Waldkirch	19.6	1997	16	2	13-17	65.4%	0	00:00	8:8
Wiesloch	25	1997	12	2	14-19	36.0%		10 000	3:9
Gaggenau	29.5	1998	15	2	12-18	38.5%	1		10:5
Heilbronn	118.9	1998	20	2	14-18	57.4%	2	15 000	8:12
Holzgerlingen	11.5	1998	14	2	14-18	56.3%	1	10 000	6:8
Singen	44.4	1998	21	2	14-18	36%	1	13 000	7:14

Wie sind Jugendgemeinderäte legitimiert?

1 **Urwahl**   Alle Jugendlichen der Gemeinde haben das aktive und passive Wahlrecht.

2 **Schulwahl**   Alle Schülerinnen und Schüler in der Gemeinde haben das aktive und passive Wahlrecht.

3 **rotierende (Schul-)Wahl**   Jedes Jahr scheidet ein Teil der JGR-Mitglieder aus und wird neu gewählt.

4 **Delegierten-prinzip**   Aus Schulen, Vereinen etc. werden Jugendliche in den JGR gesandt / gewählt.

5 **Freiwilligkeit**   Jeder Jugendliche (ohne Wahl) kann aktiv an der JGR-Arbeit teilnehmen.

6 **Sonstiges**

Wolfgang Redwanz

Der Schülerwettbewerb zur politischen Bildung

Ein Beispiel für handlungsorientiertes Lernen

1. Vorbemerkungen

Es ist die ausgesprochene Intention, die „Philosophie" des von der Bundeszentrale für politische Bildung veranstalteten „Schülerwettbewerbs zur politischen Bildung", handlungsorientiertes Lernen zu ermöglichen und einzufordern. So zielen die Hinweise des Ausschreibungstextes von 1997 auf Projektunterricht, „eigenständiges Arbeiten" und „entdeckendes Lernen". Die Schülerinnen und Schüler sollen dabei „selbständig Informationen beschaffen, Probleme erkennen, analysieren und lösen sowie dann eigene begründete Meinungen entwickeln. Die Lehrkraft sollte sich während der Arbeit am Schülerwettbewerb auf die Rolle des ‚Ratgebers' beschränken." Diese Konzeption führt seit vielen Jahren zu einer konstant hohen Beteiligung.

In der zunehmenden Fülle der Wettbewerbe zählt der Schülerwettbewerb zur politischen Bildung zu den „Klassikern", der trotz seines Alters nichts an Attraktivität verloren hat. Seit der deutschen Einheit haben sich jährlich 4.000 bis 5.000 Klassen daran beteiligt. Bei einer angenommenen durchschnittlichen Schülerzahl von 25 pro Klasse sind das bei ca. 4.500 Einsendungen pro Jahr 112.500 Schülerinnen und Schüler, die die Aufgaben bearbeitet und ein gemeinsames Werkstück der Klasse eingeschickt haben. Eine beachtenswerte Erfolgsbilanz! Erfreulich ist auch die weitverbreitete Akzeptanz in den neuen Bundesländern, die 1997 mit 1.672 Arbeiten bei einer Gesamtzahl von 4.214 Wettbewerbsbeiträgen vertreten waren.

Das Hauptaugenmerk der folgenden Überlegungen richtet sich nicht darauf, ob sich unterrichtliche Handlungsorientierung mit und durch diesen Schülerwettbewerb vollzieht – das wird als Tatbestand vorausgesetzt –, sondern wie es konkret geschieht, wie sich beispielsweise die Lehrer- und Schülerrolle im Detail beschreiben läßt, wie sich das

Verhältnis von Freiraum und Vorgabe gestaltet. Es genügt nicht, sich eine fortschrittliche Methode aufs Panier zu schreiben. Sie bedarf der unterrichtlichen Präzisierung und Konkretisierung. Für den Autor, der Mitglied der Fachkommission ist, die unter Leitung der Bundeszentrale für politische Bildung die Aufgabenstellungen erarbeitet, ist es ein Versuch, über die Dimension Handlungsorientierung wesentliche Merkmale des Wettbewerbs zu reflektieren und zu prüfen, zu welchen spezifischen Ausprägungen des handlungsorientierten Lernens es unter den Bedingungen dieses Wettbewerbs kommt.

Neben der allgemeinen Beschreibung und Vorstellung des Wettbewerbs sollen insbesondere fünf Aspekte näher untersucht werden:
1. Inwieweit wird durch die allgemeine Struktur des Wettbewerbs, die Vorgehensweise, insbesondere durch den Prozeß der Aufgabenstellung und -auswahl schulische Praxisnähe und Handlungsorientierung gefördert?
2. Welche allgemeinen und spezifischen Handlungsmöglichkeiten intendiert der Schülerwettbewerb?
3. Welche Vorkehrungen werden in der Aufgabenstruktur des Wettbewerbs getroffen, damit Handlungsorientierung nicht zur Beliebigkeit führt und die fachliche Systematik und Solidität nicht auf der Strecke bleiben?
4. Welche Rolle kommt im Rahmen des Wettbewerbs auf die Lehrperson zu?
5. Gibt es Indizien dafür, inwieweit das, was der Wettbewerb in Richtung Handlungsorientierung anstrebt, auch unterrichtliche Realität wird?

Die Aufgabe lautet nicht, Handlungsorientierung eindeutig zu definieren, sondern von einem allgemeinen Verständnis her den Schülerwettbewerb zu befragen, was an seiner Konzeption und Durchführung als handlungsorientiert bezeichnet werden kann. Es ist eher ein praktischer denn ein theoretischer Beitrag, der hier geleistet werden soll.

2. Zum Vorverständnis von Handlungsorientierung

Didaktik und Methodik sind generell, das gilt auch für den Bereich der politischen Bildung, miteinander verwoben. Es handelt sich keineswegs um ein eindeutiges, einseitiges Ableitungs- und Deduktionsverhältnis. Unterrichtsformen und Bearbeitungsweisen sind außerdem auch keine Puzzle-Teile, deren Zusammenhang ein Ganzes ergibt, und auch keine Einzelelemente in einer geschlossenen unanfechtbaren Systematik. Deshalb lassen sich im methodischen Bereich auch keine Definitionen im Sinne klassischer Logik bilden, in denen Gemeinsames (genus proximus) und eine Besonderheit (differentia spezifica) eindeutig ausgemacht werden kann. Die aktuelle didaktisch-methodische Diskussion wird – fächerübergreifend – von Begriffen wie den folgenden bestimmt: Freiarbeit, Wochenplanarbeit, offener Unterricht, Projektunterricht, ganzheitliches, erfahrungsorientiertes Lernen, selbstorganisierter, schülerorientierter Unterricht und eben auch handlungsorientierter Unterricht.

„Fachkompetenz", „Sozialkompetenz", „Methodenkompetenz" und „Personalkompetenz" sind Schlüsselbegriffe und „Schlüsselqualifikationen", die auch die methodische Diskussion prägen. Handlungsorientiertes Lernen ist dabei häufig der Oberbegriff, der Kristallisationspunkt, in dem vielfältige Elemente aktueller Pädagogik gebündelt werden, wobei viele ältere pädagogische Intentionen, etwa die Reformpädagogik, einfließen und wieder aufgegriffen und mit neuen Ansätzen verknüpft werden. Diesen pädagogischen Intentionen gemeinsam ist nicht nur eine Ist-Beschreibung, sondern der Wille, die Unterrichtswirklichkeit nachhaltig zu verändern. Insofern sind es auch pädagogische Postulate. Und das Gegenbild, das es zu überwinden oder dessen Monopol es zu brechen gilt, ist ein stark lehrerorientierter Unterricht, der durch die Sprechanteile (die Lehrperson spricht in der Stunde mehr als der „Rest" der Klasse), die Dominanz in der Unterrichtsplanung, das Vorherrschen kleinschrittiger Erarbeitungsprozesse, durch Schulbuch- und Tafelbildpädagogik gekennzeichnet ist.

Handlungsorientierung ist kein präziser Begriff, er verweist wohl am ehesten auf den Gegenbegriff der bloßen Rezeptivität, die tendenziell zu Abhängigkeit, Unmündigkeit und Passivität des Schülers beiträgt, was gerade auch im Hinblick auf das Ziel eines aktiven, engagierten Bürgers kontraproduktiv wäre. Handlungsorientierung bedarf der näheren Präzisierung durch konstituierende Merkmale, ohne daß Anzahl und Reichweite abschließend festgelegt werden können. Es ist jedoch zu vermuten, daß etliche konsensfähige Elemente herauskristallisiert werden können.

Handlungsorientierung muß nicht andere Unterrichtsformen obsolet erscheinen lassen. Im Rahmen der Vorbereitungen der Wettbewerbsaufgaben macht die bereits erwähnte Fachkommission immer wieder die Erfahrung, daß sich nicht alle Themenaspekte der politischen Bildung mit Blick auf die Adressatengruppe für entdeckendes, schülerorientiertes Lernen eignen. Das ist mitunter der Grund, warum ein angedachtes und ausgearbeitetes Thema schließlich doch keinen Eingang in den Wettbewerb findet, obwohl es für die politische Bildung von ganz erheblicher Relevanz ist.

Das Spannende an der Handlungsorientierung ist das Detail. Wie und unter welchen Voraussetzungen gelingt eine solche Unterrichtskonzeption? Wie bestimmt sich dabei die Lehrer- und Schülerrolle? Wie wirken sich die Spezifika eines Wettbewerbs aus?

3. Der Schülerwettbewerb zur politischen Bildung im Steckbrief

Die Anfänge des Schülerwettbewerbs reichen bis in die 50er Jahre zurück. Von 1952 bis 1970 fand er unter der Bezeichnung „Preisausschreiben" statt, methodisch als Rätselspiel gestaltet, inhaltlich stark auf die Vermittlung politischer Grundkenntnisse fixiert. Aber auch damals war konzeptionell bereits ein Arbeitsunterricht intendiert, dessen lebendige Form die wichtigsten Begriffe und Tatsachen unseres demokratischen Staates den Schülern vermittelt.

Ab 1970 fand die überfällige Weiterentwicklung zum „Wettbewerb" statt. Mit dieser Namensänderung vollzog sich die Abkehr von weitgehend vorgedachten, festgelegten richtigen Lösungen und der starken institutionenkundlichen Orientierung zu einem – dem Wandel der politischen Bildung folgenden und diesen fördernden – schüler- und handlungsorientierten Bearbeitungsmodus. Mit dem Wettbewerb sollte der politische Unterricht insgesamt in diesem Sinne beeinflußt und verändert werden.

Seit dieser Zeit wird der Schülerwettbewerb durch vier wesentliche Elemente bestimmt:
1. Eine Differenzierung in Schularten gibt es nicht. Alle Schulen, auch deutsche Schulen im Ausland, mit den Jahrgangsstufen 6-11 werden zur Teilnahme aufgefordert.
2. Den Schülerinnen und Schülern werden in jedem Wettbewerb sechs Themen zur Auswahl angeboten. Dabei ist jedes Thema in zwei Schwierigkeitsgrade unterteilt, eine für die Klassenstufen 6./7./8. Schuljahr und eine für die Klassenstufen 9./10./11. Schuljahr. Somit richtet sich der Schülerwettbewerb an Schülerinnen und Schüler im Alter von 12 bis 17 Jahren.
3. Jede Klasse – es kann sich um einen Kurs, eine Leistungsgruppe, eine Arbeitsgemeinschaft handeln – darf nur ein Thema auswählen und nur eine gemeinsam angefertigte Arbeit einsenden. Gefordert wird somit eine Gemeinschaftsarbeit, eine Teamleistung.
4. In einem mehrstufigen Auswahlverfahren werden schließlich die besten Wettbewerbsarbeiten ermittelt und 500 Werkstücke prämiert.

Außer Geld- und Buchpreisen stehen 12 einwöchige Klassenreisen (Bonn, Berlin und das benachbarte Ausland) zur Verfügung. Alle Teilnehmer erhalten – unabhängig vom Gewinn – den jeweils neuen Jugendkalender der Bundeszentrale für politische Bildung (Schirmherr des Wettbewerbs ist der Bundespräsident).
Eine Themenübersicht der letzten drei Jahre zeigt, daß dem Wettbewerb ein weiter Politikbegriff zugrunde liegt und auch zeitgeschichtliche Fragestellungen als wichtige Dimensionen politischer Bildung einbezogen werden. Es handelt sich um eine breite Themenpalette, die nicht nur Politik- und Sozialkundelehrer anspricht.

Wettbewerb 1995:

1. Der lange Weg in die neue Heimat (Flucht und Vertreibung)
2. Nur ein Mädchen – bloß eine Frau?
3. Jugendamt – ein Amt für die Jugend?
4. 3. Oktober 1995 – 5 Jahre deutsche Einheit
5. Wohnungssuche – ein alltägliches Problem
6. Streitfall! Abreißen – Aufbauen – Erhalten?

Wettbewerb 1996:

1. Jugendkriminalität – Cliquenkriminalität?
2. Greenpeace, amnesty und andere Nichtregierungsorganisationen mischen sich ein
3. Behindert, aber ... Es ist normal, verschieden zu sein
4. Jüdische Spuren in unserer Region
5. Das ist doch nicht so schlimm (Alkohol, Ecstasy)
6. Trümmerfrauen

Wettbewerb 1997:

1. Bio- und Gentechnik in Lebensmitteln
2. Jeder Tropfen Wasser zählt
3. Wenn es die Polizei nicht gäbe
4. Wirtschaftsstandort Deutschland
5. Die da – draußen vor unserer Tür!
6. Denk mal! Was soll das Denkmal?

Die Themen weisen aus, daß in vielen Fällen bewußt fächerübergreifender Unterricht gefördert, begünstigt, nahegelegt wird. Besonders evidente Bezüge für den Wettbewerb 1997 ergeben sich bei der „Gentechnik" in der Zusammenarbeit mit Biologie und Chemie, bei „Jeder Tropfen Wasser zählt" mit Erdkunde, bei „Wirtschaftsstandort Deutschland" mit wirtschaftskundlichen Fächern (Arbeitslehre, Wirtschafts- und Sozialkunde u.a.). „Die da – draußen vor unserer Tür!" beinhaltet Brücken zum Fach Religion, und die „Denkmal"-Aufgabe stellt expressis verbis den zeitgeschichtlich-geschichtlichen Bezug her.

Fächerübergreifendes Arbeiten stiftet Sinnbezüge, bezieht häufig eine zweite und dritte Lehrperson ein, so daß Schüler die Lehrer im Team erleben und neue Erfahrungen machen, etwa verschiedene Auffassungen bei kontroversen Sachverhalten oder unterschiedliche perspektivische Zugänge kennenlernen. Bei der Erstellung des Werkstückes ist nicht selten auch der Kunsterzieher beteiligt.

Ob die fächerübergreifende Dimension konstitutiv für Handlungsorientierung ist, ist eine Frage der Definition; handlungsorientierter Unterricht erhält dadurch jedenfalls wertvolle Impulse. Die Themen weisen auch aus, daß soweit wie möglich an der Lebens- und Erfahrungswelt der Jugendlichen angeknüpft wird.

4. Aus der Praxis für die Praxis

Es lohnt sich, einen Blick auf die Aufgabenproduktion, auf das Procedere bei der Aufgabenstellung und Auswahl, auf die Logistik und die Säulen des Wettbewerbs zu werfen. Von der Ideenfindung über Erstentwürfe, Korrekturen, Erprobung im Unterricht, endgültige Texterstellung, Aufgabenauswahl bis zur Vor- und Endauswertung und Prämierung sind jährlich ca. 320 Personen beteiligt. Und zu ca. 95% handelt es sich dabei um Lehrpersonen, um Fachlehrer, Schulleiter, Fachleiter in den Seminarausbildungen, die allesamt über konkrete und aktuelle Unterrichtserfahrung verfügen, wobei auch die unterschiedlichen Schularten angemessen vertreten sind. Der verbleibende Prozentsatz setzt sich aus Professoren an pädagogischen Hochschulen, Schulaufsichtsmitgliedern, Journalisten und Autoren im Bereich der politischen Bildung zusammen. Es handelt sich um fünf Gruppierungen:
- eine Fachkommission, bestehend aus 10 Mitgliedern, die Aufgabenentwürfe erstellen;
- die Testlehrer und -lehrerinnen, die im Unterricht die von der Fachkommission erarbeiteten Entwürfe erproben (mindestens 130 Personen);

- Vorjuroren (Fachlehrer und -lehrerinnen der politischen Bildung), die die erste Auswertungsstufe durchführen und preisverdächtige Beiträge ermitteln (mindestens 130 Personen);
- die Jury, bestehend aus 40 Mitgliedern, die die 500 Gewinnerklassen bestimmt;
- Mitarbeiter und Mitarbeiterinnen der Bundeszentrale für politische Bildung, die für die inhaltliche und organisatorische Durchführung des Wettbewerbs verantwortlich sind.

Eine wesentliche Aufgabe der Fachkommission ist die Erstellung der einzelnen Arbeitsentwürfe zu unterschiedlichen politischen Themen. Ihre Mitglieder erarbeiten mit jeweils einer kleinen Arbeitsgruppe (3-4 Personen) Erstentwürfe, die dann in der Fachkommission vorgestellt werden. Insgesamt sind drei Überarbeitungsschritte vorgesehen: eine erste und zweite Diskussion in der Fachkommission und ein Testlauf mit mehr als 130 Klassen, die jeweils ein Thema bearbeiten und das geforderte Werkstück erstellen. Die Testlehrer melden außerdem ausführlich zurück, wie die Schüler mit den Aufgabenentwürfen zurechtgekommen sind, und unterbreiten auch Änderungsvorschläge. Auf dieser Basis findet eine letzte Überarbeitung in der Fachkommission statt, wobei einzelne Themen auch aus unterrichtspraktischen Erwägungen nicht weiter verfolgt werden.

Aus den testerprobten Themen wählt die Bundeszentrale für politische Bildung schließlich die endgültigen Aufgaben aus.

Die Erfahrung zeigt, daß das aufwendige Verfahren der Aufgabenerstellung wichtig ist. Die beteiligten Lehrer und Schüler stellen den unverzichtbaren Praxisbezug her. Und die drei vorgesehenen „Siebe", „Filter", Korrekturmöglichkeiten tragen deutlich zur Aufgabenverbesserung und – falls erforderlich – auch zur Eliminierung von Entwürfen bei.

5. Handlungskomponenten im Schülerwettbewerb

5.1 Themenauswahl und Bearbeitung

Nach den Sommerferien liegen in allen deutschen Schulen mit den Jahrgangsstufen 6-11 die Ausschreibungsunterlagen vor. Aus den sechs angebotenen Themen wählt die Klasse – nach gründlicher Diskussion – ein Thema aus. Das kann ein recht undramatischer Vorgang, aber ebenso ein höchst spannender Prozeß sein. Setzt sich spontanes Interesse durch? Findet eine Gegenüberstellung der verschiedenen Themen statt? Berücksichtigen die Schüler konkrete Bearbeitungschancen, günstige Voraussetzungen? Kommen „wettbewerbsstrategische" Überlegungen hinzu, etwa die Frage nach den Gewinnaussichten? Schließlich: Wie bindet man bei einer Abstimmung die unterlegenen Schüler konstruktiv ein? Die Möglichkeit, ein Thema selbst auszuwählen, vermag die Schüler aus der Passivität zu holen; sie treffen selbst die Themenentscheidung für eine ganze Unterrichtsreihe, und sie übernehmen damit Verantwortung für die weiteren Planungen.

Die Erfüllung der Aufgabenstellung erfordert zahlreiche Planungsprozesse von der Erhebung des Materials, der Informationsbeschaffung bis zur Auswertung und Interpretation sowie Meinungsbildung.

Für die große Mehrzahl der Aufgaben ist die Öffnung von Schule bedeutsam; Öffnung im doppelten Sinne:
1. Die Schüler erkunden Sachverhalte außerhalb der Schule, führen Erkundungen durch, suchen außerschulische Lernorte auf, bereiten Interviews und Gespräche mit Experten vor.
2. Zum Teil werden Experten auch im Klassenraum befragt. In der Regel werden Informationsmaterialien von verschiedensten Institutionen angefordert und im Unterricht ausgewertet.

Im Schülerwettbewerb 1997 werden beim Thema „Bio- und Gentechnik in Lebensmitteln" Fertigprodukte untersucht und die Verbraucherzentralen einbezogen. Beim Thema „Jeder Tropfen zählt" wird ein Wasserwerk erkundet. Die Aufgabe „Wenn es die Polizei nicht gäbe …" setzt in beiden Altersgruppen den Besuch einer Polizeiwache und ein Gespräch mit Polizisten/Polizistinnen voraus. Thema 4, „Wirtschaftsstandort Deutschland", baut auf einer Betriebserkundung und Expertenbefragung auf. Bei der Aufgabe „Die da – draußen vor der Tür!" ist ein Besuch einer Hilfseinrichtung bzw. ein Gespräch mit dem Mitarbeiter einer Einrichtung vorgesehen. „Denk mal! Was soll das Denkmal?" legt bei den Jüngeren (6./7./8. Schuljahr) die Beschäftigung mit Denkmälern der Umgebung nahe.

In nahezu allen Fällen führen die Aufgaben über Schulbucharbeit hinaus. Es geht um Realbegegnungen, um das Hereinnehmen sozialer und politischer Realität in den Unterricht, sicherlich eine wichtige Dimension von Projekt- und Handlungsorientierung.

Solche Unterrichtsvorhaben setzen eine Fülle von Einzelschritten voraus, mit denen zahlreiche Planungsschritte verbunden sind, die der Erörterung und der Entscheidung bedürfen. Welcher Experte soll eingeladen, welche Institution aufgesucht werden? Wer nimmt den Kontakt auf, wer knüpft die Beziehung? Wie kann man Realbegegnung, ein Expertengespräch angemessen vorbereiten? Welche Fragen sind für ein

Interview zu einem bestimmten Thema wichtig? Wen befragt oder interviewt man?

Das ist sicherlich eine wichtige Komponente von Handlungsorientierung. Die Schüler und Schülerinnen bestimmten die Themenwahl und die methodischen Schritte mit. Das betrifft ebenso Detail- und Grundsatzfragen. Die Aufgabe „Die da – draußen vor der Tür!" hat bewußt nur die Kontaktaufnahme mit Hilfseinrichtungen vorgesehen. Viele Schulklassen haben sich entschieden, darüber hinaus auch unmittelbaren Kontakt mit „Menschen auf der Straße" aufzunehmen.

Bei dieser Form von Unterricht spielen die unterschiedlichen Fähigkeiten, Kenntnisse und Beziehungen der Jugendlichen eine wichtige Rolle. Oft werden auch die Eltern für die Herstellung eines Kontaktes, etwa einer Betriebserkundung, einbezogen. Es geht primär um das Thema, aber es geht auch um Fragen wie „Wer kennt wen? Wer telefoniert? Wer schreibt? Wer kann photographieren? Wer ist mit Computergraphik zur Auswertung einer Befragung vertraut?" Die Heranziehung und die Einbringung ganz unterschiedlicher Fähigkeiten wird durch diese Form von Unterricht begünstigt. Eine Klasse erlebt sich als ein Team mit ganz unterschiedlichen Fähigkeiten, die für ein gemeinsames Projekt eingebracht werden und das Ergebnis optimieren. Sicherlich eine wichtige Erfahrung!

Dabei verbinden sich Methoden- und Sozialkompetenz. Es kommt zu einem Verbund unterschiedlicher Sozialformen: Einzelbeiträge von Schülern bei der Informationsbeschaffung und bei Textarbeit und Illustration; Partnerarbeit und Gruppenarbeit bei Interviewvorbereitung und -durchführung und bei arbeitsteiligen Prozessen; Pro- und Contra-Diskussion u.a. Vor allem das sachgerechte Zusammenfügen, Bündeln und sachgerechte Integrieren von Teilergebnissen aus der Gruppenarbeit verlangt der Lerngruppe viel ab.

5.2 Die Werkstückerstellung

„Einzusenden ist:", so lautet stets die letzte Ziffer der Aufgabenstellung. Der Klasse wird eine „Produktion", ein adressatenbezogenes Werkstück abverlangt. Die unterrichtlich erarbeiteten Inhalte, Erkenntnisse und Bewertungen müssen in einem vorgegebenen Werkstück dargestellt werden.

Die Statistik weist für die angegebenen Themen der letzten drei Jahre (18 Themen, je zwei Aufgabenstellungen) folgende Werkstücke aus:

Gruppe der Jüngeren: (6./7./8. Schuljahr): Wandzeitung (7x), illustrierter Bericht (3x), je einmal ein bebildertes Drehbuch, ein spielbares Quartett, eine Fallanalyse, ein Tagebuch, eine Bildergeschichte, Kalenderblätter, ein Kochbuch, eine Bildergalerie mit Texten.
Gruppe der Älteren: (9./10./11. Schuljahr): Illustrierte Artikel für die Schülerzeitung (8x), illustrierte Dokumentation (5x), je einmal eine Wandzeitung, ein Drehbuch, ein Videofilm (alternativ), eine bebilderte Reportage, eine bebilderte Informationsbroschüre.
Die Werkstücke, die eingefordert werden, beinhalten viele Komponenten der Produktion im Sinne Gieseckes[1], die er im Sinne einer methodischen Makrostruktur (neben sechs anderen) als eine besondere Modalität der Bearbeitung politischer Themen erläutert. Bei der „Produktion" sollte „nicht nur das *Bearbeiten* eines politischen Problems angestrebt werden, sondern auch die Darstellung der Arbeitsergebnisse für andere mit dem Zweck, bei diesen anderen für die eigenen Ansichten zu werben und mit ihnen darüber in eine Diskussion einzutreten" (a.a.O., S. 50). Nach Giesecke werden bei der Produktion wichtige Arbeitsmethoden präferiert und trainiert:

„a) die Fähigkeit, innerhalb einer Gruppe zu kooperieren;
b) die Fähigkeit zur Kreativität und Phantasie im Rahmen der Darstellung der Arbeitsergebnisse;
c) die didaktisch-methodische Fähigkeit, Gelerntes anderen mitzuteilen und den Adressaten so mit zum Problem zu machen;
d) die Fähigkeit, einfache Hypothesen zu bilden;
e) die Fähigkeit, selbstbewußt Material bei fremden Menschen und Institutionen zu erheben;
f) die Fähigkeit zur Differenzierung der sprachlichen und nichtsprachlichen Kommunikation;
g) die Fähigkeit, eigene Lernprozesse sozial zu präsentieren;
h) die Fähigkeit, journalistische Darstellungsformen zu verstehen und selbst zu handhaben, was man z.B. bei Bürgerinitiativen oder Interessenvertretung in der Schule braucht" (a.a.O., S. 58).

Neben den unterrichtlichen Elementen der Handlungsorientierung, die eine adressatengerichtete Präsentation im Werkstück impliziert, werden einige wichtige Kategorien politischen Handelns trainiert, wo-

---

[1] Vgl. Hermann Giesecke: Methodik des politischen Unterrichts. München 1975, S. 49-59

bei die unterschiedlichen Werkstücke auch unterschiedliche Akzente setzen. In einer bestimmten Weise Position zu beziehen, Argumente wirksam aufzubereiten, eine Erkundung im regionalen Raum in der lokalen Presse zu publizieren, sind Komponenten der Handlungsfähigkeit, denen für die aktive Beteiligung in der Demokratie ein hohes Gewicht zukommt. Das Werkstück selbst ist sicherlich noch kein politisches Handeln im engeren Sinne, das im übrigen nicht mehr in schulischer, sondern nur noch in individueller Verantwortung vollzogen werden kann; mit dem Werkstück nähert man sich jedoch der Schwelle politischen Handelns und dafür wird erforderliches Rüstzeug vermittelt. „Handlungsorientierung" ist in diesem Sinne auch eine „Orientierung" am Leitbild des „handelnden" aktiven Bürgers.

6. Die Rolle der Lehrperson

Bei stärker schüler- und handlungsorientierten Unterrichtsformen tritt der Lehrer bzw die Lehrerin in eine andere Rolle als in „Lehrgangsteilen". Auch der Wettbewerb wählt bewußt Themen aus, die Schülerselbsttätigkeit ermöglichen. Das ist am ehesten gegeben, wenn Schüler über Vorerfahrungen, Vorwissen verfügen und wenn die Themenstruktur nicht zu komplex ist. Folgerichtig kann sich die Lehrperson stärker zurücknehmen. Vielfach wird als „Berater", als „Prozeßberater" gehandelt. Und die Maxime lautet dann: „Soviel Schülertätigkeit wie möglich, so viel Lehrertätigkeit wie nötig!" Abgesehen davon, daß eine solche Maxime für jedweden Unterricht Gültigkeit beanspruchen könnte, greift diese Leitlinie zu kurz, ebenso die Konstruktion des Prozeßberaters.

Sowohl die didaktisch-methodische Literatur als auch die eigene Unterrichtserfahrung und die detaillierten Rückmeldungen der Testlehrer – die Frage nach der Lehrerhilfe ist im Fragebogen eine ganz zentrale – verweisen auf eine komplexe Rollenverschränkung.

– Der Prozeß der Themenauswahl erlegt auch dem Lehrer eine Mitverantwortung auf, der ja ggf. schon über Wettbewerbserfahrung verfügt, die Talente seiner Klasse kennt, mitunter auch die Bereitschaft von Kollegen für eine fächerübergreifende Zusammenarbeit einzuschätzen vermag und nicht zuletzt um die Lern- und Bearbeitungschancen in der Region weiß. Was nützt es, wenn sich eine Schulklasse „Jüdische Spuren in unserer Region" aussucht und das Umfeld ergibige Schülerrecherchen nicht zuläßt? Daraus kann und darf keine Lehrerdominanz abgeleitet werden, keine manipulative Über-

redungsstrategie, die die Schülerinteressen zurückstellt. Aber daraus resultiert die Pflicht des Lehrers, sich dialogisch einzubringen, redliche Abwägungsprozesse zu fördern und mitzuhelfen, daß Schüler eine durchdachte Entscheidung treffen, die ja im übrigen Schüler und Lehrer für 5 bis 15 Unterrichtsstunden bindet.
- Ohne Motivationsleistung geht es in vielen Fällen nicht. Mitunter muß schon die unterlegene Minderheit, die ein anderes Thema bevorzugt hätte, konstruktiv in das Unterrichtsvorhaben eingebunden werden. Auch jede gute Unterrichtsreihe kennt Durststrecken, Phasen der Resignation und Lustlosigkeit, die so ganz ohne Lehrermitwirkung nicht überwunden werden können. Das gilt umso mehr, wenn Pannen passieren, wenn das angeforderte Informationsmaterial nicht eintrifft oder ungeeignet ist, wenn der gewünschte Experte nicht zur Verfügung steht. Auch in diesen Situationen wird die Lehrperson nicht abseits stehen wollen und auch nicht dürfen.
- Das gilt auch für den Sachanspruch. Nur ein fachlich kompetenter Lehrer ist in der Lage, inhaltliche Voraussetzungen für die Themenbearbeitung zu klären, mit einer fachlichen Einführung eine Basis zu schaffen und bei Detailfragen und -problemen den Schülern Hilfen anzubieten. Je nach Komplexität des Themas bedarf ein schülerorientierter Unterricht auch einmal eines vom Lehrer gesteuerten Systematisierungsschrittes. Soweit um Standpunkte gerungen und Meinungen gebildet werden – und das ist bei politischen Themen eher die Regel –, übernimmt der Lehrer als Dialogpartner der Schüler eine Verantwortung, insbesondere, wenn es um grundgesetzliche Wertvorstellungen geht. Die Schüler müssen registrieren, spüren, erfahren, wie bedeutsam die Inhalte und die Intentionen des Gegenstandes für die Lehrperson sind; sie haben ein Recht, sich mit deren Meinung zu messen, sie herauszufordern. Damit wird keiner Lehrerdominanz, sondern einer hohen dialogischen Struktur das Wort geredet. Jeder handlungsorientierte Unterricht kommt in die Stufe der Ergebnissicherung und -auswertung. Wenn es um Einsichten, Werthaltungen, kontroverse Beurteilungen, also um Kernelemente politischer Bildung geht, sind dialogische Prozesse im Klassenverband unverzichtbar.
- Auch die Werkstück-Produktion erfordert die Unterstützung durch die Lehrperson. So muß über Ziel und Gestaltung einer Wandzeitung oder einer Reportage oder eines Drehbuchs Einvernehmen erzielt werden. Unter den Bedingungen eines Wettbewerbs ist eine besonders sorgfältige Qualitätskontrolle angesagt. Ein Lehrer, der Schüler im Wettbewerb allein läßt und nicht auch Impulse zur

Leistungsoptimierung in die Erarbeitung und in die Werkstück-Gestaltung einbringt, schmälert die Gewinnchancen von Schulklassen nicht unerheblich. Er ist mitverantwortlich, daß ein Optimum an Schülerkreativität freigesetzt wird und zur Entfaltung kommt. Ein Überengagement des Lehrers ist unter pädagogischen Gesichtspunkten im Rahmen eines Wettbewerbs jedoch eher schädlich, selbst wenn dadurch die Gewinnchancen erhöht würden. Natürlich läßt sich die quantitative und qualitative Seite der Beratungsfunktion der Lehrperson nicht festlegen. Viel hängt vom Alter der Schüler ab, von der Schulart, viel von der Erfahrung der Lerngruppe mit Arbeitsmethoden.

Nicht zuletzt ist es eine permanente Herausforderung für die Fachkommission, die Wettbewerbsaufgaben so zu gestalten, daß Schülerselbsttätigkeit gefördert wird.

7. Im Spannungsfeld von Aufgabe und Vorgabe

Sowohl der handlungsorientierte Unterricht als auch die Zielvorstellung politischer Bildung hat es wesentlich mit Offenheit und Freiräumen zu tun. Politische Bildung muß Platz haben für die Gewinnung kontroverser Standpunkte. Was politisch umstritten ist, muß auch in der Schule in dieser Pluralität behandelt werden, wobei die grundgesetzlichen Regelungen den Rahmen bilden. Aber selbst die Normen des Grundgesetzes dürfen den Schülern nicht übergestülpt werden; sie erfordern eine dialogische Bearbeitung, die die Verinnerlichung demokratischer Wertvorstellungen zum Ziel hat. Methodisch muß politischer Unterricht somit auf Offenheit angelegt sein.

Für handlungsorientierten Unterricht gilt das in besonderem Maße. Schüler können und sollen Freiräume nutzen, Themen mitbestimmen, Bearbeitungsschritte planen und Ergebnisse in kreativer Form aufbereiten und präsentieren. Da ist ein beträchtlicher Freiraum für die inhaltlich-thematische und methodische Durchdringung gegeben, ein Anreiz, den der Schülerwettbewerb bewußt einsetzt. Der Schülerwettbewerb kann allerdings auf die Einhaltung gewisser formaler Kriterien nicht verzichten. Zunächst sind es die Auflagen, die als wettbewerbstypisch gelten können: z.B. die Bearbeitung eines Themas in einem vorgesehenen Zeitrahmen. Zur Verfügung steht die Zeit vom Schuljahresbeginn bis zum 1. Dezember, dem Abgabetermin. Weiterhin hat das Werkstück einen festgelegten Umfang: z.B. die Info-Wand bis DIN A 1-Format oder die Illustrierte Dokumentation bis zu acht Seiten DIN A4.

Dahinter steht zunächst das vordergründige Ziel, den Wettbewerb „handhabbar" zu machen, von der Bewertungsmöglichkeit bis zur postalischen Zusendung und der Lagerfähigkeit. Die logistischen Aspekte dieses Wettbewerbs sind bereits angedeutet worden und dürfen nicht unterschätzt werden.

Die Festlegung auf ein bestimmtes Werkstück mit der Begrenzung des Umfangs dient auch der Vergleichbarkeit der Arbeiten; nur so können Kriterien entwickelt und bei der Bewertung herangezogen werden, die Transparenz und Gerechtigkeit ermöglichen. Die Schüler profitieren von dieser Vorgabe. Einsatz und Engagement der Schüler können sich an einer klaren Zielvorgabe orientieren, bis hin zur Möglichkeit der kritischen Selbstevaluation.

Es ist im übrigen erstaunlich, wie Schüler die mediendidaktischen Aspekte kritisch und kreativ ausfüllen. Da erscheint so manche Info-Wand im vorgeschriebenen Format von DIN A1 und nutzt geradezu raffiniert Möglichkeiten der Informationsvermittlung über eingebaute Kalenderblätter, Drehsysteme mit Info-Fenstern, herauszieh- und klappbare Detailinformationen. Hinzu kommt mancher technische „Gag", etwa die Möglichkeit der Orientierung auf der Info-Wand mit elektrischen Lichtsignalen. Vieles erinnert dabei an Präsentationstechniken moderner Ausstellungs- und Museumsdidaktik. Aufgabe und Vorgabe stehen beim eingeforderten Werkstück in einem fruchtbaren Spannungsverhältnis.

Noch wichtiger ist die Vorgabe einer klaren Aufgabenstruktur. Zwischen dem ausgewählten Thema und dem vorgegebenen Werkstück gibt es weitere Bindeglieder, die sowohl Vorgaben enthalten als auch Freiräume schaffen. Die Aufgabenstruktur läuft auf eine idealtypische unterrichtliche Schrittfolge hinaus, die methodische Wege aufweist, Untersuchungsaspekte vorgibt und auch definiert, welche Ergebnisse im Werkstück erwartet werden. Bei jedem Detailschritt kommt wieder das Spannungsverhältnis von Freiraum und Vorgabe zum Tragen. Beim „Wirtschaftsstandort Deutschland" (1997) heißt es bei den jüngeren Schülern: Einigt Euch auf *eine* Branche oder sogar auf *einen* Betrieb für die vorgesehene Untersuchung. Nach einer eingehenden Beschäftigung, für die die Vorspannmaterialien besonders wichtig sind, wählt die Klasse im Fadenkreuz von Neigung, Ergiebigkeit und örtlich-regionalen Gegebenheiten eine Branche und einen Betrieb aus. Der „Zwang" zur exemplarischen Beschäftigung entspricht zum einen den Gesichtspunkten einer notwendigen didaktischen Reduktion und ermöglicht zum anderen eine konkrete, anschauliche Bearbeitung einschließlich einer Realbegegnung (Betriebsbesichtigung, Gespräch mit Unternehmer und Betriebsrat) und somit eine Beurteilungsgrundlage und eine Basis für die anschauliche Präsentation, bis hin zu eigenen Fotos und Interviews der Schüler.

Einige Aufgaben basieren auf einer Befragung von Mitschülern und Bürgern, einem Expertengespräch, einem unterrichtlichen Erkundigungsgang, auf der gezielten Befragung von Zeitzeugen. Auf diese Weise werden gangbare methodische Wege aufgezeigt, deren Konkretisierung viel Freiraum übrig läßt und Einfallsreichtum nicht im Wege steht, sondern zielbezogen freisetzt.

Soweit wie möglich werden auch die Voraussetzungen für solche Erkundungen und Befragungen geschaffen. Dem Gespräch mit dem Staatsanwalt oder Jugendrichter geht eine Beschäftigung mit dem Jugendgerichtsgesetz voraus (Thema Jugendkriminalität/1996). In einigen Aufgaben werden beispielhaft Untersuchungsaspekte genannt, diese können erweitert oder es kann auch eine Konzentration vorgenommen werden. Der Aufgabentext, der in der Regel aus 4-8 Schritten besteht, macht jeweils deutlich, was unverzichtbar ist. Auch hier gilt, daß die kreative und kritische Bearbeitung einer deutlichen Aufgabenstruktur bedarf, die eine Brücke schlägt zwischen den Vorerfahrungen, dem Wissen der Schüler und dem thematischen Sachanspruch, der sich nicht in Beliebigkeit verlieren darf.

Es ist auch lohnend, die Beziehungen von Vorspann und Aufgabenstellung unter die Lupe zu nehmen. Die Qualität der Schülerarbeiten hängt nicht nur von der klaren Aufgabenstruktur ab, sondern auch von den Zusatzmaterialien, dem „Aufmacher", den Einstiegstexten. Sie sind für die Motivation und die Sensibilisierung der Schüler für mögliche Fragestellungen und methodische Einzelschritte bis hin zu Anregungen für die Werkstücksgestaltung eine wichtige Hilfe.

Freiraum und Vorgabe sind sicherlich nicht nur für einen Schülerwettbewerb, sondern für handlungsorientierten Unterricht im sozialen, ökonomischen und politischen Bereich wichtige konstituierende Prinzipien, in deren Spannungsfeld sich kritische und kreative Schülerarbeit entfalten kann.

8. Anspruch und unterrichtliche Realität

Bewirkt der Wettbewerb in der unterrichtlichen Praxis das, was er intendiert?

Eine systematische Analyse ist hier nicht möglich. Aber das vorhandene Wissen geht über bloßes Wunschdenken und Eindrücke hinaus. Es findet durchaus Evaluation statt. Zum einen sind es die Wettbewerbsbeiträge selbst, die in weiten Bereichen unterrichtliche Realität widerspiegeln. Zum anderen sind es die gezielten Rückmeldungen der Testlehrer, ca. 130 für jeden Probelauf, denen es obliegt, die Durchführbarkeit, insbesondere auch im Hinblick auf Handlungsorientierung zu überprüfen. Dafür steht ihnen auch ein umfangreicher Katalog zur Verfügung (Verständnisschwierigkeiten für Schüler, Problemverständnis, Beschaffung von Informationsmaterial, erforderliche Lehrerhilfe etc.). Daraus lassen sich Indizien ableiten, daß Wettbewerbstheorie und Wettbewerbspraxis sich durchaus nahekommen.

Der Wettbewerb verfügt auch über zufällige, nicht intendierte Evaluationen. So gibt es Rückmeldungen, daß viele Lehrpersonen, die aus den unterschiedlichsten Gründen sich nicht an der Ausschreibung beteiligen, Aufgabenstruktur und Vorspannmaterialien für die eigene Unterrichtsgestaltung einsetzen.

Besonders aufschlußreich sind Zeitungsartikel über das Wettbewerbsprojekt einer Klasse. Einige Klassen präsentieren auf diesem Wege der Öffentlichkeit ihre Arbeitsergebnisse. In sehr vielen Fällen werden die Werkstücke innerschulisch ausgestellt. So werden echte – und nicht nur fiktive – Adressatenbezüge hergestellt. Häufig gehen die Aktivitäten über den 1. Dezember, über das Abgabedatum hinaus. Mitunter erwächst daraus ein nachhaltiger Handlungsimpuls. Besser als interpretierende Äußerungen können das einige Zitate aus Artikeln und Briefen belegen, deren Substanz kaum zu bezweifeln ist.

Aufgabenstellung: Bio- und Gentechnik in Lebensmitteln, 1997/2:
„Insgesamt bedeutet der Sieg für uns, daß auch wir endlich zu Ansehen gelangen, da wir bisher als ‚Verliererklasse' gehandelt worden sind, besonders wenn man uns mit unserer Parallelklasse verglichen hat. Durch Ihren Wettbewerb bekamen wir die Chance zu beweisen, daß auch wir fähig sind, das Interesse der Presse zu wecken – ein recht mäßiges zwar, aber zu je einem Artikel mit Foto in den beiden gängigsten Zeitungen Coburgs hat es gereicht. Vor allem jedoch ist es uns ermöglicht worden, einen Teamgeist zu entwickeln, wie er in unserer Klasse noch nicht aufgetreten war, was unsere Klassengemeinschaft verfestigt hat. Unsere Klasse bewies zum ersten Mal wirkliches Engagement." (Coburger Tageblatt, 12.2.98)

„‚Der Wettbewerb der Bundeszentrale für politische Bildung bot die Möglichkeit, außerhalb des normalen Unterrichts projektbezogen zu arbeiten', freute sich Schulleiter Josef Schaachek über den Sieg seiner Schützlinge. Er weiß: ‚Ohne das Engagement der Schüler auch außerhalb der Unterrichtszeit wäre so ein Erfolg nicht möglich gewesen.' Lohn der Mühe ist für die

Klasse 10b eine Fahrt ins französische Straßburg." (Coburger Tageblatt, 12.2.98)

„In Gruppen, je nach Thema, bearbeiteten die Schüler dann diese Informationsflut. ‚Die meiste Arbeit lief selbständig in der Freizeit', erzählt Tanja Berwind. Nur einmal in der Woche kamen alle zusammen. Helmut Hoffmann als betreuender Lehrer hatte nicht viel zu tun. ‚Wenn 20 Leute zusammen was überlegen, muß ich als Lehrer nur koordinieren.'" (Coburger Tageblatt, 12.2.98)

Aufgabenstellung: Die da draußen vor der Tür! 1997/5:
„Ein Redakteur des Straßenmagazin ‚Draußen' informierte über Grundlagen der Interviewführung und der Bildreportage. Dann besuchten ‚Reportergruppen' – mit Kamera und Diktiergerät ausgerüstet – Obdachlose auf der Straße und Wohnunterkünfte. Durch die Gespräche konnten die Schüler einen Eindruck über den Alltag und die Probleme auf der Straße gewinnen. ‚Durch die intensive Projektarbeit haben die Schüler ein ganz neues Verhältnis zum Thema Obdachlosigkeit gewonnen', faßte Beckmann-Küster ihre Erfahrungen zusammen. Anfängliche Bedenken oder Vorurteile seien abgebaut worden und in Anteilnahme und Verständnis für die Obdachlosen verwandelt worden." (Münsterer Zeitung, 11.2.98)

„‚Daß wir uns obdachlose Jugendliche ausgesucht haben, das hatte damit zu tun, daß uns das Thema nahe ist', erläutert Stefanie. Dabei hatte es darüber zunächst durchaus Debatten gegeben. Denn die erste Aufgabe, die Pelikan (der Fachlehrer) ihnen stellte, war die Themenauswahl. ‚Und darüber haben wir schon diskutiert', sagen die Schüler. Eine ganze Schreibmaschinenseite lang wurde dann die Liste der Ideen, wie man das Thema angehen könnte – oder auch müßte. Von einem sind die Schüler schnell wieder abgekommen. Sie haben darauf verzichtet, obdachlose Jugendliche direkt vorzustellen. ‚Das wäre möglicherweise einer Bloßstellung gleichgekommen', fanden sie, nachdem sie mit Sozialarbeitern, Streetworkern und dem Leiter des Jugendamtes beim Landratsamt Neu-Ulm gesprochen hatten. Erste Informationen haben sie der ‚Jugendpresse' entnommen. ‚Für die scheint das Thema gerade ‚in' zu sein', wissen Helmut und Christian. ‚Aber was sie schreiben, das kommt uns ziemlich erfunden vor'." (Südwest Presse, Ulm, Ausgabe Neu-Ulm, 7.3.98)

Aufgabenstellung: Wenn es die Polizei nicht gäbe, 1997/3:
„Bevor die Pauliner ihre Bilanz ziehen konnten, vergingen einige Wochen. Viele Fragebögen mußten ausgewertet und grafisch aufgearbeitet werden.

Immerhin konnten sich beispielsweise 20 Prozent der Befragten vorstellen, später einmal Polizist zu werden. Doch Armin Matzner überließ bis auf viele Tips und Hilfestellungen das Wettbewerbsfeld den Schülern, die sich um Kontakte zum Polizeifortbildungsinstitut bemühten. Dort überraschte sie die Aussage, daß ‚es kein Konfliktfeld zwischen Jugend und Polizei gibt'. Die Schüle interviewten zudem zwei Polizisten, die über die Konzentration von Kriminalität unter anderem auf Spielplätzen berichteten." (Westfälische Nachrichten, 18.2.98)

„Die Arbeit der Klasse wird von einem Gespräch mit den beiden Gastschülerinnen Galja und Marina aus dem weißrussischen Formel umrahmt. Den beiden erklärt die Klasse, wie sich der Gorleben-Konflikt entwickelt hat, welche Rolle dabei die Polizei spielt und wie Jugendliche zu ihr stehen. Dazu hat die Klasse Briefe an Politiker der Region geschrieben. In den Antworten hält Klaus Wojahn (CDU) das Verhalten der Polizei gegenüber den Demonstranten ‚bis auf geringe Ausnahmen für angemessen', MdB Kurt-Dieter Grill (CDU) meint, daß ‚viele Demonstranten für eine andere Politik instrumentalisiert wurden'. Anders sieht dies Undine von Blottnitz (Grüne), die der Polizei vorwirft, sie habe sich ‚völlig wehrlosen Menschen gegenüber in verbrecherischer Weise unangemessen verhalten'. Auch MdB Arne Fuhrmann (SPD) hat Polizisten gesehen, die ‚prügelten, schlugen, traten'. Mit Umfragen und Interviews hat die 10a ihre Arbeit gestärkt, hat mit der ehemaligen BI-Vorsitzenden Susanne Kamien und mit Lutz Lange, dem Leiter der Polizeiinspektion Lüchow-Dannenberg, über die Einsätze der Ordnungshüter gesprochen – Pro und Contra kommen zu Wort. Grafiken und Fotos schmücken das Werk aus. Am Ende bedauern Galja und Marina die Menschen der Region wegen des Konflikts und spekulieren mit der Klasse über die Zukunft. Eine Schülerin träumt von der Freude, mit der Politiker und Demonstranten um ein Lagerfeuer tanzen, keine ‚Bullen' und kein ‚schwarzer Block' mehr. ‚Traumtänzerin' meint eine andere Schülerin." (Elbe-Jeetzel-Zeitung. Niedersächsisches Tageblatt, 7.2.98)

Aufgabenstellung: Denk mal! Was soll das Denkmal? 1997/6:
„Im September hatte die 10a die Wahl. Sechs Themen standen zur Auswahl, die SMGler wählten sich ‚Denk mal! Was soll das Denkmal?'. Konkret befaßten sie sich mit der Stele des Bildhauers Ernst Steinacker, die im Hinterhof des Kreisverkehrsamtes am Hafenmarkt, dem ehemaligen Judenschächterhaus, steht. Die Idee, diese Stele zum Gedenken an die ehemalige jüdische Gemeinde in Gunzenhausen aufzustellen, hatte 1990 der Architekt Hartwig Werner. In ihrer Wettbewerbsarbeit befaßten sich

die Schüler mit dem düsteren Kapitel der Juden in Gunzenhausen und bemängelten, daß diese Stele durch Müll- und Papiertonnen und einen Abfallkorb ‚verschandelt' wird. Inzwischen wurde Abhilfe geschaffen." (Altmühl-Bote. Gunzenhausen, 7./8.2.98)

9. Abschließende Bemerkungen

Die Intention des Wettbewerbs, die politische Bildung in der Schule methodisch zu bereichern, projektbezogenes Arbeiten und Handlungsorientierung zu stärken, dafür erforderliche Hilfen und Aufgabenstrukturen anzubieten, trägt im schulischen Alltag Früchte. Bei jedem Wettbewerb neue!

Eine Anleihe bei moderner Freizeit-, Medien- und Jugendsprache sei gestattet. Da ist viel die Rede von „action" und „event". „Action" kommt der Handlungsorientierung nahe, und „event" heißt in seiner Ursprungsbedeutung auch Wettbewerb. Sowohl bei „action" als auch bei „event" schwingt eine starke emotionale und erlebnishafte Komponente mit. Wenn dem Wettbewerb zur politischen Bildung solche Dimensionen innewohnen würden, wäre das sehr zu begrüßen. Der rationale Charakter politischer Bildung wird durch dieses Fluidum von Wettbewerben mit ihren agonalen Komponenten, mit den Hoffnungen auf Gewinn und Preis, dem Werkstolz und der teils öffentlichen Präsentation der Unterrichtsarbeit wirkungsvoll unterstützt.

Die teils extrinsische Motivation des Wettbewerbs – die Attraktivität der Preise und der öffentlichen Belohnung darf nicht unterschätzt werden – verwandelt sich im günstigsten Falle während der unterrichtlichen Arbeit in stärker intrinsische, in inneres Engagement an der thematisierten Sache und für diese.

Vielleicht werden auf diese Weise auch Lernzielebenen und Erfahrungen gefördert, die durch die modernen Kompetenzbegriffe (Sach-, Methoden-, Sozial-, Personalkompetenz) nicht hinreichend erfaßt werden: die Freude an der Beteiligung im sozialen und politischen Bereich, an einer aktiven Bürgerrolle, und eben nicht nur und ausschließlich als Resultat und Postulat einer Ethik der Pflicht und Aufopferung, Freude am Engagement, Freude am sozialen und politischen Handeln, dessen Schwelle im Wettbewerb betreten wird.

Literaturauswahl zum
Thema Handlungsorientierung

Paul Ackermann (Hrsg.): Politisches Lernen vor Ort. Außerschulische Lernorte im Politikunterricht. Stuttgart 1988
Paul Ackermann/Reinhard Gaßmann: Arbeitstechniken politischen Lernens kurzgefaßt. Stuttgart 1991
Paul Ackermann: Bürgerhandbuch. Schwalbach/Ts. 1998
Hans Aebli: Denken: Das Ordnen des Tuns. Bd. 1: Kognitive Aspekte der Handlungstheorie. Bd. 2: Denkprozesse. Stuttgart 1980,1981
Hans Aebli: 12 Grundformen des Lernens. Eine Allgemeine Didaktik auf psychologischer Grundlage. Stuttgart 1983
Manfred Bönsch: Variable Lernwege. Paderborn 1991
Will Cremer (Hrsg.): Erfahrungsorientierte Methoden der politischen Bildung. (Schriftenreihe der Bundeszentrale für politische Bildung, Bd. 258). Bonn 1988
Will Cremer (Hrsg.): Methoden der politischen Bildung – Handlungsorientierung. (Schriftenreihe der Bundeszentrale für politische Bildung, Bd. 304). Bonn 1991
Joachim Detjen: Politik machen. Schüler beraten und entscheiden ein kommunalpolitisches Problem. In: Gegenwartskunde. 2/1995, S. 217-228
Joachim Detjen: Schüler erkunden die Stadtverwaltung. Bericht über einen handlungsorientierten „Ausflug" ins Rathaus. In: Politische Bildung. 4/1995, S. 128-138
Thomas Ellwein: Politische Verhaltenslehre. Stuttgart 1963
Walter Gagel: Geschichte der politischen Bildung in der Bundesrepublik Deutschland 1945–1989. 2. Aufl. – Opladen 1995
Hermann Giesecke u.a.: Politische Aktion und politisches Lernen. München 1970
Hermann Giesecke: Methodik des politischen Unterrichts. München 1973
Tilman Grammes: Handlungsorientierter Unterricht. (Schriftenreihe der Niedersächsischen Landeszentrale für politische Bildung). 2. Aufl. – Hannover 1997
Tilman Grammes: Lernen, in Gesellschaft zu leben. Gestaltungskompetenz als Schlüsselqualifikation in der Demokratie. In: Hans Werner Heymann (Hrsg.): Allgemeinbildung und Fachunterricht. Hamburg 1997, S. 43-54
Herbert Gudjons: Handlungsorientiert lehren und lernen. 4. Aufl. – Bad Heilbrunn 1994
Herbert Gudjons: Didaktik zum Anfassen. Bad Heilbrunn 1996
Günther Gugel: Praxis politischer Bildungsarbeit. Methoden und Arbeitshilfen. Tübingen 1993
Gerhard Himmelmann: Chancen und Grenzen politischer Beteiligung und „Handlungsorientierung" in der Politischen Bildung. In: Politische Bildung. 2/1996, S. 81-96
Peter Henkenborg/Wolfgang Sander (Hrsg.): Wider die Langeweile. Neue Lernformen im Politikunterricht. Schwalbach/Ts. 1993

Peter Henkenborg/Hans-Werner Kuhn (Hrsg.): Der alltägliche Politikunterricht. Opladen 1998

Gerd Hepp/Siegfried Schiele/Uwe Uffelmann (Hrsg.): Die schwierigen Bürger. Schwalbach/Ts. 1994

Bärbel Hoffmann/Ulrich Langefeld: Methoden-Mix. Unterrichtliche Methoden zur Vermittlung beruflicher Handlungskompetenz in kaufmännischen Berufen. Darmstadt 1996

Klaus-Peter Hufer (Hrsg.): Politische Bildung in Bewegung. Neue Lernformen der politischen Jugend- und Erwachsenenbildung. Schwalbach/Ts. 1995

Werner Jank/Hilbert Meyer: Didaktische Modelle. Frankfurt a.M. 1991

Franz-Josef Kaiser/Hans Kaminski: Methodik des Ökonomieunterrichts. Grundlagen eines handlungsorientierten Lernkonzepts mit Beispielen. Bad Heilbrunn 1994

Ansgar Klein/Rainer Schmalz-Bruns (Hrsg.): Politische Beteiligung und Bürgerengagement in Deutschland. (Schriftenreihe der Bundeszentrale für politische Bildung, Bd. 347). Bonn 1997

Hanna Kiper: Selbst- und Mitbestimmung in der Schule. Das Beispiel Klassenrat. Baltmannsweiler 1997

Hansjörg Kaiser: Handlungsorientierung als didaktisch-methodisches Element im Gemeinschaftskundeunterricht und in der Erwachsenenbildung am Beispiel der Museumsmethode. Frankfurt/M. 1996

Heinz Klippert: Durch Erfahrung lernen. Ein Prinzip (auch) für die politische Bildung. In: Will Cremer (Hrsg.): Erfahrungsorientierte Methoden der politischen Bildung. Bonn 1988, S. 75-93

Heinz Klippert: Planspiele in der politischen Bildung. Planspiel: „Bergstadt soll 20 weitere Asylbewerber bekommen". In: Will Cremer (Hrsg.): Erfahrungsorientierte Methoden der politischen Bildung. Bonn 1988, S. 132-168

Heinz Klippert: Handlungsorientierter Politikunterricht. In: Will Cremer (Hrsg.): Methoden in der politischen Bildung – Handlungsorientierung. Bonn 1991, S. 9-30

Heinz Klippert: Methodentraining. Übungsbausteine für den Unterricht. Weinheim/Basel 1994 (7. Aufl. 1997)

Heinz Klippert: Kommunikationstraining. Übungsbausteine für den Unterricht. Weinheim/Basel 1995 (4. Aufl. 1997)

Heinz Klippert: Planspiele. Spielvorlagen zum sozialen, politischen und methodischen Lernen in Gruppen. Weinheim/Basel 1996

Heinz Klippert: Handlungsorientierte Politische Bildung – Ein Ansatz zur Förderung demokratischer Handlungskompetenz. In: Dorothea Weidinger (Hrsg.): Politische Bildung in der Bundesrepublik. Opladen 1996, S. 277-286

Herbert Knepper: Handlungsorientierung des Politikunterrichts: Möglichkeiten und Grenzen. In: Walter Gagel/Dieter Menne (Hrsg.): Politikunterricht. Handbuch zu den Richtlinien NRW. Opladen 1988, S. 75-86

Lothar Krappmann: Soziologische Dimensionen der Identität. Strukturelle Bedingungen für die Teilnahme an Interaktionsprozessen. 5. Aufl. – Stuttgart 1978

Landeszentrale für politische Bildung Baden-Württemberg (Hrsg.): Praktische politische Bildung. Schwalbach/Ts. 1997

Peter Massing: Handlungsorientierter Politikunterricht. Ausgewählte Methoden. Schwalbach/Ts. 1998

Hilbert Meyer: Unterrichts-Methoden. Bd. 1: Theorieband. Bd. 2: Praxisband. Frankfurt/M. 1987 (5. Aufl. 1993)

Wolfgang Mickel: Methodik des politischen Unterrichts. 3. Aufl. – Frankfurt/M. 1974

Frank Nonnenmacher: Politisches Handeln von Schülern. Weinheim 1984

Dietmar Raufuß: Handeln im Unterricht? Präzisierungen sind dringend erforderlich! In: Pädagogische Rundschau. 51/1997. S. 699-709

Sibylle Reinhardt: „Handlungsorientierung" als Prinzip im Politikunterricht (Sinn, Begriff, Unterrichtspraxis). In: Politik unterrichten. 1/1995, S. 5-13

Sibylle Reinhardt: Handlungsorientierung. In: Wolfgang Sander (Hrsg.): Handbuch politische Bildung. Schwalbach/Ts. 1997, S. 105-114

Werner Schaube (Hrsg.): Handlungsorientierung für Praktiker. Ein Unterrichtskonzept macht Schule. Darmstadt 1995

Ingo Scheller: Erfahrungsbezogener Unterricht. Königstein 1981

Siegfried Schiele/Herbert Schneider (Hrsg.): Rationalität und Emotionalität in der politischen Bildung. Stuttgart 1991

Hans-Jürgen Waidmann: Integrative politische Bildung. Gestaltpädagogische Methoden im politischen Unterricht – eine Chance der Politikdidaktik? Idstein 1996

Peter Weinbrenner: Selbstgesteuertes Lernen: Moderation, Zukunftswerkstatt, Szenario-Technik. In: Wolfgang Sander (Hrsg.): Handbuch politische Bildung. Schwalbach/Ts. 1997, S. 485-498

Zeitschrift:

Praxis Politik. Bausteine für einen handlungsorientierten Unterricht. Frankfurt/M. 1995

Verzeichnis der Autorinnen und Autoren

Prof. Dr. Paul Ackermann
Pädagogische Hochschule
Ludwigsburg,
Abt. Politikwissenschaft
Postfach 220
71602 Ludwigsburg

Wolfgang Berger
Landeszentrale für politische
Bildung Baden-Württemberg
Referat Außerschulische Jugendbildung
Stafflenbergstr. 38
70184 Stuttgart

Prof. Dr. Gotthard Breit
Otto-von-Guericke-Universität
Magdeburg, Institut für
Politikwissenschaft
Postfach 4120
39016 Magdeburg

Prof. Dr. Joachim Detjen
Katholische Universität Eichstätt
Lehrstuhl für Politikwissenschaft III: Politische Bildung
Universitätsallee 1
85072 Eichstätt

Siegfried Frech
Landeszentrale für politische
Bildung Baden-Württemberg
Referat Didaktik politischer
Bildung
Stafflenbergstr. 38
70184 Stuttgart

Prof. Dr. Walter Gagel
Thorn-Prikker-Str. 15
58093 Hagen

Prof. Dr. Gerhard Himmelmann
Technische Universität
Braunschweig,
Seminar für politische Wissenschaften und Politische Bildung
Wendenring 1-4
38023 Braunschweig

Prof. Dr. Hanna Kiper
Technische Universität
Braunschweig,
Seminar für Schulpädagogik
Bültenweg 74-75
38106 Braunschweig

Adrienne Körner
Otto-von-Guericke-Universität
Magdeburg,
Institut für Politikwissenschaft
Postfach 4120
39016 Magdeburg

Dr. Peter Massing
Freie Universität Berlin
Referat für politische Bildungsarbeit/Fachbereich Politische
Wissenschaft
Ihnestr. 22
14195 Berlin

Prof. Dr. Werner J. Patzelt
Technische Universität Dresden
Philosophische Fakultät
Institut für Politikwissenschaft
01062 Dresden

Wolfgang Redwanz
Abteilungsdirektor
Bezirksregierung Koblenz,
Schulabteilung
Postfach 269
56002 Koblenz

Prof. Dr. Sibylle Reinhardt
Martin-Luther-Universität Halle
Institut für Politikwissenschaft
Emil-Abderhalden-Str. 7
06099 Halle/Saale

Prof. Dr. Dagmar Richter
Technische Universität
Braunschweig, Erziehungs-
wissenschaftlicher Bereich
Rebenring 58
38106 Braunschweig

Dr. Armin Scherb
Universität Bayreuth,
Didaktik der Sozialkunde
Universitätsstraße 30
95447 Bayreuth

Siegfried Schiele
Direktor der
Landeszentrale für politische
Bildung Baden-Württemberg
Stafflenbergstr. 38
70184 Stuttgart

Lothar Scholz
Hessisches Landesinstitut
für Pädagogik
Schloß Heiligenberg
64342 Seeheim-Jugenheim

Prof. Dr. Peter Weinbrenner
Universität Bielefeld,
Fakultät für
Wirtschaftswissenschaften
Postfach 10 01 31
33501 Bielefeld

Dr. Georg Weißeno
Bergische Universität
Gesamthochschule Wuppertal,
Fachbereich Gesellschafts-
wissenschaften
Gauß-Str. 20
42097 Wuppertal

Lieferbare Titel der Didaktischen Reihe

setzt Akzente

In der Didaktischen Reihe werden zentrale und wichtige Themen diskutiert

Siegfried Schiele
Herbert Schneider (Hrsg.)
Konsens und Dissens in der politischen Bildung
VII + 206 Seiten, kartoniert
ISBN 3-87920-372-5

Karl Pellens (Hrsg.)
Historische Gedenkjahre im politischen Bewußtsein
VII + 242 Seiten, kartoniert
ISBN 3-87920-375-X

Gerold Niemetz (Hrsg.)
Vernachlässigte Fragen der Geschichtsdidaktik
VII + 211 Seiten, kartoniert
ISBN 3-87920-376-8

Wolfgang Mickel
Dietrich Zitzlaff (Hrsg.)
Methodenvielfalt im politischen Unterricht
VIII + 312 Seiten, kartoniert
ISBN 3-87920-379-2

Lothar Schaechterle (Hrsg.)
Deutschland und Europa
VII + 211 Seiten, kartoniert
ISBN 3-87920-374-1

Klaus J. Bade
Dieter Brötel (Hrsg.)
Europa und die dritte Welt
VIII + 180 Seiten, kartoniert
ISBN 3-87920-373-3

Gerd Hepp, Siegfried Schiele,
Uwe Uffelmann (Hrsg.)
Die schwierigen Bürger
VIII + 267 Seiten, kartoniert
ISBN 3-87920-381-4

Kurt Möller
Siegfried Schiele (Hrsg.)
Gewalt und Rechtsextremismus
VIII + 272 Seiten, kartoniert
ISBN 3-87920-383-0

Gottfried Böttger
Siegfried Frech (Hrsg.)
Der Nord-Süd-Konflikt in der politischen Bildung
XII + 296 Seiten, kartoniert
ISBN 3-87920-382-2

Siegfried Schiele
Herbert Schneider (Hrsg.)
Reicht der Beutelsbacher Konsens?
VII + 234 Seiten, kartoniert
ISBN 3-87920-384-9

Siegfried Frech
Erika Halder-Werdon
Markus Hug (Hrsg.)
Natur – Kultur. Perspektiven ökologischer und politischer Bildung
VIII + 290 Seiten, kartoniert
ISBN 3-87920-385-7

Siegfried Schiele (Hrsg.)
Praktische politische Bildung
IX + 350 Seiten, kartoniert
ISBN 3-87920-386-5

Karl Pellens (Hrsg.)
Migration. Lernchancen für den historisch-politischen Unterricht
VIII + 263 Seiten, kartoniert
ISBN 3-87920-387-3

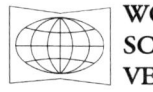

WOCHEN SCHAU VERLAG

Adolf-Damaschke-Str. 103
65824 Schwalbach/Ts.
Tel: 06196/84010 □ Fax: 06196/86060

Fordern Sie unseren Gesamtkatalog „Alles zur politischen Bildung" an

Adolf-Damaschke-Str. 103 • 65824 Schwalbach/Ts. • Tel.: 06196 / 84010 • Fax: 06196 / 86060

Vorurteile und Fremdenfeindlichkeit

Klaus Ahlheim • Bardo Heger

Handreichungen für die politische Bildung

Für Schule, Jugend- und Erwachsenenbildung

Mit diesem Buch können Sie in fünf komplexen Lerneinheiten, die einer aufeinander aufbauenden Lehr- und Lernlogik folgen, grundlegende und aktuelle Aspekte fremdenfeindlicher Vorurteile erarbeiten. Die Nutzer oder Kursteilnehmer erkennen die dem Vorurteil zugrundeliegenden Strukturen. Dieses Kursbuch basiert auf jahrelanger Praxis und wissenschaftlicher Erfahrung der Autoren zum Thema.

Sie finden

methodische Hinweise
didaktische Anregungen
Kursmaterial
Kopiervorlagen
Fachtexte
Beispiele
Quellen

Zur Nutzung

Kurse in der Jugend-
und Erwachsenenbildung
Vorbereitungshilfe
Lesebuch
Unterricht

Die fünf Lerneinheiten

Die Natur des Vorurteils
Ein Vorurteil kommt selten (von) allein
Vorurteile und (Medien-)öffentlichkeit
Vorurteile und Fremdenfeindlichkeit
in der Mitte der Gesellschaft
Fremdenfeindlichkeit und
Antisemitismus ganz rechtsaußen

Klaus Ahlheim • Bardo Heger
Vorurteile und Fremdenfeindlichkeit
Handreichungen für die politische Bildung
ISBN 3-87920-035-1
324 Seiten, DM 34,–

WOCHEN SCHAU VERLAG

... ein Begriff für politische Bildung